위대한 영화 4

THE GREAT MOVIES IV

위대한 영화 4

THE GREAT MOVIES IV

로저 에버트 지음
윤철희 옮김

을유문화사

위대한 영화 4

발행일
초판 1쇄 2019년 11월 20일 | 2쇄 2023년 5월 30일

지은이 로저 에버트
옮긴이 윤철희
펴낸이 정무영, 정상준
펴낸곳 (주)을유문화사

창립일 1945년 12월 1일
주소 서울시 마포구 서교동 469-48
전화 02-733-8153
팩스 02-732-9154
홈페이지 www.eulyoo.co.kr

ISBN 978-89-324-7409-0 04680
ISBN 978-89-324-7405-2 (세트)

* 책값은 뒤표지에 있습니다. 잘못된 책은 구입하신 곳에서 바꾸어 드립니다.

일러두기

1. 본문 하단에 나오는 각주는 모두 옮긴이 주다.
2. 영화는 <>, 영화 시리즈는 《》, 신문·잡지·단행본은 『』, 뮤지컬·연극·오페라·TV 프로그램은 「」로 표기했다.
3. 영화의 한국어 명칭은 한국영화데이터베이스(www.kmdb.or.kr)와 인터넷 포털 사이트 네이버의 영화 페이지(movie.naver.com)를 참고해서 표기하되, 그 표현이 어색하거나 불확실할 경우 옮긴이의 판단에 따라 수정했다.
4. 각 에세이에서 배우의 이름은 처음 언급될 때마다 원어를 병기했고, 캐릭터의 이름은 기본적으로 원어를 병기하지 않았다. 예) <이터널 선샤인Eternal Sunshine of the Spotless Mind>: 조엘(짐 캐리Jim Carrey), 클레멘타인(케이트 윈슬렛Kate Winslet)
5. 인물 명칭의 한국어 표기는 국립 국어원의 원칙을 따랐으나, 원칙과 다르게 오래 전부터 널리 통용된 명칭이 따로 있을 경우 해당 명칭을 따랐다.
6. 인물의 생몰년도 표기 중 사망 년도는 최근의 정보에 맞게 수정했다.
7. 이 책에 실린 도판 중 저작권 허가를 받지 못한 일부 도판에 대해서는 저작권자가 확인되는 대로 절차에 따라 계약을 맺고 그에 따른 저작권료를 지불할 예정이다.

추천의 글 1

영화와 비평이 만나는 행복한 풍경

김영진(영화 평론가)

로저 에버트는 『시카고 선 타임스Chicago Sun-Times』 신문에서 수십 년 동안 평론가로 활동했으며, 자신의 이름을 건 텔레비전 비평쇼를 진행했고, 엄청나게 많은 평론을 빨리 쓴 전설적인 비평가다. 대중의 신경을 자극하기 위해 안달인 폭력적인 저널리즘 환경에서 단련된 에버트의 문장은 묘사가 풍부하고 주석이 간결하며 무엇보다 쉽고 명료하다. 그의 개봉 영화 비평은 열정적이고 때로 신랄했지만 『위대한 영화』에 실린 비평들은 그것들과 다소 결이 다르다. 이 책들의 문장은 그가 사랑하고 존경하는 영화의 매혹을 음미하듯 부드럽고 세심하다. 『위대한 영화』는 정기적으로 신문에 개봉 영화 평을 썼던 에버트가 과외 활동으로 영화사에 남는 명작들을 상영하는 영화제를 열고 관객들 앞에서 그 영화들을 숏 단위로 분석하는 세미나를 행했던 틈틈이 각별한 애정을 갖고 몰두한 집필 작업의 산물이다. 그런데 흥미로운 것은 이 작업을 통해 에버트가 영화를 점점 더 많이 알아 가는 사랑의 방식이 독자에게도 전달된다는 것이다. 더 놀라운 것은 『위대한 영화』 1권에서 4권으로 갈수록 그의 글은 더욱 유려해진다는 것이다. 그는 솔직하게 예전에 본인이 썼던 영화 평의 관점을 스스로 비판하기도 하고, 영화를 접하지 않아 일정한 편견에 사로잡혀 있을 독자들에게 강요하지 않고도 명작들을 사랑하는 법을 알려 준다. 에버트의 글은 읽는 사람의 마음을 움직인다. 고개를 끄덕이게 하는 것이 아니라 사랑하게 만든다. 그가 거론한 영화들을 보고 싶어지는 것이다.

나는 영화의 이미지가 주는 매력을 활자로 따라잡는 불가능한 임무를 완수하는 에버트의 손이 행한 기적에 부러움을 느낀다. 이를테면 그는 니컬러스 로그Nicolas Roeg의 매혹적이지만 플롯이 헝크러진 영화 <쳐다보지 마라Don't Look Now>를 옹호하면서 이렇게 쓴다. “유령이 출몰하는 도시 베니스가 <쳐다보지 마라>에서보다 더 우울한 모습을 보였던 적은 결코 없었다. 도시는 광대한 공동묘지처럼 보이고, 돌덩이들은 축축하고 연약하며, 운하에는 쥐 떼가 우글거린다. 앤서니 B. 리치몬드와, 크레디트에는 오르지 않은 로그가 담당한 촬영은 베니스에서 사람들을 제거해 버린다. 북적이는 길거리나 대운하 인근에서처럼 베니스 거주자나 관광객들을 볼 수 있는 몇 가지 장면이 있지만, 존과 로라가 (처음에는 함께, 나중에는 별도로) 길을 잃는 한결같은 두 장면에서는 아무도 보이지 않고, 거리와 다리와 운하와 막다른 골목과 잘못된 모퉁이는 그것들끼리 서로 포개져 있는 것처럼 보인다.” 에버트는 이런 영화들이 ‘플롯에서 자유롭고, 어떤 최종적인 설명도 제시하지 않는, 하나의 체험으로만 존재하는 영화’이며 관객인 우리는 ‘소풍을 따라 나섰다가 안전하게 돌아온 소녀들과 비슷하다’고 본다.

페데리코 펠리니Federico Fellini의 <달콤한 인생La Dolce Vita>에 관한 글에서 에버트는 세상의 속된 관심거리를 찾는 신문기자의 저열한 생존 본능과 세상의 물질적인 욕망을 포착하려는 영화감독의 심미안을 포개 놓고 단도직입적으로 영화의 주제를 향해 달려간다. 비틀즈의 초기 모습을 담은 리처드 레스터Richard Lester의 <하드 데이즈 나이트A Hard Day's Night>에 관한 평에서는 계절의 주기처럼 한번 지나가면 다시 돌아오지 않는 인생의 어떤 모습을 비유한다. 이 평론의 끝에서 아름다운 봄 운운하는 그의 멋진 결론을 보노라면 마음이 상쾌해진다. 무엇보다 내가 가장 좋아하는 영화인 장뤽 고다르Jean-Luc Godard의 <비브르 사 비Vivre Sa Vie>에 관한 다음과 같은 분석적인 문장은 멋지다. "카메라가 두 사람을 투 숏으로 잡았을 때 남자가 말한다. '웃어봐.' 거부하던 그녀는 미소를 짓는 동시에 숨을 내쉰다. 그러면 카메라는 남자에게서 멀어지면서 그녀에게 다가간다. 갑자기 그녀에게 흥미가 생겼다는 듯이 말이다. 우리는 카메라의 의도에 말려들고 말았다. 우리 자신이야말로 관찰하고 놀라워하는 카메라다. 카메라는 '스타일'을 표현하는 방법이 아니다. 사람들이 다른 사람들을 바라보는 방법이다." 이 글은 굳이 학구적인 용어를 쓰지 않고도 영화 <비브르 사 비>의 본질을 간명하게 잡아낸다. 이 글의 결론은 영화의 여주인공 나나를 보는 카메라의 역할을 논하며 끝난다. "우리는 리허설도 없는 나나의 첫 번째 인생을 카메라가 보는 대로 본다. 나나가 살아가는 대로 본다. 영화가 안겨 주는 충격은 놀라울 정도다. <비브르 사 비>는 명료하고 신랄하며 무뚝뚝하다. 그러고는 끝난다. 그것이 그녀가 살아야 할 삶이다." 젠체하지 않고 냉소적이지 않으며 무한한 애정으로 영화를 껴안으면서 정확하게 분석적 거리를 유지하는 이런 글을 『위대한 영화』 시리즈 곳곳에서 읽을 수 있다.

자크 타티Jacques Tati의 <윌로 씨의 휴가Les Vacances de M. Hulot>에 관한 비평에서 에버트는 우리 시대에 점점 사라져 가는 영화 보기의 매혹과 미덕에 관한 장뤽 고다르의 다음과 같은 잠언을 인용한다. "영화는 역이 아니다. 영화는 기차다." 우리는 영화가 '역'이라고 생각하지만 실은 '기차'라는 것이다. 영화를 기차가 아니라 역이라고 여긴다면, 우리는 기차 여행의 즐거움을 만끽하는 대신 목적지인 종착역에 빨리 도착하려 안달하는 어린애와 같다. 에버트는 이렇게 덧붙인다. "나는 이 말이 뜻하는 바를 전혀 몰랐었다. 윌로 씨가 그 뜻을 나한테 보여 주기 전까지는 말이다. 즐거움은 여행길에 있고, 슬픔은 목적지에 있다."

즐거움은 여행길에 있고 슬픔은 목적지에 있는 것, 그게 영화와 인생이 나누는 공통분모이다. 영화와 비평이 만나는 가장 행복한 풍경이 여기에 있다.

추천의 글 2

맷 졸러 세이츠Matt Zoller Seitz(영화 역사학자)

로저 에버트가 드리운 그림자는 길다. 나는 2013년에 에버트가 타계한 직후에 그의 과부인 채즈 에버트Chaz Ebert에게 고용돼 부부가 2002년에 개설한 웹사이트 'RogerEbert.com'을 편집하고 있다. 나는 로저라면 현재 개봉된 이런저런 영화를 어떻게 생각했을지 궁금해하는 이메일 메시지와 트위터, 페이스북 질문, 블로그 코멘트를 날마다 받는다. 그는 그 영화를 무척 좋아했을까, 그냥 좋아했을까, 그저 그런 영화라고 생각했을까, 아니면 싫어하거나, 싫어하고, 싫어하고, 싫어하고, 또 싫어했을까? 'RogerEbert.com'의 코멘트 섹션은 리뷰할 영화를 배정받은 리뷰어가 좋아한 영화를 로저는 싫어했을 거라고, 또는 그녀가 싫어한 영화를 로저는 좋아했을 거라고 주장하는 사람으로 가득하다. 리뷰 한 편 아래에 찬반이 극명하게 엇갈리는 코멘트들이 달릴 경우, 그 코멘트들은 신랄할 정도로 재미있는 스펙터클이 된다. "당신이 이 영화를 좋아한다니 정말로 기쁘네요! 그런데 로저는 이 영화에 별 네 개를 줬을 거예요." "당신이 이 영화에 긍정적인 리뷰를 준 건 수치스러운 일입니다. 로저라면 이 영화를 제대로 꿰뚫어 봤을 겁니다."

모두가 갈망하는 대상은 로저가 예리한 눈으로 초점을 맞춰서 피력한 견해들에 그치지 않는다. 사람들은 뭔가 더 근본적인 것을 원한다. 로저라는 인물을, 로저의 생명력을, 왕년의 좋았던 로저를 원한다.

로저를 당대의 거의 모든 영화 리뷰어와, 심지어 뛰어나고 위대한 리뷰어와 구분되는 평론가로 만든 것은 그가 리뷰에 가미한 개인적인 느낌이다. 단어들 뒤에 인간미가 느껴지는 사람이 있다는 느낌, 그리고 영화의 차원을 뛰어넘는 분야에 관심을 갖고 세계 전체에 대한 나름의 견해를 품고 있으며, 70여 년을 살면서 소설 수십 권 분량의 산문을 쓰고 파트너 진 시스켈Gene Siskel과 수천 시간 분량의 TV 프로그램을 찍었으며, 수십 개국을 방문하고 수많은 영화 관객의 삶에 영향을 준 경험을 통해 얻은 지혜를 가진 인물이 있다는 느낌 말이다.

로저가 쓴 빼어난 글은 어느 편집자가 나한테 해 준 가장 유용한 조언을 떠올리게 만든다. 그때 나는 마감 시간을 앞두고 속보 기사를 쓰느라 애를 먹고 있었다. 편집자가 말했다. "여기로 와서 이 의자에 앉아 무슨 내용인지 설명해 봐." 그래서 나는 그의 옆에 놓인 의자에 앉아 이야기를 시작했다. 갑자기 그 기사의 골자가 뚜렷해졌다. 나는 부지불식간에 그에게 현재 쓰고 있는 원고에는 들어 있지 않은 다채로운 디테일들을 대접하고 있었다. 압박감은 사라졌다. 나는 더 이상 후대에 길이 전해질 '엄청나게 중요한 기사'를 쓰고 있지 않았다. 어쩌다 보니 내 편집자가 된 친구를 상대로 그냥 떠들어 대고 있었다. "자네가 무슨 일을 하고 있는지 봤지?" 그는 말했다. "지금 한 일은 우리가 같이 커피를 마시는 동안 자네가 이미 제출한 기사에 대한 얘기를 나한테 들려주는 거랑 비슷해. 자네가 나한테 한 얘기를 몽땅 챙겨서 기사에 집어넣도록 해."

로저가 쓴 최고의 글들에서는 그런 느낌이 난다. 그가 흥미롭거나 웃기거나 짜릿하다고 생각하는 일들에 대해 당신을 앞에 놓고 떠들어 대고 있는 것 같은 느낌이, 또는 그가 엉성하거나 멍청하다고 생각되는 영화에 대해 평가하는 것 같은 느낌이, 또는 그를 감동시키거나 그가 중요하거나 특별하다고 믿는 작품을 대신해서 전도를 하고 있는 것 같은 느낌이 말이다. 당신은 로저의 글을 읽으면서 그가 당신과 통화하고 있다는, 또는 레스토랑 건너편에 앉아 있다는, 또는 당신에게 개인적인 이메일을 쓰고 있다는 느낌을 받는다. 그는 때로는 재미있는 이야기를 들려주고, 때로는 심사숙고하며, 때로는 적대적인 분위기를 풍긴다. 그런데 당신은 항상 거기에 인간미가 느껴지는 사람이 있다는 느낌을 받는다. 큰소리로 읽거나 남들에게 인용할 때 서정성을 스스로 드러내는, 평범한 언어로 표현된 일관된 관심사와 가치관을 가진 사람이 있다는 느낌을 말이다.

그 개인적인 느낌이 로저를 위대한 평론가로 만든다. 위대한 스승으로도 만든다. 미국 중서부 출신 미국인 특유의 단순 명쾌함은 별다른 생각이 없는 영화 관객을 달래서는 인릭한 지역으로 데려가는, 언어로 만들어진 트로이 목마가 된다. 로저는 그 안락한 지역에서 어떤 영화가 영화의 역사에서 차지하는 위치를 심사숙고하거나, 특정한 장면이 관객의 감정에 제대로 먹히는 이유를 탐구하거나, 줄거리와 캐릭터, 영화 연출에 의해 표현된 삶의 의미를 파헤친다.

이 모든 것이 내가 『위대한 영화』 시리즈를 로저의 걸작으로 간주하는 이유를 설명한다. 이 책들은 광범위한 분야를 다루지만, 로저가 위대하고 필수적인 작품이라고 간주한 영화들을 펼쳐 놓는 데 있어서는 신중하다. 당신은 이 책들에 담긴 간결하면서도 서정적인 문장들에서 내가 앞서 찬양한 모든 특징을 보게 될 것이다. 당신이 행간을 읽는다면,

로저의 삶을 다룬 다큐멘터리 <라이프 잇셀프Life Itself>를 감상하거나 'RogerEbert.com'에 실려 있는 그의 개인적인 에세이 아카이브를 꼼꼼히 읽는 것만큼이나 로저에 대해 많은 것을 알게 될 것이다.

『위대한 영화』 시리즈에 실린 에세이들의 간결하면서도 복합적인 특성은 주목할 만하다. 그중 많은 에세이가 이 책을 위해 집필된 원문이고, 다른 글들은 앞서 쓴 리뷰들을 일부 취해 확장하고 보강하고 수정하고 거기에 의문을 제기한 글들이다(늙은 로저가 젊은 로저를 반박하는 걸 자주 보게 된다). 그 글들은 하나같이 독자들을 향해 친구들에게 말하는 것처럼 이야기한다. 그 글들은 자신의 글을 읽는 독자들이 자신이 어떤 사람인지를 알고 있다는 걸 확실하게 인식한 평론가가 쓴 글처럼 보인다. 친숙한 느낌은 로저가 대담하게 단도직입적으로 본론에 들어가게 해 주고, 가식 비슷한 태도를 취하는 걸 피하게 해 주며, 작품의 취지가 그를 감동시킬 경우에는 마음에서 우러난 이야기를 들려주고, 슬픔과 분노, 환희를 자유로이 인정했다는 이유로 조롱을 받게 될 거라는 두려움을 전혀 품지 않게 해 준다. 『위대한 영화』에 실린 에세이들은 갓 싹을 틔운 시네필에게 적절한 입문서 기능을 할 뿐 아니라 학계에서 수 세대에 걸쳐 선정돼 온 작품들을 통찰력 넘치게 찬양한다. 그리고 영화들과 그 영화들이 반영한 세계, 로저의 정서적 내면을 동시에 다루는 명료하고 통찰력 넘치는 개인적인 에세이들이다.

이 새 책은 『위대한 영화』 시리즈를 마무리하는 책이다. 이 책에는 가까운 과거에서 멀리는 무성 영화 시대에 이르는 기간에 만들어진 영화 62편의 리뷰가 들어 있다. <칼리가리 박사의 밀실Das Cabinet des Dr. Caligari>, <시골 사제의 일기Journal d'un Curé de Campagne>, <고독한 영혼In a Lonely Place>, 《폭군 이반Иван Грозный》 2부작, <여름의 폭풍Senso>, <비리디아나Viridiana> 등 수십 년 넘게 고전이라는 찬사를 받아 온 영화들에 대한 글이 있는가 하면, 최근에야 걸작으로 간주되기 시작한 영

화들(<멀홀랜드 드라이브Mulholland Dr.>, <이터널 선샤인Eternal Sunshine of the Spotless Mind>, <센과 치히로의 행방불명千と千尋の神隠し>, <에이 아이A.I. Artificial Intelligence>)과 일부에게는 사랑받지만 당신이 반드시 본능적으로 '위대하다'고 부를 영화는 아닐지도 모르는 영화들(<슈퍼맨Superman>, <써스펙트The Pledge>, <사랑도 통역이 되나요?Lost in Translation>, <위대한 레보스키The Big Lebowski>, <핑크 플로이드의 더 월Pink Floyd: The Wall>, <그레이 존The Grey Zone>, <세븐Seven>)에 대한 에세이도 있다.

글을 보면 로저가 가진 스승의 면모가 잘 드러난다. 그는 이 책에서 영화사 원론에 시금석으로 등장할 영화인 <칼리가리 박사의 밀실>에 대한 글을 쓴다. 그는 그 영화가 주장하는 바를 확고하게 보여 주면서 영화의 형식과 기능을 대단히 우아하게 연결한다. 그렇기 때문에 그가 열등한 텍스트라면 몇 페이지에 걸쳐 늘어놓을 이야기를 단 몇 문장에 요약해 낸다는 것을 이해하려면 잠시 생각할 시간이 필요할 지경이다.

이 책에는 로저 선생이 1961년 작품인 <비리디아나>의 시나리오 작가이자 감독인 루이스 부뉴엘Luis Buñuel에 대해 쓴 보석 같은 글이 있다. "풍자가 부뉴엘, 교회의 정치 개입을 반대하는 부뉴엘, 페티시 숭배자 부뉴엘. 부뉴엘의 이름이 들먹여질 때면 흔히 따라붙는 설명이다. 그런데 여기에서 블랙 코미디의 거장인 부뉴엘을 빼놓아서는 안 된다. 그가 연출한 영화 중에 인간의 본성을 쾌활하면서도 냉소적인 관점으로 보지 않는 영화는 없다. 그의 연출 목표는 항상 무미건조한 유머다. 영어로 제작된 영화들의 세트와 의상들을 동일한 시나리오를 바탕으로 삼아 제작하는 스페인어 버전 영화를 만들기 위해 재활용하면서, 또는 나중에 그 영화들을 단순히 스페인어로 더빙하면서 할리우드 스튜디오들을 위해 일하고 있었을 때에도 원작 영화들에는 결여되어 있는 자기만의 솜씨를 그 영화에 교활하게 약간씩 끼워 넣었다. 그는 독창적인 위대한 예술가였고, 풍자적인 즐거움의 창작자였으며, 가끔씩은 아주 재미있는 인물이었다. 위대한 영화를 사랑하는 사람이라면 조만간 그의 작품을 접하게 될 것이다." 이것은 부뉴엘 영화를 본 적이 없는 관객들을 이 영화를 감상하게끔 유혹하려는 의도로 집필된 트로이 목마 같은 견해다. 이 글은 부뉴엘이 재미있는 영화를 만든 감독이라는 것을, 당신이 그의 영화들을 보면서 깔깔거리게 될 거라는 것을, 그렇게 웃어도 아무런 문제가 없다는 것을 강조한다. 부뉴엘은 재미있는 차원을 훨씬 뛰어넘는 인물이지만, 당신은 그가 재미있는 요소로 영화를 전개해 나가는 이유를 알 수 있게 된다. 재미있는 영화를 보고 싶어 하지 않는 사람이 세상에 어디 있겠는가?

앨프리드 히치콕Alfred Hitchcock의 <의혹의 그림자Shadow of a Doubt>에 대한 그의 글은 히치콕의 영화들이 여전히 효과적으로 긴장감을 빚어내는 이유를 설명하면서도, 누구나 알아듣기 쉬운 용어로 그것을 설명한다. "히치콕은 할리우드의 고전적인 구도와 스타일을 다루는 대가였다. 그의 연출작들은 카메라의 위치 때문에 1분 남짓만 보더라도 그가 연출한 영화라는 걸 알 수 있다. 그는 잘 알려진, 약간 더 고상한 카메라 언어를 활용했다. 이 영화에서 그가 캐릭터들이 지금 막 깨달음을 얻었다거나 공포에 떤다는 것을 보여 주려고 얼굴들로 천천히 줌 인해 들어가는 방식을 보라. 그가 마땅히 있어야 하는 방식대로 있지 않은 사물들을 보여 주려고 틸트 숏을 쓰는 걸 주목해 보라. 그는 도덕적인 주장을 펼치기 위해 프레임 내부에 빛과 그늘이 강하게 대비되는 구역을 만들어 내는 수법을 활용한다. 때로는 그런 주장이 나오기에 앞서 그게 나올 거라고 예상하는 듯이 그런 수법을 쓰기도 한다."

거의 모든 페이지에 이와 같은 금덩어리가 담겨 있다. 글의 톤은 로저가 다른 누구의 판단을 뒤엎거나 대체하려고 든다는 느낌은 전혀 주지 않는다. 그는 자기 자랑은 거의 하지 않으면서 우리와 — '당신'

과 — 소통하려고 애쓰는 데에만 집중한다. 그는 늘 무리를 이룬 독자들이 아니라 한 명의 독자를 상대로 이야기를 하고 있는 것처럼 보인다. <비리디아나>나 <칼리가리 박사의 밀실> 같은 영화에 대해 영화에 새로 입문한 영화 팬을 영화광의 세계로 초대하는 방식으로 글을 쓰는 동시에, 참신한 통찰과 우아하게 넘어가는 문단들을 제공하면서 시네필들이 "이건 다 '아는' 얘기잖아!"라고 투덜거리면서 책을 덮게 만드는 대신에 계속 글을 읽고 싶게 만드는 것은 쉬운 일이 아니다. 그런데 로저는 이런 글을 쓰는 달인이다. 그는 단순히 객관적인 사실이나 날짜나 영화 용어나 일반적으로 인정되는 지혜의 조각들을 반복하는 짓은 절대로 하지 않는다. 그의 글은 항상 신선한 눈으로, 우리가 예전에는 인지하지 못했을 측면들을 드러내는 시각에서 훨씬 덜 고착된 관점으로 영화를 보고 있다는 느낌을 풍긴다.

죽음의 수용소에서 날마다 행해지는 절멸 작업을 위한 하찮은 일에 고용된 유대인 죄수들을 다룬 팀 블레이크 넬슨Tim Blake Nelson의 2001년도 홀로코스트 드라마 <그레이 존>에 대한 그의 리뷰는 영화의 이미지와 사운드와 질감을 탐구하고는 그것들이 줄거리에 어떻게 기여하는지를 보여 준다. 글의 마지막 단락은 과거를 배경으로 한 이 영화가 현대의 걱정거리와는 전혀 관련이 없다는 인식을 갖고 있던 독자들에게 강한 충격을 가하면서 독자들이 그런 인식을 벗어던지게끔 만든다. "<그레이 존>은 세상을 떠난 이들의 시신이 뼛가루와 가스와 증기로 바뀌는 것을, 그리고 눈에 보이지 않는 미세한 회색 가루가 세상 모든 곳에 내려앉고 폐로 들어가는 것을 관찰하면서 나오는 내레이션으로 끝난다. 사람들은 그 가루에 무척이나 익숙해진 탓에 기침을 해서 배출하는 반사 기능을 잃었다. 그러면서 살아 있는 자들과 죽은 자들은 한 몸이 된다. 나는 팀 블레이크 넬슨이 우리가 오늘날 세계 전역의 많은 불길에서 생겨난 재를 호흡하고 있다는 말을 넌지시 하고 있는 거라고 믿는다."

로베르 브레송Robert Bresson의 <시골 사제의 일기>에 대한 글은 형식주의자들에게 사랑받은 이 드라마의 형식적인 측면들에 집착하기보다는('금욕적인austere'이라는 단어를 사용하지 않고 브레송을 숙고하는 글을 찾아내는 건 행운이다), 제목에 등장하는 캐릭터가 처한 곤경을 겨냥하면서 그것을 육체적인 용어뿐 아니라 시각적인 용어로도 묘사하기 때문에 대단히 놀라운 글이다. 에세이의 중간에는 겨울철 날씨가 혹독한 도시 출신의 알코올 중독자였던 저자가 그 증세에서 회복된 이후로 자신의 여정에 대해 솔직한 글을 썼다는 걸, 그래서 액체로만 이뤄진 식단으로 근근이 살아가면서 뼛속 깊이 시릴 때 느껴지는 절망감에 대한 해결책을 고심하는 것이 어떤 의미인지를 인간적인 차원에서 이해한다는 걸 미묘하게 상기시키는 문단이 있다. "으스스한 겨울이다. 그의 작은 교회를 둘러싼 풍경은 황량하다. 멀리서 들려오는, 우호적이지 않은 개 짖는 소리를 제외하면 생명의 흔적이 없을 때가 잦다. 그의 교회와 지역 백작의 영지는 서로의 출입을 막는 것처럼 창살 뒤에 고립되어 있다. 교리 문답 수업에 참석한 여학생들은 그를 희롱한다. 지역민들은 그가 식단 때문에 술에 취해 산다고 쑥덕거리지만, 우리는 그가 술을 마시는 모습은 결코 보지 못한다. 브레송은 그의 소극적인 얼굴과 초점을 맞추지 못하는 멍한 눈으로 프레임을 채우는 경우가 잦다."

로저의 인간적인 느낌은 관찰력이 좋다는 사실에, 재미있다는 사실에, 어렴풋이나마 학구적이라는 사실에 흡족해하는 데 그쳤을지도 모르는 글들을 거듭해서 생동감 넘치게 만든다. 작품의 형식에 대한 분석, 문학적인 평가, 연기와 조명과 음악과 음향 효과에 대한 견해가 항상 글 전체에 걸쳐 촘촘하게 짜여 있다. 게다가 그 요소들은 캐릭터들과 영화감독의 세계관, 그 작품이 로저의 내면에서 불러일으킨 느낌과 연상들에 대한 의견과 융합된다.

그의 <리오 브라보Rio Bravo> 에세이에는 존 웨인John Wayne의 연기에 대한 보기 드문 묘사가 담겨 있다. 그 묘사는 웨인이 영화 매체에 어떤 의미였는지에 대한 거창한 요약을 반복하는 대신, 그를 연기자로 바라보는 그의 선택을 직접 밝힌다. "그가 연기하는 챈스는 어마어마한 존재감을 내뿜는 것과는 별개로, 세상사에 주제넘게 나서는 게 반드시 필요한 일이라고 느끼지는 않는 인물이다." 그가 이렇게 쓴 문장은 로저 자신의 글쓰기를 묘사한 문장일 수도 있다. "그는 달콤한 말로 페더스(디킨슨)를 꾀는 법이 없다. 오히려 그녀를 향해 거친 언사를 내뱉는다. 하지만 그의 눈과 보디랭귀지는 그의 속내를 대변한다. 그녀가 역마차를 타고 마을을 떠나지 않은 것을 알게 된 그가 화를 내는 순간이 있다. 계단을 올라가 그녀의 호텔 방으로 향한 그는 문을 벌컥 열고는 들어간다. 그러고는 — 리버스 숏으로 — 그녀를 보고는 태도를 바꾼다. 어떤 남자가 단순히 잠자코 있는 모습을 보여 주기만 하는 것으로도 '부드러워졌다'는 말을 들을 수 있을까? 그는 몸을 대단히 미묘하게 놀려서는 정중한 기미가 희미하게 풍기는 자세를 취한다. 관객은 눈으로는 그것을 보지 못한다. 느끼기만 할 뿐이다."

<히든Caché>이 나왔을 때 쓰인 이른바 해설 기사 중 그의 리뷰 일부는 그 영화의 퍼즐 상자 같은 특징을 가장 잘 밝힌다. "정지된 카메라는 객관적이다. 움직이는 카메라는 주관적인 시청자를 의미한다. 그 시청자가 영화 속 캐릭터건 감독이건 관객이건 상관없이 말이다. 하네케는 카메라가 공간이 아니라 시간 내부를 '이동'하게 만드는 테크닉을 활용한다. 그가 연출한, 카메라가 고정된 숏들은 객관적이다. 그 숏들은 VCR에서 되감길 때 주관적인 숏이 된다."

규모와 길이 면에서 엄청나게 기념비적이라서 많은 이가 감상 자체를 엄두도 내지 못하는 홀로코스트 드라마 <쇼아Shoah>에 대해, 로저는 단순히 영화의 내용에만 머무르지 않고 영화의 제작 과정 자체를

탐구한다. 그러면서 그 영화에 다시 접근할 수 있게 해 주는, 심지어는 흥미를 느낄 수 있게 해 주는 방법들로 클로드 란츠만Claude Lanzmann 감독이 동원한 방법들을 묘사한다. 하지만 그가 엄청나게 과장을 하고 있다거나 영화를 관객에게 납득시키고 있다거나 관객을 호도하고 있다는 느낌은 전혀 주지 않는다. "<쇼아>에서는 말이 해일처럼 밀려온다. 그럼에도 영화가 끝났을 때 관객을 압도하는 건 급류처럼 밀려오는 침묵이다. 란츠만은 두 종류의 이미지를 삽입한다. 그는 자신이 찾아낸 증인들의 얼굴을 보여 준다. 그런 후 사람들이 죽어 간 곳들의 조용한 목가적인 풍경을 사용한다. 화면에 등장하는 증기 기관차들이 달리는, 폴란드의 시골 지역을 관통하는 철길은 헤아릴 수 없이 많은 유대인과 집시, 폴란드인, 동성애자, 그 외의 이른바 사회적으로 바람직하지 않은 이들을 죽음의 구렁텅이로 실어 간 기차들이 지나갔던 것과 똑같은 철길이다. 카메라가 목초지를 말없이 팬 하는 동안, 우리는 그 평온한 풍경 밑에 대규모 묘지가 있음을 알게 된다."

학자 로저, 휴머니스트 로저, 형식주의자 로저, 은밀하게 힘이 넘쳐 나는 산문을 쓰는 스타일리스트 로저. 이 모든 게 로저이고, 이 모든 게 그의 글을 읽는 기쁨이다. 하지만 열광적인 영화 팬 로저보다, 그의 넋을 앗아간 영화에 대한 이야기를, 당신이 '반드시' 지금 당장 봐야 하는, 그러니 당장 자리에서 일어나 극장으로 가자는 말을 하려고 카페의 문을 힘껏 열고 들어오는 사내 로저보다 더 매력적인 특징은 없다.

우리는 짐 자무쉬Jim Jarmusch의 <미스터리 트레인Mystery Train>에서 황량한 멤피스의 거리들과 사람들 옆을 지나가는 열차들의 이미지가 잔뜩 등장하는 데도 "이 영화는 고통을 순순히 받아들이는 영화가 아니다. 이 영화는 캐릭터들의 개인적인 스타일이 삶에 대처하는 데 어떻게 도움을 주는지, 어떻게 도움을 주지 않는지를 환기하는 영화에 더 가깝다"라는 걸 깨달으며 눈을 반짝이는 로저의 모습을 상상할 수 있다.

<에이 아이>에 대한 그의 의견은 많은 조롱을 받는 그 영화의 엔딩에 대한 대단히 인상적인 결론으로 이어진다. 기이하게도 그 글은 얼음처럼 차가운 영화감독에 속하는 스탠리 큐브릭Stanley Kubrick이 집필하고 가장 따스한 영화감독에 해당하는 스티븐 스필버그Steven Spielberg가 연출한 그 영화의 신비한 마력에 동조하는 듯 보인다. "어떤 메카가 다른 메카가 만족감을 느끼는지 여부에 신경을 쓰는 이유는 무엇일까? 데이비드에게 행복한 24시간을 제공하는 것에는 무슨 의미가 있을까? 기계가 느낄 수 없다면, 클로징 시퀀스가 진정으로 뜻하는 바는 무엇일까? 나는 신형 메카들이 그들이 사랑할 수 있는 메카를 만들어 내려 애쓰고 있음을 시사한다고 믿는다. 그들은 그들만의 데이비드들을 만들어 그 데이비드들을 상대로 엄마 노릇을 할 것이고, 그 데이비드들은 그들을 사랑할 것이다. 이런 맥락에서 사랑은 무슨 의미를 가질까? 견제 세력이나 단짝, 또는 π 이상이나 이하의 의미도 아니다. 그것이 인공 지능의 숙명이다. 그들을 영원히, 영원토록 사랑해 줄 엄마는 없을 것이다."

<사랑한다면 이들처럼Le Mari de la Coiffeuse>에 대한 글에는 여전히 엄청난 사랑에 빠져 있는 남자에 의해서만 집필될 수 있는, 사랑에 빠진다면 어떤 느낌일지에 대한 묘사가 담겨 있다. "그녀는 미소를 짓는다. 그녀에게서는 환한 빛이 난다. 그녀는 다정하고 온화하고 섹시하다. 두 사람은 늘 달아올라 있다. 그녀가 머리를 감겨 주는 동안, 그는 그녀의 뒤에 있는 바닥에 무릎을 꿇고 그녀를 애무해 절정에 오르게 만든다. 그들은 빨간 가죽 소파에서 사랑을 나눈다. 그들의 모습은 훤히 보이지만, 그들을 보는 사람은 아무도 없는 듯하다. 그들은 서로를 무척이나 행복하게 만들어 준다."

잉마르 베리만Ingmar Bergman의 <한여름 밤의 미소Sommarnattens

Leende>에 대한 그의 리뷰 중 한 구절은 항상 영화와 인생 자체를 동시에 면밀히 살폈던 한 지성인이 쓴 은밀한 회고록이자 기록이기도 한 평론집인 이 책을 요약한 문장으로도 쓸 수 있다. “이 영화에는 열정이 넘쳐흐르지만 과하다 싶은 것은 하나도 없다. 캐릭터들은 자신들이 하는 행위의 도덕적인 무게를 숙고하고 그릇된 짓을 하기를 주저하지는 않으면서도, 그런 짓을 하게 되면 그 짓이 비록 자기 자신을 상대로 한 것일지라도 해명할 필요성을 느낀다.”

머리말

채즈 에버트 Chaz Ebert

그이의 글이 그립다. 그이의 지혜가, 그이의 명료함이, 너른 세계관이, 공감 능력이, 열정이, 유머가, 선함이 그립다. 그냥, 그이가 그립다. 그이가 2013년 4월 4일에 세상을 뜬 후로 우리의 웹사이트 'RogerEbert.com'에 올라온 리뷰들을 읽을 때마다 "그이라면 이 영화를 어떻게 생각했을까?"라는 생각을 하지 않은 적이 없다. 그게 정상적인 상황일 거라 생각한다. 나는 그이의 아내이자 웹사이트의 발행인이기 때문이기도 하고, 그이는 46년간 대세로 받아들여진 영화 평론의 탁월함을 가르는 기준을 설정한 사람이기 때문이기도 하다. 46년은 긴 시간이다. 돌이켜 보면 그이가 쓴 리뷰들은 개별 영화들의 차원을 뛰어넘었다는 생각이 점점 뚜렷해진다. 그이는 인생 자체에 대한 글을 썼다. 그것이 그이의 글이 독자들에게 그렇게도 깊은 울림을 남긴 이유 중 하나라고 믿는다.

2013년 이후 나는 이러저러한 영화를 그이가 꾸린 '위대한 영화'

리스트에 들여놓는 문제를 고려할 수 있을지 가정하는 질문을 끊임없이 받았다. 그이라면 반드시 『위대한 영화』 에세이에 포함했을 거라고 말할 수 있는 영화들이 있다. 하지만 다른 영화들에 대해서는 나도 잘 모르겠다는 사실을 인정할 수밖에 없다.

'위대함'을 구성하는 요소가 무엇인지에 대한 그이와 나의 생각이 항상 일치했던 것은 아니다. 하지만 우리는 의견이 불일치할 때면 서로가 모르고 있던 것들을 드러내게 해 주는 영양가 높은 대화를 자주 했었다. 그이는 스탠리 큐브릭Stanley Kubrick의 1971년도 클래식 <시계태엽 오렌지A Clockwork Orange>를 결코 열광적으로 받아들이지 않았다. 반면에 그 영화는 내가 좋아하는 영화이자 다른 많은 평론가의 '위대한 영화' 리스트에 등장하는 작품이다. 그이는 <시계태엽 오렌지>가 달인의 솜씨로 만들어진 영화라는 건 인정하면서도 그 영화에 계속 냉랭한 태도를 유지했다. 그이는 그 영화를 보면서 영화에 공감한 적이 결코 없었고, 큐브릭이 전달하려 애쓰고 있는 영혼을 결코 느끼지 못했다. 그이는 그 영화가 다른 사람이 작성한 '위대한 영화' 목록에 들어가는 건 가능한 일일 수 있지만, 그이의 『위대한 영화』 시리즈에 들어가는 일은 없을 거라고 인정하기까지 했다. 그이가 주장했듯, 그이의 시리즈에 선정된 영화들은 '역사상 가장 위대한 영화들'이 아니다. "걸작 영화의 목록을 집대성하겠다는 멍청한 시도는 세상과 담을 쌓겠다는 것이나 다름없기 때문이다. 오히려 이렇게 말하는 게 적합할 것 같다. 영화의 첫 1세기동안 탄생한 기념비적인 작품들을 두루 살펴보고 싶다면 이 책에서 출발하라."

그이는 몇 년에 걸쳐 많은 이유로 이 시리즈에 실을 영화들을 선택했다. 일부 영화는 영화의 역사에서 중요한 작품들이라고 생각했기 때문에 포함했다. 일부는 특정 주제에 대해 다른 영화들보다 더 뛰어난 주장을 펼친 영화들이기 때문에, 일부는 우리 사회에서 통용되는 그 작품들의 특성이나 화제성 때문에, 일부는 그 영화를 만든 감독이나 배우가 더 큰 찬사를 받아야 마땅하다고 느꼈기 때문에, 일부는 그 영화의 개봉 기념일이 다가오고 있었기 때문에, 일부는 그저 그이를 즐겁게 해 준 영화들이기 때문에 포함했다. 그이의 작품 선정에 적용된 공식 같은 건 결코 없었다.

그이는 위대한 영화에 대한 글을 쓰는 건 자신에게는 명상에 잠기는 것과 비슷한 일이라고 말했다. 그이는 그것을 일로 간주하지 않았다. 그 일은 뭔가 심오한 것을 제공했다. 당신은 그이가 업무에서 벗어나 별도로 집필한 이 글들이 자발적으로 쓰인 것이라서 글의 수준이 들쭉날쭉할 거라고 생각할지도 모른다. 그러나 그이는 『위대한 영화』의 글들을 다른 모든 글을 쓸 때처럼 헌신적으로 썼다. 그이에게 그건 전통이 됐다. <나라야마 부시코楢山節考> 이야기를 할 때 다시 말하겠지만, 그이는 훗날 시달린 병환에 대처하는 데에, 심지어는 죽음에 대처하는 데에도 이 전통이 도움이 됐다고 말했다.

그이는 이 시리즈의 글을 처음 시작할 때만 해도 책으로 출판하겠다는 생각을 전혀 하지 않았다. 그런데 그이가 첫 1백 편의 에세이를 쓰자 출판사가 책으로 내자고 제안했고, 우리가 미처 알아차리기도 전에 1백 편의 리뷰를 담은 두 번째 책이 나왔으며, 그러고 나서는 세 번째 책이 나왔다. 그이는 『위대한 영화』의 네 번째 책을 완성하고 싶어 했지만, 세상을 떠나기 전에 62편의 에세이만 완성할 수 있었다. 네 번째 책을 제대로 마무리하기 위해 다른 이들이 쓴 글들을 수록하는 건 어떻겠느냐는 제안이 있었다. 그러나 내 마음 깊은 곳에서는 그이의 시리즈가 순수한 상태를 유지하기를 바랐다. 우리는 그이가 글을 쓰고 싶어 선택할 다른 영화들이 어떤 작품인지를 결코 알 길이 없다. 하지만 나는 우리가 이 글들을 가진 것만으로도 충분히 운이 좋다고 생각한다.

『위대한 영화』의 네 번째이자 마지막 책이 내게도 그렇게 큰 의미가 있는 책이 된 건, 그이가 마지막으로 쓴 에세이 일부가 담겨 있다는 사실 때문이다. 『시카고 선 타임스Chicago Sun-Times』의 영화 평론가로 채용되기 전에도, 그러니까 그이가 저널리즘 경력을 시작한 바로 그 시기부터 그이의 글에는 두드러진 깊이가 있었다. 그이는 다른 평론가들은 거의 하지 못하는, 양파의 층들을 벗기는 일을 할 수 있었다. 그이의 말년 몇 년간 그이의 글은 한층 더 심오한 철학적 깊이를 달성했다고 나는 진심으로 믿는다. 그이는 어떤 영화가 위대한지 여부의 수준을 훨씬 뛰어넘는 문제를 다루고 있었다. 그이는 스토리텔링의 속성과 스토리텔링이 우리의 삶에서 수행하는 심오한 역할에 대해 고심하고 있었다. 병마는 내 남편에게서 말하는 능력을 앗아갔을지 모르지만, 그이의 목소리는 독자들에게 이전보다 훨씬 더 큰 울림을 줬다. 내가 그이에게 말하고는 했던 것처럼, 그이의 글을 읽으면 황홀했다.

이 책에는 훌륭한 리뷰가 무척 많지만, 당신의 시선을 특별한 한 작품으로 이끌고 싶다. 그이가 70세 나이로 세상을 떠나기 한 달 전인 2013년 3월 7일에 발표된 글이다. 그 영화는 기노시타 게이스케木下惠介의 1958년도 클래식 <나라야마 부시코>로, 그이의 『위대한 영화』 시리즈의 마지막 글로 예정된 글이었다. 그 작품은 엄격한 전통을 따르는 일본의 마을을 배경으로 한 잊히지 않는 드라마다. 마을의 연장자들은 70세가 되면 각자의 운명을 맞이하기 위해 나라야마산의 기슭으로 모셔진다. 마을 사람 일부는 즐겁고 마술 같은 만남을 상상한다. 노인들은 그들의 신을 만날까? 신은 그들을 천국으로 승천시켜 줄까?

선발된 노인 중에는 그렇지 않을 거라고 의심하는 이들이 있다. 하지만 일부 노인은 사심 없이 그 여정을 받아들인다. 그들의 죽음은 마을에 있는 젊은이들에게 음식과 기회가 더 많이 돌아간다는 뜻이다. 물론 이런 이야기가 공공연히 논의되지는 않는다. 심지어 노인들을 나라야마산으로 모셔 가는 건 그 가족의 영예로 간주되기까지 한다. 마을 사람들은 우리 각자가 결국 그 산에 오르게 될 거라는 데에 암묵적으로 동의하고 있다. 그런데 영화의 특정 지점에서 우리는 그 여행의 유순하거나 마술 같은 측면에서 깨어난다. 얼어붙은 해골들과 뼈들이 그곳에서 일어나는 일들의 진정한 공포를 우리에게 알려 준다.

그이는 이 잔혹한 이미지에 노래와 춤을 병치한 영화감독의 선택을 옹호한다. "이런 냉혹한 이미지는 노래와 춤을 위주로 영화를 구성해 나가는 방식과 대조된다." 그이가 쓴 글이다. "나는 이야기를 이렇게 양식화된 방식으로 제시하겠다는 기노시타의 판단은 옳았다고 믿는다. 그가 선택한 형식 덕에, 이 작품은 실제로 있었던 사건을 서술하는 이야기라기보다는 꾸며 낸 우화에 더 가까운 작품이, 그래서 관객이 더 잘 견딜 만한 작품이 된다." 실제로 이 영화의 확연한 연출 전략은 영화가 다루는 잔혹한 주제를 관객이 더 쉽게 감당할 수 있게 만든다.

병상에 누워 있던 그이는 이 영화를 우리 부부가 주최하는 영화제인 '로저 에버트의 영화제: 에버트페스트Roger Ebert's Film Festival-Ebertfest'의 상영작으로 선택했다. 나는 그이가 영화제에서 그 영화를 볼 수 있을 거라고 생각했지만, 그이는 그러지 못할 거라고 짐작했다. 일리노이주 샴페인에 있는 버지니아 극장에서 <나라야마 부시코>가 상영된 2013년 4월의 그날, 내 자리는 얼마 전에 어머니를 여읜 틸다 스윈턴Tilda Swinton의 옆자리였다. 우리는 그 영화를 보고 큰 감동을 받았다. 영화를 본 관객들은 눈물을 흘렸다. 그이는 우리에게 보내는 작별 인사로 그 영화를 선택한 게 분명했다. 그이가 그 영화를 선정한 건, 우리에게 나라야마산에 오르는 자신의 여행을 위한 마음의 준비를 시킨 것이었다.

하지만 슬픔의 구름은 얼마 안 있어 걷혔다. 그이와 그이가 쓴 글들의 주위를 에워싼 구름이 늘 그랬던 것처럼 말이다. 그이의 영혼은 그이의 글을 통해 활기차게 숨 쉰다. 그이가 쓴 단어 하나하나가 사람들에게 반향을 일으키면서 모든 연령층의 영화 애호가에게 계속해서 영감을 주고 있다. 당신은 『위대한 영화』의 네 번째이자 마지막 책인 이 책에서 그이의 활력을, 삶과 우리가 남겨 둔 유산을 축복하는 그이의 마음을 찾아내게 될 것이다. 이런 선물을 준 그이에게 감사한다. 우리 모두는 그것을 체험하는 특권을 갖게 됐다.

차례

# 고독한 영혼 In a Lonely Place	감독	니컬러스 레이	
	주연	험프리 보가트, 글로리아 그레이엄	
	제작	1950년	94분

<고독한 영혼>에서 험프리 보가트Humphrey Bogart가 거주하는 할리우드 건물의 뜰은 내가 영화에서 본 가장 강렬한 분위기를 환기시키는 공산 중 하나다. 분수가 딸린 스페인 양식의 뜰 주위에 작은 아파트들이 도열해 있다. 각각의 아파트에는 독신자들이 거주한다. 창문을 통해 밖을 내다보면 이웃이 생활하는 모습을 들여다볼 수 있다.

그중 한 아파트에 딕슨 스틸Dixon Steele이 거주한다. 알코올에 중독된 시나리오 작가인 그는 어느 정도 성공한 인물이지만 지금은 장기간 침체기를 겪고 있다. 그가 사는 집 건너에 로렐 그레이(글로리아 그레이엄Gloria Grahame)가 산다. 배우 지망생이자 머리가 잘 도는 여자다. 스틸은 성질이 고약한 데다 툭하면 분통을 터뜨리는 남자다. 그는 단골 술집에서 정오에 술을 마시면서 자신의 에이전트를 모욕하는 데에, 한물간 배우를 잔인하게 대하는 남자에게 주먹을 날리는 데에, 그러고는 스튜디오 우두머리의 아들과 주먹다짐을 벌이는 데에 성공한다.

보가트 자신의 단골집이던 로마노프에서 영감을 얻은 술집을 배경으로 한 이 간결한 오프닝 신은 딕슨 스틸의 캐릭터를 관객에게 굳건히 각인시키면서 수수께끼 같은 남자인 보가트에 대해 우리가 느끼는 점 몇 가지를 요약한다. 두 사람 다 지나치게 과음을 한다. 두 사람 다 약자들을 측은해하는 이상주의자다. 두 사람 다 성깔 있다. 스틸은 자기 연민에 빠진 사람이고, 보가트는 늘 그런 사람이라는 분위기를 풍긴다. 보가트가 <시에라 마드레의 보물Treasure of the Sierra Madre>에서 연기한 도브스를 떠올려 보라. 보가트는 갈등을 겪는 역할을 맡았을 때 최고의 연기를 보여 줬고, 그가 취약했던 연기 분야는 솔직한 성격을 가진 마초 캐릭터였다. 스틸의 특징을 보면, 그는 세상을 겪을 만큼 겪었고, 세상살이의 요령도 있으며, 평범한 사내보다는 부상당한 비둘기 같은 남자에게 반할 가능성이 높은 여자인 로렐 그레이의 이상적인 파트너로 보인다.

평론가 킴 모건Kim Morgan은 <고독한 영혼>은 "여태껏 필름에 담긴 이야기 중에서 가장 가슴 아픈 러브 스토리 중 하나"라고 묘사했다. 실제로 이 영화가 제대로 다루는 주제는 사랑이다. 이 영화는 필름 누아르의 때깔과 느낌, 함정을 갖고 있다. 영화에서는 살인이 일어난다. 하지만 이 영화가 진정으로 다루는 건 한 남자의 영혼에 존재하는 어두운 장소들, 그리고 자신이 그것들을 치유할 수 있다고 생각하는 한 여성이다.

제작자 보가트와 연출자 니컬러스 레이Nicholas Ray, 1911~1979가 도로시 휴스Dorothy Hughes의 걸출한 누아르 소설을 원작으로 세심하게 구축해 낸 이 영화는 세상사를 다루는 방법을 잘 아는 성인 남성과 성인 여성을 빚어내는 데 공을 들인다. 둘 중 어느 쪽도 피해자가 아니다. 그들 자신의 본성이 피해를 입었다는 사실을 제외하면 말이다. 딕슨 스틸은 끔찍한 자존심을 가진 술꾼이고, 로렐 그레이는 그에게 공을 들이

는 것보다 더 나은 선택 대안을 알고 있었어야 하는 여자다.

영화에서 스틸은 쓰레기 같은 베스트셀러를 각색하는 일을 맡는다. 그는 그 일이 필요한 처지이면서도, 원작 소설을 읽는 것조차 견디지 못한다. 친근하게 구는 휴대품 보관소 여직원 밀드러드(마사 스튜어트Martha Stewart)가 그 소설이 무척 마음에 들었다고 말하자, 그는 자기랑 집에 가서 줄거리를 들려주는 일을 해 달라며 그녀를 고용한다. 두 사람은 뜰을 가로지르는 도중에 로렐 그레이를 지나친다. 글로리아 그레이엄이 그를 알아봤다는 사실을 그에게 전달하는 방법은 완벽하다. 스토리텔링 회의는 질질 늘어지고, 밀드러드는 따분해한다. 그러자 스틸은 그녀를 집으로 보낸다. 이튿날 아침, 그녀는 살해된 시신으로 발견된다. 그녀와 함께 술집을 나서는 게 목격됐고, 폭행과 싸움과 관련된 전과가 화려한 스틸이 당연히 용의자로 떠오른다.

밀드러드가 그의 아파트를 떠나는 걸 본 사람이 있는가? 그렇다는 게 밝혀진다. 로렐이 자기가 봤다고 말하면서 경찰서에 출두해 알리바이를 내놓는다. 형사 반장의 사무실에서 로렐과 딕슨 사이에 무슨 일이 일어났다는 건 못 보고 지나치려야 지나칠 수 없다. 그날의 나중에 두 사람은 그 감정을 행동으로 옮긴다. 잡담 따위는 하지 않고, 열정과 희망에 허기진 모습으로.

로렐은 딕슨이 술을 끊게 만든다. 딕슨은 다시 글을 쓰기 시작한다. 속수무책으로 사랑에 빠진 그들은 엄청난 행복에 약간 아찔해한다. 그런데 딕슨이 여자를 죽였을 가능성은, 로렐이 뭔가를 알고 있어서가 아니라 본능적으로 그의 편을 드는 진술을 했을 가능성은 계속 남아 있다. 바닷가가 배경인 목가적인 막간 장면이 갑자기 추악한 쪽으로 방향을 틀면서 더 안 좋은 쪽으로 이어진다. 로렐의 인생이 위험에 빠졌을 가능성이 우리에게, 그리고 로렐에게 대두된다. 딕슨이 다시 술을 마셨을 때에는 특히 더 그렇다. 딕슨 스틸의 진면목이 모호하다는 점이 이 영화에 영혼을 제공하고, 그들이 서로를 진정으로 사랑한다는 사실은 작품에 신랄한 분위기를 가미한다.

이 영화는 가차 없을 정도로 효율적인 스타일로 연출된, 산뜻한 느낌을 주는 흑백 영화다. 영화는 제작에 관여한 주요 인물 세 명의 심리를 활용한다. 자신이 소유한 제작사에서 제작하려고 영화화 권리를 사들인 보가트, 상처 입은 남자(<이유 없는 반항Rebel Without Cause>의 제임스 딘James Dean)에 대한 영화들을 만든 호리호리한 인습 타파주의자 니컬러스 레이, 피터 터너Peter Turner의 비범한 책 『필름 스타는 리버풀에서 죽지 않는다Film Stars Don't Die in Liverpool』에 영감을 준 인생을 살았던 전설적인 글로리아 그레이엄1923~1981까지. 피터 터너는 그레이엄이 사랑했던 많은 연인 중 마지막 연인이었다. 그녀는 니컬러스 레이와 결혼했지만, 그 결혼은 레이가 이 영화를 만들던 중에 앞선 결혼에서 얻은 열세 살짜리 아들이 그녀와 침대에 있는 걸 발견하면서 끝장났다. (그녀와 그 아들 토니Tony Ray는 1960년부터 1974년까지 부부지간이었다.)

촬영장에서 작업을 할 때에는 감정적으로 위험한 요소들이 도처에 널려 있었을 게 분명하다. 레이는 그가 한때 거주했던 웨스트 할리우드의 빌라 프리마베라의 아파트를 이 영화에 등장하는 아파트 단지의 모델로 삼았다. 나는 평론가 J. 호버먼J. Hoberman을 통해 그레이엄을 남겨 두고 집을 나온 레이가 촬영장으로 이사해서는 그곳에서 잠을 자기 시작했다는 걸 알게 됐다. 딕슨과 로렐의 관계는 보가트 자신과 — 그와 나이 차가 많이 나는 — 강한 의지로 성장세에 있던 여배우 로런 버콜Lauren Bacall의 관계를 반영했다. 그런데 그들 모두는 각자의 경력에서 최고의 작품(세 사람과 그들이 직접 겪은 경험을 바탕으로 만들어졌다고 해도 틀린 말이 아닌 영화)을 만들고 있다는 것을 감지했을 것이다.

<고독한 영혼>은 정점에 도달한 할리우드 스튜디오 시스템의 성숙기를 보여 주는 탁월한 사례다. 버넷 거피Burnett Guffey(<아무 문이나 두드려라Knock on Any Door>, <우리에게 내일은 없다Bonnie and Clyde>)가 능수능란하고 효율적으로 촬영한 이 영화는 공간을 이해하면서 딕슨과 로렐 사이의 감정적인 관계를 시각화하기 위해 뜰 건너편에 있는 아파트들을 활용한다. 서로를 볼 수 있는, 서로에게 의지하는 그들은 공식적으로는 결코 동거하지 않으면서, 바깥세상과 접촉이 없는 상태를 유지한다. 그들이 입으로는 무슨 말을 하건 말이다. 보가트가 밀드러드를 살해한 방법을 상상하면서 섬뜩한 이야기를 들려주는 동안 조명의 초점을 그의 눈에 맞추는 거피의 방식을 주목하라.

"있잖아요, 그레이 양." 그가 말한다. "당신은 나를 잘 알게 될 겁니다. 당신은 내 아파트 안을 볼 수 있지만, 나는 당신 아파트는 볼 수 없어요."

"약속할게요. 그런 상황을 이용해 먹지 않겠다고."

"만약에 우리 처지가 반대였다면, 나는 그걸 이용해 먹을 겁니다."

보가트는 연약한 남자를 연기하는 솜씨가 대단히 훌륭하다. 그에게 터프가이 이미지가 오래도록 따라붙는 건 이상한 일이다. 그는 세상을 겪은 경험으로 단련된 사람이었다고 말하는 편이 더 정확할 것이다. 이 영화를 찍기 10년 전에 그는 <카사블랑카Casablanca>에서 이미 밤늦게까지 술을 마시는, 옛날 노래를 듣기를 두려워하는 외로운 남자였다.

그레이엄이 연기한 캐릭터들은 불운을 겪는 특징이 있었다. <빅 히트The Big Heat>(1953)에는 리 마빈Lee Marvin이 끓는 커피가 담긴 포트를 그녀의 얼굴에 던지는 유명한 신이 있다. 그녀는 <멋진 인생It's a Wonderful Life>(1946)에서는 악몽 시퀀스에서 매춘부가 된 장성한 바이올렛을 연기한다. 그리고 <배드 앤 뷰티The Bad and the Beautiful>(1952)

에서는 배신한 제작자를 미워하는 여배우를 연기해 오스카상을 받았고, <오클라호마Oklahoma!>(1955)에서는 삽입곡을 부른 후 '거절할 줄 모르는 여자the can't say no girl'라는 불쾌한 별명을 얻었다.

이 영화에서 필름 누아르의 핵심 요소를 하나 꼽으라면 결함이 있는 주인공을 꼽겠다. 두드러지는 비주얼 스타일과 톤과 더불어 등장하는 게 보통인 이 요소는 그 장르를 규정한다. 주인공은 딱하게 느껴질 정도로 허약한 인물이다. 그는 종종 과거에 저지른 실수들에서 벗어나지 못하거나, 탐욕이나 욕정이라는 치명적인 유혹에 넘어간다. 그는 결코 꿈도 꿔 보지 못했던 사악한 짓을 저지를 능력이 자신에게 있음을 알게 될 가능성이 크다. 그는 그런 짓을 저지르고는 죄책감과 두려움에 사로잡힌다.

보가트는 <고독한 영혼>에서 이런 누아르의 특징을 흠잡을 데 없이 체현한다. 그는 술을 마시면 격분한 사람으로 돌변할 수 있는 다혈질을 연기한다. 이런 특징은 로렐이 깨워 내는 지킬과 하이드의 특징을 딕슨에게 부여하고, 그 특징은 나중에 등장하는 두려운 장면들로 이어진다. 그의 내면에 거수하던 괴물은 자기혐오 때문에 행동에 나서고, 그의 자기혐오는 그의 성공을 물들이면서 그의 행복을 망가뜨린다. 그는 방금 전에 쓴 신작 시나리오의 대사를 그녀에게 인용하면서 자신에게 닥칠 숙명을 예견한다. "나는 당신이 나한테 키스했을 때 태어났소. 나는 당신이 나를 떠났을 때 죽었소. 나는 당신이 나를 사랑했던 그 몇 주週를 살았소."

굿'바이

おくりびと

감독	다키타 요지로
주연	모토키 마사히로, 히로스에 료코, 야마자키 쓰토무
제작	2008년 / 130분

젊은 커플에게는 힘든 시기다. 남자는 지역의 소규모 오케스트라에서 첼로를 연주한다. 객석은 썰렁하다. 오케스트라 단장은 서글픈 목소리로 오케스트라를 해산할 수밖에 없다고 말한다. 귀가한 그는 아내에게 그 사실을 전한다. 더 나쁜 소식이 있다. 최근에 그는 그들이 지불할 형편을 훨씬 뛰어넘는 돈을 지불하고 새 첼로를 구입했었다. 부인이 그 이야기를 들으면 좋은 생각이 아니라고 말할 것임을 알기에, 그는 그 이야기를 하지 않았었다. 그런데 이제 그녀는 그 사실을 안다.

<굿'바이>의 오프닝 신들은 이 영화가 택할 방향이 어느 쪽인지에 대한 힌트를 전혀 주지 않는다. 영화는 경제적인 위기에 처한 부부에 대한 묘사로 시작된다. 우리는 부부가 어찌될지 알 길이 없다. 그들도 알 길이 없다. 이것이 죽음이라는 매개체를 통과하면서 이뤄지는 심오한 성장과 발견으로 이어지는 여정의 시작이라는 것을 말이다.

나는 다키타 요지로瀧田洋二郎, 1955~ 감독의 영화를 2010년 에버트

페스트에서 상영했고, 이 영화는 영화제 역사상 가장 큰 감동을 관객에게 안겼다. 영화가 끝났을 때 전체 관객이 한몸처럼 자리에서 일어났다. 의무적으로 행해지는 기립 박수가 많다. 그러나 이 영화는 길고 요란하며 열정적인 기립 박수를 받았다. 그런데 그 사실은 어떤 영화를 위대하게 만드는 것과는 아무런 관련이 없다. 그리고 2011년은 이 2008년 영화를 『위대한 영화』 컬렉션에 포함하기에는 너무 이른 시기인 듯 보이기도 한다. 내가 이 영화를 포함한 것은 이 영화를 세 번째로 봤을 때에도 영화가 힘과 매력을 고스란히 유지하고 있다고 확신했기 때문이다.

일본 영화는 죽음을 위한 특별한 공간을 보유하고 있다. 구로사와 아키라黒澤明의 <이키루生きる>, 오즈 야스지로小津安二郎의 <동경 이야기東京物語>, 이타미 주조伊丹十三의 <장례식お葬式>, 고레에다 히로카즈是枝裕和의 <환상의 빛幻の光>과 <원더풀 라이프ワンダフルライフ> 같은 영화들처럼, 이 영화는 계속 진행되고 있는 삶의 관점에서 죽음을 다룬다. 영화에는 애도가 담겨 있지만, 절망적인 비탄은 담겨 있지 않다. 애도는 의식儀式으로 이어지고, 의식은 안락을 제공한다. 영화는 내세에 많은 초점을 맞추지는 않는다. 영화의 관심은 살아 있는 사람들, 그리고 지금 막 끝난 인생의 의미에 맞춰진다. <굿'바이>를 얼마 전에 다시 감상하면서 에롤 모리스Errol Morris의 <천국의 문Gates of Heaven>에 나왔던 다음의 말이 떠올랐다. "삶은 살아 있는 이들을 위한 것이지 죽은 이들을 위한 것은 아니다."

<굿'바이>의 주인공은 다이고(모토키 마사히로本木雅弘)다. 인상 좋고 속내를 쉽게 읽을 수 있는 충동적인 젊은이다. 아내 미카(히로스에 료코広末涼子)는 그를 사랑하고 믿는다. 재앙이 닥치자, 그녀는 그가 태어나서 어렸을 때 살던, 얼마 전에 어머니가 돌아가신 후에 물려받은 집이 있는 소도시로 귀향하는 게 옳다는 데 재빨리 동의한다. 그는 값

비싼 첼로를 팔고, 부부는 여정에 오른다. 그에게 지금 상황은, 그러니까 악기조차 없는 실직자 신세로 그가 태어난 곳으로 귀향하는 것은 패배다.

구인 광고를 살피던 그는 여행 에이전시에서 낸 것처럼 들리는 유망한 제안을 발견한다. 다이고는 어시스턴트(요 기미코余貴美子)가 관리하는 작고 조그만 사무실에 지원하고, 잠시 후 회사의 소유주 사사키 씨(야마자키 쓰토무山﨑努)가 나타난다. 면접은 짧게 끝난다. 그는 취직을 하고 선금을 받는다. 그는 이 에이전시가 여행 관련 업무를 한다는 것을 알게 된다. 다음 세계를 향한 여행을 말이다. 그 사무실이 하는 업무는 '입관' 업무, 다른 말로 하면 장의업이다.

새 상사는 다이고가 충분히 고민할 시간을 갖기도 전에 입관 과정을 참관하라며 그를 데려간다. 보이지 않는 곳에서 방부 처리 등의 작업을 하는 서구식 관행보다 더 인도적인 모습에 나는 강한 인상을 받았다. 고인의 시신은 조문객 앞에 있는 매트에 놓인다. 조문객들은 함께 무릎을 꿇고 준비 과정을 지켜본다. 꼼꼼한 절차와 품위를 갖춘 의식이다. 시신을 씻기고 수의를 입히는 동안 세심하게 배치된 시트가 고인의 프라이버시를 지킨다. 그런 후 납관사는 사소한 곳까지도 집중적인 관심을 쏟으면서 얼굴을 꾸민다. 결국 시신은 소박한 목관에 입관된다. 대부분의 유족은 침묵을 지키지만, 때때로 감정이 — 또는 진실이 — 터져 나오고, 젊은 다이고는 삶의 교훈들을 배우기 시작한다.

그는 아내가 충격을 받을 것이기 때문에 자신이 하는 일에 대해 이야기하길 미적거린다. 나는 장의업이 일본에서 중요한 직업일 거라고 짐작하는데, 존경받는 직업인 것 같지는 않다. 그가 어렸을 때 살던 집에서 어느 때보다도 가까워진 부부는 아버지가 남긴 오래된 LP 음반들을 튼다. 그는 어느 날 갑자기 사라져 가족에게 다시는 연락을 하지 않은 아버지를 향해 느끼는 비통한 심정을 털어놓는다. 그렇게 행복하

게 살던 미카는 어느 날 남편이 생계를 위해 하는 일이 무엇인지를 알게 된다. 남편을 무척 사랑하는 그녀는 남편 곁을 떠나야겠다고 말한다. 심지어 그녀는 망자의 여행 준비를 해 주는 남자의 손길이 자기 몸에 닿는 것도 원치 않는다.

다키타의 시나리오의 구조는 토대부터 탄탄하다. 영화가 유장하게 흘러가기 때문에, 우리는 기계적으로 삐걱거리는 느낌을 받지 않는다. 서브플롯들이 도입되지만 우리는 그 사실을 거의 알아차리지 못한다. 사사키 씨는 사별한 아내를 그리워한다. 사무실의 어시스턴트에게는 그녀만의 슬픈 사연이 있다. 우리는 여행사를 고용한 몇몇 가족에 대해 알게 된다. 우리는 공중목욕탕을 운영하는 노부인과 그녀의 가장 늙은 손님을, 그리고 나중에는 화장장의 종업원을 만난다. 우리는 다이고가 이 일을 위해 태어난 사람이라는 것을 전하는 어시스턴트의 차분하면서도 상냥한 방식을 지켜본다. 우리는 다이고의 아내가 왜, 언제 떠났는지를 이해한다. 다이고는 자신이 고향과 이 일에 머물러야 한다는 것을 안다. 그는 그에게 의미 있는 일이 될 서비스를 제공한다.

다키타의 음악과 촬영은 이 영화의 성공에 한몫을 했다. 다이고가 야외의 아름답고 환상적인 풍경에서 일부를 연주하고 어렸을 때 가졌던 작은 첼로로 집에서 일부를 연주하는 첼로 음악은 이 소재에 딱 알맞다. (신중하게 촬영된 숏은 어린 그가 연습했을 때 마루에 생긴, 여전히 남아 있는 자국을 보여 준다.) 하마다 다케시浜田毅의 촬영은 정중하다 말해도 무방할 것이다. 특정한 효과를 노리고 촬영된 숏은 하나도 없다. 이 영화의 촬영에는 장례식에 참석한 조문객이 갖추는 예의가 배어 있다. 야외 첼로 공연처럼 아름다운 숏들은 카메라에 갑작스러운 자유를 허용하는 것처럼 느껴진다. 클로즈업들은 주장하려는 바를 강조하는 대신, 우리가 가치 있게 여기게 된 얼굴들을 자세히 들여다볼 수 있게 해 준다.

이 영화에서 캐스팅은 굉장히 중요하다. 그런데 사사키 씨의 캐스팅보다 중요한 캐스팅은 없다. 야마자키 쓰토무는 지혜롭고 평온한 인상이다. 그는 감정을 고스란히 드러내는 식이 아니라 절제되게 표현하는 식으로 캐릭터를 구축한다. 그가 젊은이의 성격을 점잖게 빚어 나갈 때처럼 말이다. 우리는 그의 어시스턴트가 그를 숭배하는 이유를 이해한다. 그가 자신이 하는 일의 중요성에 대해 일장 연설을 하는 일은 결코 없다. 모든 건 암시되거나 행동으로만 제시된다. 몇 가지 플롯의 가지들이 한데 모이는 결말은 대단히 자연스럽고 무척이나 만족스럽다.

이 영화는 스타일이 혁신적이거나 과감한 예술적 주장을 펴는 작품은 아니다. 하지만 희귀한 작품이다. 대단히 잘 만들어진 작품이기 때문이다. 사람들이 영화관에 가는 보편적인 이유는 그들을 몰입시키면서 감동시킬 이야기를 듣게 될 거라는 희망에서다. 사람들은 스릴을 느끼거나 공포에 질리거나 웃음을 터뜨리게 만드는 것보다는 깊은 감동을 받는 쪽을 택할 거라고 나는 믿는다. 그런데 관객을 조종하려 드는 센티멘털한 멜로드라마(『버라이어티Variety』가 '최루물weepers'이라고 부르는 것)보다 더 김이 빠지는 영화도 드물다.

<굿'바이>는 정정당당하게 승부한다. 영화는 메인 캐릭터 네 명을(그리고 목욕탕에서 생긴 보기 좋은 노년의 커플을) 무대에 올린다. 우리는 그들을 알고 이해한다. 그들에게 관심을 쏟는다. 그들은 우리가 아는 게 하나도 없을 사업에 종사하고 있다. 영화는 매혹적인 주제인 죽음을 다룬다. 이 영화가 다루는 문제들에 작위적인 구석은 전혀 없다. 그 문제들은 내러티브에 자연스레 속해 있다. 영화는 꾸물거리거나 운명을 비통해하지 않는다. 심지어는 영화의 톤을 결코 벗어나지 않는 약간의 웃음도 허용한다. 그 웃음은 흠잡을 데 없는 역할을 수행한다.

에버트페스트에 온 관객들은 상영작을 선정한 사람들도 아니고 상영작에 대해서는 아는 게 하나도 없는 경우가 대부분이다. 따라서 자

신들이 장의업을 다룬 일본 영화를 감상하게 됐다는 걸 알고는 불편해했을 관객이 어느 정도는 분명히 있었을 것이다. 하지만 그들은 빠르게 영화에 빠져드는 것처럼 보였다. 나는 어둠 속에서 울컥해진 사람들이 내는 소리를 들었다. 그들은 결말에서 환호성을 터뜨렸다. 내러티브의 보편적인 결말을 탁월하게 이뤄 내는 영화를 봤기 때문이다. 그런 일이 얼마나 자주 일어날까?

#　　<굿'바이>는 2009년 아카데미에서 외국어 영화상을 수상했다.

그레이 존

The Grey Zone

감독	팀 블레이크 넬슨		
주연	데이비드 아켓, 대니얼 벤잘리		
제작	2001년	108분	

팀 블레이크 넬슨Tim Blake Nelson, 1964~의 <그레이 존>은 홀로코스트를 다룬 영화치고는 드물게도 낙관적인 엔딩으로 끝을 맺지 않는다. 스티븐 스필버그Steven Spielberg의 <쉰들러 리스트Schindler's List> 같은 위대한 영화도 관객에게 먹히는 이유는, 대체로 감독이 공포가 판을 치는 우주에서 용기와 희망을 주는 내러티브를 찾아냈기 때문이다. 홀로코스트 영화들은 하나같이 똑같은 일을 한다. 관객이 어떤 식으로건 삶은 지속된다는 안도감을 느낄 수 있도록, 모두가 목숨을 잃는 결말로 끝을 맺지 않는 이야기를 찾아낸다. 그런데 그런 이야기들은 어마어마한 규모의 홀로코스트 희생자들이 악의 구렁텅이 속으로 사라졌다는 핵심적인 사실을 부인한다.

가끔씩 내가 도저히 피할 수 없는 죽음의 면전에 서 있다면 무슨 일을 할 것인지를 자문해 본다. 나도 언젠가 죽을 것임을 잘 안다. 그건 자연스러운 일이다. 그런데 악의惡意 가득한 기계 같은 인간들에게 생명을 빼앗기고 몰살당하는 것은 자연스러운 일이 아니다. 죽음의 수용소에 갇힐 경우, 나는 무기력하게 종말을 기다릴까? 어떻게든 상대와 타협하려고 애쓸까? 전혀 가망이 없을지라도 항거에 나설까?

<그레이 존>은 나치가 유대인 수용자 집단을 채용해서 유대인을 멸종시키는 고된 육체적 노동의 상당 부분을 맡겼다는 사실에서 시작된다. 그들은 희생자들을 가스실로 안내하고, 그들의 시신을 소각로에 투입하며, 유해를 삽으로 쓸어 담아 처분한다. 그들은 이런 작업을 한 대가로 특권을 누린다. 죽은 이들로부터 강탈한 음식, 담배, 와인, 의약품, 그리고 무엇보다 몇 달간의 추가적인 삶.

몇 달만 있으면 러시아군이 수용소에 도착해 그들을 해방시킬 거라는 소문이 돈다. 내가 그 몇 달을 놓고 현실과 타협해 목숨을 부지할 수 있다면, 그건 잘못된 일일까? 객관적인 도덕관념의 관점에서는 그릇된 선택일 것이다. 살인 행위에 힘을 보태는 것은 해서는 안 될 일이니까. 그런데 절망에 빠진 내가 확실하게 닥칠 숙명을 기다리고 있을 때, 운명과 협상을 벌이려고 시도하는 건 비난받을 일일까?

<그레이 존>의 중심 캐릭터들은 나치가 아우슈비츠에서 제시한 협상에 응하면서 몰살 작업에 참여해 노동하는 것을 받아들인다. 그들은 유대인 동포들을 가스실로 안내하고 번호가 붙은 옷걸이에 옷가지를 걸어 두라고 말하면서 '샤워'를 마친 후에 옷을 다시 입을 수 있도록 번호를 기억해 두라고 거짓말을 한다. 어느 유대인이 하는 일은 이보다는 낫다. 그 유대인은 의학적 '실험들'을 수행해 괴물 같은 요제프 멩겔레Josef Mengele•로부터 대단한 찬사를 받는 의과의 미클로스 니슬리Miklós Nyiszli◆(앨런 코드너Allan Corduner)다. 그를 지키는 경비원은 나

• 제2차 세계 대전 당시 나치 친위대 장교이자 아우슈비츠 강제 수용소에서 내과의사로 있었던 악명 높은 인물(1911~1979)

◆ 1944년에 아우슈비츠 강제 수용소에 수감된 유대인 중 한 사람(1901~1956). 수용소에서 한동안 요제프 멩겔레의 관리 하에 의료 업무를 맡아 널리 알려졌다

치 친위대 장교 무스펠트(하비 카이텔Harvey Keitel)다. 니슬리는 자신이 맡은 직위를 소중히 여긴다. 그의 직위에 따른 보상에는 처형을 무한정 유예시키는 것, 그리고 아내와 딸의 목숨을 구해 내는 것이 포함되어 있다. 무스펠트는 그를 소중히 여긴다. 그가 있기에 멩겔레에게 봉사하는 특권을 누리기 때문이다. 두 남자는 무언가를 공유하고 있다.

다른 이들은 인근의 탄약 공장에서 화약을 훔치는 음모에 참여하고 있다. 그들은 폴란드 레지스탕스 멤버들이 밀반입해 준 무기들을 갖고 있다. 그들은 아우슈비츠에 있는 화장장 중 한 곳 이상을 폭파해서 몰살 작업의 효율과 속도를 떨어뜨리고 싶어 한다. 그들은 공장에서 일하는 여성들과 협력하고 있다. 밀수품이 시신들에 숨겨져 밀반입된다. 그들은 조만간 행동에 나서기를 소망한다.

이 줄거리의 상당 부분은 니슬리가 전후에 집필한 회고록에 기록된 실제 사실에 바탕을 뒀다. 하지만 플롯의 핵심적인 요소는 넬슨이 시나리오를 쓰면서 창작한 것이다. 어느 날, 가스실에서 시신을 끌어내던 호프먼(데이비드 아켓David Arquette)은 목숨을 잃지 않고 시신 무더기 아래에 몸을 웅크리고 있는 어린 소녀를 발견한다. 그는 그녀가 죽은 것처럼 꾸며 그녀를 데려가 숨긴 후 니슬리를 부르고, 니슬리 덕에 그녀는 의식을 되찾는다. 이제 그룹의 리더인 슐레르머(대니얼 벤잘리Daniel Benzali)는 딜레마에 빠진다. 소녀를 숨겨 주다가는 사보타주 작전 전체가 위험해질 수 있기 때문이다.

그런데 그들이 달리 무슨 일을 할 수 있겠는가? 그녀를 나치에 넘기는 건, 그들이 직접 방아쇠를 당겨서 그녀를 죽이는 거나 다름없다. 그들은 자신들이 실제 살인자들을 위해 부차적인 과업들을 수행하고 있을 뿐이라는 식의 합리화를 더 이상 할 수 없다. 소녀를 발견한 무스펠트는 — 정보를 제공받는 대가로 — 그 비밀을 폭로하지 않는다는 데 동의한다. 그가 그렇게 하는 부분적인 이유는, 그 역시도 집단의 운명과 별개인 소녀의 딜레마를 해결할 수 없기 때문이다.

팀 블레이크 넬슨의 영화는 이 이야기를 솔직한 리얼리즘 스타일로 제시한다. 그는 폴란드 아우슈비츠 수용소를 실물에 가까운 규모의 복제물로 짓고 화장장 신에 지옥의 용광로 같은 느낌을 부여한다. 코드너를 제외하면 대부분이 미국인인 출연진에는 카이텔과 아켓 말고도 마이클 스툴바그Michael Stuhlbarg, 스티브 부세미Steve Buscemi, 미라 소르비노Mira Sorvino, 너태샤 리온Natasha Lyonne이 포함되어 있다. 카이텔을 제외한 배우들은 모두 독일식 억양을 구사하지 않는다. 그렇게 하는 게 좋은 결과를 낳은 듯하다.

넬슨이 쓴 대사는 주목을 받을 만하다. 이 영화의 리얼리즘은 아무런 꾸밈이 없는 리얼리즘이 아니다. 하지만 밋밋하고 오락가락하는 스타일의 직설적인 스타일은 가끔씩 데이비드 매밋David Mamet을 떠올리게 만든다. 매밋의 작품에서 자주 그렇듯, 대사의 밑바닥에 깔린 숨은 뜻은 명백히 보이는 내용을 끈기 있게 설명하는 식이다. 이런 접근방식은 캐릭터들이 자신들이 처한 상황의 도덕적 함의를 논의하는 신들에서 유용하다. 이 논의들은 이론적인 논의가 아니라 현실에서 즉시 빚어지는 결과들을 낳는다. 그들은 '그런' 상황에서 '사람'이 마땅히 해야 하는 일에 대해서가 아니라, 그들 앞에 서서 서글픈 눈빛을 보내는 이 어린 소녀를 놓고 그들이 해야 하는 일에 대해 논의한다. 그런 후 니슬리와 무스펠트 사이에 강렬한 말이 오간다. 그들은 그 대화에서 의사의 처지와 수용소에서 어느 정도 권한을 가진 무스펠트의 직위를 논한다. 이 대화는 거의 암호나 다름없다. 각자는 어느 쪽도 큰소리로 밝힐 의향이 없는 내용을 은근히 암시하고 있는 게 분명하다.

영화 내내 신빙성을 과시하는 세트 디자인은 절대로 그 규모를 과시하지 않는다. 화장장의 굴뚝들을 잡은 숏이 반복해서 등장한다. 낮에는 기둥에서 시커먼 연기 기둥이 뿜어져 나오고, 밤에는 기둥에서 불꽃들이 보인다. 이 숏들은 끈질긴 질문을 다시 던진다. 근처에 사는 폴란드인들은 수용소에서 일어나고 있는 일에 대해 어떤 생각을 했을까? 사람들을 태운 열차들이 들어가면, 연기가 뿜어져 나온다. 일부 폴란드인은 저항 운동에 나서면서 목숨을 걸었다. 다른 이들은 자신의 집에 유대인을 숨겼다. 사람들 대부분은 모든 걸 알면서도 아무 일도 하지 않았다. 지구 전역을 통틀어, 도덕적인 용기를 발휘하는 측면에서 두드러진 모습을 보여 준 민족은 존재하지 않는다. 그 점이 <그레이 존>이 제시하는 도덕적인 내용을 놓고 하는 계산이 그리도 심각한 이유 중 하나다.

연기 기둥과 더불어, 많은 신의 사운드트랙에는 으르렁거리는 아주 약한 소리가 꾸준히 깔린다. 오븐에서는 24시간 내내 작업이 진행되고, 그 결과는 유해를 가득 실은 트럭들이 떠나는 것이다. 일부 유대인 노동자는 그 유해 위에 앉기도 한다. 소각 과정에는 노동자들이 불길과 거리를 둘 수 있게 해 주는 컨베이어 벨트가 없다. 때때로 그들은 지인들을 소각로에 밀어 넣는다. 얼마 안 있어 그들의 차례가 올 것이다.

팀 블레이크 넬슨은 주로 연기자로 알려져 있다(<오 형제여 어디 있는가O Brother, Where Art Thou?>, <마이너리티 리포트Minority Report>, <시리아나Syrianan>). 이 작품은 그가 감독으로 연출한 네 번째 장편 영화다. 그가 연출에만 전념했다면 당대의 주도적인 영화감독으로 잘 알려질 수 있었을 것이다. 그의 크레디트는 대단히 주목할 만하기 때문이다. <아이 오브 갓Eye of God>(1997)은 마사 플림튼Martha Plimpton을 사는 게 지루해서 어느 죄수(케빈 앤더슨Kevin Anderson)와 편지를 주고받는 일에 뛰어든 여성으로 등장시킨다. 두 사람이 결혼하면서 그녀가 겪는 고통은 커진다. <O>(2001)는 셰익스피어의 「오셀로」의 배경을 미국 남부의 고등학교로 바꿔 놓는다. 내가 2009년 토론토영화제에서 좋아했던 영화인 <리프 오브 그래스Leaves of Grass>에서는 에드워드 노튼

Edward Norton이 쌍둥이를 맡아 1인 2역을 한다. 쌍둥이 중 한 명은 오클라호마의 마리화나 재배자고, 다른 한 명은 브라운대학의 철학과 교수다. <O>를 제외한 작품들의 시나리오는 모두 넬슨이 쓴 오리지널 시나리오다. 그 작품들의 공통점은 영화가 관습적으로 다루는 세계의 외부에서 비롯된 어느 캐릭터가 처한 상황들을 면밀히 관찰하는 것이다.

<그레이 존>은 세상을 떠난 이들의 시신이 뼛가루와 가스와 증기로 바뀌는 것을, 그리고 눈에 보이지 않는 미세한 회색 가루가 세상 모든 곳에 내려앉고 폐로 들어가는 것을 관찰하면서 나오는 내레이션으로 끝난다. 사람들은 그 가루에 무척 익숙해진 탓에 기침을 해서 배출하는 반사 기능을 잃었다. 그러면서 살아 있는 자들과 죽은 자들은 한 몸이 된다. 나는 팀 블레이크 넬슨이 우리가 오늘날 세계 전역의 많은 불길에서 생겨난 재를 호흡하고 있다는 말을 넌지시 하고 있는 거라고 믿는다.

길 잃은 소녀의 일기

Tagebuch einer Verlorenen

감독	G. W. 팝스트	
주연	루이즈 브룩스	
제작	1929년	104분

루이즈 브룩스Louise Brooks는 G. W. 팝스트G. W. Pabst, 1885~1967 감독의 영화 <판도라의 상자Die Büchse der Pandora>(1928)의 월드 프리미어를 마치고 떠날 때 주위에 있는 군중이 그녀의 이름을 들먹이는 소리를 들었는데, 그들의 말투가 마음에 들지 않았다. 그녀는 사람들이 무슨 말을 하고 있는 거냐고 팝스트에게 물었다. 그는 사람들이 하는 말을 영어로 옮겨 줬다. "그녀는 연기를 하지 않아. 아무것도 하는 게 없어." 그의 다음 영화인 <길 잃은 소녀의 일기>에 브룩스를 다시 캐스팅한 위대한 독일 감독은 그 이야기를 듣고는 기분이 좋았을 것이다.

영화계에 대해 집필된 가장 매혹적이면서도 솔직한 책에 해당하는 브룩스의 자서전 『할리우드의 룰루Lulu in Hollywood』에 따르면, 팝스트는 브룩스가 하는 연기의 세세한 점에 대해 논의하기를 거절했고 배우들과 집단적으로 작품을 논의하는 자리도 결코 마련하지 않았다고 한다. "그는 예측 불가능한 감정을 표출하기 위해 사람들의 인생에 충격을 가하기를 원했다." 팝스트는 연기자들이 서로 어울리는 것도 권하지 않았다. 그녀는 이렇게 썼다. "배우라면 누구나, 그 자리에 있는 사람이건 없는 사람이건, 살아 있는 사람이건 고인이 된 사람이건, 서로를 향해 타고난 반감을 품게 마련이다." 팝스트는 자신이 촬영하는 신에서 표출되는 감정들을 키우기 위해 연기자들 사이의 그러한 긴장 관계를 활용했다. 그녀는 다른 사연도 들려준다. 이 영화에서 브룩스가 얇은 드레스나 나이트가운을 입고 남자 배우와 함께 춤을 추는 신에서, 팝스트는 그녀가 그 아래에 속옷을 입는 것을 금지했다. "내가 속옷을 입더라도 그걸 아는 사람은 아무도 없을 거예요." 그녀가 말하자 그는 대꾸했다. "상대 배우는 알 거요."

루이즈 브룩스는 연기를 하지 않으면서, '아무것도 하지 않으면서' 가장 현대적이고 영향력이 강한 배우 중 한 명이 되어서는 놀라울 정도로 선명한 존재감을 뿜어냈다. 영화에 대해 잘 아는 이들 사이에서 브룩스는 오늘날까지도 여전히 큰 사랑을 받는 배우다. 그녀는 대단히 소박하고, 대단히 직설적이며, 대단한 존재감을 발휘한다. 나는 그녀가 출연 배우 중 네 번째로 크레디트에 등장하는 <쇼오프The Show-Off>(1926)를 보면서 그녀가 출연한 모든 신을 조금도 힘들이지 않고 자기 것으로 만드는 모습을 지켜봤다. 다른 배우들은 그냥 카메라 앞에 있기만 하는 것 같았지만, 그녀는 그 신들에 실제로 존재하는 듯 보였다.

브룩스가 '연기를 하지 않는다'고 말하는 건 그녀가 나무토막 같거나 로봇 같다는 뜻이 아니다. 그녀가 슬픔과 행복, 열정과 두려움을 표출할 때 제대로 된 연기를 펼친다는 데에는 의심의 여지가 없지만, 그녀는 흔치 않은 정도의 침착함을 표출한다. 행복해하는 신이 한창일 때 다른 배우들은 즐거워하는 연기를 할지 모르지만, 그녀는 유별나게 그 즐거움을 곱씹고 인식하는 리액션을 펼친다. 그녀가 여배우로서 한 일은 우리를 적절한 리액션으로 이끄는 게 아니라, 그 신의 리얼리티를 꼼꼼히 관찰하는 것이었다.

그녀에게는 화려한 헤어스타일이 소용없었다. 그녀의 헤어스타일은 비달 사순Vidal Sassoon이 25년 후에 우려먹은 상큼한 페이지보이 단발머리•였다. 그리고 눈썹은 동시대 여배우들의 교태를 부리는 듯한 아치형이 아니라 강렬한 직선형이었다. 몸매는 무척이나 가냘프고 탄탄해서 금방이라도 날아오를 준비가 되어 있는 듯 보였다. 이러한 그녀는 자신의 최고작들에 출연해 상당히 비범한 일을 벌였다. 그녀는 시각적인 반응을 보이면서 감정을 전달하는 대신, 우리에게 그런 감정을 전송하는 장치인 것처럼 행동했다. 그녀는 관객에게 흔치 않은 수준까지 자신에게 공감하라는 분위기를 만든다.

1928년에 그녀는 세계적으로 손꼽히는 무비 스타였으면서도 할리우드를 지긋지긋해했다. 그녀는 여배우를 대우하는 업계의 방식에 넘어가기에는 지나치게 영리한 사람이었다. 그녀는 연기를 하려는 열정에 불타는 여배우들에 신물이 난 팝스트의 초청을 받아 베를린으로 향했다. 1925년에 팝스트는 절제된 연기를 펼치는 또 다른 연기자인 그레타 가르보Greta Garbo와 작업하기도 했었다. 팝스트와 브룩스는 힘을 합쳐 위대한 무성 영화 두 편을 만들었고, 여성 동성애와 매춘을 표현하면서 스캔들을 일으켰다. 하지만 브룩스는 할리우드로 돌아온 후 <공공의 적The Public Enemy>에서 제임스 캐그니James Cagney를 상대하는 주인공 역할을 거절하면서 영화업계의 심기를 거스르고 말았다. 1930년대에 성공하지 못한 영화 몇 편에 출연한 그녀는 이후 자서전에 이렇게 썼다. "나는 서른여섯 살 난 성공하지 못한 여배우인 나에게 열려 있는, 소득이 짭짤한 유일한 직업은 콜걸이라는 것을 발견했다." 그녀의

• 끄트머리를 안으로 감은 헤어스타일

손님 중 한 명이 CBS의 창립자 윌리엄 S. 페일리William S. Paley였다. 그는 그녀의 여생 동안 매달 그녀에게 수표를 보냈다.

그러다가 프랑스 영화 평론가들이 그녀를 다시 발견했다. 자주 있는 일처럼, 그들은 대단히 우수한 미국 영화들을 10년쯤 먼저 미국인들에게 알리고 있었다. '위키피디아'에 등재된 글은 시네마테크 프랑세즈의 설립자이자 작가 감독 이론을 주장하는 이들에게 엄청난 영향을 준 앙리 랑글루아Henri Langlois가 한 말을 인용한다. "가르보는 없습니다. 디트리히Marlene Dietrich도 없습니다. 루이즈 브룩스만 있을 뿐입니다!" 1950년대 말에 조지 이스트만 하우스 소속 영화 큐레이터 제임스 카드James Card가 뉴욕에서 그녀를 찾아내 그녀와 친분을 맺고, 그녀에게 로체스터에 거처를 마련해 주고는 『할리우드의 룰루』를 쓰라고 부추기면서 그녀의 커리어에 제2의 인생을 열어 줬다는 건 잘 알려진 사실이다. '위키피디아'는 그가 '은둔자'로 살아가던 그녀를 발견했다고 말하지만, 그녀가 딱히 빈민가에서 살았던 건 아니었다. 페일리가 충심을 보인 덕분이었다. 영화 홍보계의 베테랑인 존 스프링어John Springer는 내게 이런 말을 했다. "어느 날 밤에 우리 집에서 열린 디너파티에서, 카드는 루이즈 브룩스를 찾아내기 위해서라면 무엇이건 내줄 의향이 있다고 말했습니다. 나는 그에게 그건 그리 힘든 일이 아닐 거라고 말했죠. 그녀는 우리 집 복도 건너편 아파트에 살았으니까요."

<길 잃은 소녀의 일기>는 그녀의 영광스러운 나날을 닫았던 작품이다. 이 영화는 <판도라의 상자>에 필적하는 작품은 아니었지만, 그녀는 <판도라의 상자>에서 보여 준 것과 비등한 높은 수준의 연기를 <길 잃은 소녀의 일기>에서 펼친다. <길 잃은 소녀의 일기>에는 1930년대 초에 검열이 강화된 이후로 주류 영화계에서는 거의 자취를 감춘 솔직함이 담겨 있다. 우리는 그녀가 연기하는 티미안을 첫 영성체 날을 맞은 순수한 어린 소녀로 처음 만나게 된다. 그녀의 가족은 아버지가

소유한 약국 위층에 산다. 약국을 운영하는 이는 마이네르트(얼굴은 이리 같고 웃음은 비열한 배우 프리츠 라스프Fritz Rasp)라는 남자다. 티미안의 아버지가 집안의 젊은 가정부를 임신시켰다는 게 밝혀지자, 가정부는 집에서 쫓겨난다. 다음에 들어온 가정부 메타는 그 아버지가 유혹할 만한 남자라는 걸 알고는 힘 들이지 않고 그를 유혹한다.

티미안은 아버지와 메타가 새 가족을 꾸리기 시작하자 따돌림을 당하고 있다고 느낀다. 그녀는 마이네르트의 아기를 임신하는데, 이건 부르주아 가정이 감당하기에는 지나치게 과한 스캔들이다. 티미안은 아이를 출산한 후 잔혹한 '갱생원'에 보내진다. 이 갱생원은 가학적인 레즈비언 작업 감독과 그녀의 덩치 큰 대머리 남편이 운영하는 곳이다. 다른 아가씨와 도망친 그녀는 매음굴로 이어지는 길을 찾아낸다. 할머니 같은 매음굴 마담은 티미안이 해야 할 업무가 어떻게 구성될 것인지를 명확하게 보여 준다.

손님 중에는 그녀의 집안의 오랜 친구이자 파락호인 오스도르프 백작이 있다. 그는 뜨뜻미지근한 심정으로 티미안을 도우려고 하지만 그 시도는 허사가 된다. 조금도 거리낌 없는 아이러니한 엔딩에서 오스도르프의 부유한 삼촌은 티미안과 결혼하고, 이제 그녀는 위기에 처한 젊은 여성을 구조하는 단체의 회원이 된다. 단체는 매음굴을 방문하고, 이곳에서 티미안은 세상이 자신에게 기대하는 개혁가 역할을 수행하려고 하면서 결국에는 분노하며 떨쳐 일어난다.

이 영화의 주목할 만한 요소 하나는 — <판도라의 상자>가 딱 그랬던 것처럼 — 티미안의 이야기 전체가 전적으로 '룰루의 이야기'였다는 것이다. 루이즈 브룩스는 스크린에서 조역을 연기하기에 적합한 개성이나 존재감은 갖고 있지 않았다. 두 젊은 여성이 피해자라고 하더라도 둘 다 무력한 캐릭터가 아니고, 그녀를 이용해 먹으려 드는 남자들은 자신이 저지른 악행에 따른 업보를 치르게 됐다는 걸 발견한다. 잔혹한 세상에서, 브룩스가 연기한 캐릭터들은 오랜 세월을 인내한 인물들로 우뚝 선다. 그녀가 어떻게 이런 연기를 달성해 냈는지는 그녀가 펼친 연기의 미스터리다. 그녀는 이렇게 썼다. “영화라는 위대한 예술은 무언가를 묘사하는 얼굴과 몸뚱어리의 움직임으로 구성되는 게 아니라, 강렬한 고립 비슷한 것에서 전송되는 사고와 영혼의 움직임으로 구성된다.”

꽁치의 맛

秋刀魚の味

감독	오즈 야스지로	
주연	이와시타 시마, 류 치슈	
제작	1962년	113분

중년인 두 제자가 노년의 스승을 모시고 외식을 나간다. 심하게 취한 스승은 깊은 슬픔에 잠긴다. 스승은 제자들에게 우리는 홀로 사는 거라고, 늘 혼자라고 말한다. 스승은 자신을 돌봐 주는 딸과 산다. 결혼한 적이 없는 딸은 그가 죽으면 혈혈단신이 될 것이다. 그는 <꽁치의 맛>의 주인공 히라야마에게 이런 실수를 저지르지 말라고 충고한다. 딸이 너무 나이를 먹기 전에 지금 당장 결혼을 시키라는 것이다.

히라야마는 대답한다. “으음.” 그는 분명한 속내를 드러내지 않는다. 그는 아들과 딸과 함께 산다. 딸은 두 남자 모두의 시중을 든다. 다른 아들은 결혼을 했다. 히라야마는 스승이 서글프게 던진 충고를 곰곰이 생각한다. 그의 사무실에서는 딸 또래인 젊은 여성이 결혼을 준비하고 있다. 어쩌면 노스승이 한 말은 옳을 것이다. 만찬이 열리던 밤에 제자들은 스승을 집에 모셔 갔다. 제자들은 스승님 부녀가 지금은 국숫집을 하고 있음을 알게 된다. 스승의 딸은 아버지가 다시 술에 취한 걸 보고는 진저리를 친다. 아버지를 보살피는 그녀는 아버지라는 덫에 걸린 불행한 신세다.

<꽁치의 맛>의 감독 오즈 야스지로小津安二郎, 1903~1963를 많이 알게 될수록, 그의 고요한 수면 밑에 있는 물의 수심이 정말로 깊다는 것을 더더욱 실감하게 된다. 오즈는 영화 탄생 후에 나타난 위대한 아티스트 중 한 명이다. 이 영화는 그의 유작이다. 그는 결혼한 적이 없다. 어머니와 60년 동안 살았고, 어머니가 세상을 뜨고 몇 달 후에 본인 역시 숨을 거뒀다. 그는 거의 모든 연출작에서 동일한 핵심 주제들로, 그러니까 고독이라는, 가족이라는, 의지依支라는, 결혼이라는, 부모들과 자식들이라는 주제로 거듭해서 돌아갔다. 그는 이런 테마들에 빛을 비췄고, 프리즘은 각각의 시나리오에 변형된 빛을 뿌렸다. 그의 모든 영화는 그의 인생이라는 정서적 공간 내부에서 만들어진다. 그는 자신의 인생에서 멜로드라마 같은 기쁨이나 비극이 아니라, 모든 사물에 깃든 달곰씁쓸한 무상함을 가리키는 일본식 표현인 '모노노아와레物の哀れ'를 찾아낸다.

나는 마음을 차분히 가라앉히고 평정을 되찾으려는 욕구를 느끼면서 틈틈이 오즈에게로 돌아간다. 그는 인간의 본성을 깊이 이해하는 사람이면서 그것에 대한 극적인 주장을 펼치는 일은 전혀 하지 않는 사람이다. 우리는 이 세상에 존재한다. 우리는 행복해지기를 소망한다. 우리는 일을 잘하고 싶어 한다. 우리는 고독에 갇혀 있다. 그리고 인생은 흘러간다. 그가 이런 비전을 대단히 독특한 영화적 스타일로 구현하기 때문에, 우리는 단일 숏 하나만 보고도 그게 오즈의 영화임을 알아차릴 수 있다. 그의 영화들의 배경은 대체로 실내다. 그의 카메라는 다다미에 앉은 사람의 눈높이에 있다. 카메라는 결코 움직이지 않는다. 그의 숏은 누군가가 프레임에 들어오기 전에 시작했다가 그 프레임이 다시 비워지고 난 후에야 끝나는 경우가 잦다. 전경前景에는 프레임을

잡는 문, 벽, 물건 들이 있다. 그는 숏 내부에 존재하는 이런 사물들에 세심한 주의를 기울인다.

그와 함께 작업한 이들은 오즈가 숏에 소품들을 배치할 때 강박적이다 싶을 정도의 관심을 보였다고 회상했다. 특히 영화마다 거의 낙관落款처럼 등장하는 작은 찻주전자가 있다. 물건들 자체는 그것들이 화면 구도 면에서 수행하는 기능만큼 중요하지는 않다. 그는 움직이지 않는 프레임 내부에 층을 하나 깔아 우리의 시선을 전경에서 후경後景으로 이끄는 경우가 잦다. <꽁치의 맛>은 그가 1958년부터 1962년까지 만든 여섯 편의 컬러 영화 중 한 편이다. 이 영화에서 그는 우리의 시선을 프레임 깊은 곳으로 이끌기 위해 특히 빨간색을 잘 활용한다. 거의 모든 숏의 전경과 중경中景, 배경에 빨간색이나 오렌지색인 물체가 있다. 눈에 확 들어오는 물건들은 아니다. 의자나 벽에 걸린 표지판, 고리 모양의 옷걸이에 걸린 옷가지, 꽃병, 혹은 몇 권의 책일 수도 있다. 딱히 어떤 의미가 있는 물건들은 아니다. 하지만 빨강은 지배적인 색이기 때문에 그 물건들은 그가 보통 구사하는 파스텔 색조의 구도 속으로 우리의 시선을 이끌면서 우리가 생기 없는 판유리를 통해서만 어떤 숏을 읽어 내지 못하도록 막는다. 그 물건들은 3D의 가식을 조롱하는 깊이 있는 공간을 그의 영화에 부여한다.

당신이 오즈를 사랑하는 사람이라면 <꽁치의 맛>에 류 치슈笠智衆가 출연한다는 이야기는 들을 필요가 없다. 그는 오즈가 만든 거의 모든 영화에 출연한 배우이기 때문이다. 우리는 그가 항상 오즈의 캐릭터를 내성적이고 차림새가 단정하며 과묵한, 그리고 오즈 자신처럼 두주불사의 술꾼인 데다 속내를 대놓고 드러내기보다는 명상에 잠긴 듯한 캐릭터를 연기한다고 느낀다. <꽁치의 맛>에서 그가 연기하는 히라야마는 구체적으로 어떤 곳인지는 알려지지 않은 공장에 다니는 월급쟁이다. 그는 스물네 살인 딸 미치코(이와시타 시마岩下志麻)와 그보다 어린 아들 가즈오(미카미 신이치로三上真一郎)와 같이 산다. 큰아들 고이치(사다 게이지中井寬一)는 이미 결혼했다. 호리호리한 히라야마는 늘 옷을 잘 차려입는다. 그의 기분이 어떤지는 우리가 추론해야 하는 몫으로 남는다. 오즈는 관객이 캐릭터에게 느끼는 공감을 내면의 감정을 드러내는 대사보다 선호한다. 류 치슈가 연기하는 캐릭터는 다른 사람에게 반응을 보일 때 구체적인 말은 않으면서 "으음"이라는 짧은 음절만 거듭 사용한다. <꽁치의 맛>을 보면서 큰아들이 사용하는 그것을 두세 번 들었는데, 나는 그 사실을 깨닫고는 빙긋이 미소를 지었다.

영화의 배경은 히라야마의 사무실과 집, 술집과 레스토랑 몇 곳, 그리고 그의 아들 집이다. 대단히 많은 장면에 술 마시는 모습이 등장한다. 오즈의 작품에는 이런 요소들이 메아리친다. 옛 스승과 재회한다는 설정은 이번에도 너무 늙지도 않고 너무 젊지도 않은 류 치슈가 출연한, 이번에는 아들과 함께 사는 아버지 역할을 연기한 <아버지가 있었다父ありき>(1942)에서도 볼 수 있다.

오즈는 살면서 몇 가지 일을 겪었다. 연출작에서 결코 다루지 않은 군 복무 경험은 별개로 치더라도 말이다. 그는 학교를 다녔고(흡연하고 술 마시고 수업을 빼 먹다가 퇴학당했다), 일을 했고, 결혼하지 않았고, 지나치게 술을 많이 마셨고, 외로워했고, 자신을 사랑하는 동료들과 어울려 많은 시간을 보냈다. 이것들이 그가 영화로 들려주는 이야기를 구성하는 요소들이다. 우리는 그가 어머니를 자신을 옥죄는 굴레처럼 여겼을지 여부를, 결혼하고 싶었는지 여부를 확실하게 알 수가 없다. 그가 1930년대에 게이샤 때문에 약간의 곤경을 겪었다는 루머가 있지만, 그는 약혼을 했거나 대단한 로맨스를 피워 내지는 못했다. 그는 거의 모든 영화를 자신을 존경한 스튜디오인 쇼치쿠에서 작업했다. 일본인들은 그를 자국의 가장 위대한 감독으로 여겼지만, 그는 구로사와黑澤明와 달리 서구에는 알려지지 않았다. 쇼치쿠는 그를 해외에서 먹히기에는 '지나치게 일본적인' 감독으로 여겼다. 그러다가 평론가 도널드 리치Donald Richie가 1970년대 초에 베니스영화제에서 그의 작품 몇 편을 상영하는 기획을 했다.

크라이테리언이 출시한 <꽁치의 맛> DVD의 부록에는 프랑스 평론가 미셸 시망Michel Ciment과 조르주 페렉Georges Perec이 사망한 지 10년 후에야 그들의 시야에 들어온 이 위대한 감독에 대해 논의하는 당시의 TV 프로그램이 수록되어 있다. 두 사람은 그의 작품이 끼친 영향을 묘사하려 애쓴다. "이것은 선禪입니다. 살아 숨 쉬는 현재의 순간이 안겨 주는 희열입니다."(시망) "아무것도 지속되고 있지 않을 때 벌어지는 일을 다룬 작품입니다."(페렉) '모노노아와레.'

페렉은 이 영화의 감정적인 정점頂點인 게 분명한, 딸이 결혼하는 날의 장면에서 두 번 울었다고 밝힌다. 전통 혼례복 차림의 환히 빛나는 그녀는 아버지가 자신을 볼 수 있도록 몸을 돌린다. 부녀는 무슨 생각을 하고 있을까? 딸은 아버지와 남동생이 자신 없이는 살림을 할 수 없기 때문에 자신이 결혼하는 건 안 될 일이라고 주장했었다. 하지만 그녀는 아버지의 소망을 따르는 데 동의했다. 우리는 심지어 그녀와 결혼할 남자를 보지도 못했다. 중요한 건 그녀의 남편이 될 사람이 누구냐가 아니라, 그녀가 떠나는 남자가 누구냐이다. 히라야마는 그녀를 찬찬히 살피고는 말한다. "으음." 관찰하고 인정하고 그 사실을 받아들인다는 투로. 환한 웃음은 없다. 이별을 담은 이 장면은 오즈에게는 폭력을 담아낸 장면에 가깝다. 부녀가 엄청난 애정이나 욕구를 공유한다는 암시는 없었다. 하지만 두 사람은 변치 않는 라이프 스타일을 확고히 유지했었다. 그런데 결혼이 그 라이프 스타일을 무너뜨렸다.

사이토 다카노부斎藤高順가 담당한 사운드트랙 음악은 — 오즈의 영화에서 자주 그러는 것처럼 — 서구적인 음악으로 (구체적으로는 이탈리아풍으로) 들린다. 시대착오적인 음악은 아니다. 당시에도 서구의 음악은 일본에 잘 알려져 있었으니까. 매력적인 음악은 향수를 불러일으킨다. 이 음악의 쾌활함은 많이 절제되어 있다. 음악은 아무도 말로 표현하지 않는 다음과 같은 사실을 밝힌다. 우리는 계속 살아간다. 우리는 최선을 다한다. 우리는 우리가 받은 운명 안에서 조심스럽게 살아간다. 세상은 변한다. 마지막 숏에서 우리는 집에, 빈 복도의 끄트머리에 있는 주방에 혼자 있는 히라야마를 본다. 그는 잔에 차를 약간 따른다. 그 찻주전자는 오즈가 영화 작업을 해 온 평생의 여정 동안 갖고 다닌, 평범하지만 독특한 작은 찻주전자일 것이다. 그의 낙관일 것이다.

나라야마 부시코 楢山節考	감독	기노시타 게이스케	
	주연	다나카 기누요, 다카하시 데이지	
	제작	1958년	98분

<나라야마 부시코>는 섬뜩할 정도로 잔혹한 이야기를 들려주는 대단히 아름다운 영화이자 절묘한 책략을 담은 일본 영화다. 이 작품이 작품의 근원인 가부키 스타일과 산골짜기의 굶주림이라는 주제 사이에 펼쳐 놓은 공간은 정말로 장관이다! 이 마을은 70세가 된 노인을 산비탈에 데려가 추위와 야수 같은 것들에 노출돼 목숨을 잃도록 유기하는 전통을 강요한다.

기노시타 게이스케木下惠介, 1912~1998 감독의 이 1958년 영화는 오솔길 옆에 졸졸 흐르는 개울과 매트 페인팅으로 그린, 이슬 맺힌 저녁에 박무가 낀 배경이 딸린 정교한 세트와 극적인 순간에 배경을 깜깜하게 만들어 버린 다음에 다시금 현실적인 조명을 치는 식의 조명 스타일을 활용하는, 감독의 고심이 반영된 스타일로 이야기를 들려준다. 영화의 일부 실외 장면은 시커먼 전경前景과 피로 물든 것 같은 시뻘건 하늘을 활용하고, 다른 장면들은 회색과 청색을 활용한다. 그리고 가부키

공연에서 그러는 것처럼, 무슨 일이 벌어지고 있는지를 관객에게 알려주는 검정 옷을 입은 내레이터가 등장한다.

이 작품은 엄청나게 큰 감정이 실린 이야기를 들려준다. 다나카 기누요田中絹代가 전통이 강요하는 숙명의 면전에서 그것을 체념하고 감수하는 70세 과부 오린을 연기한다. 그녀의 선택은 자신에게 닥친 운명에 격렬히 저항하는 이웃 마타(미야구치 세이지宮口精二)의 행동과 극명하게 대비된다. 각자의 가족들의 태도도 비슷하게 대조적이다. 어머니를 사랑하는 오린의 아들 다쓰헤이(다카하시 데이지高橋貞二)는 그녀를 산비탈로 모셔 갈 생각이 눈곱만큼도 없는 반면, 마타의 가족은 이미 그에게 음식을 주지 않고 있다. 그래서 마타는 먹을거리를 찾아 필사적으로 마을을 헤매 다닌다. 오린은 그에게 공깃밥을 대접하고, 그는 그것을 걸신들린 것처럼 먹어 치운다.

운명을 체념하는 오린과 어머니에게 내려진 사형 선고를 집행하기를 주저하는 아들과는 대조적으로, 오린의 못돼 먹은 손자 게사키치(이치가와 단시市川猿翁)는 할머니를 없애지 못해 안달하면서 그녀가 70세 나이에도 이빨 서른세 개가 모두 멀쩡하다는 사실을 조롱하는 노래를 부르기 시작한다. 이 노래를 배운 마을 사람들은 앙심이 섞인 합창을 한다. 그들이 부르는 노래는 오린이 마귀들과 거래를 했기 때문에 이빨이 모두 멀쩡하다고 암시한다. 자신이 죽어 마땅한 사람이라는 걸 증명하려고 열심인 오린은 딱딱한 돌을 씹는다. 사람들이 그녀를 다시 봤을 때 그녀의 입에는 부러져서 피가 흥건한 이빨이 드러난다.

이런 냉혹한 이미지는 노래와 춤을 위주로 영화를 구성해 나가는 방식과 대조된다. 이 작품은 가부키 스타일로 제시되지만, 작품의 원작은 가부키 공연이 아니라 소설이다. 나는 이야기를 이렇게 양식화된 방식으로 제시하겠다는 기노시타의 판단이 옳았다고 믿는다. 그가 선택한 형식 덕에, 이 작품은 실제로 있었던 사건을 서술하는 이야기라기보다는 꾸며 낸 우화에 더 가까운 작품이, 그래서 관객이 더 잘 견딜 만한 작품이 된다.

세트와 배경은 아름다운 풍광으로 변화하는 계절들을 반영한다. 봄과 여름, 가을철의 단풍, 그런 후 나라야마의 비탈에 쌓인 겨울날의 눈. 카메라가 황량한 풍경을 훑으려고 수평 이동하면, 산꼭대기에는 검은 새들이 눈 덮인 바위에 자리 잡고 있다. 결국에 어머니를 산속 공터에 모신 다쓰헤이는 내리는 눈을 안도하며 반긴다. 어머니가 조금이라도 빨리 동사凍死할 것이기 때문이다. 그는 이 사실을 오로지 아무도 없는 곳에서만 노래로 부를 수 있다. 산을 오르는 여정에는 엄격히 지켜야 할 규칙이 세 개 있다. (1) 나라야마로 가는 길을 나선 뒤로는 절대로 말을 해서는 안 된다. (2) 새벽에 길을 나서는 모습을 아무에게도 보이지 말아야 한다. (3) 절대로 뒤를 돌아보지 마라. 이런 규칙들을 철저히 지키는 그의 모습은 온몸이 묶인 채로 아들에게 끌려가며 저항하는 (“이러지 말거라!”), 두려움에 떠는 이웃 마타가 겪는 모험과 대비된다.

이야기의 복판에는 오린의 선량함과 체념이 있다. 그녀가 홀아비 아들에게 맞는 이상적인 새 아내가 될 거라고 결정한 40세 과부 다마얀(모치즈키 유코望月優子)을 다정히 맞는 모습을 특히 주목해 보라. 어느 누구도 송어를 잡지 못할 때 송어를 잡는 능력으로 유명한 그녀는 안개 자욱한 밤에 다마얀을 숲으로 데려가 언제든 송어를 볼 수 있는 개울 속 바위 아래의 비밀 장소를 알려준다. 이 비밀은 그녀가 맞은 첫 며느리에게도 밝힌 적이 없는 것이었다. 심지어 그녀는 첫 손자가 태어나기 전에 죽고 싶어 한다. 마을에서 굶주린 입을 하나 줄여 주고 싶기 때문이다.

오린의 행동을 이상하게 생각할 사람들이 있을 것이다. 당연하다. 그런데 그녀는 제2차 세계 대전이 끝난 직후의 몇 년간 닥친 처참한 현실의 면전에서 그런 현실을 받아들이는 일본인의 능력을 찬양하려는

32

의도로 창작된 캐릭터일 것이다. 기노시타가 연출한 우화에다가 유사한 것들을 무엇이건 짝지어서 그럴 듯하게 보이게 만들 수 있지만, 내가 제시한 설명이 제일 잘 맞아떨어지는 듯 보인다.

기노시타 게이스케는 구로사와 아키라黒澤明와 동시대 감독이다. 그는 아이디어가 머릿속에서 우후죽순처럼 솟아난다고 말하며, 감독 경력의 첫 23년간 시대와 장르를 종횡무진하며 42편의 영화를 만들었다. 그는 활동사진을 본 즉시 거기에 매료됐다. 고등학생일 때 자신의 고향에서 영화 촬영 광경을 본 그는 가출을 해서 교토에 있는 스튜디오로 갔다. 그의 가족은 그를 귀가하게 만들었지만, 나중에는 그가 세운 장래 계획을 반대하는 걸 포기했다. 대학 교육을 받지 않은 그는 촬영장에 주둔하는 사진작가라는 변변치 않은 일로 영화계 경력을 시작했지만, 스튜디오 총책임자에게 시나리오를 보내고 또 보내면서 승진하는 데 성공했다.

그는 드라마, 뮤지컬, 스릴러 등 다양한 장르의 영화를 만들었지만 <나라야마 부시코>와 비슷한 영화는 결코 다시 만들지 않았다. 감정을 배제한 사무적인 태도로 숙명과 예술을 병치한 이 작품은 잊을 수 없는 인상을 남긴다. 다쓰헤이의 후처 다마얀은 그에게 말한다. "우리도 70세가 되면 함께 나라야마로 올라가요."

# 나이트 무브 Night Moves	감독	아서 펜	
	주연	진 해크먼	
	제작	1975년	100분

아서 펜Arthur Penn, 1922~2010의 <나이트 무브>는 시대에 뒤떨어진 사립 탐정의 이야기다. 그는 너무나 뻔한 말만 해 대고 뻔한 일만 하는 동안 그로서는 도무지 이해할 길이 없는 플롯에 둘러싸인다.

진 해크먼Gene Hackman이 연기하는 해리 모스비는 1975년의 로스앤젤레스에서 옛날 옛적의 필름 누아르 영화들에 나온 짓들을 여전히 고스란히 따라하는 듯 보이는 남자다. 그의 사무실 현관 유리에는 이렇게 적혀 있다.

모스비

비밀조사원

그리고 그의 낡아 빠진 책상과, 의심의 여지없이 비열한 거리를 굽어보는 아치형 창문에 딱 어울리는 퉁명스러운 소개 문구에는 절제된 낭만적 정서가 담겨 있다. 그의 아내는 늘 그에게 대형 탐정 사무소에 합류해서 현대 세계에 발을 들이라고 권하지만, 그는 구형 무스탕을 몰고 돌아다니면서 자그마한 스프링 공책에 자동차 번호판을 휘갈겨 쓰는 프리랜서 생활을 좋아한다.

영화가 시작되면, 그는 샘 스페이드나 필립 말로 이야기 안에서 완벽하게 편안해할 것 같은 의뢰인의 호출을 받는다. 알린 아이버슨(재닛 워드Janet Ward)은 한때 B급 영화의 스웨터 걸sweater girl•로 부유한 사내들과 두 번 결혼했는데(한 명은 사별했고, 다른 한 명은 헤어졌다), 지금은 외로움에 시달리는 게 분명하다. 해리를 반기는 그녀의 차림새는, 자기 가슴을 지켜보는 일을 할 사람으로 그를 고용한 사람의 차림새이기 때문이다. 그런 그녀의 열여섯 살 난 딸 델리가 가출했다. 그녀는 해리가 딸을 찾아주기를 원한다. 그러면서도 그녀는 해리가 그 일을 하기에 앞서 자신과 술을 한잔하고 싶다면 그것도 근사한 일이 될 거라는 분위기를 풍긴다.

해리는 그 일을 맡지만 일하는 시간 외에는 탐정 노릇을 거의 하지 않는다. 그는 아내 엘런(수전 클라크Susan Clark)이 <모드 집에서의 하룻밤Ma Nuit chez Maud>을 보러 가겠느냐고 묻자 이렇게 대답한다. "로메르Éric Rohmer 영화를 딱 한 번 봤어. 페인트가 마르는 걸 지켜보는 거랑 비슷하더군." 그런 후 그는 극장을 감시하다가 아내가 모르는 남자를 만나는 광경을 본다. 그는 스프링 공책을 꺼낸다. 그 남자는 말리부에 사는 마티 헬러(해리스 율린Harris Yulin)다. 나중에 해리는 그를 앞에 놓고는 신기할 정도로 미지근한 방식으로 캐묻는다. "얼마나 진지한 관계요?" 그가 그 사실을 알고 있음을 알게 된 아내는 그를 탓한다. "왜 나한테 먼저 묻지 않은 거야?" 그는 일종의 치료 요법을 받는 심정

• 꼭 끼는 스웨터를 입고 가슴을 강조하는 여배우

으로 사건을 조사하러 로스앤젤레스를 떠난다.

그의 수사 코스는 우선 영화 촬영장으로 이어진다. 거기서 그는 델리와 데이트를 한 적이 있는 정비공(제임스 우즈James Woods)을 만나고, 그다음에는 그 정비공에게서 그녀를 빼앗은 곡예비행사(앤서니 코스텔로Anthony Costello)를 만난다. 곡예비행사는 델리가 전세 비행기 조종사인 의붓아버지 톰 아이버슨(존 크로퍼드John Crawford)과 플로리다에 있을 거라고 말한다. 플로리다에서 해리는 (이 영화로 데뷔한 멜라니 그리피스Melanie Griffith가 연기하는) 델리가 톰과 그의 연인 폴라(제니퍼 워런Jennifer Warren)와 살고 있음을 발견한다.

이제 우리는 캐릭터 대부분을 승선시켰다. 나는 플롯 묘사를 멈추려고 한다. 플롯 묘사를 그만두는 게 두려워서가 아니라, 플롯을 묘사할 능력이 없다는 게 두렵기 때문이다.

<나이트 무브>를 대여섯 번 보면서 꼼꼼하게 영화를 감상해 보면 영화에서 벌어지는 일을 정확하게 재구성할 수 있을 거라는 말은 맞는 말일 것이다. 그런데 그런 짓은 이 영화가 주장하려는 요점에서 벗어난 짓일 것이다. 나는 일주일 전에 영화계의 성지인 뉴욕주 로체스터에 있는 조지 이스트먼 하우스에서 관객들과 함께 이 영화를 본 후, 어시스턴트 큐레이터인 짐 힐리Jim Healy가 함께하는 논의에 참여했다. 관객으로 가득 찬 공간에서 한 시간 동안 이야기를 나눈 우리는 논의를 시작할 때보다 더 많은 의문을 품은 채 그 공간을 떠났다.

물론 우리는 영화 평론가들이 쓰는 케케묵은 수법에 의지할 수 있었다. "우리에게 플롯을 이해할 의무가 있는 건 아닙니다." 그건 <시리아나Syriana> 같은 영화에는 먹혔다. 그런데 <나이트 무브>는 약간 더 까다로운 영화라고 생각한다. 플롯은 이해될 수 있다. 그러나 수월하게 이해되는 건 아니다. 한 번 감상했다고 바로 이해되는 것도 아니다. 게다가 이 영화의 요점은 해리가 우리만큼이나 혼란스러운 상태라는

것이다. 그가 알고 있다고 생각하는 모든 것을 고쳐 생각해야 하게끔 만드는 무슨 일이 항상 일어난다. 그러다가 영화의 결말에서 그는 모든 걸 다시금 고쳐 생각해야 하게 된다. 캐릭터 중 한 명이 물에 빠져 죽는 동안 무슨 말을 하려는 듯 필사적으로 고개를 젓는 것처럼 보이는 숏이 있다. 그가 하려는 말은 무엇일까? “이런 일을 하려던 게 아니었어”? “나는 보트에 있던 사람이 누구였는지 몰라”? “물속에서”? “당신은 이해 못 해”?

해리는 이해하지 못한다. 그건 확실하다. 부감으로 찍은 영화의 마지막 숏은 멕시코 만류 속에서 정처 없이 맴도는 보트에 탄 그를 보여 준다. 해리의 수사가 어떤 상황인지 보여 주는 빼어난 메타포다.

진 해크먼이 연기했던, 해리라는 이름의 또 다른 캐릭터가 떠올랐다. 그 캐릭터는 프랜시스 포드 코폴라Francis Ford Coppola의 <컨버세이션The Conversation>(1974)에 나오는 해리 콜이었다. 콜은 첨단 장비를 써서 사람들을 도청하고 대화를 감청하는 조사관이다. 그는 광적으로 신경을 쓰면서 피해망상에 시달린다. 그리고 해리 모스비처럼 그는 세상을 사는 데 필요한 만큼 영리하지는 않다. 해리 콜은 작업장을 경쟁자에게 침범당하고, 볼펜에 숨겨진 마이크 때문에 바보가 되며, 모르는 번호에서 걸려 온 전화를 받고, 집주인은 경비 시스템을 통과해서 그의 아파트로 들어온다. 게다가 그는 중요한 대화가 녹음된 테이프를 갖고 있으면서도 녹음된 내용이 무슨 뜻인지 도무지 감도 못 잡는다.

모스비도 콜만큼 무능하다. 그는 수사 과정에서 만난 사람 대부분이 — 서로를 반드시 알고 있을 필요가 없는 사람들조차 — 이런저런 방식으로 엮여 있다는 것을 흐릿하게 이해한다. 그들이 골동품 판매 이상의, 영화를 만드는 것 이상의, 선박과 비행기를 전세 주는 것 이상의 일을 하느라 바쁘다는 것을 그는 가늠한다. 그는 로맨틱한 관계 중 일부를 목격하고 다른 관계들에 직접 엮인다. 옷을 훌훌 벗어던져 사람을 당황하게 만드는 델리는 해리에게 관심이 있는 듯하다. 그런데 그녀는 그를 유혹하려고 그러는 걸까, 아니면 당황하게 만들려고 그러는 걸까? 해리는 폴라에게 빠르게 빠져들고, 그녀도 그에게 매력을 느끼는 듯 보인다. 두 사람은 '나랑 잘래?'라는 말을 암호화한 중요한 이야기를 두루뭉술한 방식으로 밝히는 식의 대화를 한 번 갖는다. 앨런 샤프Alan Sharp가 쓴 시나리오에는 많은 게 생략됐으면서도 곧이곧대로 이해할 수 있는 대사들이 가득하다.

케네디가 총에 맞았을 때 어디에 있었나요?
어느 케네디를 말하는 거죠?

폴라는 초에 불을 붙이고 대단히 흥미로운 상황에서 자신의 젖꼭지가 얼마나 못되게 굴었는지를 이야기한다. 그렇지 않았다면 해리는 자신이 어딘가 다른 결론에 도달하고 있다고 믿을 이유를 얻었을 것이다. 그와 폴라와 델리는 한밤중에 바닥에 깔린 유리를 통해 물속을 볼 수 있는 보트를 타고, 델리는 스쿠버다이빙을 하다가 바다 밑바닥에서 해골이 실린 비행기를 발견한다. 물고기가 해골의 눈이 있던 곳을 헤엄치고 있다. 그것은 누구의 해골일까? 이렇게 부패가 심한 상태에서 딱 꼬집어 말하기란 어렵다. 하지만 나는 그게 제임스 우즈가 연기한 캐릭터의 해골이라고 생각했다. 그리고 내 생각은 틀렸다.

나는 틀리고 또 틀렸다. 그런데 그건 해리도 마찬가지였다. 그의 수사와 실제로 일어나고 있는 일 사이에는 엄청난 차이가 있다. 본질적으로 영화는 그가 사립 탐정처럼 굴고 있지만 사건은 그의 면전에서 그와는 별개로 전개되고 있음을 보여 준다. 영화가 개봉했을 때, 두 번째 비행기 충돌과 그 비행기에 탄 사람의 정체에 대한 많은 논의가 있었다. 그런데 이스트먼 하우스에서 그 사람의 정체는 대단히 뚜렷했다.

하지만 답이 나오지 않은 채로 남은 것은 그가 그 비행기에서 하고 있던 일이 무엇인지, 그가 한 손에 기관총을 들고 다른 손은 깁스를 한 채로 어떻게 비행기를 몰 수 있었는지, 그가 해리에게 하려고 애쓴 말은 무엇이었는지, 그가 익사하는 걸 보트의 바닥에 깔린 유리를 통해 지켜본 게 누구였는지였다. 대단히 훌륭한 질문들이었다.

<나이트 무브>는 아서 펜의 경력에서 소강상태가 지난 후에 나온 영화다. 그와 해크먼은 <우리에게 내일은 없다Bonnie and Clyde>(1967)에서 같이 작업했었다. 이후로 펜은 <앨리스의 레스토랑Alice's Restaurant>(1969)과 <작은 거인Little Big Man>(1970)을 만들었다. 해크먼에게 그때는 <아버지의 노래I Never Sang for My Father>(1970)와 <프렌치 커넥션The French Connection>(1971), <컨버세이션> 같은 영화들에서 경이로운 연기를 펼치던 시기였다. 그가 <나이트 무브>에 불어넣은 분위기는 중요하다. 분명히 그는 프리랜서 탐정이라는 자신의 신분을 절대적으로 확신한다. 그가 가진 모든 수법이 쓸모없는 상태고, 그가 느끼는 모든 예감이 큰 그림에 대한 무지에 바탕을 둔 것이라고 하더라도 말이다. 챈들러Raymond Chandler는 "비열하지 않은, 때 묻거나 두려움에 떨지 않는 남자는 이 비열한 거리를 걸어 내려가야 한다"고 말했다. 하지만 이 남자가 자신을 조금도 존중하지 않는 플롯으로 자신의 약점을 기습하는 그 거리들을 걸어 내려갈 때, 이 영화는 옛날 옛적의 필름 누아르에 담긴 신념은 숨을 거뒀다고 말하고 있는 듯하다.

내 미국 삼촌 Mon Oncle d'Amérique	감독	알랭 레네	
	주연	제라르 드파르디외, 니콜 가르시아, 로제 피에르	
	제작	1980년	125분

프랑스에서 세 아이가 태어난다. 그중 한 명인 르네는 먹고 살려고 기를 쓰는 농가의 아들이다. 다른 한 명인 재닌은 프롤레타리아의 딸이다. 세 번째 아이 장은 부유한 부르주아의 영지에 있는 대저택에서 태어난다. 아이들은 자라면서 교육을 받고, 종종은 부모의 의사에 반하는 직업을 택하며, 사람들과 관계를 맺는다. 그들은 자신들이 실험실의 생쥐라는 생각은 그리 많이 하지 않는다. 하지만 자신들이 하는 짓이 생쥐가 본능적으로 보여 주는 반응과 시종일관 비슷하다는 사실을 알면서 깜짝 놀라게 된다. 이 관찰은 그들을, 또는 생쥐를 모욕하려는 의도로 실행된 건 아니다.

칸영화제에서 그랑프리를 수상한 알랭 레네Alain Resnais, 1922~2014의 <내 미국 삼촌>은 누벨바그의 선구적인 최고작에 속한다. 이 영화는 대담하다. 당대 최고의 스타들(제라르 드파르디외Gérard Depardieu, 니콜 가르시아Nicole Garcia, 로제 피에르Roger Pierre)을 데리고 영화를 시작한 그는 전통적인 내러티브가 될 것처럼 보이는 방식으로 세 사람의 인생사를 들려준다.

그런 후 그는 네 번째 인물을 등장시킨다. 앞선 인물들보다 훨씬 더 나이가 많은 의사이자 철학자이자 진화 심리학 전문가인 앙리 라보리Henri Laborit다. 라보리는 허구의 인물이 아니라는 점에서 앞선 인물들과 다르다. 그는 자기 자신을 연기한다. 그는 카메라를 똑바로 바라보며 직접 이야기하고, 인간의 행동과 실험실의 동물들을 대상으로 한 많은 테스트에서 인간의 행동이 얼마나 이해되기 쉽게 드러나는지에 대한 자신의 이론을 설명한다. 그는 50년 전에 미국의 시장 조사에 상당한 영향을 끼친 인물이다.

그가 이 영화에 참여하면서 멜로드라마는 무척이나 심란한 통찰의 차원으로 격상된다. 그는 이 영화의 가장 흥미로운 요소가 된다. 우리 인간은 우리가 진정으로 자유 의지를 갖고 있느냐 그렇지 않느냐 여부에 무척이나 관심이 많다. 대중적인 이론이 두 가지 있다. (1) 우리가 하는 모든 행동은 신神에 의해, 또는 우주의 물리 법칙 인과율의 결과물로서 사전에 운명 지어진 것이다. (2) 아니다. 우리는 자유 의지를 갖고 있고, 현실적인 가능성의 한계 안에서 우리가 선택한 대로 행동할 수 있다.

나는 앙리 라보리가 신에 대해 어떤 생각을 품고 있는지 모른다. 그는 우리 뇌의 심오한 부위에서 내리는 지시가 우리의 자유 의지를 우리가 생각하는 수준 이상으로 통제한다고 믿는다. 우리 인류는 파충류 시기를 겪는 동안 형성된, 그리고 이후로 물려받게 된 차원에서 기능하는 원초적인 생존 기능들을 수행한다. 우리가 하는 생물학적인 행동은 배고픔과 욕정, 연애, 영역을 놓고 벌이는 경쟁 등과 관련된 기능을 하는, 우리가 가진 포유류의 뇌가 우리에게 시키는 훈련에 의해 결정되는 일이 잦다. 그다음에 인간은, 그리고 침팬지와 오랑우탄처럼 약간 하등한 종種들은 더 발달된 대뇌피질이 관여하는 수준에 올라섰다. 대뇌피질은 우리가 '나는 저 일이 아니라 이 일을 하기로 선택했어'처럼 의식적인 사고를 할 수 있게 해 주는 곳이다.

우리는 자신이 선택을 한다고 생각한다. 우리는 어느 정도는 선택을 할 수 있도록 미리 준비가 되어 있을지도 모른다. 심지어 선택을 강요받았을지도 모른다. 라보리는 실험실에서 흰 쥐를 대상으로 진행한 실험에 대해 들려준다. 귀엽고 작은 동물들. 쥐 한 마리가 출입구에 의해 양분된 우리에 투입된다. 경고음이 울리면, 그 쥐가 서 있는 바닥이 몇 초간 전기 충격을 가할 것이다. 쥐는 고통을 피하려면 출입구를 통해 잽싸게 이동해야 한다는 것을 배운다. 다시 경고음이 울리고 다시 탈출하는 식의 일이 반복된다. 간단하다. 우리도 그런 상황이면 똑같은 일을 할 것이다.

이제는 문이 폐쇄된다. 경고음이 울린다. 쥐는 탈출하려고 필사적으로 허둥거린다. 탈출이라는 행운은 없다. 전기 충격이 가해진다. 어느 정도 시간이 지나면, 쥐는 탈출 시도를 포기한다. 쥐는 전기 충격 때문에 약간씩 몸을 떨면서 아무런 희망도 없이 웅크리고만 있다. 쥐는 패배감에 젖어 소극적인 모습을 보이면서 더 이상은 탈출할 생각을 하지 않는다. 탈출구가 없기 때문이다. 아하, 그런데 여기서부터 흥미로워진다. 생쥐 두 마리가 하나의 양분된 우리에 투입된다. 그들은 이리저리 도망 다니는 법을 빠르게 배운다. 문이 폐쇄된다. 두 마리 다 탈출하려고 몸부림을 친다. 그런 행운은 없다. 그러면 무슨 일이 일어날까? 그들은 탈출을 포기하고는 처량하게 나란히 웅크리고만 있을까? 전혀 그렇지 않다. 그들은 자기들끼리 싸우기 시작한다.

당신은 내가 영화에 대한 글을 쓰고 있다는 사실을 거의 까먹었나? 레네는 그의 캐릭터들이 유년기에 대해 반응하고 반작용하면서 성장하는 모습을 보여 준다. 농가의 아이는 방직 공장에 취직해 가족의

생계를 돕는다. 그는 파리에서 공부하는 꿈을 꾸지만, 여자 친구가 임신하는 바람에 그 지역에 남았고, 결국에는 공장 책임자가 된다. 한편 열렬한 청년 공산주의자인 여성은 부모에게 반항하면서 극단에 입단하려고 가출을 한다. 이렇다 할 경력을 쌓지 못한 그녀는 지금은 정치인이자 프랑스의 국영 라디오 방송국의 책임자가 된 부르주아 소년의 정부情婦가 된다. 이건 그녀가 젊은 시절에 품었던 이상들에 대한 반항이기도 하다. 그 부르주아는 독실한 가톨릭이면서도 정부와 동거하려고 처자식 곁을 떠난다. 또 다른 반항이다. 아, 그리고 좌천되면서 멀리 떨어진 직장으로 전근된, 가난한 농가에서 태어난 노동자는 회사의 계획에 따라 업무를 수행하기를 거부하는 식으로 반항한다.

세 명 각자는 가정에서, 아내에게서, 직장에서 도망치는 것으로 자유 의지를 실행했다. 맞나? 레네는 이제 겨우 시작했을 뿐이다. 그는 귀로 이야기를 들을 때보다 훨씬 더 잘 펼쳐지는 신들에서 핵심적인 신들을 다른 차원에서 다시 보여 주려고 커다란 흰 생쥐처럼 차려입은 인간들을 활용한다. 그러면서 다른 신들을 분석하기 위해 라보리의 내레이션을 활용한다. 이제, 상이한 사회적 배경을 가진 현대의 프랑스 시민 세 사람은 흔적만 남아 있는 뇌의 중추에서 전송한 지시에 따라 행동하고 있는 것처럼 보이기 시작한다.

이 영화의 천재성은 라보리와 생쥐들이 없더라도 영화 자체만으로도 재미있는 이야기를 들려줄 거라는 점이다. 캐릭터들은 (우리가 그들에 대해 아는 지식을 바탕으로) 공감이 가는 인물들이고, 내러티브는 잘 구축되어 있으며, 우리는 그들에게 관심을 갖게 된다. 그런데 한 시퀀스를 고려해 보라. 그 시퀀스 자체는 완벽하게 우리를 빨아들인다. 그런 후 레네가 어떻게 그 시퀀스를 해체하는지 보라. 장은 섬에서 할아버지 밑에서 자랐다. 그는 재닌에게 언젠가 그녀를 그곳에 데려가겠다고 말한다. 그들은 결별하고 2년 후에 우연히 그 섬에서 만난다. 그들은 썰물 때 근처에 있는 작은 섬으로 간다. 밀물이 몰려온다. 그런데 돌아오는 길에 다투느라 걸음을 멈춘 그들은 오도 가도 못하는 신세가 될 위기에 처한다.

흐음. 그들이 함께하게 된 계기, 헤어진 이유와 과정, 그리고 각자가 아는 것과 모르는 것에 대해 우리가 아는 것을 바탕으로 고려해 보면, 그들이 이날 무척이나 자발적으로 한 것처럼 보이는 행동은 쥐들이 고통을 겪었던 동일한 조건화 과정에 의해 강요당한 거나 다름없는 짓이다. 그런 후 우리는 영화에 등장하는 다른 사건들을 다시 겪으면서 그 사건들을 다른 시각에서 보게 된다. 나는 '해체'라는 용어를 썼다. 때때로 줄거리 구조의 관점에서, 관습적인 장치의 관점에서, 사회적 의미의 관점에서 영화를 연구할 때 적용할 수 있는 용어다. 레네가 힌트를 주는 듯 보이는 건 영화에 등장하는 캐릭터들이, 영화를 만드는 사람들이, 영화를 보는 사람들이 하나같이 어느 정도는 외로운 바닷가에서 수천 년 전에 느닷없이 우리 뇌에 삽입된 충동에 따라 행동하고 있는지도 모른다는 것이다.

1922년생인 알랭 레네는 2009년 5월에 신작 <잡초Les Herbes Folles>로 칸에서 심사위원 특별상을 수상했다. 그는 누벨바그의 여명기에 <히로시마 내 사랑Hiroshima, Mon Amour>과 <지난해 마리앙바드에서L'Année Dernière à Marienbad> 같은 영화들로 명성을 얻었다. 언젠가 그는 만화책에 미쳐 있다고 내게 털어놨다. 그는 위대한 영화들을, 가끔은 묵직한 영화들을 만들었지만 그의 영화에 기발한 유머가 없었던 적은 없었다. <내 미국 삼촌>은 어느 정도는 코미디다. 또한 당신이 오랜 세월이 흐른 후에도 논의하게 될 영화고, 당신이 대부분의 영화를 묘사할 때 사용하는 용어들이 아닌 용어로 논의하게 될 영화다.

자, 이제 내 글은 끝났다. 글의 길이는 적당하다. 나는 숱하게 그래 왔듯이 편집자에게 이 글을 보낼 것이다. 나는 고등학교 때 신문사 일을 처음으로 맡게 된 후로 오랫동안 마감일을 어긴 적이 한 번도 없었다. 나는 내가 마감일을 어기지 않겠다고 선택했기 때문에 그런 거라고 생각하기를 좋아한다. 궁금하다. 당신이, 마감일 지키기를 그리 잘하지는 못하는 사람인 당신이 너무 서둘러 자책을 하지는 말았으면 한다. 글을 거북이 등에 붙여 편집자에게 보내도록 하라. 그건 그렇고, 미국인 삼촌은 결코 모습을 드러내지 않는다.

내일을 위한 길

Make Way for Tomorrow

감독	리오 매캐리	
주연	베울라 본디, 빅터 무어	
제작	1937년	91분

어바나에 살 때 어머니를 모시고 드라이브를 자주 했었다. 어머니는 우리가 가는 길이 샴페인 카운티 요양원을 지날 때면 항상 말씀하셨다. "저기가 내가 결국에 가게 될 곳이야." 어머니는 당신을 하나밖에 없는 자식에게 버림받은 외로운 노인으로 봤다. 이건 어머니가 고작 50대였을 때의 일이다. 어머니는 당신은 노인들이 역사상 처음으로 '국가에 의지해서 살아야' 했던 시대인 대공황의 영향을 강하게 받았다고 말씀하셨다.

<내일을 위한 길>은 대공황 시기에 만들어진 거의 잊힌 미국 영화다. 영화는 우리 어머니가 스스로 상상하셨던 이야기를 들려준다. 50년 동안 행복하게 살아온 부부가 있다. 그들은 은행에 집을 잃는다. 장성한 다섯 자식은 그 소식을 듣고는 진심으로 애석해한다. 하지만 그들이 부모님을 위해 할 수 있는 일은 무엇일까? 자식 한 명은 캘리포니아로 이주한 후 소식이 거의 없다. 다른 자식들은 가까이 살지만, 그들에

게는 부모님을 모두 모실 공간이 없다. 결국 어머니와 아버지가 '당장은' 따로따로 두 자식과 산다는 결정이 내려진다. 부모가 자신들의 집에서 보내는 마지막 밤은 둘이 같은 침대에서 함께 자게 될 마지막 기회다.

아니, 그렇다고 자식들이 부모를 사랑하지 않는 건 아니다. 그러니까…… 바빠서 그런 것이다. 자식들은 부모님을 위한 공간을 '되도록 빨리' 찾아낼 작정이다. 하지만 루시 쿠퍼는 '몇 주간' 손녀하고 방을 같이 써야 하고, 남편인 바클리는 아들의 집 거실 소파에서 자게 될 것이다. 남편은 뉴욕에 있고, 아내는 시골의 소도시에 있다.

두 사람은 전화로 통화한다. 편지를 쓴다. 시간이 흐르고, 그들을 반기던 분위기는 사그라진다. 루시(베울라 본디Beulah Bondi)는 아들 조지(토머스 미첼Thomas Mitchell)와 며느리 아니타(페이 베인터Fay Bainter)가 자신을 요양원에 보낼까 생각하고 있음을 알게 된다. 그리고 바클리(빅터 무어Victor Moore)가 오래도록 못 본 딸과 지내려고 기차로 캘리포니아로 간다는 결정이 내려진다. 당연히 이건 모두 '지금 당장만' 그렇게 하는 일이다.

이 영화는 멜로드라마 최루물이 아니다. 이 영화는 대단히 냉혹한 영화라서 알츠하이머 환자를 다룬 이야기조차 해피 엔딩을 맞게 되는 오늘날에는 찍기 힘든 영화일 것이다. 감독인 리오 매캐리Leo McCarey, 1898~1969는 웃기고 기분 좋아지는 영화들을 만들어서 명성을 얻었다. 로렐과 하디Laurel and Hardy•를 처음으로 짝지어준 인물인 그는 마르크스 형제Marx Brothers의 최고작(<덕 수프Duck Soup>)을 연출했고, 우리 신부님이 우리에게 보러 가라고 추천한 <나의 길을 가련다Going My Way>와 <성 메리 성당의 종Bells of St. Mary's> 같은 영화들을 만들었다.

• 20세기 초 무성 영화 시대에 활약한 코미디 듀오인 스탠 로렐(Stan Laurel, 1890~1965)과 올리버 하디(Oliver Hardy, 1892~1957)를 가리킨다.

그는 <내일을 위한 길>을 만든 같은 해에 케리 그랜트Cary Grant가 출연한 <이혼 소동The Awful Truth>도 만들었다. 피터 보그다노비치Peter Bogdanovich에게 들은 이야기에 따르면, 나중에 <이혼 소동>으로 오스카상 감독상을 수상한 매캐리는 자리에서 일어나 이런 말을 했다. "엉뚱한 영화로 상을 주셨군요."

<내일을 위한 길>은 이런 상황이 빚어낸 사회적인 곤경을 차분히 관찰한다. 못되게 구는 자식은 아무도 없다. 그들은 하나같이 부모님에게 다정하게 이야기한다. 악당은 없다. 그런데 아니타가 거실에서 학생이 스무 명쯤 참석한 브리지 수업을 열었을 때 루시가 들어와 흔들의자에 앉자 의자가 삐걱거린다. 학생들은 집중하지 못한다. 루시는 진심에서 우러난 대화를 하려고 애쓴다. 그것이 그녀가 브리지 대신에 하는 소일거리다. 루시가 바클리에게서 온 전화를 받으면서 수화기에 대고 하는 이야기를 방안에 있는 모두가 들을 수 있는데, 통화 내용은 서글프기 그지없다. 루시는 착한 사람이다. 아니타도 그것을 안다. 하지만 상황은 잘 풀리지 않는다. 루시가 '그녀의' 방에 머무르면 좋을 텐데, 어린 손녀는 그 방을 자기 방이라고 느낀다. 아니타와 딸은 굉장히 큰 바클리의 초상화를 침실과 거실 사이로 가져갔다 되돌려 놓고는 한다. 당신은 집을 '장식'할 때 노인네의 초상화를 걸고 싶지는 않을 것이다.

아들의 값비싼 뉴욕 아파트에서 지내는 바클리는 소파에서 자다가 감기에 걸린다. 의사가 불려 오고, 며느리는 의사가 사실을 알지 못하도록 황급히 바클리를 부부의 침실로 데려간다. 그를 문병 온 사람은 새로 사귄 친구뿐이다. 늙은 유대인 가게 주인(모리스 모스코비치Maurice Moscovitch)인 친구는 상황을 제대로 판단하고는 매캐리가 완벽하게 요약해 내는, 바클리만이 알아볼 수 있는 의미심장한 제스처를 취한다.

중요한 건, 노인들은 현대적인 라이프 스타일에 적합하지 않다는 것이다. 잘못은 라이프 스타일에 있지만, 사람들이 살아가는 라이프 스타일은 그런 것이다. 전통적인 사회에서 가족들은 한집에 거주하는 경우가, 부모님이 전해 주는 라이프 스타일을 자식들이 넘겨받는 경우가 잦았다. 나는 우리 가족과 살면서 그런 경우를 직접 봤다. 그런데 당신은 더 이상은 그런 모습을 많이 보지 못한다. TV 광고에 나오는 '어르신들'은 햇볕에 그을리고 건강하며 섹시한 모습으로 골프를 치고 자신의 미래를 행복하게 계획한다. 그들은 골프를 치던 중에 벼락에 맞는 일만 없으면 늙으면서 병이 들 것이고, 의료비는 그들이 저축해 놓은 돈을 다 녹여 버릴 것이며, 국가가 운영하는 곳이건 그렇지 않은 곳이건 '집'에서 최후를 맞을 것이다. 1990년대부터 광고에 등장한 노년층 스타들의 행복한 모습은 오늘날의 상황을 정확하게 보여 주지 못한다.

그래도 이 영화는 정정당당하게 승부한다. 루시가 브리지 수업에 온 학생들의 신경을 건드릴 때, 본디는 그녀를 매력적이거나 사랑스러운 사람으로 연기하지 않는다. 우리는 우리 자신이 그녀를 정말로 귀찮은 사람으로 생각한다는 것을 깨닫는다. 그녀는 관객인 우리의 신경도 건드릴 것이다. 물론 우리는 항상 우리 자신을 부모가 아니라 자식과 동일시한다. 우리는 자식들이 알아서 분가해 나가는 게 정당한 일이라고 생각하고, 빈 둥지에 남은 분들은 마침내 그분들 인생의 황금기를 누릴 자유를 갖게 됐다고 말한다. 그런데 모든 둥지가 비었을 때 누리는 삶은 어떤 삶일까? 노인들은 아이들의 재잘거리는 소리를 들을 필요가 있지 않을까?

<내일을 위한 길>의 걸출한 마지막 부분은 아름다우면서도 가슴 아프다. 우리는 이 장면이 관객의 기분을 더 좋게 만들어 주려는 스튜디오 임원 때문에 감상적인 장면이 됐다고 상상하기 쉽다. 그런데 매캐리는 그런 사람이 아니다. 영화에서 일어난 일은 아름답고 대단히 슬프다. 모든 게 연기에 달려 있었다. 베울라 본디는 (월리 웨스트모어Wally Westmore의 분장을 받아) 루시를 연기할 때 아직 40대였고, 빅터 무어는

61세였다. 그들은 외모로 보나 몸놀림으로 보나 연기하는 것으로 보나 대단히 설득력 있는 노인이었다. 영화에서 설정된 그들의 나이는 70세 안팎이었다. 1937년에 그 나이는 오늘날 생각하는 것에 비해 굉장히 고령이었다.

딸이 "아버지에게 어울리는 근사한 곳을 찾아낸" 캘리포니아로 가는 기차에 바클리가 오르기 전에, 자식들은 도시에서 부부가 만날 수 있도록 계획을 짠다. 이것은 물론 "두 분이 다시 하나가 될 수 있기 전까지의 임시방편"일 뿐이다. 이런 거짓말이 우리가 삶을 헤쳐 나갈 수 있게 해 준다. 우리는 우리 자신을 자주 속인다. 그날 저녁을 위한 가족 만찬이 계획되지만, 바클리와 루시는 자신들만의 계획을 세운다. 그들이 하는 일과 그 일이 우리에게 안겨 주는 느낌은 예술적인 솜씨로 빚어낸 선물과 같다. 그 일은 우리에게 쉬운 웃음을 안겨 주지는 않는다. 우리에게 위안을 주지는 않는다. 그들은 행복하지만, 속임에 넘어가지는 않았다. 일본인들은 그들이 함께 있는 시간을 '모노노아와레物の哀れ'라고 묘사할지 모른다. 대충 옮기자면 '만물이 지나간 것에 대해 느끼는 달곰씁쓸한 서글픔'을 가리키는 말이다.

이 영화가 내가 가르치는 학생들을 울게 만든 유일한 영화인 오즈 야스지로小津安二郎의 <동경 이야기東京物語>에 영감을 줬다는 말이 있다. 학생들은 이 영화를 보고도 눈물을 흘릴 것이다. 엔터테인먼트는 사물이 마땅히 존재해야 할 방식을 다루고, 예술은 사물이 존재하는 본연의 방식을 다룬다. <내일을 위한 길>의 마무리 부분은 영화를 만든 이들과 캐릭터들 사이의 깊은 공감에 의존한다. 그들은 그들을 존중한다. 두 사람은 평생을 함께해 오면서 가족을 부양했고, 바클리가 일을 그만둘 때까지 그들만의 집에서 살았다. 그들은 품위를 유지하며 살았었다. 지금 그들은 몹시도 감상적인 태도를 보이려는 참이 아니다.

그들이 서로를 얼마나 다정하게 대하는지, 어떻게 존중하며 대하는지 눈여겨보라. 자신들의 일과 삶이 안겨 주는 기쁨에 사로잡힌 낯선 사람들에게 이 영화를 보여 주고 그들 자신의 미래를 슬쩍 엿보게 한 후에 그 사람들의 모습을 관찰해 보라. 그들 역시 부모님을 모실 방이 없는 사람들일 테지만, 낯선 사람들이 — 어쨌든 잠시 동안은 — 얼마나 다정해질 수 있는지를 보라.

이 영화가 발휘하는 막강한 힘은 침착한 시선에서 비롯된다. 영화는 이 상황과 상황이 전개되는 방식을 냉정하리만치 차분하게 응시한다. 그럴싸한 견해는 주장하지 않는다. <동경 이야기>와 마찬가지다. 엄청나게 힘 있는 영화들은 관객들에게 그 작품을 어떻게 느끼라는 식의 지시를 하지 않으면서도 여러 사건을 관객에게 보여 주기만 하는 경우가 잦다. 이토록 진실하면서도 불행한 상황을 가차 없이 다루는 영화가 1937년에 할리우드에서 만들어졌다는 것은 놀라운 일이다.

# 노란 잠수함 Yellow Submarine	감독	조지 더닝	
	제작	1968년	90분

옛날에, 또는 더 까마득한 옛날에, 페퍼랜드라는 나라가 있었습니다. 그 나라는 바다 밑 8만 리그•에 놓여 있습니다, 또는 누워 있습니다(도무지 확신이 서지 않습니다).◆

<노란 잠수함>은 사랑의 여름Summer of Love★이 지나갔지만 우드스톡은 아직 도래하기 전인, 비틀스가 팝 음악의 세계에 우뚝 서 있던 시기인 1968년에 개봉됐다. 당시 '사이키델릭 아트'가 엄청난 영향력을 발휘한 까닭에 사람들은 실제로 노란 종이에 오렌지색으로 인쇄된 언더그라운드 신문들을 읽기도 했다. 그해는 상영 도중에 휴식 시간이 있었던 영화인 <2001 스페이스 오디세이2001: A Space Odyssey>가 지정 좌석 입장

• 1리그(league)는 약 4킬로미터에 해당한다.
◆ <노란 잠수함>의 도입부 내레이션이다.
★ 1967년에 시작된 히피들의 사회적 운동

권을 판매하는 형식으로 개봉된 해였다. 극장 밖 인도에서 티켓 소지자들과 좋은 사이가 된 히피들은 영화의 후반부 상영이 시작될 때 극장에 몰래 숨어들어가 스크린 앞바닥에 등을 깔고 누워서는 시공간을 가로지르는 큐브릭Stanley Kubrick의 여정을 비스듬한 시점에서 관찰하고는 했다. 그들이 그러는 동안 약 기운에 취해 있었다는 이야기도 돌았다.

<노란 잠수함>은 켄 케시Ken Kesey●가 내놓은 것으로 알려진 견해인 '헤드 무비head movie'로 받아들여지기도 했다. "사람들은 그 영화는 약에 취해서 보면 더 근사해 보인다고 말한다. 그런데 그건 모든 영화에 다 맞는 말이다." 이 모든 건 오래 전의, 아주 오래 전의 이야기다. 그리고 지금 여기에 플라워 파워flower power◆ 시절이 보낸 타임캡슐처럼 도착한, 피터 막스Peter Max와 르네 마그리트René Magritte, M. C. 에셔M. C. Escher를 녹여낸 그래픽을 담은 <노란 잠수함>의 복원 버전이 있다. 1960년대에 즐겨 구사되던 다른 클리셰를 빌리자면, 이 영화는 스크린 위에 아이 캔디eye candy★처럼 활짝 피어난다. 비틀스가 부른 노래 열한 곡이 담긴 이 영화는 애니메이션 영화 중에서 사운드트랙이 가장 뛰어난 영화다.

이야기는 음악을 혐오하는 블루 미니들이 침공하면서 페퍼랜드에 닥친 위기의 순간에서 시작된다. 그들은 페퍼 상사의 론리 하츠 클럽 밴드Sgt. Pepper's Lonely Hearts Club Band가 발휘하는 위력을 싫어한다. 이 밴드는 연주대 근처에서 커다란 'YES'가 피어나도록 영감을 줘 왔다. 우뚝 솟은 'LOVE'와 온갖 화사하고 생기 넘치는 장식물은 말할 필요도 없다. 그래서 미니들은 색깔들을 탈색시켜 페퍼랜드를 정지된 회청색의 애니메이션 상태로 남겨 두기 위해 파란색 폭탄들을 터뜨려서는

● 미국의 소설가 겸 반문화 운동가(1935~2001). 소설 『뻐꾸기 둥지 위로 날아간 새』를 쓴 작가로도 유명하다.

◆ 1960년대 말부터 1970년대 초까지 펼쳐진 반전 운동의 슬로건

★ 외모는 매력적이지만 깊이는 없는 것으로 간주되는 사람

모든 걸 얼려 버린다. 미니의 행각에서 벗어난 밴드의 지휘자 올드 프레드는 비틀스에게 도움을 청하려고 노란 잠수함을 타고 도망친다.

이건 심지어 어린이들에게도 어필할 이야기다. 그런데 이 영화는 작품의 밑바닥에 세련된 분위기를 더하는, 세상 물정을 잘 안다는 듯한 재미있는 스타일도 담고 있다. 네 명의 작가가 내레이션과 대사를 집필한 크레디트를 받았다(그중에는 『러브 스토리』를 쓴 에릭 시걸Eric Segal도 있다). 그런데 영화의 전반적인 분위기는 존 레넌John Lennon이 쓴 책 『그 자신의 이야기In His Own Write』와 『일하는 스페인 사람A Spaniard in the Works』이 풍기는 분위기와 같다. 문장들 곳곳에 말장난과 농담, 엉뚱한 행동, 두서없는 이야기가 놓여 있다.

> 키클롭스cyclops•가 있다! 눈이 두 개야. 바이키클롭스bicyclops인 게 분명해. 이건 전부 바이키클롭스에 대한 지식biclopedia이야!

하인츠 에델만Heinz Edelmann의 디자인을 바탕으로 톰 홀리Tom Halley가 연출한 이 애니메이션은 풀 모션full motion◆이 아니고 1차원 평면에 머무르는 게 보통이지만, 뻣뻣하거나 제한됐다는 느낌은 전혀 풍기지 않는다. 전혀 신물이 나지 않는 색채와 발상의 자유를 담고 있는 이 영화는 시각적인 패러독스가 안겨 주는 기쁨을 취한다. 비틀스가 구멍들의 바다Sea of Holes를 방문하는 장면을 숙고해 보라. 이 바다는 위로, 아래로, 옆으로 뚫려 있는 것처럼 보이는 타원형의 검정 구멍들로 구성된 에셔 분위기의 복잡한 풍경이다. 그래서 비틀스는 다양한 차원을 들락거릴 수 있다. (링고Ringo Starr는 구멍 중 하나를 챙기고, 그러다가 나중에 "내 주머니에 구멍이 있어!"라고 기억을 떠올려서는 곤란한 상황에

• 신화에 나오는 외눈박이 거인
◆ 초당 24프레임을 보여 주는 방식

서 그들을 빼낸다.)

영화 내내 차원들과 관련된 이런 환상들이 등장한다. 내가 좋아하는 건 눈에 띄는 건 무엇이건 게걸스럽게 들이마시는 진공청소기 코를 가진 생명체다. 결국 이 생명체는 자신이 존재하는 그 프레임 자체를 들이마시기 시작해 모든 것을 코 안으로 빨아들인다. 그래서 그는 시커먼 스크린에 쓸쓸히 서 있다. 잠시 동작을 멈춘 생명체의 관심은 자신의 꼬리에 맞춰진다. 진공청소기 코로 꼬리 공략에 나선 그는 자기 자신을 들이마시는 데 성공하고, 그런 후에는 아무 것도 남아 있지 않다.

이 영화의 비주얼은 20세기가 정신적인 성과물을 저축해 놓은 은행에서 빌려온 것이다. 버펄로 빌Buffalo Bill과 매릴린 먼로Marilyn Monroe, 팬텀Phantom, 마술사 맨드레이크Mandrake the Magician, 프랑켄슈타인(잠에서 깨어난 그는 존 레넌John Lennon으로 밝혀진다) 등을 발견하는 이미지 저장소 비슷한 곳을 방문하는 장면을 숙고해 보라. 마그리트의 커다란 녹색 사과와 그의 파이프를 비롯해 수십 개의 이미지가 기다란 복도에 달린 문들 밖으로 쏟아져 나온다. 'Eleanor Rigby(엘리너 릭비)'를 위한 사진을 비롯한 실물 사진이 다른 시퀀스들에 삽입된다.

당연한 말이지만, 이 영화의 근간은 노래다. 'Yellow Submarine(노란 잠수함)'과 'Eleanor Rigby', 'All Together Now(이제 모두 함께)', 'Nowhere Man(노웨어 맨)', 'Lucy in the Sky with Diamonds(루시는 다이아몬드와 함께 하늘에)', 'Sgt. Pepper's Lonely Hearts Club Band(페퍼 상사의 론리 하츠 클럽 밴드)', 'All You Need Is Love(당신에게 필요한 건 사랑뿐)', 그리고 영화를 마무리하는 실사 액션 코다로 비틀스가 직접 재치 있는 모습으로 노래하는 'All Together Now'가 있다. 이 영화의 오리지널 사운드트랙은 단일 채널로 녹음되었다. 그래서 내가 가진 이 영화의 희귀 레이저 디스크로 들으면 소리가 약간 탁하게 들린다. 전설적인 애비 로드 스튜디오에서 6트랙 디지털 스테레오로 리

마스터 복원된 버전은 활력과 선명함이 활짝 꽃을 피운다. 오리지널 트랙과 복원된 트랙 사이를 기분 좋게 오가는 영사 기사로 변신한 나는 두 버전을 비교해 볼 수 있었는데, 디지털 스테레오는 누군가가 깜깜한 방의 불을 환하게 켠 것 같은 느낌을 준다.

복원과 관련된 사연은 — 영화 자체의 사연처럼 — 배급업계에 포진한 블루 미니들을 이겨 낸 장대한 승전보다. 비틀스가 (<하드 데이즈 나이트A Hard Day's Night>와 <헬프!Help!>를 찍은 후) <노란 잠수함> 프로젝트를 촬영하겠다고 승인한 이유는, 순전히 그 프로젝트가 영화 세 편을 촬영한다는 조건으로 체결한 계약으로부터 그들이 실제로 영화에 출연할 필요가 없는 상태로 해방될 수 있는 방법이었기 때문이라는 이야기는 널리 알려져 있다. 전하는 바에 따르면, 그들이 이 영화에 들인 노고는 미미한 수준이었다(그들은 자신의 목소리조차 더빙하지 않았다). 그런데 영화의 1차 편집본을 보고는 마음에 들었던 그들은 실사 액션으로 연출된 마지막 신에 출연한다는 데 동의했다.

영화는 1968년에 흥행에 성공했지만, 이후로는 그리 많은 활약을 하지 못했다. 선댄스 채널의 편성 담당 임원 게리 메이어Gary Meyer가 내게 전한 바에 따르면, 이 영화는 1982년에 극장 재개봉 순회 상영에서 제외됐고, 이후 12년간 어떤 형태의 비디오로도 출시되지 않았다고 한다(이 영화의 레이저 디스크는 '이베이eBay'에서 50달러에 판매되고 있다). 메이어의 이야기에 따르면, 이 영화는 TV에서 딱 한 번 방영됐고 케이블에서 방영된 적은 전혀 없었다.

비틀스가 출연한 영화가 왜 이렇게까지 잊힌 걸까? 한눈에 봐도 1960년대의 산물인 영화라서, 저작권 소유자들이 이 영화를 시대에 뒤떨어진 시대물로 간주했기 때문이다. 흐음, 그런데 세상의 모든 영화는 시대물이다. 영화의 경이로운 점이 바로 그것이다. 이 영화는 1997년에 샌프란시스코영화제에서 리바이벌 상영됐는데, 그 영화제에서 얻은 반응은 이 복원 프로젝트에 힘을 실어 줬다. 메이어가 내게 말한 그대로다. “MGM의 후반 작업 담당 책임자 브루스 마코에Bruce Markoe가 뛰어들어 <노란 잠수함>을 애비 로드 스튜디오로 가져갔고, 그곳 사람들은 사운드트랙을 다시 믹싱했어요. 영화의 퀄리티도 깨끗해졌고, 영국에서만 상영됐던 삽입곡 ‘Hey Bulldog(헤이 불도그)’ 가 보너스로, 스토리의 일부로 내러티브 부분에 다시 삽입됐죠.”

그 결과물은 <판타지아Fantasia>처럼 오랫동안 기억에 남을, 음악을 바탕으로 만든 애니메이션 영화다. 삽입곡의 사운드는 극적으로 향상됐고, 줄거리는 많은 애니메이션이 남발하는 선정적인 급박한 위기를 피하면서 비틀스가 <하드 데이즈 나이트>에서 사용했던 무표정하고 절제된 표현을 반영한다. 영화의 소재를 지나치게 단순화하거나 관객에게 영화를 강제로 팔아 치우려는 줄거리를 짜내려는 계획이 세워지지 않은 건 비틀스가 그만큼 인기 있는 밴드로 간주됐기 때문이었고, 노래들이 영화표를 판매하는 데 큰 몫을 했기 때문이었을 것이다. 이 영화는 작위적인 급박한 상황을 연출하는 대신, 관객에게 부담을 주지 않는 기발한 아이디어들을 담고 있다. 이 영화는 환상적인 이미지들로 표현된 순수한 매력덩어리로 존재한다. 그리고 영화에는 노래들이 있다.

노스페라투 Nosferatu: Phantom der Nacht	감독	베르너 헤어초크	
	주연	클라우스 킨스키, 이자벨 아자니	
	제작	1979년	107분

베르너 헤어초크Werner Herzog, 1942~ 의 <노스페라투>의 컬러 촬영은 관객의 뼛속까지 스며드는 특성이 있다. 그것을 '강렬하다'고 부르는 건 부적절한 일일 것이다. 색채는 풍성하고 묵직하며 그윽하다. 대지는 싸늘하고 더러워 보인다. 녹색은 그리 많이 보이지 않고, 화면은 축축하게 젖어 있는 듯 보인다. 산은 울퉁불퉁한 바위투성이로, 칙칙한 데다 날카롭게 날이 서 있다. 실내 장면들은 선명한 빨강과 갈색, 흰색으로 촬영됐다. 사람들의 얼굴은, 무엇보다 드라큘라 백작의 얼굴은 특히 더 하얗다. 이 영화는 두드러질 정도로 아름답지만, 우리를 매료하거나 시각적인 욕망을 충족시켜 주려는 노력은 전혀 기울이지 않는다. 외딴 트란실바니아에 있는 드라큘라의 성으로 향하는 풍광 좋은 도보 여행과 마차 여행은 일부러 아름다운 풍광을 보여 주지 않으려는 듯 찍혔다.

헤어초크의 자연 묘사에는 두려우면서도 경탄할 만한 점이 자주 보인다. 자연은 보는 사람을 행복하게 만들어 주는 게 아니라 무자비한 듯 보인다. 낮게 걸린 구름들은 물 같이 떠다닌다. 산봉우리들은 위협하듯 우뚝 솟아 있다. 그림자들은 공포를 암시한다. 요나단 하커가 여행길에 만난 소박한 농부들은 다채로운 개성을 가진 우호적인 사람들이 아니다. 그들은 그를 멀리한다. 헤어초크는 우리가 처음으로 드라큘라를 볼 수 있게끔 허락할 때까지 서두르지 않는다. 그의 무대는 그가 백작을 찾아가고 있다는 걸 믿지 못하는 사람들이 하는 말과 그들의 눈빛에 의해 설정된다.

헤어초크는 무성 영화 전체를 통틀어 가장 위대한 영화에 속하는 F. W. 무르나우F. W. Murnau의 유명한 <노스페라투Nosferatu>(1922)의 구조를 따른다. 그 작품은 브람 스토커Bram Stoker의 1897년도 소설 『드라큘라Dracula』가 원작이었다. 무르나우는 저작권과 관련한 이유 때문에 캐릭터들의 이름을 바꿨지만, 헤어초크는 원작 캐릭터들의 이름을 자유로이 사용한다. 드라큘라(클라우스 킨스키Klaus Kinski)와 부동산 중개업자 요나단 하커(브루노 간츠Bruno Ganz), 그의 아내 루시(이자벨 아자니Isabelle Adjani), 반 헬싱 박사(발터 라덴가스트Walter Ladengast), 그리고 미친 사람처럼 웃는 렌필드(롤랑 토포르Roland Topor).

영화는 렌필드가 하커에게 드라큘라의 성으로 여행을 가서 소도시에 있는 고립된 부동산을 팔면 쏠쏠한 수수료를 주겠다고 제안하는 것으로 시작된다. 하커는 돈이 필요하다. 아내에게는 더 근사한 집에서 살 자격이 있다고 생각하기 때문이다. 렌필드가 경련하듯 터뜨리는 폭소도 그의 걸음을 막지는 못한다. 그의 여정에는 이 유명한 이야기를 바탕으로 만들어진 다른 많은 영화보다 훨씬 더 긴 시간이 걸린다. 주막에서 그가 드라큘라의 이름을 들먹이자 실내 전체가 그를 응시하기만 하면서 침묵에 휩싸이는 불길한 신이 있다. 헤어초크는 드라큘라가 등장할 때까지 서두르지 않으면서 관객의 기대가 쌓이게 만든다.

하커를 성까지 태워 주려는 마차는 없다. 그에게 말을 팔거나 빌

려주려는 사람도 없다. 하커는 도보로 여행을 계속하면서 무시무시한 틈바구니들 위에 난 비좁은 오솔길을 걷는다. 결국 드라큘라의 마차가 그를 데리러 온다. 그 마차는 영구차처럼 생겼다(실제로 영구차니까). 성문이 삐걱거리면서 열리면 우리는 드라큘라를 보게 된다. 헤어초크는 뱀파이어를 창조하면서 무르나우 영화의 빼어난 아트 디렉션을 따라 백작을 인간보다는 짐승에 더 가깝게 보이도록 만들었다. 당신이 봤던, 톰 크루즈Tom Cruise가 연기하는 잘생기고 부티 나는 뱀파이어는 이 영화에 없다. 머리는 밀었다. 얼굴과 두개골은 광대처럼 하얗게 분칠했다. 손톱은 길고 뾰족하다. 귀는 박쥐의 귀처럼 날카롭다. 쑥 들어간 눈 주위에는 검붉은 색이 감돈다. 그중에서 가장 놀라운 부분은 박쥐의 송곳니처럼 입 가운데에 자리하고는 입 밖으로 드러난 두드러진 송곳니 두 개다. 이 영화를 보면서 그 이빨들을 몰라볼 일은 없다.

헤어초크는 유명한 많은 디테일을 통해 무르나우에게 경의를 표한다. "들어 보시오. 밤의 자식들이 음악을 연주하고 있소"라는 대사, 하커가 빵 칼에 엄지를 베었을 때 백작이 주체를 못하는 욕망, 하인들이 없는데도 불가사의하게 나타난 식사, 그런 후에 드라큘라는 바다를 통해, 하커는 뭍을 통해 루시가 위험에 처한 도시인 브레멘으로 향하는 레이스.

헤어초크는 가장 독창적인 영화감독으로, 리메이크 영화는 그리 많이 만들지 않았다. 그가 만든 다른 유일한 리메이크인 <악질경찰The Bad Lieutenant: Port of Call New Orleans>(2009)은 오리지널하고 너무 딴판이라, 부패한 경찰이라는 아이디어만 유일하게 리메이크에 남았다. 그가 가장 유명한, 그리고 시대의 흐름을 가장 타지 않은 독일 무성 영화를 리메이크하는 데 끌린 이유는 무엇이었을까?

부분적으로는 애정이 원인이었다고 생각한다. 무르나우를 향한 애정, 그리고 그 자신의 일부 연출작에 감도는 으스스한 압박감과 딱 어울리는 영화를 향한 애정. 부분적으로는 오마주였을 것이다. 그런데 나는 무엇보다도 그가 클라우스 킨스키라는 자원을 갖고 있었기 때문일 거라고 짐작한다. 그는 꼬맹이 시절에 킨스키를 처음 만났다. 강렬한 눈빛의 배우가 그와 같은 건물에 살았기 때문이다. “그 순간에 알게 됐습니다.” 그가 내게 한 말이다. “영화를 만드는 게, 그리고 그 영화들에서 킨스키에게 연기 지시를 하는 게 내 운명이라는 것을요.” 두 사람은 거의 공생에 가까운 관계를 발전시켰는데, 그 관계는 가끔은 서로를 죽이겠다고 위협하는 관계에 이르기도 했지만 <아귀레, 신의 분노Aguirre, der Zorn Gottes>와 <피츠카랄도Fitzcarraldo> 같은 비범한 작품들로 이어지기도 했다. 킨스키는 세상의 모든 배우 중에서도 투지 넘치는 인물과 정신 나간 인물을 가장 수월하게 창조할 수 있는 배우다.

누군가에게 뱀파이어를 연기하려고 태어났다는 말을 하는 건 이상한 칭찬이지만, <노스페라투>의 두 버전을 비교해 보면 킨스키만이 막스 슈렉Max Schreck의 연기에 필적하거나 비교 상대가 될 수 있을 거라는 내 생각에 동의하게 될 것이다. 헤어초크는 그의 상대역으로 이자벨 아자니를 캐스팅했다. 이 프랑스 미녀 배우가 이 영화에 캐스팅된 건 완벽한 얼굴 때문이 아니라 천상에 존재하는 사람처럼 보이는 기이한 특징 때문이다. 아자니는 평범한 여성은 쉽게 연기하지 못한다. 그녀의 피부는 항상 도자기처럼 새하얗고 매끄럽게 보인다. 이 영화에서 그녀는 드라큘라의 송곳니가 겨냥하는 순수한 목표 노릇을 한다.

다른 절묘한 캐스팅은 롤랑 토포르를 브레멘의 부동산업자로 출연시킨 것이다. 토포르는 연기도 많이 했지만, 원래는 작가이자 아티스트이고, 알레한드로 조도로프스키Alejandro Jodorowsky(<엘 토포El Topo>)와 함께 ‘무브망 파니크Mouvement Panique’를 공동으로 창설한 인물이다. 헤어초크는 독일의 하찮은 TV 프로그램을 시청하던 중에 완벽한 광기를 떠올리게 만드는 토포르의 기괴한 고음의 웃음소리를 들었던 일을 회상했다. 이 영화에서 그 웃음은 그가 드라큘라와 맺은 관계의 불건전한 속성을 암시하는 데 활용된다.

<노스페라투>는 '공포 영화' 카테고리에 가둘 수 없는 영화다. 이 영화는 두려움 자체를, 그리고 부주의한 사람들이 악의 구렁텅이에 얼마나 쉽게 빠질 수 있는지를 다룬다. 브루노 간츠는 하커를 이상적으로 연기해 낸다. 주인공을 연기하고픈 유혹을 모두 피하면서, 걱정스러운 경고들을 순진하게 묵살해 버린 헌신적인 남편을 연기하기 때문이다. 그는 사랑을 한 다음에 단호한 모습을 보였다가 불안정한 모습을 보인 후에는 두려움에 떨고, 그다음에는 절망을 하다가 결국에는 미쳐 버린다. 완전히 길을 잃는 것이다.

<노스페라투>가 특별히 많은 제작비로 만들어졌다고 믿지는 않지만, 이 영화에 담긴 역사적인 디테일은 가짜가 아닌 것처럼, 설득력 있는 것처럼 보인다. 헤어초크는 대단히 매력적인 풍경을 찾아 많은 곳을 여행했다. 영화 도입부의 미라들은 멕시코에서 찍은 것이고, 산들은 카르파티아산맥이며, 성들과 성들의 잔해는 체코 공화국, 슬로바키아, 독일에 있는 것들이다. 나는 운하가 있는 도시는 네덜란드에 있는 곳이라고 믿는다.

헤어초크는 일부 숏은 무르나우가 촬영했던 곳과 동일한 로케이션들에서 촬영하려고 했다고, 종종은 구도도 비슷하게 잡았다고 내게 말했다. 언젠가 그에게 <아귀레, 신의 분노>와 <피츠카랄도>를 촬영하려고 제작진을 남미의 우림雨林으로 데려간 이유를 물었었다. 그는 자신은 "로케이션이 발휘하는 마술적인 힘"을 믿는다고 말했다. 도시에서 겨우 64킬로미터 떨어진 곳에 있는 우림은 그릇된 분위기를 풍길 것이다. 자신들이 진짜로 황무지에 파묻혔다는 걸 알 경우 연기자들은 상이한 에너지를 뿜어낼 것이고, 관객인 우리는 그것을 감지할 수 있을 것이다. 동일한 취지에서, 무르나우의 배우 막스 슈렉이 서 있던 곳에

서 있는 킨스키는 독특한 에너지를 끌어낼 것이다. 이 영화에는 앞서 만들어진 영화의 귀신이 빙의되어 있다.

킨스키가 자신은 이 역할을 연기하려고 태어난 사람이라고 믿었는지 궁금하다. 신경질적이기로 유명한 그의 감정은 일촉즉발 상태였다. 그럼에도 그는 날마다 메이크업을 하느라 걸린 네 시간을 군말 없이 견뎠다. 박쥐 귀는 부셔야 제거할 수 있었고, 아침마다 새로운 귀를 다시 만들어 붙여야 했다. 슈렉의 연기를 염두에 두면서 그 연기에 빠져든 그는 그 캐릭터를 부분적으로나마 자신의 캐릭터로 만들고 싶어 한 것 같다.

이 영화의 두드러진 특징 하나는 아름다운 화면이다. 아름다운 화면을 연출하는 헤어초크의 감식안이 칭찬을 듣기에 충분할 정도로 뛰어난 경우가 자주 있는 건 아니다. 그의 영화들은 항상 그 작품이 다루는 주제에 몰두한다. 우리는 벌어지는 사건들에 초점을 맞추는데, 그런 영화들에 '아름다운 숏'은 거의 없다. 그가 이 영화에서 팔레트를 통제하는 것을, 불안정한 구도를 잡는 것을, 빛과 어둠을 극적으로 대조시키는 것을 눈여겨보라. 여기, 뱀파이어들의 진지함에 경의를 바치는 영화가 있다. 아니, 나는 뱀파이어의 존재를 믿지는 않는다. 하지만 그들이 실제로 존재한다면 어떻게 생겼을지 보여 주는 작품이 여기 있다.

레옹 모랭 신부

Léon Morin, Prêtre

감독	장피에르 멜빌	
주연	장폴 벨몽도, 에마뉘엘 리바	
제작	1961년	117분

장폴 벨몽도Jean-Paul Belmondo는 <네 멋대로 해라À Bout de Souffle>(1960)를 찍고 1년 후에, 에마뉘엘 리바Emmanuelle Riva는 <히로시마 내 사랑Hiroshima, Mon Amour>을 찍고 2년 후에 <레옹 모랭 신부>에 출연했다. 두 사람은 각자의 초기 경력에서 환하게 달아오른 상태였다. 벨몽도는 그해에 다른 영화를 다섯 편 더 찍었다. 이 영화의 감독은 갱스터와 레지스탕스를 다룬 영화들로 유명한 장피에르 멜빌Jean-Pierre Melville, 1917~1973이었다. 그렇기에 그들이 만들 만한 이상적인 영화는 범죄 영화였을 것이다. 그런데 그들은 그런 영화를 만드는 대신에 욕망과 종교와 정치가 교차하는 이 이야기를 찍었다.

어떤 영화가 20대 초반인 매력적인 사제와 여성이 문을 닫은 방에 둘만 있는 모습을 보여 줄 때, 우리는 우리 뇌에 프로그래밍된 방식에 따라 섹스의 가능성을 상상한다. 사제라면, 젊은 여성이라면 누구나 이 점을 잘 알고 있을 것이다. 50년 전에, 프랑스의 많은 젊은 여성은 잘 알지도 못하는 남자한테 받은 그런 초대를 받아들이기를 주저했을 것이다. 그런데 물론 사제는 금욕을 맹세했고, 또…….

또 뭐란 말인가? 그녀는 그가 진도를 더 나가지는 않을 거라고 믿으면서 그 상황에 호기심을 느낄 거라고? 그는 그녀가 그런 식으로 생각할 거라고 믿으면서 그런 상황을 이용해 먹을 거라고? 가능성은 있다. 그런데 한편으로는 두 사람 모두 종교에 대한 진지한 논의를 하고픈 의도에서 그러는 건지도 모른다. 실제로 두 사람의 그런 논의는 앞서 고해 성사실에서 시작됐다. 바흐니(리바)는 한바탕 싸움을 벌이겠다는 의도를 품고 고해 성사실에 들어갔다. 그녀가 처음에 한 말은 "저를 축복해 주세요. 신부님, 저는 죄를 지었습니다"가 아니라 "종교는 인민의 아편이에요!"다. 그녀는 고해를 받을 신부를 얼굴은 보지도 않고 이름만으로 선택했다. 아들의 이름을 '레옹'으로 지어 주는 부모는 노동 계급일 거라고 생각했기 때문이다.

그녀는 공산주의자다. 중도 정당들이 독일 점령군에 부역하는 비시 정부에 동조하고 있던 프랑스에서 그런 정당에 가입하는 일은 흔했다. 그녀는 유대인 남편과의 사이에서 얻은 딸을 둔 과부이자, 독일군이 행군해 온 후 파리에서 프랑스령 알프스에 있는 마을로 사무실을 옮긴 통신 학교에서 일하는 노동자이기도 하다. 마을에는 모자에 깃을 꽂은 다정한 이탈리아인들이 산다. 그들은 등산을 하고 패스트리를 먹는 문제만 걱정하는 듯 보인다. 그러다가 독일군 탱크가 우르릉거리며 들어오고, 나치는 이탈리아 동맹군을 소집해서 총살한 후 유대인을 소집하는 업무에 착수한다.

바흐니와 유대인 아버지를 둔 아이들의 어머니 두 명은 아이들을 보호하려고 아이들이 가톨릭 세례를 받게 한다. 바흐니가 기독교도와 유대인을 가르는 임의적인 경계선에 대해 곱씹어 보기 시작한 건 세례식 도중이었을 것이다. 무신론자인 그녀는 종교를 살인을 정당화해 주는 시시한 이유로 여긴다. 논쟁할 사제를 찾아 나선 그녀는 할 수 있는 최대한 그녀의 의견에 동조하는 전략을 구사하는 사람을 발견하고는 깜짝 놀란다. 맞다, 미사에 참석한 많은 이가 종교를 아편으로 써먹는다. 맞다, 자신은 성당에 있는 값비싼 비품들은 질색이다. 그는 교회가 더 이상 사회적 계급을 구분하지 못한다고 지적한다. “부유한 남자를 매장하는 데 어째서 사제가 세 명이나 있어야 하는 겁니까? 우리는 장의사가 아닙니다.”

그녀의 ‘고해’가 끝난 후, 그는 그녀에게 책을 빌려주겠다고 제의하면서 자기 방에서 만나자고 청한다. 그녀는 나흘간 다른 생각은 좀처럼 하지 못한다. 우리는 앞선 신들에서 이 젊은 과부가 성욕에 눈을 떴다는 것을 알고 있다. 그녀는 사무실을 관리하는 여자에게 사로잡혔고, 그 여자를 아름답고 완벽한 여장부로 생각한다. 서류에 있는 무언가를 지적하려고 자기 뒤에 선 그 여자의 가슴이 그녀의 목에 부드럽게 닿았을 때, 그녀는 짜릿해한다.

우리는 <레옹 모랭 신부>가 성적인 내용으로 이어질 거라고 예상한다. 그런데 멜빌은 대단히 뛰어난 감독이라 그런 단순한 해법에 안주하지 않는다. 놀랍게도 영화는 가톨릭 신앙에 대한 가르침으로 이어진다. 바흐니는 레옹과 논쟁하고 그의 책들을 읽기 위해 일주일에 한두 번씩 그 방을 방문한다. 나는 이 방문에 강렬한 성적인 저류가 흐른다는 것을 두 사람 모두 느낀다고 믿는다. 실제로 레옹은 바흐니가 종교에 대해 배우려고 교구에 속한 젊은 여성들은 만나지만 남자들은 만나지 않는다는 것을 알게 된다. 그는 곁에 있기는 하지만 접촉은 하지 않는 상태를 즐기는 것일까?

바흐니의 헤프고 섹시한 동료는 신부를 유혹하겠다고 맹세한다. “나는 실패한 적이 없으니까.” 이 영화가 다루는 게 이것일까? 유혹은 영화가 제대로 전개되는 걸 방해할까? 약간만 그렇다. 독일 점령군이

그물을 좁힌다. 바흐니는 딸을 늙은 가정부 둘이 사는 농장에 숨긴다. 유대인 노학자는 새 여권과 새 이름을 얻는다. 오빠가 나치에게 목숨을 잃었음을 알게 된 직장의 여장부는 눈에 띌 정도로 나이를 먹고는 넋을 놓아 버린다. 바흐니는 비시 정부에 부역하기를 반대하면서 격렬한 논쟁에 휘말린다. 하지만 그녀가 레지스탕스에 가입하려는 행보는 전혀 취하지 않는다는 말은 해 둬야겠다.

아이들이 세례를 받는 강렬한 장면이 있다. 레지스탕스 전사인, 일부 아이들의 아버지들이 세례식에 참석하러 나타난다. 그러고는 근처에 있는 숲으로 다시 녹아 들어간다. 평론가 마놀라 다지스Manohla Dargis는 이 장면을 "아버지들이 그날 치 작업을 하려고 집을 나서는 걸 지켜보는 것만 같다"고 썼다. 보통은 클래식한 스타일을 즐겨 구사하는 멜빌은 그로서는 흔치 않은 스타일을 활용한다. 그는 화면을 까맣게 암전하는 식으로 강조되는 짤막한 신들로 액션을 분할한다. 일련의 사건을 향해 난 창문이 열렸다가 닫히는 것 같은 스타일이다. 이로써 어떤 사건이 반드시 다음 사건으로 이어져야 할 필요는 없는 듯하다.

우리는 사제가 바흐니와 같은 방에 있지 않을 때 사제를 거의 보지 못한다. 언젠가 미사 중에 그는 캐속cassock•의 소매가 그녀의 가슴을 스치게 만들려고 가던 길을 벗어난 것처럼 보인다. 그녀는 이게 우연히 일어난 일이 아니라고 확신한다. 나도 그렇다. 대체로 보면, 그에게는 그녀를 건드리는 기이한 방식이 있다. 어느 날 그녀가 성당에서 고해를 마치고 노부인과 대화하는 그에게 다가가자, 그는 그녀를 거칠게 밀치면서 말한다. "제 방에서 저 좀 보시죠."

그녀가 방에 들어서자, 그는 점잖은 손길이 아니라 거친 손길로 그녀를 뒤에서 재촉한다. 사무실의 요부가 책상 모서리에 다리를 꼰 도

• 성직자들이 입는 검고 긴 겉옷

발적인 자세로 앉자, 깜짝 놀란 그는 그녀의 스커트를 당겨 무릎을 덮는다. 정중한 남자라면 여성들을 이런 식으로 경박하게 대하지는 않을 것이다. 사제에게는 지켜야 할 규범이 있다. 어떤 면에서 이 영화는 그가 지켜야 할 규범을 다룬다. 바흐니가 추파를 던지자("내가 프로테스탄트라면 신부님은 나랑 결혼하셨을까요?") 그는 분노하는 반응을 보인다. 그녀는 그에게 엄포를 놓고 있다. 그녀는 더 이상은 홀가분한 심정으로 그를 방문하지 않는다.

<레옹 모랭 신부>는 시종일관 흥미로운 영화다. 멜빌이 우리의 예상을 영리하게 갖고 놀기 때문이다. 영화에는 종교를 진지하게 논의하는 저류가 흐른다. 모랭은 그의 책들에 관심을 가질 사람이 아무도 없을 외딴 지역에 배치되는 것을 받아들일 마음의 준비가 된 진정한 사제다. "나는 여러 나라를 개종시킬 작정입니다." 그는 말한다. "이 마을부터 시작해서요."

그는 바흐니가 믿음에 대해 던지는 모든 질문에 설득력 있는 대답을 내놓는다. 당신은 그 대답들이 어떤 효과를 보이는지를 알게 될 것이다. 그는 세상을 잘 아는 현실주의자다. "당신의 손은 순결한가요?" 라고 물었다가 그녀가 나무토막으로 자위를 한다는 것을 알게 된 그는 묻는다. "아픈가요?"

원래 성이 그룸바흐Grumbach인 장피에르 멜빌은 허먼 멜빌Herman Melville에 대한 존경심 때문에 이름을 개명했다. 그는 누벨바그에 중요한 영향을 준 1950년대의 주요 프랑스 감독이었다. 전쟁 후에 프랑스 스튜디오 시스템에 편입하지 못한 멜빌은 로케이션에서 촬영하는 독립영화 제작의 길을 개척하고 있었다. 그는 필름을 구입할 돈을 모으려고 툭하면 제작을 중단해야 했다. 제작진에게 주는 돈도 빈약했다. 그런 조건에서도 그는 위대한 데뷔작과 두 번째 영화 <무서운 아이들Les Enfants Terribles>(1950)과 <도박사 봅Bob le Flambeur>(1956)을 만들었다.

트뤼포François Truffaut, 고다르Jean-Luc Godard 등 누벨바그 동료들의 작품이 미국 예술 영화관을 휩쓸었지만, 그의 영화들은 그러고서 한참이 지난 훗날에야 발견됐다. 그는 자신의 작품이 복원돼 DVD로 출시된 덕에 새로운 추종자들을 찾아내고 있다.

리버티 밸런스를 쏜 사나이

The Man Who Shot Liberty Valance

감독	존 포드	
주연	제임스 스튜어트, 존 웨인	
제작	1962년	123분

존 포드John Ford, 1894~1973와 존 웨인John Wayne은 우리가 마음속에 담고 사는 옛 서부의 신화를 많이 창조해 냈다. <역마차Stagecoach>(1939)부터 시작해 '기병대 삼부작Cavalry Trilogy'(1948년부터 1950년까지 이어진 <아파치 요새Fort Apache>, <황색 리본She Wore a Yellow Ribbon>, <리오 그란데Rido Grande>)을 거쳐 마침내 1962년작 <리버티 밸런스를 쏜 사나이>에 이르기까지, 두 사람은 할리우드 웨스턴의 본보기를 형성하는 데 큰 역할을 한 장편 영화 열 편을 함께 작업했다. <리버티 밸런스를 쏜 사나이>는 그중에서 가장 수심愁心과 사려가 깊은 작품이다.

영화의 배경은 서부에서 폭력의 지배가 법의 지배에 길을 내주던 전환기이자, 문자 해독 능력이 발판을 마련하기 시작하던 시기다. 영화는 이러한 질문을 던진다. 인간은 어떤 의견에 동의하지 않는다는 것을 표현하거나 자신의 의견을 표명하기 위해 총을 소지하고 다닐 필요가 있을까? 영화의 공간적 배경은 주州의 지위를 획득하기 위한 투표를 하자는 의견이 조성되고 있는, 지명이 알려지지 않은 지역에 있는 신본 마을이다. 농민들은 주의 지위를 얻게 되기를 원하지만, 목장주들은 그렇지 않다. 포드는 서구의 많은 나라에서 여전히 지속되고 있는 총기에 대한 논쟁을 몇 안 되는 캐릭터와 관객을 사로잡는 이야기로 극화한다. 역사와 유머러스한 조역들과 가슴 아픈 로맨스를 뒤섞는 식으로 이런 작업을 해내는 건 그에게는 전형적인 일이다. 그의 영화들은 완벽하다고 할 정도로 완전무결하고 자족적이다. 그는 서두르는 기색을 전혀 보이지 않으면서 불필요한 숏은 단 하나도 담지 않는다.

줄거리의 복판에는 세 남자가 서 있다. 스토더드와 도니폰, 그리고 밸런스. 영화가 시작하면 미합중국 상원 의원 랜섬 스토더드(제임스 스튜어트James Stewart)가 톰 도니폰(존 웨인)이라는 남자의 장례식에 참석하러 아내 할리(베라 마일스Vera Miles)와 함께 새로 깔린 철도로 신본에 도착한다. 시신은 장식이 전혀 안된 소나무 관에 누워 있다. 시신을 본 스토더드는 도니폰의 부츠가 도둑맞은 것을 보고는 화를 낸다. 나이 많은 흑인 카우보이 폼피(우디 스트로드Woody Strode)는 할리를 사륜 짐마차에 태워 시골로 데려가고, 거기서 두 사람은 불에 타고 남아 있는 도피온의 집 잔해를 본다. 그들은 분명히 도피온을 사랑했다.

포드는 영화의 대부분을 차지하는 긴 플래시백에서 그날까지 이어진 사건들을 회상한다. 수십 년 전에 신본은 폭력적인 리버티 밸런스(흉포한 잔혹성이 넘치는 연기를 펼치는 리 마빈Lee Marvin)가 휘두르는 공포의 손아귀에 잡혀 있었다. 양심의 가책을 느끼면서도 많은 살인을 저질러 온 그는 생가죽 채찍을 사용하는 걸 무척 즐긴다. 지역의 농민인 톰 도니폰은 “리버티 밸런스는 피켓와이어강 남쪽에서 제일 터프한 놈이야. 나 다음으로 터프한 놈이지”라고 의견을 피력한다. 밸런스와 졸개 두 명이 마을로 들어가는 역마차를 턴다. 승객 중 한 명인 스토더드가 맞서자, 리버티는 그의 목숨이 끊어지기 직전까지 채찍질을 한다.

최근에 이민을 와서 식당을 운영하는 스웨덴인인 노라 에릭슨과 피터 에릭슨이 마을로 옮겨진 그를 간호해서 건강을 찾게 해 준다. 우리는 술에 취한 마을의 보안관 링크 애플야드(앤디 디바인Andy Devine)와 술에 취한 마을 의사 닥 윌러비(켄 머리Ken Murray), 신문 편집자 더튼 피바디(에드먼드 오브라이언Edmond O'Brien)도 만난다. 세 사람은 레스토랑 주방에서 빈둥거리면서 많은 시간을 보낸다. 젊은 할리는 레스토랑에서 일하고 있다.

법전이 가득 든 가방을 들고 마을에 온 스토더드는 신문사 사무실에 간판을 내건다. 리버티 밸런스는 자신에게 맞서는 사람이 있는 상황을 견딜 수가 없다. 그래서 그 간판은 그를 모욕하는 짓이다. 밸런스는 그에게 선택을 강요한다. 마을을 떠나던가, 중앙로에서 자신을 상대로 총격전을 벌이던가. 자기 입장을 고수하는 톰 도니폰은 모든 사건을 관찰하면서도 행동에는 느릿느릿 나선다. 그는 자신의 강인한 면모를 조용히 내면에 간직하고만 있다. 게다가 복잡한 문제도 있다. 톰은 오랫동안 할리를 '내 여자'로 간주해 왔다. 그녀가 자신과 결혼할 거라는 사실을 조금도 의심하지 않는 그는 그날을 위한 준비를 하면서 흔들의자가 놓인 근사한 현관이 있는 자신의 농가에 방 하나를 새로 더하고 있다. 그런데 할리가 동부에서 온, 사람들에게 읽는 법을 가르치려고 교실 하나짜리 학교를 연 이 법률가에게 호감을 갖기 시작한다. 그가 가르치는 까막눈 학생 중에는 할리도 있다.

포드는 불가피한 일로 보이는 스토더드와 밸런스의 대결을 통해 상당한 긴장감을 빚어낸다. 서스펜스를 망치는 건 안 될 일이므로, 나는 더 상세히 쓰지는 않을 것이다. 그 대신 변호사와 농민 사이에서 계속되는 총기에 대한 논쟁을 주목하라. 랜섬 스토더드는 미합중국 헌법을 믿고, 법률에 의한 지배를 믿으며, 정부를 신뢰한다. 톰 도니폰은 총을 쥐고 있지 않고 사용해 본 경험이 없으면 조만간 밸런스에게 목숨을 잃을 거라고 그에게 말한다. 법을 철저히 신봉하는 스토더드는 자신이 믿는 원칙들을 위해 기꺼이 목숨을 바칠 작정이다. 술에 취한 보안관은 그를 보호해 주지 않을 것이다. 신문 편집자는 밸런스에 대한 진실을 보도하지만, 그렇게 애쓴 보람도 없이 그의 사무실은 난장판이 되고 그는 죽기 직전까지 채찍질을 당한다.

이것이 민주주의에 맞선 파시즘이 벌이는 짓이다. 평범한 사람들 위에 군림하는 독재자의 압제다. 신본의 모든 사람이 리버티 밸런스를 미워하지만 그들에게는 그에게, 그리고 키득거리는 바보가 포함된 그의 두 졸개에게 맞설 힘이 없다. 톰은 밸런스에게 맞설 능력이 있지만, 그에게는 흔들의자가 놓인 현관이 딸린 집으로 할리를 데려갈 수 있도록, 스토더드가 방해물로 존재하지 않도록 하는 게 더 괜찮은 일일 것이다.

이 영화에는 순수한 존 포드 스타일이 있다. 그의 구도는 고전적이다. 그는 프레임 내부에서 힘의 역학을 반영하게끔 캐릭터들을 배치한다. 아니면 가끔씩은 힘의 균형이 바뀌고 있음을 암시한다. 그가 즐겨 포착하는 광대한 서부의 풍광은 늘 그곳에 있지만, 그 풍광은 여행길에 지나치는 풍광이 아니라, 사람들이 거주하는 환경으로 존재한다. 그의 영화들은 대체로 세트에서 촬영됐지만, 우리는 딱히 그걸 알아차리지 못한다. 리 마빈의 으르렁거림과 앤디 디바인의 끽끽거리는 목소리와 스웨덴어의 억양이 등장하는 영화에서, 존 웨인은 평소처럼 차분히 중심을 잡으면서 특별한 효과를 빚어내려는 노력은 결코 기울이지 않는다. (스타일과 관련한 솜씨가 하나 있다. 이 영화에서 웨인은 스토더드를 습관적으로 '순례자Pilgrim'라고 부르는데, 이 호칭은 변호사의 성격에 대한 통찰을 표현한다.)

여성을 바라보는 포드의 관점은 흥미롭다. 신본은 내가 영화에서 본 서부의 고장 중에서 매춘부가 없는 유일한 곳이다. 할리와 노라 에릭슨(자넷 놀런Jeanette Nolan)은 마을에서 눈에 띄는 둘 밖에 없는 여성이다. 그러니 할리를 향한 톰의 사랑이 강렬한 것은 놀랄 일이 아니다. 지미 스튜어트가 연기하는 스토더드는 레스토랑에서 앞치마를 두르고 접시를 닦으면서 영화의 상당 부분을 보내는 것으로 총을 차지 않은 남자에 대한 사뭇 분명한 메시지를 전달한다.

포드가 아프리카계 미국인 폼피를 활용하는 방식은 주목할 만하다. 훤칠하고 자신감이 넘치는 우디 스트로드는 <역마차>부터 포드의 유작인 <일곱 여인7 Women>(1966)에 이르기까지 포드의 영화 다섯 편에 출연했다. <리버티 밸런스를 쏜 사나이>의 배경인 지역에서는 분명히 인종 분리가 실행되고 있다. 주 지위를 놓고 시행하는 투표를 위한 회합이 벌어질 때, 폼피는 실외 현관에 앉아 있다. 그가 톰을 부르러 술집에 들어왔을 때, 바텐더는 그의 시중을 들려고 하지 않는다. 그러자 톰은 목소리를 높인다. "저 친구한테 한 잔 줘." 그러나 폼피는 술을 마시지 않는다. 그는 톰의 농장에서 일하는 일꾼이자, 톰이 속내를 털어놓을 수 있는 유일한 친구인 듯, 그를 보호하는 존재인 듯 보인다. 그는 늘 톰의 등 뒤를 지킨다. 포드는 인종주의에 대한 시대에 뒤떨어진 주장은 하지 않고 있다. 그는 관객인 우리가 그런 사실을 감지하고 있다고 확신한다.

신경 써서 살펴보면 이 영화에 담겨 있는 내용이 많다는 걸 알게 될 것이다. 『뉴요커The New Yorker』의 리처드 브로디Richard Brody는 이렇게 썼다. "<리버티 밸런스를 쏜 사나이>는 미국에서 만든 가장 위대한 정치 영화다." 그리고 그는 설명한다. "웨스턴은 본질적으로 가장 정치적인 영화 장르다. 이 영화가 플라톤의 『국가』처럼 도시의 설립에 관심을 갖기 때문이고, 정부가 시민들에게 명령하면서 물리적인 행위를 하는 동안 행사하는 다양한 추상적인 기능을 묘사하는 영화이기 때문이다." 이 영화에는 다음과 같은 것이 모두 보인다. 자유 언론의 역할, 주민 회의의 기능, 주 지위를 획득하는 문제를 놓고 벌이는 논쟁, 사람들을 교화하는 교육의 영향.

랜섬 스토더드가 '리버티 밸런스를 쏜 사나이'라서 미합중국 상원 의원에 당선됐다는 걸 강조하는 건 지나치게 과한 말이 아니다. 맞는 말이다. 그런데 이 영화에는 그것 말고도 다른 요소가 있다. 존 포드의 마음속에서 총기 소유는 상당히 중요한 미결 과제다. 제임스 워너 벨라James Warner Bellah와 윌리스 골드벡Willis Goldbeck이 쓴 시나리오에는 포드의 영화에서 가장 널리 알려진 대사가 들어 있다. 몇십 년이 흐른 후, 마을의 새 신문 편집자가 스토더드에게 이런 말을 한다. "여기는 서부입니다, 의원님. 전설이 사실이 됐을 경우에는 그 전설을 인쇄합니다."

리오 브라보

Rio Bravo

감독	하워드 호크스	
주연	존 웨인, 딘 마틴, 리키 넬슨	
제작	1959년	141분

하워드 호크스Howard Hawks, 1896~1977는 1955년 연출작 <파라오의 땅Land of the Pharaohs>이 실패한 후 4년간 영화를 연출하지 않았다. 그는 자신이 한물 간 것 같다고 생각했다. 1958년에 <리오 브라보>를 작업하러 복귀했을 때 62세였던 그는 자신의 마흔한 번째 영화를 작업할 참이었다. 촬영 첫날, 지나치게 신경이 곤두선 그는 세트 뒤에 서서는 구토를 했다. 그러고 나서 촬영장에 뚜벅뚜벅 걸어간 그는 걸작을 연출했다.

<리오 브라보>를 감상하는 건 달인의 솜씨가 발휘된 작품을 보는 것이다. 이 영화는 막히는 곳이 조금도 없이 매끄럽게 진행된다. 영화에는 그릇되거나 엉뚱한 숏이 하나도 없다. 관객을 엄청나게 빨아들이는 작품으로, 러닝 타임 141분이 흐르는 물처럼 유유히 흘러간다. 이 영화는 존 웨인John Wayne이 펼친 최상의 연기 중 하나를 담고 있다. 웨인과 앤지 디킨슨Angie Dickinson이 빚어내는 놀라울 정도로 로맨틱한 케

미스트리도 등장한다. 딘 마틴Dean Martin은 감동적이다. 당시 엘비스Elvis Presley의 라이벌로, 옛 서부였다면 웃음거리가 됐을 법한 올백머리를 한 리키 넬슨Ricky Nelson은 애송이 총잡이 역할을 맡아 별난 연기를 보여 준다. 의족을 한 보안관보 역할을 맡은 노배우 월터 브레넌Walter Brennan은 도를 결코 넘지 않는 코믹한 조역을 연기해 낸다.

웨인과 다른 남자들, 그리고 도박하는 숙녀는 거주민이 많은, 심지어 북적거리기까지 하는 마을에 산다. 하지만 초반에 희생당하는 피해자와 우호적인 호텔 소유주 부부, 그리고 물론 악당을 제외하면 그들과 말을 섞는 시민은 단 한 명도 없다. 50달러어치 금화("한 사람의 목숨값")가 주머니에 들어 있는 청부 살인 업자들의 그림자가 가득하다. 웨인과 보안관보들이 위태로운 상황에서 할 수 있는 일이라고는 체포한 죄수의 형벌 집행을 유예해서 그 죄수를 인질로 붙잡고 있는 게 전부다. 서스펜스 넘치는 대치 상황과 무시무시한 위험이 팽배한 이 영화에서는 웨인과 마틴이 해가 진 후에 중심가를 걸어 내려가는 신조차 섬뜩하다.

이 줄거리는 호크스의 위대한 영화 <빅 슬립The Big Sleep>(1946)의 시나리오를 쓴 두 베테랑 줄스 퍼스먼Jules Furthman과 리 브래킷Leigh Brackett이 빚어낸 것이다. 줄거리의 복판에는 보안관 사무실에 몸을 숨긴 네 남자가 있다. 산전수전 다 겪은 보안관, 술꾼, 그리고 노인네와 애송이. 이 공식이 대단히 효과적이라는 게 입증되자 훗날 호크스는 이 공식을 <엘도라도El Dorado>(1966)에서 리메이크했고, 존 카펜터John Carpenter는 <분노의 13번가Assault on Precinct 13>(1976)에서 리메이크했으며, 스콜세지Martin Scorsese부터 타란티노Quentin Tarantino, 스톤Oliver Stone에 이르는 감독들이 이 공식을 직접 참고했다. 이 작품은 웨스턴 장르의 온갖 스토리텔링 전략을 다 갖춘 웨스턴이다. 그런데 캐릭터들과 그들이 맺는 관계들은 신기할 정도로 현실성을 뿜어낸다. 이 폐쇄된 시스템에서 그들이 맺은 관계들은 심리적인 타당성을 갖는다.

존 T. 챈스 보안관 역의 웨인은 그가 스스로 “존 웨인 역할the John Wayne role”이라고 부른 역할을 연기한다. 심지어 그는 존 포드John Ford의 <역마차Stagecoach>(1939)를 촬영한 이후로 웨스턴에 출연할 때마다 걸쳤던, 이제는 낡아 헤진 모자를 쓰기까지 한다. 그는 이 영화에서 그 캐릭터에 뉘앙스와 깊이를 불어넣으려고 최선을 다하면서 개인적인 사연을 불어넣기까지 한다. 나이를 먹은 심술궂은 포드는 호크스의 <붉은 강Red River>을 보고는 말했다. “저 덩치 큰 개자식이 연기를 할 줄 안다는 걸 꿈에도 몰랐어.”

웨인은 그냥 가만히 선 채로 관심을 갖고 사람들을 바라볼 때 어느 때보다도 효과적인 모습을 보여 준다. “나는 연기act하지 않아요, 반응react하지.” 그가 즐겨한 말인데, 이 영화를 보면 그가 무슨 뜻으로 그런 말을 한 것인지 알게 된다. 그가 연기하는 챈스는 어마어마한 존재감을 내뿜는 것과는 별개로, 세상사에 주제넘게 나서는 게 반드시 필요한 일이라고 느끼지는 않는 인물이다. 그는 달콤한 말로 페더스(디킨슨)를 꾀는 법이 없다. 오히려 그녀를 향해 거친 언사를 내뱉는다. 하지만 그의 눈과 보디랭귀지는 그의 속내를 대변한다. 그녀가 역마차를 타고 마을을 떠나지 않은 것을 알게 된 그가 화를 내는 순간이 있다. 계단을 올라가 그녀의 호텔 방으로 향한 그는 문을 벌컥 열고는 들어간다. 그러고는 — 리버스 숏으로 — 그녀를 보고는 태도를 바꾼다. 어떤 남자가 단순히 잠자코 있는 모습을 보여 주기만 하는 것으로도 ‘부드러워졌다’는 말을 들을 수 있을까? 그는 몸을 대단히 미묘하게 놀려서는 정중한 기미가 희미하게 풍기는 자세를 취한다. 관객은 눈으로는 그것을 보지 못한다. 느끼기만 할 뿐이다.

이 영화를 만들 때 스물일곱 살이던 디킨슨은 실제 나이보다 어려 보인다. 그녀는 여러 영화에서 단역을 맡고 TV에 출연한 이후로 장편 영화에서 비중 있는 역할을 맡은 게 이때가 처음이었다. 웨인은 쉰한

HOTEL

살이었다. 그래도 아무 문제없었다. 그들은 찰떡궁합이었다. 그들은 서로를 좋아했다. 그들은 서로의 품에 몸을 던지지 않고도 두 캐릭터가 로맨틱한 사이임을 확연하게 보여 줬다. DVD의 21번 챕터에 가면 뜻밖에도 아주 달콤하고 로맨틱한 신을 보게 될 것이고, 그러면서 자신도 모르게 숨을 멈추게 될지도 모른다. 디킨슨은 거구의 사내를 상대로 스크린을 철저히 장악한다. 그녀가 보여 주는 태도와 깊고 그윽한 목소리는 그녀가 어떤 존재인지를 — 술집에서 뒹구는 난잡한 여자가 아니라 남자들과 옥신각신하는 데 익숙한 유능한 전문 도박사임을 — 투사한다.

그녀는 호크스가 좋아했던, 그리고 거듭해서 다시 찾았던 다음과 같은 유형의 여자였다. 로런 버콜Lawren Bacall, 캐서린 헵번Katharine Hepburn, 캐럴 롬바드Carole Lombard, 진 아서Jean Arthur, 로잘린드 러셀Rosalind Russell, 그리고 훗날 스튜디오 임원이 된 셰리 랜싱Sherry Lansing. 호크스는 앞서 자신에게 유리하게 작용했던 요소들을 다시 활용하는 걸 무척 좋아했다. 디킨슨이 웨인에게 "두 사람이 그런 일을 하면 한결 더 기분이 좋다"는 이유로 두 번째로 키스해 달라고 요청할 때, 거기에는 버콜이 <소유와 무소유To Have and Have Not>에서 보가트Humphrey Bogart에게 "당신이 도와주면 훨씬 더 좋아요"라고 말한 대사의 메아리가 울려 퍼진다. 피터 보그다노비치Peter Bogdanovich는 DVD의 서플먼트에서 이 점을 강조하면서 5분간 대사 없이 지속되는 <리오 브라보>의 긴 오프닝 시퀀스에 찬사를 보낸다. 놀랄 일이 아닌 건 또 있다. 호크스는 타구唾具에 동전을 던져 넣는 설정을 자신이 시나리오를 쓴 무성 영화 <언더월드Underworld>(1927)에서 썼었다. 그렇다면 호크스는 웨인이 디킨슨을 품에 안고 2층으로 데려가는 신을 위한 영감을 어디에서 얻었을까?

챈스 캐릭터가 보여 주는 강인한 모습의 대부분은 그가 만사에 의견을 내놓을 필요성을 느끼지 않으면서 움직임을 자제하며 힘을 비축하는 방식에서 비롯된다. 그가 딘 마틴이 연기하는 알코올 중독자 캐릭터 듀드와 맺는 미묘한 관계는, 훈계는 최소화하면서 듀드가 할 수 있는 일을 하는 것을 보려고 긴 시간을 기다리기만 하는 것으로 맺어진다. 듀드와 나이 든 스텀피(브레넌)가 큰소리로 언쟁을 벌일 때, 호크스는 챈스를 화면 가운데의 배경에 세워 두고는 끼어들지 않고 조용히 관찰만 하게 만든다. 챈스는 늘 말없는 권위의 출처고, 남들이 그에게 깊은 인상을 심어 주려고 노력하게 만드는 관객이다.

원할 때에는 변방의 개척 정신을 불러일으킬 뿐 아니라 일몰과 일출로 하루하루의 경과를 보여 주는 흔치 않은 웨스턴인 이 영화에서 디미트리 티옴킨Dimitri Tiomkin이 작곡한 스코어는 영화에 깊이를 더하는 동시에 마을의 거리들을 쓸쓸하고 노출된 곳으로 보이게 만든다. 악당 버뎃(존 러셀John Russell)이 밴드에게 연주하라고 명령하는 노래인, 멕시코인들에게는 'The Cutthroat Song(목 따는 노래)'로 알려진 주제곡이 소개되기도 한다. 챈스는 그 노래를 '인정사정 봐주지 않겠다'는 메시지로 읽는다. 이 노래는 영화 내내 관객의 뇌리를 맴돈다.

의문을 제기할 이들도 있을, 또 다른 음악 활용법이 있다. 액션이 잠시 소강 상태에 접어들었을 때, 남자들은 방어벽을 친 보안관 사무실에서 휴식을 취한다. 모자로 눈을 가리고 드러누운 마틴은 카우보이의 고독에 대한 노래를 부르기 시작한다. 넬슨은 기타를 들고 반주를 한다. 그러고서 리키는 직접 빠른 박자의 노래를 부르고, 마틴과 브레넌까지 화음을 넣는다. 이 신의 분위기가 생뚱맞은가? 아마도 그럴 것이다. 그런데 내가 감독이라면 영화에 이 장면을 넣었을 것이다. 마틴과 넬슨은 당시에 가장 인기 좋은 가수들이었다. 그리고 이 막간 공연은 최후의 대결을 앞둔 남자들을 위한 애정이 담긴 유흥 역할을 한다. 말할 필요도 없지만, 챈스 보안관은 노래를 따라 부르지 않는다.

용감한 보안관은 마을을 위협하는 범법자들에 맞선다. 이건 웨스턴이 다루는 친숙한 상황으로, 관객 입장에서는 <하이 눈High Noon>(1952)을 떠올릴 가능성이 크다. 1972년에 나는 멕시코 듀랑고에서 <U.S. 마셜Cahill, U.S. Marshal>을 찍고 있던 웨인을 촬영장에서 인터뷰했다. 웨스턴 이야기가 나올 때면 늘 그렇듯 <하이 눈> 이야기가 나왔다.

"그 영화는 입에 담기 싫은 상황을 담은 작품이요." 그는 내게 말했다. "그 영화는 음악 때문에 인기가 좋았다고 생각해요. 그 영화를 이런 식으로 생각해 봐요. 여기에 한곳에 정착해 가정을 꾸리려고 포장마차를 타고는 인디언, 갈증, 들짐승과 혈투를 벌이면서 평원을 가로질러 먼 길을 온 사람들로 가득한 마을이 있다고 칩시다. 그런데 못된 악당 세 놈이 마을에 들어왔어요. 보안관이 사람들에게 도와 달라고 부탁하는데, 마을 사람 모두가 뒷걸음질 치는 거요. 내가 보안관이라면, 나는 얼굴이 샛노래지고 간이 콩알만 한 그 개자식들이 정말로 역겨울 거고, 그래서 뒤도 돌아보지 않고 마누라를 데리고 말에 안장을 얹고는 그 마을을 떠날 거요."

리처드 3세

Richard III

감독	리처드 론크레인
주연	이언 매켈런, 아네트 베닝, 짐 브로드벤트, 로버트 다우니 주니어
제작	1995년 / 110분

역사상 리처드 3세 같은 악당이 있었던가? 형 헨리 4세의 살인자, 에드워드 왕자의 살인자, 훗날 에드워드의 아내 앤의 살인자, 친형 클라렌스의 살인자, 앤의 동생 리버스의 살인자, 부하인 그레이와 본의 살인자, 헤이스팅스 경의 살인자, 어린 두 친조카의 살인자, 레이디 앤의 살인자, 마지막으로 오랫동안 충직하게 봉사해 온 하인 버킹엄의 살인자. 왕좌로 오르는 리처드의 압도적인 야심을 위해 이 모든 이가 목숨을 내놔야 했다. 모두 헛되게 목숨을 잃었다. 전투에서 말을 잃은 리처드가 유명한 울부짖음을 내뱉었기 때문이다. "말을, 말을, 말을 주면 내 왕국을 주겠다!"

실상은 그렇지 않았을지라도, 아무튼 셰익스피어는 그렇다고 주장한다. 그가 묘사한 리처드 3세는 몇 세기 동안 대중적으로 받아들여진 버전이다. 그런데 영국의 역사는 다른 이야기를 들려준다. 그러면서 리처드에게서 그의 가장 유명한 죄악인 두 조카를 처형했다는 악명조차 벗겨 준다. 리처드는 실제로는 전혀 사악하지 않은 사람이었던 것 같다. 그런데 존 포드John Ford의 영화에 등장한 캐릭터가 오래 전에 말했던 것처럼 "전설이 사실이 되면, 전설을 인쇄한다." 리처드 3세는 셰익스피어가 창조한 모든 캐릭터 중에서 가장 기억에 남는 캐릭터에 속하는 게 분명하다.

셰익스피어의 리처드는 극도로 불쾌한, 장점이라고는 찾아볼 길이 없는 인물이다. 대체로 사람들의 혐오를 받는 대상이자, 자신조차 혐오하는 인물이다. 꼽추인 그는 희곡의 첫 신에서 거울을 들여다보며 눈에 보이는 대상을 묘사한다. "흉하고, 미완성으로, 이 숨 쉬는 세상에 열 달도 못 채우고 보내져, 반半도 제대로 만들어지지 못하고, 그리고 너무나 조잡하고 인기가 없어 그 주위에 서면 개들도 나를 보고 짖지." 역사에 기록된 리처드의 몸의 비율은 완벽하게 평균적이었지만, 셰익스피어가 빚어낸 리처드는 숱하게 많은 연기자에게 그들이 고맙게 여길 불구不具라는 장식을 부여했다.

해럴드 블룸Harold Bloom은 저서 『셰익스피어: 인간의 발명Shakespeare: The Invention of the Human』에서 셰익스피어가 드라마와 픽션에서 자신을 인식하고 자신이 느끼는 감정을 관객과 공유하는 캐릭터들을 창조하는 것으로 인간적인 캐릭터를 창조해 냈다고 주장한다. 동일한 오프닝 신에서, 비정상적으로 비밀스러운 리처드는 자신이 세운 계획을 우리와 공유한다. "그래서 연인이 될 수 없다면…… 나는 악당이 되기로 결심했지." 그는 희곡 내내 관객에게 시선을 던지면서 속내를 그대로 드러낸다.

블룸은 자신이 평생 본 리처드 3세 중에 가장 걸출한 경우가 이언 매켈런 경Sir Ian McKellen이었다고 생각한다. 리처드 론크레인Richard Loncraine, 1946~ 감독의 1995년 영화는 매켈런이 1990년에 국립 극장에서 했던 유명한 연기에 기초한 작품이다. 이 작품의 배경은 1930년대 파시즘의 분위기를 뚜렷하게 풍기는 대체代替적인 시간대의 잉글랜드

다. 지금부터 그리 멀지 않은 과거의 런던에서 구사하는 언어는 셰익스피어가 구사하던 언어와 동일하게 남아 있다. 나는 셰익스피어 자신은 자신의 단어들이 존중되는 한 무대 세트와 의상에 대해서는 거의 관심을 갖지 않을 거라고 상상한다.

이 작품은 섬뜩하게 매혹적이다. 매켈런은 거미줄에 자리를 잡은 독거미처럼 영화를 장악한다. 평생토록 옆으로 휘청거리고, 호흡을 할 때에는 반드시 해야 하는 일인 것처럼 담배를 피우며, 분노한 리처드가 내면에 있는 포식자의 모습을 드러낼 때 그러는 것처럼 무언가를 원할 때에는 유혹적인 분위기를 풍긴다. 그가 어린 조카들을 사랑하는 모습을 보여 주는 대형 쇼를 연출할 때, 조카 하나가 그의 기형인 신체에 장난스럽게 뛰어오르자, 그는 자칼처럼 으르렁거리며 이빨을 드러낸다. 어느 하인이 돼지에게 먹일 사과를 건네자, 그는 그것을 돼지에게 던지면서 꿀꿀거리는 소리를 꽤나 흡족해하며 고개를 끄덕인다.

리처드에게는 파충류 같은 매력이 있다. 헨리 4세와 그의 아들 에드워드의 죽음의 원인인 리처드가, 거리로 운구되는 남편의 시신을 따라가는 에드워드의 과부 앤(크리스틴 스콧 토머스Kristin Scott Thomas)을 따라갈 때 문학의 역사에서 가장 대담한 구혼이 등장한다. 그는 우리에게 털어놓는다, 그녀와 결혼할 계획이라고. 그러면서 자신의 대담함을 자축한다.

여자가 이 기분에서 구애된 적이 있나?
여자가 이 기분에서 얻어진 적이 있나?
그녀를 갖고 말 것이야. 하지만 그녀를 오래 곁에 두지는 않을 거야.
뭐라! 그녀 남편과 아버지를 죽인 내가,
그녀 입에는 저주를, 눈에는 눈물을 머금은 채
마음속으로 나를 극도로 증오하는데 그녀를 취하다니.

실제로는 살인과 결혼 사이에 몇 년의 기간이 존재했지만, 그런 건 신경 쓰지 말자. 론크레인과 매켈런이 덧붙인 사소한 설정 하나를 주목하라. 리처드는 그녀를 구워삶은 후 그녀에게 반지를 내밀고 그녀는 그걸 받는다. 만사가 무척 잘 진행된다. 그런데 그는 자기 입에 찔러 넣은 손가락에서 반지를 빼고는 침을 윤활유처럼 반지에 적신다. 그래서 그가 그녀의 손에 반지를 끼워 줄 때, 그녀는 남편을 죽인 살인자의 침을 느낄 수밖에 없다.

그런 혐오스러운 디테일들이 영화 전체를 통해 계속 등장하면서 <리처드 3세>를 삐딱하게 오락적인 영화로 만들어 준다. 대규모 관객과 이 영화를 같이 볼 때, 사람들은 <양들의 침묵Silence of the Lambs>을 보면서 그랬던 것처럼 싱긋싱긋 웃어 댔다. 한니발 렉터처럼, 리처드는 비난받을 만한 사람일뿐더러 세상 물정에 밝은 영리한 사람이기도 하다. 그는 악당 노릇 하기를 즐긴다. 그것이 그가 세상에 하는 복수다.

영화는 시작할 때부터 우리에게 특권을 가진 내부자가 된 듯한 느낌을 준다. 우리는 리처드에 대해 다른 어떤 캐릭터보다 더 잘 안다. 작품을 여는 유명한 대사("지금은 불화의 겨울입니다")는 대중이 바치는 영예 속에 시작되고, 소변기 앞에 서서 카메라를 향해 직접 떠들어 대는 사적인 대화로 끝을 맺는다.

이 리처드는 사람들을 좌우하는 묘한 힘을 갖고 있다. 측근들과 친구들은 그가 저지른 범죄의 심각성과 그에게 희생된 이들의 무고함을 무척이나 잘 안다. 그럼에도 그들은 아무런 의문도 제기하지 않으면서 그의 명령에 순순히 고개를 끄덕이고는 그것을 큰소리로 외쳐 댄다. 우두머리 추종자는 버킹엄 경(짐 브로드벤트Jim Broadbent)이다. 머리카락을 뒤로 넘긴 그는 늘 신중하고 무표정한 얼굴을 하고 있다가는 잽싸게 미소를 지으며 리처드의 의견에 동의한다. 우리는 셰익스피어가 줄리어스 시저에 대해 한 말을 떠올린다.

내 주위에 뚱뚱하고 건강하게 보이고
밤에 잘 자는 사람들이 있게 해 주시오.

그도 결국에는 전투 중에 리처드의 편집증에 희생된다. 그래서 리처드는 결국 홀로 남게 된다. 그는 불편한 심정으로 침대에 든다.

나는 한때 가졌던 민활한 정신과
쾌활한 마음이 없소.

그런 후 그에게 희생된 모든 이의 유령이 그를 찾아와 비난하는 끔찍한 악몽이 이어진다. 그는 전율하며 깨어난다.

지금은 한밤중이야.
차갑고 두려움에 가득 찬 땀이 내 떨리는 육신 위에 떨어지는구나.
내가 무엇을 두려워하지? 내 자신? 주위에는 아무도 없어.
리처드는 리처드를 사랑하지. 여기엔 나밖에 없단 말이지.
여기에 살인자가 있나? 없어. 아냐, 내가 살인자야.
그럼 도망치자. 뭐라, 나 자신으로부터?

그렇다, 그 자신에게서. 그가 도망칠 수 없는 최후의 악惡인 자신에게서.

1591년경에 집필된 「리처드 3세」는 셰익스피어 최초의 위대한 희곡이라는 말을 듣는다. 우리는 그 작품이 작품을 처음 접한 관객에게 끼친 영향을 그저 상상만 할 수 있다. 엘리자베스 여왕 시대에 연극은 엄청나게 대중적인 예술 형식이었다. 왕실을 위해 창작된 게 아니라, 무대 아래에 있는 피트에 서기 위해 1페니를 지불한 가난뱅이 관객이나 전망이 좋은 객석에 앉으려고 약간 더 많은 돈을 지불한 피프스 Sammuel Pepys 같은 부르주아를 위해 창작된 작품이었다.

셰익스피어와 동시대 작가들이 창작해 낸 것은 선정적인 타블로이드 신문의 초기 형태로, 그 작품들은 위대한 인물들이 저지른 악행들을 서민들의 오락 거리로 보여 줬다. 하지만 그 작품들은 우리가 오늘날에도 경외심을 품는 절묘한 운문으로 집필됐고 심오한 주제를 담고 있었다. 영어英語의 여명기인 그 시대는 천재성으로 점철된 시대로, 그 정상에는 인류의 역사에 존재했던 모든 매체를 통틀어 가장 비범한 예술가인 셰익스피어가 서 있었다.

매켈런은 극작가에게 깊이 공감한다. 나는 런던에서 그가 단독으로 공연한 「셰익스피어 연기하기Acting Shakespeare」를 본 적이 있다. 그 공연에서 그는 셰익스피어가 빚어낸 위대한 캐릭터 중 다수를 힘들이지 않고 호령하면서, 순전히 그의 재능과 약간의 조명만으로 각각의 시대와 배경, 캐릭터를 빚어냈다. 매켈런은 무대에서 햄릿과 존 왕, 리어, 로미오, 맥베스, 코리올리누스, 오셀로도 연기했다. 이 작품에서 그는 우리가 딱하다고 연민하게끔 만들 정도로 악한 마음을 셰익스피어가 창작한 가장 극심한 고통에 시달리는 악당에게 불어넣는다. 어떤 사람도 그토록 사악해져서는, 그러면서 자신이 그런 사람이라는 것을 알아서는 안 된다. 히틀러와 다른 이들은 리처드보다 더 사악한 사람들이었지만, 자신들이 그런 사람이라는 걸 부인했다. 리처드에게 탈출구는 없다. 그는 극장에 들어선 캐릭터 중에서 자신이 어떤 존재인지를 인식한 최초의 캐릭터에 속한다. 그리고 그 차이점 때문에 그는 대가를 치러야 한다.

마른 꽃

乾いた花

감독	시노다 마사히로	
주연	이케베 료, 가가 마리코	
제작	1964년	96분

<마른 꽃>의 복판에는 무척이나 과묵한 남자가 있다. 자신의 내부에만 갇혀 사는 프로페셔널 킬러다. 그는 일본의 마피아라 할 야쿠자 소속이다. 영화가 시작되면, 살인죄를 선고받고 형기를 복역한 그가 도쿄로 돌아온다. 살인을 한 그는 치러야 할 대가인 형기를 마쳤다. 그런데 우리가 몇 번 본, 심지어 치과 의자에 앉아 있는 모습까지 본 그의 보스는, 그런 정도의 충성을 바칠 가치가 있는 사람으로는 전혀 보이지 않는다. 그의 보스는 평범한 노인네다. 야쿠자인 무라키(이케베 료池部良)는 무사도가 강조하는 덕목인 충성심이라는 관념에 무척 충직한 듯 보인다. 주군의 병사가 돼서 명령에 따르는 것은 그의 숙명이고, 그는 그 숙명이 부리는 도구다. 그는 자신이 저지른 범죄는 '멍청한 짓'이라고 생각하지만, 그는 생각하는 바를 말하는 것이지 불평을 늘어놓는 게 아니다.

<마른 꽃>은 내가 평생 본 중에 가장 잊히지 않는 누아르에 속한

다. 어쩌면 그 차원을 뛰어넘는 작품일 것이다. 1964년에 이 영화는 떠오르는 일본 독립 영화감독의 뉴웨이브에 속한, 실존적인 쿨함을 발휘한 작품이었다. 이 영화에는 플롯이 있지만, 정말로 중요한 것은 영화가 보이는 태도다. 품위 있게 차려입고 공들여 머리를 가다듬으며 짙은 안경으로 눈을 가리는 경우가 잦은 무라키는 속내를 전혀 드러내지 않는다. 그는 자신의 내면에는 감정이 생겨나는 곳이 아무 곳도 없다는 듯이 자신의 감정을 방어한다. 그는 밤의 어둠 속을, 거금의 판돈이 걸리는 도박장과 매춘부가 있는 술집들로 이뤄진 지하 세계를 유유히 돌아다니지만, 그가 거주하는 곳은 잠을 자는 용도로 쓰는 동굴처럼 보이는 허름하고 초라한 방이다.

익숙한 세계로 돌아와 첫 밤을 보낸 그는 젊은 연인 신코(하라 치사코原知佐子)가 살면서 일하는 곳인 시계 가게로 간다. 그녀는 비굴하다 싶을 정도로 그에게 매달리고, 두 사람은 곧장 섹스에 돌입한다. 그는 아무런 애정도 보여 주지 않는다. 그는 그녀에게 좋은 남편감을 찾아 가정을 꾸리라고 충고한다. 그는 옥살이를 하면서 보낸 기간을 곱씹는 건 부적절한 일이라는 듯 곧장 조직원의 관례적인 생활로 돌아간다.

그는 도박을 좋아한다. 영화는 도박 시퀀스로 시작된다. 도박 시퀀스가 몇 장면 더 있는데, 그 장면들은 오즈 야스지로小津安二郎가 연출한 신처럼 고상한 구도로 촬영됐다. <마른 꽃>의 감독은 시노다 마사히로篠田正浩, 1931~ 로, 그는 흑백 와이드 스크린을 영화의 비주얼로 선택했고, 그의 캐릭터들은 동시대에 활동한 안토니오니Michelangelo Antonioni의 고상한 분위기를 풍기면서 움직인다. 시노다가 오즈의 조감독으로 일했었다는 사실이 그의 프레이밍이 정밀한 이유의 일부를 설명해 준다. 도박꾼들은 화투를 친다. 두꺼운 판지로 만든 화투짝은 부딪칠 때마다 딸깍거린다. 다케미쓰 도루武満徹가 작업한 사운드트랙을 신경 써서 들어 보라. 시노다는 걸출한 작곡가인 그가 자기에게 "모든 사운드를 녹음해 오세요. 그걸 사용할 거니까요"라고 말했다고 밝혔다. 그는 화투짝이 딸깍거리는 소리에서 탭댄스를 추는 소리와 불협화음으로 넘어간다. 화투 게임의 리듬이 날이 바짝 선 실내의 감정들에 길을 내주는 것처럼 들린다.

무라키의 맞은편에는 미녀가 있다. 무척 젊은 그녀는 그와 눈이 맞을 때 보여 주는 것과 똑같은 무모한 태도로 도박을 한다. 이 여자는 사에코(가가 마리코加賀まりこ)다. 무라키처럼, 그녀는 쓸데없는 말은 하지 않고 감정을 전혀 드러내지 않는다. 그녀는 도박을 해서 따건 잃건 관심이 없는 듯 보인다. 그 자리에 있으면서도 도박을 하지 않는 남자가 있다. 그는 요(후지키 다카시藤木孝)로, 보스가 새로 뽑은 조직원이라는 이야기가 있다. 그는 벽에 기대고 앉아 공격적이면서도 객관적인 분위기로 방안을 돌아보고 있다. 시노다는 무라키가 이 남자를 눈여겨보려고 몸을 젖히는 숏들을 연달아 활용한다. 남자는 무라키에게 "당신이건 다른 누구건 두 번 생각할 것 없이 죽여 버리겠어"라고 말하는 듯한 눈빛을 돌려보낸다.

사에코는 무라키에게 판돈이 더 큰 도박장을 아느냐고 묻는다. 그녀는 짜릿함에 중독된 듯 보인다. 그녀는 감정을 딱 두 번 드러낸다. 그녀는 텅 빈 도심에서 고속으로 드래그 레이스를 한 후에 오르가슴을 느끼는 것처럼 깔깔거리기 시작하고, 경찰의 불시 단속에 잡히기 직전까지 갔다가 벗어난 후에 다시 깔깔거린다. 그녀는 악의적인 태도를 보이는 신참 요가 "짜릿해" 보인다고 말한다. 그녀는 무라키가 살인자라는 사실에도 짜릿해할 것이다.

이케베 료가 연극 무대에서 연기를 못하고 얼어붙어 버렸다는 이유로 공연에서 해고된 후 침체기를 겪고 있을 때, 시노다는 그를 주연배우로 선택했다. 새로 출시된 이 영화의 크라이테리언 버전에 수록된 인터뷰에서, 감독은 이케베가 우울한 표정으로 "왜 저를 원하시는 겁니

까? 저는 연기력이 형편없는데요"라고 물었던 걸 회상한다. 하지만 그가 부티 나는 미남으로 출연했던 오즈의 <이른 봄早春>(1956)과 다른 영화들에서 그를 봐 온 시노다는 운이 하향세에 접어든 남자의 특징을 풍기는 배우를 원한다고 말한다. 이 영화에 출연한 이케베를 보면, 세상사에 무심한 살인 청부업자를 다룬 또 다른 영화인 장피에르 멜빌Jean-Pierre Melville 감독의 <한밤의 암살자Le Samourai>(1967)에 나온 미남 알랭 들롱Alain Delon이 떠오른다. 이 영화에서 이케베가 펼쳐야 하는 연기는 찰스 브론슨Charles Bronson 스타일의 무표정을 유지하는 능력에 달려 있다. 그건 감정 표현을 조심하는 남자의 특징이다. 그리고 이 영화의 줄거리는 그가 어떻게 사에코에게 무기력하게 매료되느냐에 달려 있다. 그녀는 그보다 훨씬 더 무심하고 조심스러운 사람처럼 보이기 때문이다.

그는 그녀에게 약은 하지 말라고 경고한다. 어느 날 밤에 그녀는 주사를 맞았다고, 친한 의사가 주사를 놔 줬다고 말한다. 그런데 요의 피부와 분위기는 마약 중독자의 그것이다. 무라키는 무슨 생각을 할까? 그는 결코 속내를 드러내지 않는다. 그런데 보스가 라이벌 갱단의 보스를 살해할 자원자를 원할 때, 무라키는 자신이 하겠다고 말한다. 그는 그렇게 하지 않아도 된다. 보스는 형기를 막 마친 그를 이 임무를 맡길 후보자 명단에서 이미 제외했기 때문이다. 무라키가 자원한 이유를 깊이 생각해 보면, 당신은 그의 행동 동기가 무엇인지 가늠하면서 이 영화가 다루는 주제가 무엇인지를 알게 될 것이다.

인터뷰에서 시노다는 아방가르드 예술에 친숙하다고 밝힌다. 그는 스튜디오 시스템 안에서 작업하는 데 짜증을 내고 있었다. <마른 꽃>은 메이저 스튜디오인 쇼치쿠가 제작한 작품이지만, 그는 이 작품을 독립 영화로 간주한다. 그런데 스튜디오도 같은 생각이었던 게 분명하다. "시사회를 마친 후, 시나리오 작가는 이 영화는 자신이 집필한 영화가 아니라고 말했습니다.” 그는 회상한다. “스튜디오가 필요로 했던 핑계가 그거였죠.” 이 작품을 어떻게 해야 할지 몰랐던 쇼치쿠는 영화를 몇 달간 처박아 뒀다. 그러다가 결국에 개봉된 영화는 엄청난 성공을 거뒀다. 필름 누아르와 새로이 떠오르는 유럽 예술 영화의 분위기를 모두 포착해 낸 영화라서 성공했다는 데에는 의심의 여지가 없다.

시나리오 작가 바바 마사루馬場当는 이시하라 신타로石原慎太郎의 소설을 갖고 작업을 시작했다. 그가 택한 접근 방식은 분명히 판에 박혀 있었다. 도박 신에 대한 그의 의견은 시노다의 의견과 날카로이 대립했다. “우리는 그냥 ‘그들이 도박을 한다’고 썼습니다.” 그는 감독에게 말했다. 시노다는 고개를 끄덕이고는 자기 페이스대로 촬영을 밀고 나가면서 소설을 비범한 화투판을 촬영하는 기반으로 활용했다. 영화는 화투 도박을 하는 방법을 설명하려는 노력은 전혀 기울이지 않지만, 도박의 디테일들을 보여 주는 비주얼에는, 그러니까 도박판 딜러의 신경을 긁는 것 같은 리듬, 천에 감춰진 화투짝을 회수하는 의식, 판돈을 거는 행위에는 예리한 관심을 쏟는다. 시노다는 무라키와 사에코, 그리고 (멀찌감치 떨어져 있는) 요의 확고부동한 표정에 엄청난 주의를 기울인다. 도박 신은 화투 게임을 다루는 신이 아니라, 이 세 사람이 교환하고 있는 감정적인 신호들을 다루는 신이다. 시노다는 다른 도박꾼들에게는 거의 관심이 없다.

낮이 배경인 신은 많지 않다. 영화는 대부분 실내에서 촬영됐다. 실외 장면은 비가 내리는 거리에서 찍은 게 많다. 오프닝은 도쿄를 보여 주지만, 시노다는 더 고풍스럽고 비좁은 골목이 많기 때문에 그가 추구하던 느낌을, 밤의 어둠이 무라키를 짓누르는 것 같은 느낌을 얻을 수 있는 곳인 요코하마에서 영화의 대부분을 촬영했다. 텅 빈 거리와 그늘을 가로지르는 필사적인 도보 추격전은 특히 잘 연출됐다.

다케미쓰 도루의 귀에 거슬리는 스코어는 영화의 분위기를 잘 설정한다. 그런데 후반부에 등장하는 클라이맥스 살인 장면에는 헨리 퍼셀Henry Purcell의 오페라 「디도와 아이네이아스Dido and Aeneas」의 아리아가 깔린다. 슬로 모션으로 전개되는 이 장면에는 예상치 못한 스테인드글라스 창문이 교차 편집된다. 이 장면에서 벌어지고 있는 사건은 — 영화를 보면 이해하게 될 것처럼 — 무라키가 사에코를 위해 빚어낸 오르가슴과 동등한 것이다.

필름 누아르는 거의 항상 자신의 결점 때문에 파멸하는 인물을 다룬다. 이 인물은 — 비록 그것이 범죄세계의 규범이라 할지라도 — 규범을 따르면서 살려고 애쓰는 경우가 잦지만, 도덕적인 약점 비슷한 것 때문에 무릎을 꿇는다. 누아르에서 누군가를 살해했다는 사실은 도덕적인 결함이 되지 않는다. 그 살인은 살인자가 처한 사회적 환경을 위해 수행하는 의무를 표현한 것일 뿐이다. 무라키는 감정을 품지 말라고, 그를 사랑하는 신코에게 관심을 갖지 말라고 자기 자신을 훈육해 왔다. 그런데 사에코는 그녀가 보여 주는, 남들이 도저히 다가가지 못하게 만드는 신비로운 능력으로 그의 방어막을 무너뜨리고, 그가 다시금 사람을 죽이게끔 만드는 결정들에 시동을 걸면서 그를 함정에 빠뜨린다. 영화의 결말에서, 그는 자신의 선택이 그에게 남긴 게 무엇인지를 발견한다. 절망적인 서글픔과 공허한 운명으로 가득한 엔딩이다.

멀홀랜드 드라이브

Mulholland Dr.

감독	데이비드 린치	
주연	나오미 와츠, 로라 해링	
제작	2001년	147분

데이비드 린치David Lynch, 1946~ 의 <멀홀랜드 드라이브>가 방영이 취소된 TV 시리즈의 남아 있는 촬영분을 이리저리 끼워 맞추고는 나중에 추가로 촬영한 일부 분량을 추가한 작품이라는 사실은 잘 알려져 있다. 일부 관객은 이 작품의 들쭉날쭉한 구조와 부족한 연속성을 설명하기 위해 그 사실을 꼽기도 한다. 나는 린치의 심중 어딘가에 '완전한' 영화가 — 린치의 애초 창작 의도에서만 존재하는 유령 같은 디렉터스 컷이 — 숨어 있다고 상상하는 것은 착각이라고 생각한다. 드러내 놓고 몽환적인 이 영화는 우리가 꾸는 대부분의 꿈이 그러는 것처럼 갈림길이 많은 경로를 머뭇머뭇 이동해 내려간다.

이 영화는 첫 숏들에서 침대에 널브러져 있는 게 보이는 베티(나오미 와츠Naomi Watts)가 꾸는 꿈처럼 보인다. 영화는 베티가 어떻게 할리우드에 오게 됐는지, 어떻게 숙모의 아파트에 머무르게 됐는지에 대한 이야기를 계속 들려준다. 그런데 우리가 꿈의 내부에 존재할 경우, 그

이야기를 곧이곧대로 믿어야 할 이유는 하나도 없다. 그녀는 온타리오에서 로스앤젤레스로 날아온 비행기에서 내리는 꿈만을, 그리고 비행기에서 만난 시끌벅적한 노부부로부터 행운이 있기를 바란다는 덕담을 듣고는 택시를 타고 아파트에 도착하는 꿈만을 꾸는 것 같다. 우리가 꾸는 꿈들은 곧바로 집어 들 수 있는 소재들을 뚝딱거려 콘텐츠를 만들어 낸다. 노부부는 영화의 끝부분에 다시 등장하지만, 그들의 실존 여부는 고민해 볼 문제인 듯하다.

하지만 영화는 도입부에 등장하는 몇몇 장면에서는 매혹적이리만치 현실적으로 보인다. 불길한 분위기의 필름 누아르 시퀀스는 멀홀랜드 드라이브(로스앤젤레스를 샌 페르난도 밸리와 갈라놓는 산줄기를 휘감고 있는 구불구불한 도로)를 달리는 리무진의 뒷좌석에 앉은 아름다운 여성을 보여 준다. 리무진이 멈춰 서고, 총을 꺼낸 운전사는 승객에게 차에서 내리라고 명령한다. 바로 그 순간 드래그 레이스를 벌이는 개조 차량 두 대가 질주하며 화면에 등장하고, 그중 한 대가 리무진과 충돌해 운전사와 동료의 목숨을 앗아간다. 망연자실한 여자(로라 엘레나 해링Laura Elena Harring)는 비틀거리며 관목 숲으로 들어가서는 언덕을 내려가기 시작한다. 그녀는 처음에는 프랭클린 드라이브를 건너고 결국에는 선셋 불러바드에 도착한다. 여전히 관목 숲에 숨어 있는 그녀는 어떤 여성이 아파트에서 나와 택시를 타는 모습을 본다. 그녀는 그 아파트에 몰래 들어가 테이블 아래에 숨는다.

그녀는 누구인가? 우리, 지나치게 앞질러 가지는 말자. 영화에 처음으로 등장하는 순간들은 1950년대에 TV로 방송된 지터버그 콘테스트 프로그램을 바탕으로 만든 기이한 몽타주처럼 보였고, 개조 차량과 거기에 탄 승객들은 그 몽타주와 시각적으로 연관이 있는 것처럼 보였다. 그런데 승객들의 차림새는 지터버그를 추던 사람들의 차림새하고는 비슷하지 않고, 영화를 촬영한 시기(1990년대)에 멀홀랜드 드라

이브에서 드래그 레이스는 열리지 않았다. 지금은 값을 매길 수도 없는 앤티크 개조 차량으로 그런 레이스를 벌이는 일은 더군다나 없다. 게다가 충돌 사고에는 아마도 영화 뒷부분을 상당히 많이 차지하는 오디션에서 가져온 요소들이 담겨 있는 듯 보인다.

이런 식의 섞어 맞추기를 더 많이 실행하는 것으로 당신의 인내심을 계속 시험대에 올리지는 않을 생각이다. 꿈이 반드시 사리에 맞을 필요는 없고, 나는 프로이트가 아니며, 영화의 이 시점에서 영화는 필름 누아르로서 완벽하게 잘 굴러가고 있다. 필름 누아르도 역시 사리에 맞아야 할 필요가 없다. 영화에 등장하는 전형적인 경찰들이 등장해 수사를 하더니 영화의 나머지 부분에서는 전혀 모습을 드러내지 않는다. 멀홀랜드에서 내려온 여성이 숙모의 아파트에서 샤워를 하는 모습을 발견한 베티는 그녀의 정체를 추궁한다. 벽에 있는, <길다Gilda>에 출연한 리타 헤이워스Rita Hayworth의 포스터를 본 여자는 자신의 이름은 '리타'라고 대답한다. 그녀는 기억을 상실했다고 주장한다. 그러자 베티는 놀라울 정도로 너그러운 모습을 보이면서 '리타'의 신분 찾기를 돕기로 마음먹는다. 그러면서 두 여자는 매끄럽게 유대감을 맺는다. 실제로 그리 오래지 않아 두 사람은 서로를 거들면서 아파트 17호실에 몰래 들어간다. 린치는 필름 누아르에서 훨씬 더 순진한 종류의 범죄 스토리로, 낸시 드루Nancy Drew• 미스터리로 기어를 바꾼다. 하지만 그들이 17호실에서 부패한 시신을 발견하면서, 이야기는 낸시 드루가 발견하는 전형적인 사건들보다 약간 더 상세해진다.

내가 지금까지 해 온 것은, <멀홀랜드 드라이브>가 많은 관객에게 영향을 준 방식을 구체적으로 보여 준 것이다. 관객들은 자신이 있는 지점이 어디고 그곳에 다다르게 된 방법이 무엇인지를 결정할 수 있도

• 1930년부터 발행되기 시작한 미스터리 소설 시리즈의 주인공

록 걸어 온 발자취를 되짚을 수 있기를 희망하며, 영화의 플롯을 스스로 리허설하기 시작한다. 그런데 이 영화는 그런 식으로 작동하지 않는다. 내딛는 각각의 걸음이 존재하는 방식은 내부에 엘리베이터가 존재하지 않는 열려진 엘리베이터 문과 비슷하다.

내가 이 영화에 대해 이해하는 내용과 수준이 불만스러웠던 나는 30년간 나를 실망시킨 적이 없었던 관객들에게 이 영화를 가져갔다. 나는 볼더에 있는 콜로라도대학에서 열리는 세계정세협의회에서 연례적으로 강연을 해 왔다. 이 강연에서는 월요일 오후에 제목을 보여 주고는 이후로 나흘간 오후마다 한 번에 신 하나를, 간혹은 숏 하나를 꼼꼼하게 곱씹는다. 객석은 꽉 차고, 예상대로 참석자들은 글도 많이 읽고 해석도 많이 내놓는다. 그런데 세상 만물이란 호메로스의 『오디세이』를 변형시킨 버전에 불과하다는 생각을 영원토록 고수하는 내 오랜 친구조차도 이번에는 확신을 하지 못했다.

나는 평소처럼 어째서 어떤 영화에 대한 해석을 내놓을 수 없는가에 대한 강연을 했다. 우리는 작품에 이미 자리하고 있는 해석을 찾아내야 한다. 우리가 찾아낸 해석에 대한 합의는 하나도 도출되지 않았다. 이 영화가 재미있기 때문에 억지로라도 감상할 만한 작품이면서도 어떤 해석을 내놓기를 거부한 채로 남았다는 것은 린치에게 바치는 헌사였다. 우리가 시도했던 해석의 방향 중에 가장 유망했던 것은 꿈(들)과 꿈을 꾸는 사람(들)의 정체성을 구분하는 경계선을 그려 내려던 시도였다.

그 작업은 작품에 완전히 몰입하게 되는 경험이었다. 그런데 영화가 초점을 잃은 다음에 여성들의 얼굴이 드러나기 시작하는 일련의 숏들을 고려해 보라. 나는 역시 두 여성을 다룬 영화인 베리만Ingmar Bergman의 <페르소나Persona>를 떠올렸다. 그 영화에서 한 여성이 일부러 다른 여성에게 상처를 입히는 시점에 영사기 안의 필름에 불이 붙은 것처럼 보인다. 스크린은 새까매지고, 그런 후에 영화는 초창기 무성 영화 시절의 이미지들로 다시 시작된다. 베리만이 우리에게 말하고 있는 바는 무엇일까? 모든 것을 처음부터 다시 시작하는 게 최선이라는 걸까? 린치가 우리에게 말하고 있는 건 무엇일까? 두 여성에게 일어났던 모든 환상은, 또는 두 여성의 머릿속에서 일어났던 환상은 내버리는 게 최선이라는 걸까?

사람들의 입에 자주 오르내리는 동성애 신들은 어떤가? 꿈일까? 우리 모두는 에로틱한 꿈들을 꾼다. 그런데 그 꿈들은 실제 경험보다는 욕망에서 비롯했을 가능성이 크다. 그리고 그 꿈에 등장하는 사람들은 출연료도 받지 않으면서 객원 배우로 출연하고 있을 것이다. 이 영화가 다루는, 오디션과 관련된 소재들은 어떤가? 그것들은 연기자가 꾸는 꿈의 스톡 푸티지stock footage•일 수도 있다. 어떤 여배우를 캐스팅하라는 명령은? 그 명령은 휠체어에 앉은 채 명령을 내리는 덩치 작은 기이한 남자의 주위로 우리를 데려간다. 영화의 주된 이야기에 등장하는 사람 중에 그런 인물이 실제로 존재한다는 것을 아는 사람이 있을까?

식당 뒤에 숨어 있는 정체불명의 남자는 어떤가? 그는 린치가 이 영화에서 가장 꾸준하게 실행하는 비주얼 전략이 추구하는 근본적인 목적을 달성한다. 린치는 모퉁이 주변을 서서히, 살짝 보여 주려고 느리고 불길한 분위기의 옆 방향 트래킹 숏을 활용하는 걸 좋아한다. 숙모의 아파트에서는 그런 숏이 많다. 그것은 우리가 식당 뒤쪽의 모퉁이를 살짝 들여다보려고 슬그머니 다가가는 방식이기도 하다. 그 인물이 시야에 불쑥 들어왔을 때, 그 타이밍이 절묘한 까닭에 관객은 그가 누군가가 — 또는 카메라가 — 다가오고 있다는 걸 알고 있었다고 맹세해

• 현재 작업하는 작품과 관계없이 사전에 촬영되어 보관되고 있는 촬영물

도 될 지경이다. 이건 사람을 갑자기 놀래는 전형적인 순간으로, 이 순간은 영화에 들어 있는 다른 무엇하고 눈곱만큼도 관련될 필요가 없다.

데이비드 린치는 영화와 장르, 원형原型, 그리고 의무적으로 보여주는 숏을 사랑한다. <멀홀랜드 드라이브>는 순수한 형식을 갖춘 필름 누아르의 관습들을 채택한다. 누아르를 규정하는 여러 정의 중 유용한 정의 하나는, 누아르 영화는 범죄나 도덕적인 죄를 저지른, 죄책감에 깊이 사로잡힌, 자신이 저지른 일에 대한 응보를 받기 두려워하는 캐릭터들을 다루는 장르라는 것이다. 또 다른 정의는, 그들은 잘못을 하나도 저지르지 않았음에도 확실히 그러한 잘못을 저지른 것처럼 보인다는 것이다.

두 번째 정의는 '억울한 혐의를 받는 결백한 남자'라는 히치콕이 좋아한 플롯의 내용이다. 첫 번째 정의는 <멀홀랜드 드라이브>가 다루는 핵심적인 딜레마를 묘사한다. 그런데 이 영화는 불안감이 팽배한 초자연적인 공간을 떠다니면서 죄 지은 자가 누구인지 결코 규정하지 않는다. 영화는 누아르 특유의 죄책감을 자아내면서도 무엇이건 구체적인 것에는 결코 결부되려 하지 않는다. 깔끔한 솜씨로 만들어진 작품이며, 순수한 영화다.

미스터리 트레인

Mystery Train

감독	짐 자무쉬
주연	나가세 마사토시, 구도 유키
제작	1989년 | 110분

여름밤이면 나는 외로운 휘파람소리를 들으면서 기차를 타고 미래로 떠나는 꿈을 꿨다. 로맨스를 향해, 내 여생을 향해, 아니면 단순히 내가 사는 도시 밖으로. 기차는 여행한다는 사실을, 시간과 공간과 낮과 밤을 통과하면서 이동한다는 느낌을 체현한다. 비행기는 문이 닫혔다가 다음 도시에서 문이 열리는 엘리베이터다. 짐 자무쉬Jim Jarmusch, 1953~의 <미스터리 트레인>에 나오는 두 일본 젊은이의 생각은 옳다. 그들은 멤피스행 기차를 타고 있다. 두 사람은 같이 든 막대기에 꿰인 여행 가방 하나를 들고 질척거리는 거리들을 떠돌다가 우연히 선 레코드Sun Records 스튜디오의 문을 지나치게 된다. 그들에게 그곳은 성지다.

이 영화가 그리는 멤피스는 멤피스상공회의소가 인정할 만한 바람직한 곳이 아니다. 도시는 사람들이 떠나 버린 황량한 곳으로 보인다. 공터와 널빤지로 막힌 가게 출입구가 보일 뿐, 지나가는 차나 행인은 거의 보이지 않는다. 나는 멤피스도 이따금은 기분 좋은 모습을 보이는 곳이라고 확신한다. 그런데 자무쉬는 그런 곳을 찾아다니는 사람이 아니다. 그의 세계관은 에드워드 호퍼Edward Hopper●를 거쳐 나온 넬슨 올그런Nelson Algren◆의 세계관이고, 스크리밍 제이 호킨스Screamin' Jay Hawkins를 경유한 엘비스 프레슬리의 세계관이다. 그는 열차가 오는 소리를 듣는다. 영화가 굽잇길을 돌아 굴러오고 있고, 그는 언제인지 시간을 알지 못하기에 햇빛을 보지 못하고 있다★.

<미스터리 트레인>이 로맨스 영화라는 것을 이미 짐작했나? 하지만 사람들 사이의 로맨스를 다룬 영화는 아니다. 대도시에 대한, 그리고 아웃사이더들과 진리를 찾는 이들과 쓸쓸한 이들이 밤을 보내러 가는 잘 알려져 있지 않은 그 도시의 구석들을 다룬 영화다. 나는 찰스 부코스키Charles Bukowski■가 타계하기 전에 이 영화를 봤기를 바란다. 한편으로 생각하면 그는 굳이 이 영화를 볼 필요가 없었다.

영화는 세 가지 이야기를 들려주는데, 그 이야기들은 간접적으로 연결되어 있다. 세 이야기에 등장하는 캐릭터들은 거의 우연에 의해 동일한 호텔에 투숙한다. 이 호텔은 생명 유지 장치나 다름없는 곳이다. 이 호텔의 객실에 설치된 가구는 루니 툰스 만화 영화에 나오는 호텔의 객실 수준을 넘지 못한다. 체크인 해서 방을 둘러본 사람들은 말한다. "TV도 없군." 침대 하나, 삐걱거리는 의자 한 쌍, 나이트 테이블 하나와 벽에 걸린 엘비스 초상화가 전부다. 나는 방이 너무 작아서 투숙객들이 방안을 돌아다니면 엘비스의 눈도 어쩔 도리 없이 그들을 쫓아다닐 거라고 확신한다.

이 사람들은 어쩌다 이 호텔에 오게 된 걸까? 스무 살쯤 된 요코하마 출신의 준(나가세 마사토시永瀬正敏)과 미쓰코(구도 유키工藤夕貴)는

● 미국의 사실주의 화가(1882~1967)
◆ 미국의 소설가(1909~1981)
★ 이 문장은 조니 캐시Johnny Cash의 노래 '폴섬 교도소 블루스Folsom Prison Blues'의 가사를 개사한 것이다.
■ 독일 출신의 미국 시인(1920~1994)

로큰롤 오디세이에 나섰다. 그들은 같은 워크맨에 꽂힌 이어폰을 통해 음악을 듣는다. 여자는 엘비스를 사랑한다. 순수주의자인 준은 칼 퍼킨스Carl Perkins를 선호한다. 미쓰코는 활기차지만, 준은 무표정한 포커페이스를 유지한다. 그는 그런 표정을 지으면 쿨해 보일 거라고 생각하는 것 같다. 그는 꼼꼼한 올백 스타일로 머리를 빗었다. 귀에는 담배 한 개비를 꽂는다. 그녀는 영어를 조금 하지만, 그의 영어는 그녀에 못 미친다. 그래서 선 레코드의 가이드가 암기한 장광설을 따발총처럼 쏟아낼 때 두 사람은 한마디도 이해하지 못한다. 자무쉬는 스튜디오 투어에 같이 나선 눈이 휘둥그레진 미국인들이 포함된, 멤피스의 본질을 보여 주는 이 신을 사랑스럽게 재연한다. 준과 미쓰코는 호텔을 찾아내 체크인 한다. 나중에 두 사람은 다른 방에서 난 총소리를 듣는다.

루이자(니콜레타 브라스키Nicoletta Braschi)는 남편의 시신이 담긴 관을 인수하려고 이탈리아에서 멤피스로 왔다. 그녀는 이튿날 비행기를 타야 한다. 포마이카로 장식된, 손님이 거의 없는 식당에서 사기꾼(톰 누넌Tom Noonan)이 멤피스 외곽에서 히치하이커를 태운 사내에 대한 해묵은 이야기로 그녀를 속이려 든다. 그 히치하이커는…… 그레이스랜드Graceland•에 내려 주기를 원한다. 당신도 이 이야기를 알 것이다. 이후 루이자는 거리에서 불량해 보이는 젊은이 세 명이 따라오자 재빨리 호텔로 들어간다. 그녀는 로비에서 디디(엘리자베스 브라코Elizabeth Bracco)를 만난다. 겁에 질린 그녀는 그날 밤에 디디와 방을 같이 쓰게 된 데 행복해한다. 우리는 나중에 그녀가 두려움에 떠는 이유를, 그녀가 아침에 나체즈로 향하려는 이유를 알게 된다. 두 사람은 다른 방에서 나는 총소리를 듣는다.

셰이즈라는 당구장이 배경인 세 번째 이야기에서 조니(조 스트러

• 엘비스 프레슬리가 살던 맨션

머Joe Strummer)라는 영국인은 머리카락과 구레나룻을 대단히 절묘하게 꾸민 덕에 모두로부터 '엘비스'라고 불린다(엘비스의 헤어스타일은 — 검정 머리라는 것만 다를 뿐 — 자무쉬 자신의 헤어스타일이기도 하다). 조니는 윌 로빈슨(릭 에이빌스Rick Aviles)과 술에 취하고는 총을 꺼내 든다. 겁에 질린 윌은 조니의 제일 친한 친구 찰리(스티브 부세미Steve Buscemi)를 부른다. 당신은 부세미가 조만간 이 영화에 모습을 보일 거라는 걸 알았을 것이다. 그들은 술 두 병을 더 사러 주류 매장에 가지만, 안 좋은 일이 벌어지면서 영원토록 텅 빈 듯이 보이는 거리들을 떠돌아다니게 된다. 자무쉬는 그들이 이곳저곳을 헤매 다니는 모습을 보여 주다가 결국 호텔에 도착하게 만든다.

처음부터 이 이야기를 꿰뚫는 가닥은 호텔 접수 담당자(스크리밍 제이 호킨스 본인)와 벨보이(작은 필립 모리스 모자를 비스듬한 각도로 쓴 신쿼 리Cinqué Lee)가 무표정하게 주고받는 대화다. 그들은 졸리고 따분하다. 접수 담당자는 사건이라는 사건은 다 봤다. 벨보이는 모든 일을 난생 처음 경험하는 듯 보인다. 라디오에서 엘비스가 'Blue Moon(블루 문)'을 부른다. 이 노래는 세 이야기 모두에서 들리는데, 그걸 보면 세 사건은 모두 같은 시간에 벌어지고 있을 가능성이 크다. 벨보이는 자기 생각을 말한다. "엘비스가 사망 당시에 목성에 있었다면, 그의 몸무게는 294킬로그램이었을 거예요." 접수 담당자가 말한다. "젠장!" 스크리밍 제이 호킨스는 이런 연기를 하는 데 필요한 권위를 타고났다. 그가 하는 모든 말은 그 주제에 대한 결론을 내리는 마지막 말처럼 들린다.

영화에 등장하는 거의 모든 이가 이런저런 기회에 엘비스를 '킹The King'이라고 부른다. 그의 그림자가 밤거리에 드리워져 있다. 그의 유령이 호텔 객실 한 곳에 나타난다. 이게 진짜 유령이라는 걸 믿을 이유는 아주 많다. 그는 유령 대부분이 하는 일을 한다. 자신의 존재를 드러내는 것이다. 그를 보이게 만드는 것은 자무쉬가 할 수 있는 일 중에서 가장 하찮은 일이다. 엘비스의 전설은 멤피스, 그리고 영화에 등장한 모든 이에게 스며들어 있다. 그가 음악을 배웠던 많은 흑인 리듬 앤 블루스 아티스트도 역시 여기 멤피스에 있었다. 어떤 면에서는 카메라가 판자로 막힌 스택스 레코드Stax Records의 스튜디오를 팬 할 때 그들도 이 영화에 유령들로 등장한다. 그곳을 찾는 순례자는 없다. 당구장은 흑인 동네에 있는데, 부세미가 연기하는 캐릭터는 그 사실을 인지하면서 불안해한다. 공공연한 위험은 존재하지 않지만, 그가 다른 사람과 부딪히지 않으려 애쓸 때 그의 보디랭귀지를 주목하라. 멤피스에는 로큰롤 말고도 다른 역사가 있다. 일본인들을 제외한 모두가 그걸 안다.

영화에서 자무쉬는 요란한 소리를 내며 시내를 관통하는 기차를 몇 번 보여 준다. 캐릭터들이 탑승한 기차들을 제외하면, 정차하는 기차는 하나도 없다. 엄청나게 절박한 신에서 지나가는 열차 한 대는 특히 더 요란스럽다. 하지만 이 영화는 고통을 순순히 받아들이는 영화가 아니다. 이 영화는 캐릭터들의 개인적인 스타일이 삶에 대처하는 데 어떻게 도움을 주는지, 어떻게 도움을 주지 않는지를 환기하는 영화에 더 가깝다. 준과 루이자, 윌 로빈슨은 살아남을 것이다. 다른 이들은 이런저런 방식으로 각자의 숙명을 빚어내고 있다. 접수 담당자와 벨보이는 견뎌 낼 것이고, 내가 아는 한 지금도 여전히 그 로비에 있다.

<미스터리 트레인>은 1989년에 칸에서 처음 공개돼 엄청난 성공을 거두면서 자무쉬가 1984년에 <천국보다 낯선Stranger than Paradise>을 그곳에서 공개했을 때 보였던 가능성을 확인해 줬다. 그가 1980년대에 있었던 독립 영화 제작의 부활에 끼친 영향은 헤아릴 수 없이 컸다. 하지만 그는 화면 구도와 편집 형식을 분석적으로 계산한다는 점에서 일부 독립 영화 감독들과는 다르다. 자무쉬는 어딘가에 도달하려고 서두르는 법이 없다. 그는 음식을 삼키기 전에 꼭꼭 씹는다. 그는 어떤 숏이

스스로 모습을 드러내는 것을 허용하기 위해 그 숏에 의존할 것이다. 숏들은 줄거리를 따라가려고 조바심을 내며 서두르지 않는다. <미스터리 트레인>에서 그가 활용한 일부 트래블링 숏이 캐릭터들을 따라가는 게 아니라, 캐릭터들의 움직임을 지시하고 있는 것처럼 보인다는 걸 주목하라. 그가 로케이션 전체의 분위기를 '설정'하기보다는 실내의 일부를 고립시키는 방식을 눈여겨보라. 술꾼들이 픽업을 타고 돌아다닐 때 그가 조금도 야단스럽지 않은 방식으로 시간을 조작하는 솜씨를 주목하라.

<천국보다 낯선> 이후 자무쉬는 자무쉬 영화의 출연 배우가 되려고 태어난 톰 웨이츠Tom Waits와, 자무쉬가 만든 첫 학생 영화에서 경력을 시작한 뮤지션 존 루리John Lurie, 조만간 유명해질, 하지만 또 다른 행성에 온 사람처럼 미국에 도착한 로베르토 베니니Roberto Begnini가 출연한 <다운 바이 로Down By Law>를 들고 1986년에 칸으로 돌아왔다.

그가 이후로 보여 준 스타일은 <리미츠 오브 컨트롤The Limits of Control>(2009)이 그랬던 것처럼 가끔씩 내 인내력을 시험대에 올렸다. 그래도 그가 얼간이들과 아웃사이더들에게 던지는 침착한, 거의 객관적인 시선으로 나를 즐겁게 해 준 경우가 훨씬 더 많았다. 그는 빌 머레이Bill Murray가 예전에 헤어진 평생의 사랑을 찾아나서는 내용의 <브로큰 플라워Broken Flowers>(2005)에서 머레이와 놀랍지 않은 유대 관계를 맺었다. 그의 <지상의 밤Night On Earth>(1991)은 택시가 배경인 이야기 다섯 개로 구성되어 있다. <커피와 담배Coffee and Cigarettes>(2003)에는 시적으로 느껴질 정도로 기이한 대화와 상황들이 담겨 있다. 조니 뎁Johnny Depp부터 로버트 미첨Robert Mitchum에 이르는 경이로운 출연진이 참여한 <데드 맨Dead Man>(1995)은 나한테 큰 감흥을 주지는 못했지만, 상당히 큰 찬사를 받은 까닭에 나는 그 영화를 다시 돌아봐야 했다.

그의 작품에는 코미디와 향수, 추레한 서글픔과 시각적인 아름다움이 깊이 배어 있다. <미스터리 트레인>은 일부 캐릭터에게는 무척이나 힘들었을 긴 밤의 이야기를 들려준다. 하지만 해는 떠오르고, 아침 기차는 떠나고 있다. 요코하마에서 온 준은 기막히게 좋은 여행을 하는 중이다. "우리는 그레이스랜드를 봤어. 내일 뉴올리언스에서는 팻츠 도미노Fats Domino의 집을 보게 될 거야!"

배리 린든

Barry Lyndon

감독	스탠리 큐브릭	
주연	라이언 오닐, 마리사 베런슨	
제작	1975년	185분

1975년에는 냉담한 반응을 얻은 스탠리 큐브릭Stanley Kubrick, 1928~1999의 <배리 린든>은 이후로 오랜 세월이 흐르는 동안 위상을 키우다가, 이제는 거장이 만든 최고작 중 하나로 폭넓게 간주되고 있다. 이 영화는 분명 프레임 하나하나가 큐브릭다운 영화다. 기술적인 면에서는 기가 막히고, 인간의 선량함을 의심하는 면에서는 일반인들이 품는 감정과는 동떨어진 무자비한 태도를 유지한다. 1844년에 출판된 소설을 원작으로 한 이 영화는 19세기 소설에 보편적이던, 주인공이 태어나서 사망할 때까지 그의 인생을 좇는 형식을 취한다. 영웅적인 주인공이 존재하지 않는 최초의 소설로 불리는 새커리William Makepeace Thackeray의 소설은 도덕관념, 개성, 개인적 견해, 염치 등이 없고 자신의 실수를 만회하려 들지 않는 남자를 관찰한다. 아일랜드의 평범한 가정에서 태어난 주인공은 냉정하게 자신의 득실을 계산하면서 두 나라의 군대와 영국의 귀족 사회를 거쳐 출세를 한다.

<배리 린든>은 냉담하고 무심한 태도를 적극적으로 견지한다. 영화는 우리가 주인공에게 따뜻한 관심을 갖지 못하게 만들면서, 영화가 묘사하는 위풍당당하고 고상한 장면들을 관찰하는 관찰자로만 머물러 달라고 우리에게 요청한다. 줄거리 전개 중 대부분이 스크린 밖에서 벌어지고, 내레이터는 우리에게 앞으로 무슨 일이 벌어질 것인지를 알린다. 우리는 영화의 주인공이 불운한 일을 당할 것임을 영화가 끝나기 한참 전에 알게 된다. 이 뉴스는 우리를 그리 심하게 우울하게 만들지는 않는다. 큐브릭이 영화 제목에 등장한 역할을 연기하는 라이언 오닐Ryan O'Neal을 정물靜物과 다름없는 존재로 연출하기 때문이다. 그토록 수동적인 캐릭터 주위에서 그토록 떠들썩한 사건들이 요동치는 걸 상상하기란 어려운 일이다. 그는 돈을 잃거나 아내를 잃거나 다리를 잃으면서도 감정을 거의 드러내지 않는다. 그의 모습은 보통 사람이 기르던 개를 잃었을 때 보일 법한 모습이다. 그에게 큰 충격을 안기는 건 아들이 사망한 사건 정도인데, 그가 그 아이에게서 자신의 모습을 봤기 때문일 것이다.

오닐을 캐스팅한 것은 대담한 선택이다. 딱히 카리스마가 넘치는 배우는 아닌 그는 이 역할에 이상적인 배우다. 예를 들어 <톰 존스의 화려한 모험Tom Jones>의 주인공을 연기하면서 활력을 뿜어내는 앨버트 피니Albert Finney를 숙고해 보라. 피니는 린든을 연기하지는 못할 것이다. 오닐은 자기 연민과 나르시시즘에 빠져 금방이라도 눈물을 쏟아낼 것 같은 모습을 쉽게 보여 준다. 그는 끔찍한 사건들이 연달아 닥칠 때에도 으스스할 정도로 차분한 분위기를 풍긴다. 그가 — 도박에서, 사기 행각에서, 운 좋은 결혼에서, 심지어 작위 수여에서 — 거둔 승리들도 그에게 그다지 큰 기쁨을 안겨 주는 것처럼 보이지 않는다. 그는 온갖 풍파를 겪는 사람이다.

다른 캐릭터들은 외모와 존재감 위주로 캐스팅된 것 같다. 각자가 보여 주는 개성 때문에 캐스팅되지 않은 건 확실하다. 결혼이라는 이로운 제안을 해서 젊은 배리가 사촌과 맺고 있던 관계를 끝장내는 캡틴 퀸을 연기하는 레너드 로시터Leonard Rossiter가 조롱조로 말아 올리는 입술을 눈여겨보라. 레이디 린든 역을 맡은 마리사 베런슨Marisa Berenson의 얼굴을 자세히 살펴보라. 그녀의 결혼 생활에 열정의 흔적이 조금이라도 있나? 그녀는 배리가 그러는 것처럼 아들을 사랑한다. 그런데 그들이 공통으로 느끼는 유일한 감정은 딱 그것뿐인 듯 보인다. 가족을 풍비박산 직전까지 몰고 간 남자에게 건넬 연금용 수표에 서명해야 하는 순간이 닥쳤을 때, 그녀의 펜은 잠시 멈칫했다가 매끄럽게 움직인다.

이 작품에는 천재의 오만함이 담겨 있다. 3백 일차에 걸친 촬영 일정 동안 이 작품에 투입된 제작비나 큐브릭이 보여 준 완벽주의는 신경 쓰지 말자. 한 남자의 출세와 몰락을 다룬, 궁극적으로 보면 하찮은 이야기를 선택해서는 관객이 그 작품을 대해야 하는 태도를 일일이 지시하는 스타일의 작품으로 구현하는 데 큐브릭이 품은 만큼의 자신감을 품을 감독이 세상에 몇이나 될까? 우리는 단순히 큐브릭의 영화를 보는 게 아니다. 그가 고집스럽게 요구하는 마음의 상태를 갖추고 영화를 보는 것이다. 그렇지 않으면 우리는 연출 스타일이라는 관념에 지나치게 닫힌 태도를 취한 탓에 영화 전체를 그저 아름답기만 한 사치 행위로 보게 될 것이다(실제로 이 작품은 아름다운 사치 행위다). 큐브릭이 배리를 보는 방식을 제외한 배리를 보는 다른 방식은 존재하지 않는다.

큐브릭의 작품에는 무심한 분위기가, 인정사정 봐주지 않는 분위기가 깃들어 있다. <2001 스페이스 오디세이2001: A Space Odyssey>(1968)에서 가장 '인간적인' 캐릭터는 컴퓨터고, <시계태엽 오렌지A Clockwork Orange>(1971)는 폭력에 대한 객관적인 태도 때문에 특히 심란한 작품이다. 앤서니 버지스Anthony Burgess의 소설이 원작인 그 영화 제목의 '시계태엽'은 작품 소재를 다루는 큐브릭의 태도를 확실히 보여 준다. 그

는 자신이 택한 유기적인 소재들을 기계적인 존재나 되는 것처럼 해체하기를 좋아한다. 그는 우리를 시계처럼 똑딱거리게 만드는 게 뭔지를 아는 데에서 그치지 않는다. 그는 우리 모두가 똑딱거리고 있다는 걸 구체적으로 보여 주고 싶어 한다. 그는 <스파르타쿠스Spartacus>(1960)를 만든 후로는 결코 다시는 이상주의나 감정에 의해 내몰리는 주요 캐릭터를 창작하지 않았다.

<배리 린든>에 등장하는 사건들은 과거를 배경으로 한 칼싸움과 액션이 곁들여지는 로맨스를 영화에 제공할 수 있는 사건들이었다. 린든은 청소년기의 어리석은 사랑에 빠지고, 결투를 벌인 후에 느닷없이 집을 떠나야 하며, 우연이나 다름없는 상황에서 영국군에 입대하고, 유럽에서 전투를 벌이고, 군대를 한 군데도 아닌 두 군데나 탈영하고, 부도덕한 일당들과 어울리며, 부유하고 아름다운 여성과 결혼한 후, 살아남는 데 필요한 개성이 없다는 이유로 스스로 파멸한다.

큐브릭은 현미경을 통해 들여다보는 듯한 선명한 시선으로 배리의 인생을 점검한다. 자신에게 자신이 다루는 소재 위에 우뚝 서서 전지전능한 능력으로 그 소재를 쥐락펴락하며 해석할 권리가 있다는 사실을 조금의 의문도 없이 받아들인 19세기의 위대한 소설가들이 품었을 법한 자신감을 그는 품고 있다. 큐브릭은 새커리가 — 또는 트롤럽Anthony Trollope이나 조지 엘리엇George Eliot이 — 취한 태도를 도용한다. 디킨스 스타일의 유머나 인간적인 캐릭터가 제공하는 즐거움은 존재하지 않는다. 사랑과 성공에 빠져들었다가 빠져나오는 배리 린든은 직접 겪은 사건들에서 아무런 발생 패턴도 보지 못하는 것 같다. 하지만 큐브릭은 그를 대신해서 그런 패턴을, 그가 꾸준히 보여 주는 이기적인 기회주의로 구성된 패턴을 본다.

큐브릭이 <배리 린든>의 밑바닥에 깔아 놓은 주제는 <2001 스페이스 오디세이>에서 보여 준 세계관과 무척 비슷하다. 두 영화 모두 역경을 견뎌 내고 승리하려고 분투하는 — 그러면서도 그 이유에 대해서는 전혀 신경을 쓰지 않는 — 생명체들을 다룬다. <2001 스페이스 오디세이>는 인류라는 종 자체를 다루고, <배리 린든>은 그 종에 속한 하찮은 타락한 사례를 다룬다. 배리는 딱히 계획도 없이 여행을 다니면서 원하는 것을 보고 손에 넣으려고 애쓴다. 추구하는 대상에 약간이나마 헌신하는 일 없이도 맡은 역할들을 대단히 잘 수행한 까닭에 성공을 거둔다. 그는 연인의 모습을, 군인의 모습을, 남편의 모습을 일부 보여 준다. 하지만 그의 내면에 의미 있는 알맹이는 전혀 존재하지 않는다.

이 영화와 <2001 스페이스 오디세이>는 우리보다 우월한 존재가 이런 격전장 위를 맴돌면서 우리가 벌이는 투쟁을 좌우한다는 분위기를 풍긴다. <2001 스페이스 오디세이>에서 그 존재는 결코 분명하게 형체를 드러내지 않는 고등한 지적 존재였고, <배리 린든>에서 그 존재는 큐브릭 자신이다. 그는 작품에서 묘사되는 사건들과 거리를 두게 하는 두 가지 장치를 활용해 사건들과 냉담하게 거리를 둔다. 모든 중요한 사건 전개를 사전에 우리에게 알리고는 서스펜스와 긴장감을 일부러 망치는 내레이터(마이클 호던Michael Horden), 그리고 냉정하리만치 꼼꼼하게 구도를 잡은 이미지들을 연달아 보여 주는 촬영이 그것이다. 이 영화가 받은 오스카상 네 개 중 세 개를 촬영(존 앨코트John Alcott), 미술(켄 애덤Ken Adam), 의상(울라브릿 소덜룬드Ulla-Britt Soderlund와 밀레나 카노네로Milena Canonero)이 받았다는 사실 또한 주목할 만하다. 많은 풍경이 롱 숏으로 자주 촬영됐다. 들판, 언덕, 구름은 게인즈버러Thomas Gainsborough가 그린 그림에서 곧바로 가져온 풍광이라고 해도 무방할 정도고, 실내 장면의 구도는 조슈아 레이놀즈Joshua Reynolds가 그린 것이라고 해도 될 정도다.

분명히 이 영화는 역사상 가장 아름다운 영화에 속한다. 그런데 그 아름다움은 관객의 감정을 자극하는 데에는 전혀 봉사하지 않는다.

캐릭터들은 대단히 아름다운 배경들 앞에서 음모와 스캔들을 실행에 옮긴다. 그들은 카드 게임과 결혼 생활에서 속임수를 쓰고, 터무니없는 대결을 벌인다. 이 영화의 배경은 유럽을 휩쓴 7년 전쟁으로, 배리 린든을 위해 등장하는 일련의 난국을 제외하면 그 전쟁은 주목할 만한 전쟁으로 보이지는 않는다. 큐브릭은 그런 변변찮은 캐릭터들을 그토록 거대한 무대에 올려놓는 것으로, 그들을 무심하게 대하라고 우리에게 강요하는 것으로 캐릭터들의 입에서 흘러나오도록 집어넣은 대사만큼 선명한 철학적 입장을 펼친다.

이미지들은 여러 사건을 거치면서 품격 있는 무대들을 가로질러 지나가고, 그 밑에는 장례 행렬에 어울리는 음악인 헨델의 '사라반드'가 깔리곤 한다. 그런 사건들로 점철된 인생 속에서도 사건의 속도를 높이려는 시도는 전혀 이루어지지 않는다. 큐브릭은 내레이터를 활용한 것은 소설에 담긴 사건이 세 시간짜리 영화로 담아내기에도 지나치게 많았기 때문이라고 평론가 미셸 시망Michel Ciment에게 말했지만, 그가 사건을 압축해서 보여 주고 있다는 분위기는 조금도 느껴지지 않는다.

<배리 린든>을 냉정하기는 하지만 거장다운 영화 연출 솜씨가 발휘된 매혹적인 작품이라고 생각하는 이들이 있는가 하면, 끔찍이도 지루한 작품이라고 생각하는 이들도 있다. 나는 두 번째 견해에는 공감하지 않는다. 이토록 대담한 영화를 보면서 어떻게 지루해할 수 있을까? <배리 린든>은 평범한 시각으로 보면 위대한 오락물은 아니다. 하지만 이 영화는 연출자의 비전을 작품화한 걸출한 사례다. 이 소재를 원재료로 삼아 자신이 세상을 보는 방식을 상세히 보여 주는 작품으로 작동하게 만들 작정이라고 말하는 큐브릭의 비전을 말이다.

벌집의 정령 El Espíritu de la Colmena	감독	빅토르 에리세	
	주연	아나 토렌트, 이사벨 테레리아	
	제작	1973년	97분

수확이 끝난 드넓은 스페인의 평원에 농가 한 채가 있다. 멀리 떨어진 곳에는 문짝과 창문이 모두 떨어져 나간 헛간 비슷한 폐가가 있다. 이 집에 네 가족이 산다. 아나와 이사벨이라는 어린 여자아이 둘과 아이들의 부모인 페르난도와 테레사. 페르난도는 양봉업자이자, 책이 늘어선 서재에서 많은 시간을 보내는 학자 겸 시인이다. 어머니는 정체가 밝혀지지 않은 남자들에게 갈망과 상실감이 담긴 편지들을 쓰는, 고독을 즐기는 여인이다. 부모는 딱히 어떤 결말이 도출되는 대화는 하지 않는다.

오늘은 마을 전체가 들뜨는 날이다. 금방이라도 퍼질 것 같은 트럭이 덜컹거리면서 읍내로 들어오면, 아이들은 이곳저곳으로 뛰어다니면서 “영화다! 영화!” 하고 소리치는 것으로 그 사실을 알린다. 공회당에 스크린과 영사기가 설치되고, 꼬맹이와 노파로 구성된 관객이 모여 <프랑켄슈타인Frankenstein>(1931)을 감상한다.

아이들 눈에 이 영화는 순전히 보리스 칼로프Boris Karloff가 대단히 설득력 있게 연기해 낸 괴물에 대한 영화로만 보인다. 연못에 꽃을 던져 그게 떠내려가는 것을 지켜보는 농부의 어린 딸에게 괴물이 다가간다. 아마도 검열로 잘린 탓에, 영화는 이 장면에서 슬픔에 잠긴 괴물이 익사한 소녀의 시신을 들고 마을로 들어가는 장면으로 곧장 이어진다. 아마도 검열로 잘린 탓에, 관객들은 그가 그녀를 일부러 익사시킨 게 아니라 그 아이도 꽃처럼 흘러갈 거라는 생각에 기쁜 마음으로 아이를 물에 던졌다는 것을 보지 못한다. 이 장면은 두 소녀에게, 특히 아나(아나 토렌트Ana Torrent)에게 강렬한 인상을 남긴다.

그녀가 이 장면을 오해하는 것이, 많은 이가 스페인 영화 역사상 으뜸가는 걸작이라고 믿는 빅토르 에리세Victor Erice, 1940~ 감독의 <벌집의 정령>에서 이어지는 사건들의 틀을 잡는다. 시간적 배경이 구체적으로 제시되지는 않지만, 스페인 관객들의 눈에 이 영화의 시대적 배경이 프랑코Francisco Franco의 오랜 독재가 시작된, 스페인 내전 종식 직후임은 명확해 보였을 것이다. 내전이 종식된 직후이기 때문에 부상당한 반정부군 병사가 헛간 비슷한 별채를 피난처로 삼는다.

아나와 이사벨(이사벨 테예리아Isabel Telleria)은 나이 차가 얼마 안 난다. 하지만 어린아이들에게는 굉장히 큰 나이 차라서, 아나는 언니의 설명에 의지해 미스터리들을 이해한다. 어린 소녀는 농경지 전역을 마음 놓고 뛰어다니다가 부상당한 병사를 발견한다. 그날 밤 어둠 속에서 눈을 크게 뜬 아이는 언니에게 괴물이 어린 소녀를 익사시킨 이유를 설명해 달라고 한다. "영화에 나오는 건 모두 가짜야." 아이는 그런 말을 듣는다. "몽땅 속임수라니까. 게다가, 나는 그 남자가 살아 있는 걸 봤어. 그 남자는 정령spirit이야." 당연히 아나는 이 설명을 부상당한 남자에 대한 설명으로 받아들인다. 이튿날 아이는 병사에게 먹을 것과 마실 것, 아버지의 코트를 몰래 갖다 준다.

그 뒤에 이어지는 일들은 프랑코의 파시스트 통치와 관련한 은밀

한 메시지로 간주되지만, 그런 요소들을 연결해서 결론을 도출하는 것은 내 몫이 아니다. 나는 아이들의 상상력에 대한 시적인 작품에, 그리고 그 상상력이 어떻게 못된 짓으로 이어지고 아이들을 그 결과로부터 구해 줄 수 있는지에 더 강하게 공감한다.

<벌집의 정령>은 장편 영화 세 편과 단편 영화 한 편만 연출한 에리세의 작품이다. 찰스 로튼Charles Laughton의 <사냥꾼의 밤The Night of the Hunter>(1955) 같은 영화처럼, 이 영화는 그가 더 많은 영화를 만들지 않았기 때문에 우리가 보게 될 수도 있었는데 보지 못하게 된 작품들이 무엇일까 궁금하게 만드는 걸작이다. 그리고 소박하고 근엄한 작품으로서, 어린 아나 토렌트를 캐스팅하며 그녀의 솔직하고 순수한 특징들을 잘 활용한 영화다. 그녀가 언니의 설명을 받아들일 때, 우리는 그녀를 믿게 된다. 그리고 그 설명은 영화의 후반부에서 아이가 하는 행동을 설명해 준다.

이 영화는 내가 평생 본 영화 중에 손꼽힐 정도로 아름다운 영화에 속한다. 촬영 감독 루이스 쿠아드라도Luis Cuadrado는 햇빛과 흙의 색조로 프레임을 물들인다. 그는 농가의 실내 장면을 위해 발소리가 메아리치는 텅 빈 실내 풍경을 빚어낸다. 가족이 그 집의 많은 부분을 차지하고 있는 것처럼 보이지는 않는다. 집에는 두 아이만 있는 경우가 빈번하다. 부모도 각방을 쓴다. 아버지가 쓴 많은 시의 소재는 별다른 상념 없이 몸을 바삐 움직이는 벌을 치는 활동이다. 그 집의 노리끼리한 벌집형 창문은 틀림없이 벌집을 가리킨다. 이것은 프랑코 정권을 반영한 설정일 것이다. 그런데 나는 자신들이 본 유사한 점들을 자세히 설명하는 데 몰두하는 평론가들이 쓴 글을 읽을 때면 학기말 리포트를 읽고 있는 것 같은 기분이 든다.

영화의 표면을 읽었을 때 얻는 게 더 많다. 아나가 '정령'에게 보인 선한 의도들이 잘못 해석될 때, 그녀가 아버지의 회중시계 때문에 부상당한 병사와 연관될 때, 이런 상황은 부녀 모두가 위험해질 수 있는 상황을 낳는다. 그녀가 집을 나가면서 수색 작업이 행해질 때(수색에 자원한 사람들이 든 손전등이 밤의 어둠 속에서 까딱거린다), 우리는 순진무구한 아이들의 행동이 어떻게 그 아이들을 곤경에 처하게 만들 수 있는지를 느낀다. 아나가 이사벨에게 속임수를 쓰는 후반부 장면에서는 언니도 근거 없는 통념을 만들어 낸 자신의 행동이 어떤 영향을 끼쳤는지 알게 된다.

아나 토렌트는 또 다른 주목할 만한 스페인 영화인 카를로스 사우라Carlos Saura의 <까마귀 기르기Cria Cuervos>(1976)에도 출연했다. 그녀는 수십 편의 영화와 TV 시리즈에 출연하면서 성공적인 경력을 쌓아 왔는데, 사우라가 프랑코의 몰락 이후 처음으로 찍은 영화인 <엘리자, 내 사랑Elisa, Vida Mía>(1977)도 그중 한 편이다. 그런데 그녀에게는 해당되지 않는 이야기지만, 아역 배우들은 나이를 먹은 뒤에 맡은 역할에서는 제대로 뽑아내지 못하는 황홀한 분위기를 발산하는 경우가 잦다.

베로니카 포스의 갈망

Die Sehnsucht der Veronika Voss

감독	라이너 베르너 파스빈더	
주연	로젤 체흐, 힐마르 타테	
제작	1982년	104분

라이너 베르너 파스빈더Rainer Werner Fassbinder, 1945~1982는 1982년 2월에 베를린영화제에서 <베로니카 포스의 갈망>을 처음 공개했다. 그 작품은 그가 만든 영화 40편 중에서 최고작에 속한다는 찬사를 받았다. 1982년 6월 9일의 늦은 밤, 그는 제일 친한 친구에게 — 마지막으로 한 줄 남은 코카인을 제외한 — 자신이 가진 약물을 몽땅 변기에 넣고 물을 내렸다는 걸 알리려고 뮌헨에서 파리로 전화를 걸었다. 이튿날 아침, 파스빈더는 객실에서 사망한 채로 발견됐다. 손가락 사이에 차갑게 식은 담배가 꽂혀 있었고, 비디오 플레이어는 여전히 작동 중이었다. 이때 현대 독일 영화계에서 가장 유명하고 악명이 높으면서 다작을 한 감독의 나이는 서른여섯이었다.

이 영화는 그 자신의 사망을 알리는 전조일까? 이 영화는 끊임없이 작업해서 엄청난 명성을 일궜지만 약물과 알코올에 의존하기 시작했다가 결국에는 지나치게 중독되는 바람에 약물을 얻으려고 육체와 영혼을 팔아 버리기에 이른 독일 여배우의 이야기를 들려준다. 재산을 탕진하고 결혼 생활을 파탄 낸 그녀는 — 정신과 의사를 자처하지만 환자들이 모르핀의 효험을 믿게 만들면서 모르핀 공급을 쥐락펴락하는 것으로 환자들을 통제하는 닥터 필굿Dr. Feelgood•이기도 한 — 사악한 베를린 여의사의 진료소에 입원한 환자로 살아가기 시작했다. 그 여의사는 베로니카 포스가 사망한 후 그녀의 소유물인 교외의 빌라와 귀한 예술품들을 의사가 물려받는다는 합의를 했다.

영화는 1955년에 전쟁 전에 찍었던 자신의 클래식을 감상하는 포스(로젤 체흐Rosel Zech)의 모습으로 시작된다(관객 중에 그녀의 뒤에서 좌석에 기대고 있는 사람이 바로 파스빈더다). 그녀가 제작자들의 사무실에서 환대를 받고 수석 웨이터들의 인사를 받으며 길거리에서 사람들이 그녀를 알아보던 시절이 있었다. 그 시절은 지나갔고, 이제 사람들이 그녀가 어떤 사람인지를 — 어떤 사람이었는지를 — 수군대는 것을 듣는 일은 고통스럽기만 하다. 어느 날 밤, 카바레에서 무일푼으로 술을 마시던 그녀는 인상 좋은 스포츠 기자 로베르트 크론(힐마르 다데Hilmar Thate)과 대화하게 된다. 크론은 여전히 그녀의 마력에 걸려 있을 정도로 충분히 나이가 많은 인물이다. 그녀는 자신이 계산을 하겠다고 호기롭게 말했다가, 잠시 후 그가 계산하는 것을 '허락'한다. 그러고는 자기 집으로 가자고 그를 초대한다. 그녀의 빌라의 모든 가구에는 흰색 시트가 덮여 있고, 전기는 끊긴 상태다. 그녀는 촛불에 불을 붙인다. "여자한테는 그게 훨씬 더 근사해 보이기 때문"이다. 스타에게 홀딱 반한 저널리스트는 자신도 모르는 사이에 베로니카 포스의 인생의 마지막 막act에 걸어 들어간다.

함께하는 저녁 식사를 갑자기 마친 베로니카는 파스빈더가 연출

• 환자에게 정기적으로 각성제를 먹여 기분을 좋게 만드는 의사

한 영화들(<페트라 폰 칸트의 쓰디쓴 눈물Die Bitteren Tränen der Petra von Kant>)에서 종종 모습을 볼 수 있는 스타일리시한 레즈비언인 닥터 카츠(안네마리 더링거Annemarie Duringer)가 운영하는 병원에 데려가 달라고 요구한다. 이 병원은 프레드 아스테어Fred Astaire가 노래에 맞춰 춤을 추는 기이한 배경으로 상상할 수도 있는 곳이다. 병원은 눈이 멀 정도로 흰색 일색이다. 벽, 바닥, 가구, 웅장한 계단, 모든 이의 의복까지 말이다. 대기실을 굽어보고 있는 창문들로 이뤄진 벽에서는 으스스한 분위기가 풍기고, 대기실에서는 다른 환자들이 간절한 표정으로 안쪽을 응시하고 있다. 카츠는 그녀의 연인인 게 분명한 여성과 산다. 그리고 그녀의 곁을 꾸준히 지키는 흑인 미군이자 마약 딜러(귄터 카우프만Günther Kaufmann)도 있다. 이 남자는 헤아릴 수 없이 많은 숏의 배경에 자리를 잡고는 한마디도 않으면서 경비원 같은 존재가 필요할 때면 그 자리에 도사리고 있다. 그는 가끔씩은 파스빈더의 연인이자 파스빈더가 연출한 — 이 영화를 만들기 전에 만든 <마리아 브라운의 결혼Die Ehe der Maria Braun>을 비롯한 — 많은 영화에 출연한 배우였다.

우리는 베로니카가 그녀를 가학적으로 질책하는, 그리고 로베르트 크론과 보낸 몇 시간에 대해 꼬치꼬치 캐묻는 카츠와 맺은 제정신이 아닌 관계를 보게 된다. 결국 베로니카는 비좁은 감방 같은 방으로 안내돼 갈망하던 약물을 받는다. 이 방에서, 그리고 병원 곳곳에서 우리는 이 공간과 어울리지 않는 미국적인 컨트리 노래들('The Battle of New Orleans(뉴올리언스 전투)', '16 Tons(16톤)')을 듣는다. 귄터 카우프만이 마리아의 미군 연인을 연기하는 <마리아 브라운의 결혼>에서도 비슷한 음악이 들렸다. 미군이 송출하는 라디오 방송을 통해 들리는 노래일 이 음악은 전후 독일에 주둔한 미국 점령군의 존재를 상기시킨다. 베로니카 자신을 위한 '작별' 파티에서 그녀는 마를레네 디트리히Marlene Dietrich를 떠올리게 만들려는 의도에서 그러는 것처럼

토치 송torch-song•을 부르는 저음의 쉰 듯한 목소리로 'Memories Are Made of This(추억은 이것으로 만들어진다)'를 부른다. 정말이지, 파스빈더가 로젤 체호에게 초점을 맞추는 모습을 보면 <푸른 천사The Blue Angel>에서 디트리히에 집중하는 요제프 폰 스턴버그Josef Von Sternberg가 떠오른다.

그날 자신의 아파트와 여자 친구 헨리에테(코넬리아 프로보에스Cornelia Froboess)에게 돌아온 로베르트 크론은 자신이 밤을 보낸 곳이 어디였는지를 의기양양하게 그녀에게 말하고, 역시 신문 기자인 그녀는 그 모습을 그의 본성을 표현한 것으로 받아들인다. 그녀는 포스가 어떤 여자인지 알고 싶어 한다. 하키 종목을 담당하는 크론은 자신이 운 좋게 스타의 전락과 파멸을 다룬 대박 특종을 건졌다며 편집자를 설득한다.

우리는 파스빈더의 작품 곳곳에서 그런 인물들을, 허울만 좋은 격식을 차리면서 다양한 퇴락의 단계에 있는 퇴폐적인 대스타들을 발견한다. 이 영화는 시빌 슈미츠Sybille Schmitz의 실제 인생에서 영감을 받았다. 1930년대에 독일의 스타였던 그녀도 약물을 공급하는 병원에 의존하는 신세가 됐다. 베로니카 포스를 보면서 빌리 와일더Billy Wilder의 <선셋대로Sunset Boulevard>에 나오는 글로리아 스완슨Gloria Swanson을 떠올리는 평론가가 많다. 이런 관련성은 의도된 결과일 것이다. 베로니카가 결국 엄청나게 힘들게 예전 에이전트를 꼬드겨 단역을 따냈을 때, 그 신을 연출하는 감독(폴커 슈펭글러Volker Spengler)은 와일더 스타일로 안경을 쓰고는 모자를 머리 뒤로 밀어 넘긴다. 그 신에서 그녀에게 주어진 대사는 딱 두 줄이지만, 그녀는 계속해서 대사를 씹는다. 그녀는 당황하면서 약물을 갈망한다. 로베르트 크론과 그녀의 전 남편 막

• 여성이 부르는 감상적인 사랑 노래

스 레바인(아민 뮐러슈탈Armin Mueller-Stahl)이 그녀를 지켜본다. 막스는 지긋지긋하다는 말투로 자신의 전처는 가망 없는 중독자라고 스포츠 기자에게 설명한다.

닥터 카츠의 다른 환자 두 명이 중요하게 묘사된다. 상냥하고 나이 지긋한 커플인 트라이벨 부부. 당신도 알게 될 것처럼, 그들의 사연은 독일 역사를 비극적으로 보여 준다. 정말이지 정신과 의사는 약물 관리 당국과 경찰을 비롯한 전쟁 이후의 부패라는 부정적인 거미줄의 한복판에서 균형을 잡고 있는 듯 보인다. 공권력이 거미줄을 홱 잡아당기면, 그녀는 즉시 그 사실을 감지한다.

파스빈더는 어마어마하게 생산적인 영화감독이었다. 그는 37년의 일생 동안 장편 영화 40편, 연극 24편, (유명한 「베를린 알렉산더 광장Berlin Alexanderplatz」을 비롯한) TV 장편 미니시리즈 2편을 연출했다. 그의 사망은 이런 유장한 흐름의 물결을 중단시킨 듯 보인다. 독일-덴마크-미국 감독인 더글러스 서크Douglas Sirk•(<바람에 쓴 편지Written on the Wind>)의 양식화된 작품들에서 상당히 강한 영향을 받은 그는 무척이나 과열된 속도로 작품 활동을 한 것 같지만, 그의 영화들은 항상 세심하게 계획된 작품들로 보인다. 예를 들어 이 영화에서 그는 와이프 숏과 아이리스 숏, 패닝, 트래킹, 전경前景의 세심한 배치로 예전의 흑백 영화 분위기를 환기시킨다. 그는 다른 영화들에서는 극적인 지점들을 강조하기 위해 줌 인을 자주 활용한다. 비주얼 면에서 격식을 갖춘 작품들인 그의 영화들은 즉흥적으로 연출된 화면과는 거리가 멀어 보인다. <베로니카 포스의 갈망>의 비주얼 전략은 그가 고전적인 할리우드 스타일에 한층 더 가까이 접근하고 있었음을 보여 준다.

그는 생존했을 당시에 정말로 인상적인 인물이었다! 그는 해마다

• 더글러스 서크는 1897년에 독일에서 태어나 1937년에 미국으로 이주해 할리우드에서 왕성한 활동을 벌였다. 그의 부모는 덴마크 출신이다. 서크는 어린 시절을 덴마크에서 보낸 후 독일에서 시민권을 취득했다.

칸에 적어도 영화 한 편을 출품한 듯 보였다. 사람들은 호텔 칼튼 뒤쪽의 펠릭스포레 거리에 있는 팔레 뒤 페스티발 뒤쪽의 유명한 비스트로인 르 프티 칼튼에서 그를 보고는 했다. 파스빈더 일당은 늘 그렇듯 불만스러운 표정으로 비스트로 안쪽에, 출입구 안에 모여 있었다. 1983년 8월에 열린 몬트리올영화제에서, 나는 그의 친한 친구인 다니엘 슈미트Daniel Schmid와 영화제 심사위원으로 활동했는데, 파스빈더의 유령은 그 도시에 또 다시 모습을 드러낸 것처럼 보였다. 파스빈더는 세상을 떠나기 아홉 달 전에 열린 1981년도 칸영화제에 참석했었다. 나는 저녁 자리에서 면도도 않고 방어적인 모습으로 늘 담배를 피우고 있던, 음식에는 눈길도 주지 않으면서 앞에 놓을 코냑을 주문하던 그를 기억한다.

슈미트의 말에 따르면, 파스빈더는 생의 마지막 몇 주간 새벽 3시에 전화를 걸어 서글픈 통화를 하는 동안 똑같은 이야기를 하고 또 하는 경우가 잦았다고 한다. "그는 나한테 고함을 치고는 했어요. 너는 어떻게 가만히 앉아서 창밖만 우두커니 보고만 있을 수 있는 거야? 어떻게 그럴 수 있는 거야? 어떻게 바위에 걸터앉아 바다만 바라볼 수 있는 거야? 다른 사람들은 어떻게 하나같이 그렇게 운이 좋을 수 있는 거냐고?"

봄 여름 가을 겨울 그리고 봄	감독	김기덕	
	주연	오영수, 김기덕, 김영민, 서재경, 하여진	
	제작	2003년	103분

내가 이토록 단순한 영화에 깊이 감동한 경우는 흔치 않다. 이 영화는 한 문장으로 리뷰를 끝낼 수도 있을 것 같은, 또는 몇 시간이고 논의할 수도 있을 것 같은 기분이 든다. 한국 영화 <봄 여름 가을 겨울 그리고 봄>은 불교적인 작품이지만 보편적인 작품이기도 하다. 영화의 공간적 배경은 작은 호수에 뜬 작은 뗏목 위에 지어진, 떠다니는 작은 집의 안팎이다. 영화는 그 범위 안에서 인생과 종교적 믿음, 성장, 사랑, 질투, 증오, 잔혹함, 미스터리, 구원…… 그리고 인간의 본성을 다룬다. 개와 수탉, 고양이, 새, 뱀, 거북이, 물고기, 개구리도.

방이 하나뿐인 집은 은둔처, 또는 승려의 암자 구실을 한다. 영화가 시작되면, 그 집에는 승려(오영수)와 사미승인 소년(서재경)이 살고 있다. 승려는 일어나서 소년을 깨우고 불상에 절을 올리고 기도를 한 후, 숲에 편안한 소리를 퍼뜨리는 목탁을 두드린다. 우리는 그런 일상이 변하는 일은 좀처럼 없다는 걸 알게 된다.

이후의 줄거리를 더 기술하기 전에 주변 환경을 더 자세히 설명하겠다. 이 호수의 사방을 이곳저곳이 산골짜기로 끊긴, 수목이나 돌로 이뤄진 가파른 벽이 에워싸고 있다. 호수에는 두 개의 커다란, 칠을 한 목제 문을 통해 접근할 수 있는데, 이 문은 영화의 매 계절을 소개할 때마다 열리면서 떠다니는 집을 잡는 프레임 노릇을 한다. 이 문은 누구의 출입도 막지 못한다. 문 옆으로 돌아가기만 해도 훤히 개방되어 있는 나머지 호숫가를 볼 수 있기 때문이다. 하지만 출입자들은 늘 그 문의 존재를 존중하며 그곳으로 출입한다.

실내도 마찬가지다. 승려와 사미승은 방의 양쪽에 있는 돗자리에서 잔다. 잠을 자는 공간의 발치에는 문이 있다. 그 문이 있는 공간을 제외한 나머지 실내는 열려 있고, 그래서 늘 다른 쪽이 훤히 들여다보인다. 그럼에도 승려는 소년을 깨울 때 소년을 소리쳐 부르거나 문 옆으로 돌아가는 대신에, 조심스레 문을 열고는 그 안으로 몸을 기울인다. 영화가 전개되는 동안 몇 사람이 이 취침 공간을 차지할 것이고, 그들은 항상 그 문을 실제 기능을 가진 문인 것처럼 대할 것이다, 가끔 있는 예외를 빼면 말이다.

우리는 어느 것의 출입도 막지 못하는 이 문들에서 무엇을 배우는가? 나는 그 문들이 상징이 아니라 교훈이라고 생각한다. 거주자들에게 관습과 전통을 따르는 것은, 남들이 갔던 것과 같은 길을 가는 것은, 남들이 그들을 위해 남겨 놓고 간 것을 존중하는 것은 중요한 일임을 그 문들은 가르친다.

우리의 뇌리에 박힌 문화적 관념들이 이 관념을 우리에게 설득력 있는 것으로 만들어 주는 것 같다. 우리에게는 동양의 유서 깊은 지혜에 대한 이상화되고 낭만화된 개념이 있다. 우리는 몇십 년간 은둔해서 — 예를 들어 산에 있는 동굴에서 명상을 하며 — 살아가는 승려에 대한 관념을 받아들인다. 만약에 현대의 서양인이, 미국인이나 독일인이

호수에 있는 뗏목에서 훗날 자신이 세상을 떠난 후에 그곳을 이어받을 거라고 기대하는 작은 아이를 데리고 홀로 살아간다면, 그 모습은 우리의 눈에 어떻게 보일까? 불건전한 모습으로 보일 것이다. 이 영화의 감독 김기덕의 눈에도 이상해 보일 거라고 생각한다.

그런데 이 작품 같은 영화를 감상하는 동안, 그런 생각은 우리의 마음을 결코 침범하지 않는다. 우리는 이 영화가 설정한 전제에 쉽게 빠져든다. 우리는 영원을 다루는, 영겁의 초월을 다루는 이 이야기에 감동하고 편안해한다. 추운 겨울 내내 호수의 뗏목에서 사는 건 즐거운 일이 아닐 것이다. 이 영화에서 그건 계절들이 이룬 수레바퀴가 지나가는 통로다. 이 영화의 아름다움과 평온함은 유혹적이고 매혹적이다. 우리는 이 호수를 존재의 중심점으로 받아들인다.

낡았지만 근사한 칠이 된 배가 호숫가에 닿는다. 소년은 종종 약초를 캐러 뭍에 오르고, 스승은 그에게 약초에 대해 가르친다. 어느 날 소년은 노를 저어 뭍에 가서는 작은 연못에서 논다. 짓궂은 마음이 동한 소년은 물고기에 줄을 감고, 그 줄의 다른 쪽 끝에는 물고기가 헤엄치기 어렵게 만들려고 작은 돌을 단다. 소년은 깔깔거린다. 그다음에는 개구리와 뱀에게도 똑같은 짓을 한다. 그는 스승이 뒤를 따라와 지켜보고 있다는 건 모른다.

그런데 우리는 노승이 배도 없는데 어떻게 뭍에 오른 건지 모른다. 그가 그럴 능력을 갖고 있는 듯 보이는 경우가 여러 번 있지만 말이다. 배는 밧줄이나 닻 없이도 스스로 호수에 있는 오래된 나무 옆에 정박하는 듯 보인다. 승려의 부름에 따라 승려 쪽으로 흘러오는 듯 보일 때도 한 번 있지만, 앞선 장면에서 그 보트가 승려에게 돌아갔다는 암시는 없다. 이 영화는 노승의 설명할 길 없는 등장을 일일이 해명할 생각이 없다. 일부 관객은 그것을 감지하지도 못할 것이다. 그렇게 신비한 수준에서, 우리는 자신이 곁눈질로 무언가를 정말 본 건 아닌지 의아해하게 된다.

이튿날 아침, 잠에서 깨어난 소년은 자신의 등에 돌이 묶여 있는 것을 발견한다. 노승은 그에게 뭍에 돌아가 물고기와 개구리, 뱀을 풀어 주라고 명령한다. “그것들 중에 하나라도 죽었다면, 너는 마음속에 늘 그 돌을 담고 다니게 될 것이다.”

봄이 저물었다. 나는 어떤 소녀가 병을 치료하려고 암자를 찾아오고, 그녀와 (이제는 청년이 된) 사미승이 사랑에 빠진다는 걸 알려 주는 것 말고는 이 영화의 추후 전개에 대해서는 알려 주지 않을 작정이다. 승려는 섹스가 그녀를 치료하는 방책 중 일부일지도 모른다고 생각하면서 분노에 대한 경고도 한다. “욕망은 집착을 낳고, 집착은 살의를 품게 만든다.”

뗏목에는 승려들을 지키려는 동물이 늘 있다(영화가 시작될 때 개 한 마리가 잠깐 보인다). 승려는 그들을 먹이고, 고양이를 쓰다듬는다. 사람의 손길을 받는 건 고양이에게 필요한 일이고, 그러지 못할 경우에 고양이는 승려가 사미승과 그러는 것처럼 단순히 공간만 공유하는 존재이기 때문이다. 호수, 뗏목, 집, 짐승, 숲은 스스로 거기에 있고, 앞으로도 거기에 있을 것이다. 승려는 그것들의 쓸모를 인정한다.

이 영화의 감독은 1960년생인 김기덕이다. 영화가 끝날 즈음에 섬에 찾아온 또 다른 승려를 연기하는 그의 모습이 등장한다. 내가 그의 작품을 처음 알게 된 건 그가 <섬>을 출품했던 2000년도 선댄스영화제에서다. <섬>은 내가 평생 본 영화 중에서 본능을 가장 자극하는 폭력적인 영화일 것이다. 폭발이나 총격이 등장하지 않는 그 영화가 낚싯바늘로 하는 일은 뭐라 형언할 길이 없다.

두 영화를 만든 감독이 동일 인물이라는 건 기이한 일이다. 나는 한국 감독들은 극단적인 폭력과 노골적인 섹슈얼리티를 지향하는 성향을 갖고 있다는 데 주목한다. 그런 요소들을 고집스럽게 클로즈업으로 포착하는 대신, 롱 숏으로 잡힌 행동으로 표현하는 게 보통이지만 말이다. <봄 여름 가을 겨울 그리고 봄>에 등장하는 누드와 섹슈얼리티는 작품이 다루려는 주제가 아니라 작품 전개에 따른 맥락이다.

김기덕 감독은 홀로 떠다니는 삶의 어떤 요소에 매료된 게 분명하다. <섬>은 널따란 호수에 떠다니는 작은 낚시용 거처를 차지한 낚시꾼들을 다뤘다. 그들을 뭍과 연결해 주는 유일한 존재는 노를 저어 그들을 찾아와서는 음식과 음료수, 생필품과 매춘을 제공하는 말 못하는 여성이다. 김기덕의 <활>(2005)은 <봄 여름 가을 겨울 그리고 봄>과 비슷한 상황으로 시작한다. 노인은 갓난아기 때부터 키운 소녀와 같은 배에 산다. 그는 (노승이 사미승에게 기대하는 것처럼) 두 사람의 관계가 무한히 계속되기를 기대한다. 두 영화에서 제자와 동갑인 방문객이 배에 오르면서 육욕의 가능성이 대두된다.

김기덕은 영화 제작의 관행을 피한다. 내가 본 그의 영화들(그중에는 2004년 작품 <빈 집>도 있는데, 영어 제목('3-iron') 때문에 골프 영화라고 오해하지는 말라)에서 그는 전하려는 메시지를 명확하게 밝히지 않는다. 대사는 없거나 적으며, 설명도 없고, 메시지가 담긴 연설도 없다. 그는 형태를 갖춘 지 오래된 인생들을 기습한다. 그의 캐릭터들은 갈등이 찾아오면 어찌어찌 그 갈등을 자신들에게 주입하거나 내면화할 것이다. 그러면서 우리는 그들에게 더 큰 관심을 갖게 된다. <봄 여름 가을 겨울 그리고 봄> 같은 영화에 라이벌 승려나 지나가던 관광객이나 부동산 개발업자가 등장한다면 얼마나 형편없는 영화가 됐겠는가. 이 영화의 주인공은 삶이고, 적대자는 시간과 변화다. 양쪽 다 그리 단순하지 않다. 살아가려면 두 적수 모두를 받아들이는 법을 배워야 하기 때문이다.

붉은 수염 赤ひげ	감독	구로사와 아키라	
	주연	미후네 도시로, 가야마 유조	
	제작	1965년	185분

19세기 초의 일본에 대한 이야기를 들려주는 구로사와 아키라黒澤明, 1910~1998의 <붉은 수염>은 인본주의적인 주장을 열정적으로 펼치는 영화다. 이 영화는 그가 귀감이 될 만한 인물을 다룬 거의 마지막 작품에 해당한다. 이 영화의 2년에 걸친 촬영을 1965년에 종료한 거장은 이후로 결함 있고 상처 받은 캐릭터들을 향해 방향을 틀었다(그중 하나가 셰익스피어의 리어 왕 캐릭터에서 영감을 받은 <란乱>(1985)의 주인공이다). 의사인 니이데 교조는 그가 창작해 낸, 다재다능하면서 품행이 올바른 캐릭터다. 우리는 이 영화를 보면서 구로사와의 가장 선한 본성이 반짝반짝 빛나는 것을 감지할 수 있다.

구로사와는 경력의 2막에서 자신이 느낀 좌절과 의구심을 드러냈다. 그 2막은 나가사키의 파괴를 다룬 <8월의 광시곡八月の狂詩曲>(1991)과 제자들의 사랑을 받는 노교수를 다룬 <마다다요まあだだよ>(1993)로 끝났다. <마다다요>라는 제목은 '아직은 아니다!'라는 뜻이

다. 교수는 제자들이 열어 준 생일 파티에서 그렇게 외친다. 그는 죽지 않았다, 아직까지는. 교수에게서 자신의 모습을 일부 봤을 게 분명한 구로사와는 1998년에 타계했다.

'붉은 수염'이라고 불리는 남자는 가난한 이들을 치료하는 1백 년 된 마을 병원을 책임진 의사다. 미후네 도시로三船敏郎가 그를 연기하는데, 이 영화는 구로사와와 미후네가 함께 작업한 열여섯 번째 작품이자 마지막 작품이다. <라쇼몽羅生門>과 <7인의 사무라이七人の侍>, <요짐보用心棒>, <천국과 지옥天国と地獄> 같은 영화들을 만들면서 오랜 길을 함께 걸어온 두 사람은 이번에는 무척이나 고요한 분위기를 빚어낸다. 니이데 의원은 영화의 오프닝 신에서는 모습을 보이지 않지만, 초라한 동네에 있는 검소해 보이지만 깔끔한 병원 건물 곳곳에는 그의 존재감이 배어 있다(구로사와는 촬영을 위해 병원 주위를 둘러싼 전통 마을을 지었다).

사실 이 영화의 진정한 주인공은 붉은 수염이 아니다. 일본에 있는 네덜란드식 의술 학교를 졸업한, 쇼군의 저택에 주치의로 들어가는, 고속 출셋길에 오르고 싶어 하는 야심만만한 젊은이 야스모토 노보루(가야마 유조加山雄三)다. 독재적인 병원 책임자와 '악취 나는' 환자들에 대한 이야기를 들어 온 그는 달갑지 않은 기분으로 이 병원에서 인턴 생활을 한다. 그는 자신이 이런 곳에 배치된 게 가족들이 꾸민 음모 탓일 거라고 의심한다.

병원은 환자들에게, 그리고 시끄럽게 떠들면서 기운을 주체 못하는 간호사들과 주방 인력들에게 상당한 민주주의를 허용한 듯 보인다. 모두 만사에 대한 각자의 의견을 표명한다. 성인군자처럼 행동하는 사하치(야마자키 쓰토무山崎努) 같은 일부 환자는, 정확히 말하면 죽음을 눈앞에 둔 것은 아니다. 그럼에도 그는 이 병원에 영원히 입원하고 있는 것처럼 보인다. 우리는 육신과 함께 정신을 간접적으로 치료하는 것

이 붉은 수염의 치료법이라는 것을 알게 된다. 어떤 면에서 이 의원은 사회 복지관이다.

신참 의원인 야스모토는 붉은 수염에게 협조하기를 거부한다. 그가 이런 외진 곳에 배치된 건 분명히 부당한 일이다. 그는 진료복을 입는 것조차 거부한다. 구로사와는 보이지는 않지만 어느 곳에나 있는 것 같은 붉은 수염의 존재감을 확실히 굳히고 나서, 마침내 그를 뒷모습으로 처음 소개한다. 등을 돌리고 있던 그는 약간을 그대로 있다가 젊은 인턴을 대면하려고 갑자기 몸을 돌린다. 이 장면과 나중의 장면에서, 미후네는 붉은 수염에 거칠고 불가사의한 분위기를 불어넣는다. 붉은 수염은 강의가 아니라 실제 병례病例와 경험을 통해 학생을 가르치는 게 옳다고 믿는다.

그가 신참에게 처음 맡긴 임무는 임종하는 노인의 옆에서 그냥 그 장면을 지켜보는 것이다. 야스모토는 그게 감당하기 힘든 과업임을 알게 된다. 그것은 너무 생생하고 고통스러운 일이다. 그것이 붉은 수염의 교습 방법이다. 야스모토는 의술을 환자들과 상호 작용하는 일이 아니라 출셋길로 생각했었다. 그는 사마귀(가가와 교코香川京子)로 알려진 아름다운 환자와 거리를 두라는 경고를 받는다. 남편들을 살해한 것으로 악명 높은 그녀는 독방에 감금되어 있다. 그런데 그녀는 매혹적이다. 그는 그녀를 도우려다 목숨을 잃을 뻔한다. 여기서 구로사와가 방에 갇힌 두 캐릭터를 배치하는 구도를 어떻게 활용해서 위험에 집중하는지 눈여겨보라.

성인군자 같은 남자의 임종이 임박했다. 그는 동료 환자들을 위해서 장에 내다 팔 물건들을 만들며 하루하루를 보낸다. 산사태가 병원을 뒤흔들고, 해골 하나가 발굴된다. 노인은 그 해골이 자기 아내의 것임을 안다. 아니다, 그가 아내를 죽인 건 아니다. 실제로 일어난 일은 살인보다 더 비극적이었다. 그는 지진을 비롯한, 생생한 분위기를 전달하는 플래시백으로 듣는 이들에게 이야기를 들려준다. 전경에서는 액션이 펼쳐지고 프레임 윗부분에서는 도망치는 사람들의 행렬이 보이는 그 장면을 구로사와가 자욱한 먼지를 통해 얼마나 잘 촬영하는지 주목하라.

2막은 붉은 수염과 야스모토가 매독을 치료하려고 유곽을 방문하는 것으로 시작된다. 그들은 그곳에서 트라우마에 시달리는 열두 살 난 오토요(니키 데루미二木てるみ)를 발견한다. 그녀는 목제 마룻바닥을 강박적으로 문지른다. 그녀의 어머니는 유곽 앞에서 사망했고, 무심한 마담은 “그녀에게 집을 줬다.” 오토요는 본질적으로 성 노예다. 붉은 수염은 열병에 걸린 그녀를 병원에 데려가겠다고 공언한다. 마담은 거부하고 경비원들을 부른다.

영화의 분위기에서 벗어난 재미있는 독보적인 신에서, 붉은 수염은 전문적인 무술과 인체의 뼈에 대한 지식을 활용해 경비원 전원의 팔과 다리를 부러뜨려 경비원들이 마당 사방에 널브러지게 만든다. 그런 후 그는 오토요를 데려간다. 그는 그곳을 떠나면서 폭력을 써서 미안하다고 야스모토에게 사과한다. 이 영화 전체가 다루는 주세가 이것이다. 자신이 저지른 과오에 대한 붉은 수염의 자아비판. 그는 자신에게 당한 자들이 신음하며 누워 있는 동안 의사는 결코 타인을 해쳐서는 안 된다고 제자에게 말한다.

오토요의 사연은 <붉은 수염>의 정서적인 핵심을 제공한다. 나는 그리 많은 말은 하지 않을 작정이다. 직접 체험해 보라. 하지만 (붉은 수염이 관찰하고 치료하기 위해 오토요를 그의 방에 데리고 있으라고 야스모토에게 명령한 후) 그녀가 그의 뒤에 있는 어둠 속에서 깨어나 울면서 일어나 앉는 장면을 주목하라. 그녀는 그늘에 있다. 호랑이처럼 이글거리는 눈에 핀포인트처럼 맞춰진 빛을 제외하고는 말이다. 그리고 그녀는 몸을 돌려 짙은 실루엣이 된다. 그러다가 그녀가 몸을 낮추면 그녀의 눈이 어둠 속에서 다시 빛난다. 이 장면의 카메라 안무는 꼼꼼한 계획을 거쳤을 게 분명하다.

붉은 수염의 철학은 '남들을 돕는 환자는 병이 더 잘 낫는다'는 것으로 보인다. 2백 년쯤 전의 사람인 그는 심리학을 지혜롭게, 본능적으로 이해한다. 그는 환자들에게 훈계를 하거나 그들의 문제를 '일일이 설명'하는 식으로 그들을 돕지는 않는다. 그는 환자들을 자신들의 병환을 상세히 살펴보면서 남들이 겪는 고초에 집중할 수 있는 현실적인 상황에 배치한다. 바로 그것이 치유다. 그의 철학은 오토요와 야스모토 모두에게 효험을 보인다.

몸과 마음이 다 망가진 오토요는 자기 나이의 절반 뻘인 꼬맹이 도둑이 귀리죽을 훔치려고 애쓰는 모습을 본다. 여전히 긴장증적 증세를 보이는 그녀는 그 아이에게 먹을 것을 주려고 열의를 보이면서 아이의 인생에 관여하게 된다. 구로사와는 도둑의 이야기를 들려주면서 이불이나 기모노를 말리는 빨랫줄이 스크린을 가로지르는 멋들어진 구도를 보여 준다. 전경에서는 야스모토와 간호사가 귀를 기울이고, 화면 상단의 배경에서는 도둑이 자기 사연을 들려준다. 내가 이렇게 글로 써 봐야, 이 장면을 상상하기는 어려울 것이다. 상단과 하단과 전경과 후경이 어떻게 그런 식의 구도로 잡힐 수 있을까? 구로사와는 소박하면서도 우아한 솜씨로 그 일을 해낸다.

내게 이 영화의 가장 잊지 못할 신은 작은 소년이 죽을 것처럼 보이는 신 이후에 등장한다. 애도하는 섬뜩한 소리가 밖에서 들려온다. 어떻게 그런 일이 있을 수 있을까? 그건 조리사들이 도둑의 이름을 우물을 향해 울부짖는 소리다. 그들은 그렇게 하면 소리가 영혼이 가는 곳인 땅 한가운데로 꿰뚫고 들어갈 거라고 믿는다. 그들은 그를 다시 데려오려고 부르고 있다. 오토요가 뛰어나가 거기에 가세한다. 단일 숏으로 보이는 장면에서, 카메라는 우물을 향해 소리를 지르는 그들을 올려다본 후 우물 벽을 팬 하고 내려가 그들이 반사된 수면을 내려다본다. 어떻게 이런 촬영을 해냈는지 도무지 모르겠다.

촬영과 관련된 또 다른 모범적인 사례는 계절의 흐름과 함께 등장한다. 비와 눈은 촬영하기 어려운 피사체로 악명이 높다. 그런데 이 영화에서는 둘 다 엄청난 효과를 발휘하게끔 촬영된다. 우리는 구로사와가 실제로 눈이 내릴 때까지 기다렸다는 것을 안다. 그는 진짜로 비가 내리는 것도 기다렸을까? 이 영화보다 더 축축한 비를 보여 준 영화는 본 적이 없다.

<붉은 수염>은 길고 신중한 영화다. 위대한 의사가 주는 교훈들을 짤막한 소품으로 보여 줄 수는 없기 때문이다. 의사는 환자들이 임종하는 모습을 한동안 지켜보면서 환자들에 대해 배울 필요가 있다. 우리는 자신을 결함이 있는 사람으로 생각하는 남자가 어떻게 철두철미하게 훌륭한 사람이 될 수 있는지를 관찰할 필요가 있다. 자신을 높이 생각하는 견해를 힘들이지 않고 얻게 된 남자가 어떻게 겸손을 통해 선량함을 얻게 되는지를 관찰할 필요가 있다. 모든 의대생이 이 영화를 필수적으로 감상하게 만들어야 한다고 믿는다. 구로사와의 걸작 <이키루生きる>(1952)처럼 이 영화는 삶의 의미와 죽음의 의미를 두려움 없이 응시한다.

비리디아나

Viridiana

감독	루이스 부뉴엘
주연	실비아 피날, 프란시스코 라발
제작	1961년 / 90분

루이스 부뉴엘Luis Buñuel, 1900~1983보다 더 짓궂은 영화감독은 생각나지 않는다. 그에 대해 알게 되면 이 영화의 처음 몇 숏에서 그가 윙크하는 모습을 포착할 수 있을 것이다. <비리디아나>의 오프닝 타이틀 숏에는 헨델의 '메시아'가 깔리지만, 부뉴엘이 어떤 사람인지 아는 우리는 이 영화가 종교적인 영화일리는 없다고 생각한다. 두 번째와 세 번째 숏에서 우리는 속세와 격리된 수녀원에서 수녀원장이 수련 수녀에게 나이 많은 삼촌이 세상을 떠나기 전에 그를 찾아뵈라고 충고하는 모습을 본다. 부뉴엘의 영화에서 이러한 충고가 선한 결과를 빚어낼 리는 없다. 네 번째 숏은 줄넘기를 하는 여자아이의 모습을 보여 준다. 흐음, 아이의 모습 전체를 보여 주지는 않고, 아이의 발만 약간 길게 관찰하듯 보여 준다. "그날은 어린 루이스가 어머니의 벽장 바닥에서 보낸 신나는 오후였다." 언젠가 폴린 케일Pauline Kael은 이렇게 썼다. "그는 우리가 그 오후를 잊는 것을 결코 허용하지 않았다."

그럼 시작해 보자. 풍자가 부뉴엘, 교회의 정치 개입을 반대하는 부뉴엘, 페티시 숭배자 부뉴엘. 부뉴엘의 이름이 들먹여질 때면 흔히 따라붙는 설명이다. 그런데 여기에서 블랙 코미디의 거장인 부뉴엘을 빼놓아서는 안 된다. 그가 연출한 영화 중에 인간의 본성을 쾌활하면서도 냉소적인 관점으로 보지 않는 영화는 없다. 그의 연출 목표는 항상 무미건조한 유머다. 그는 영어로 제작된 영화들의 세트와 의상들을 동일한 시나리오를 바탕으로 삼아 제작하는 스페인어 버전 영화를 만들기 위해 재활용하면서, 또는 나중에 그 영화들을 단순히 스페인어로 더빙하면서 할리우드 스튜디오들을 위해 일하고 있었을 때에도 원작 영화들에는 결여된 자기만의 솜씨를 그 영화에 교활하게 약간씩 끼워 넣었다. 그는 독창적인 위대한 예술가였고, 풍자적인 즐거움의 창작자였으며, 가끔씩은 아주 재미있는 인물이었다. 위대한 영화를 사랑하는 사람이라면 조만간 그의 작품을 접하게 될 것이다.

초현실주의자로 예술계 경력을 시작한 부뉴엘은 러닝 타임이 16분밖에 안 되지만 20세기의 가장 유명한 영화 중 한 편으로 남은 <안달루시아의 개Un Chien Andalou>(1929)를 살바도르 달리Salvador Dalí와 공동 작업했다. 조직화된 종교를 초현실주의 스타일로 공격하는 영화인 <황금시대L'Age d'Or>(1930)는 그를 후원한 부유한 후원자 드 노아유 자작Le Vicomte de Noailles이 작품의 공개를 막기로 결정한 후 50년 동안 세상의 빛을 보지 못했다. 그러자 부뉴엘은 고국인 스페인으로 귀국했지만, 프랑코의 파시스트들이 발흥한 후 고국을 떠나 미국에서 일거리를 찾았다. 전후에 부뉴엘은 멕시코 시민이 되어서는 사망할 때까지 그 나라에 살았지만, 많은 영화를 프랑스에서 만들었고, <비리디니아>는 스페인에서 만들었다.

그를 추종하는 팬들은 의아해했다. 왜 그는 독재자 프랑코가 여전히 권좌에 앉아 있는 스페인에 귀국했던 걸까? 그는 다양한 이유를 내놓았다. 하나는 어떤 제작자가 급여의 네 배나 되는 액수를 제의했기 때문이다. 다른 이유는 고국에 대한 향수를 느꼈기 때문이다. 그리고 내 짐작에 그가 언급하지 않은 세 번째 이유는 이 특별한 영화를 만들기 위해서였다.

부뉴엘은 결코 감상주의자가 아니었다. 스페인 당국이 그가 기쁨을 주체 못하며 귀국할 거라고 예상했다면, 그 예상은 틀린 것이었다. 그의 영화는 가톨릭을 반대하는 영화도 아니고 지배 계급에 맞서는 영화도 아니었다. 하지만 그가 등장시킨 고결한 수녀와 부유한 지주인 그녀의 삼촌, 그의 아들이자 그녀의 사촌이 음울하고 언어도단인 사연에 속해 있음을 폭로했다. 영화는 수녀원을 떠난 수녀가 젊고 잘생긴 사촌의 침실에 조용히 들어가는 것으로 끝났다. 정부의 검열관은 이 시나리오를 단번에 퇴짜 놨다. 부뉴엘은 그녀가 침실에서 카드를 치는 사촌과 그의 정부情婦를 발견하는 것으로 시나리오를 수정했다. 그녀가 게임에 합류하자, 사촌은 조만간 그들이 함께 놀게 될 것임을 확신한다고 말한다. 틀림없이 세 사람이 함께 살 것임을 암시하는 대사다. 훗날 부뉴엘은 이것이 "심지어 원래 시나리오보다 더 부도덕하게 살 거라는 암시"라고 밝혔다.

스페인을 떠나 프랑스로 가서 1961년 칸영화제에서 황금종려상을 공동 수상한 이 영화의 필름은 프랑코가 사망한 1975년 이후에야 스페인으로 돌아가는 게 허용됐다. 부뉴엘은 1960년대와 1970년대에 펠리니Federico Fellini와 베리만Ingmar Bergman, 안토니오니Michelangelo Antonioni와 함께 최상급 감독으로 입지를 굳히고 연달아 세계적인 성공작을 내놓았는데, 그중에서 가장 유명한 영화는 <세브린느Belle de Jour>(1967)였다.

그의 영화에는 늘 은밀한 서브텍스트가 있었다. 비리디아나를 고스란히 반영한 <세브린느>의 고결하지만 굴욕을 당하는 금발 미녀, 또

는 <부르주아의 은밀한 매력Le Charme Discret de la Bourgeoisie>에서 정원사인 척하는 페티시를 가진 주교를 통해 농담의 대상이 되는 성직자에 대한 반감. 그리고 모든 곳에 신발이 있다. 부뉴엘 말고 그 누가 카트린 드뇌브Catherine Deneuve가 숲으로 끌려가는 신에서 그녀의 발에 초점을 맞출 것인가? 당신이 지금까지 글을 읽고 부뉴엘을 음탕한 늙은이라고 생각한다면, 나는 당신에게 그릇된 인상을 전하고 있는 것이다. 나는 그를 세상을 즐겁게 살았던 사람으로 생각한다. 그의 에로티시즘에 노골적인 부분은 전혀 없다. 그는 페티시를 재미있게 생각했다. 페티시 숭배자들은 불운하다는 점만 제외하면 보통 사람과 다른 점이 없기 때문이다.

<비리디아나>에서 ('최후의 만찬'을 재연하면서 스캔들을 일으킨 시퀀스를 제외하면) 가장 유명한 시퀀스는 사촌 호르헤(프란시스코 라발Francisco Rabal)가 마차의 뒷바퀴 축에 묶여 끌려가는 개를 보는 장면이다. 그는 농부를 멈춰 세우고는 개를 사서 풀어 준다. 그런데 그는 반대 방향으로 향하는 다른 마차에도 다른 개가 묶여 있다는 건 알아차리지 못한다. 이 시퀀스는 부뉴엘의 세계관을 요약한다.

영화의 더 큰 세계에서 비리디아나(실비아 피날Silvia Pinal)는 중년인 삼촌 돈 하이메(부뉴엘이 좋아하는 배우인 페르난도 레이Fernando Rey)를 방문한다. 그녀의 입장에서 이 방문은 관용을 베푸는 행위다. 그녀를 본 돈 하이메는 큰 충격을 받는다. 오랫동안 그녀를 보지 못했던 그는 그녀가 결혼식을 올린 밤에 세상을 떠난 아내와 판박이임을 깨닫는다. 그는 고인이 된 아내의 웨딩드레스를 입어 달라고 그녀에게 애원한다. 그녀는 호의의 표시로 그렇게 한다. 그녀는 흰 코르셋이 딸린 몸에 꼭 맞는 웨딩드레스를 걸친다. 당연히 그녀의 신발에 많은 관심이 쏟아진다. 그는 얼어붙는다. 그는 사랑에 빠진다. 그는 그녀에게 결혼해 달라고 청한다. 충격을 받은 그녀는 떠나려고 한다. 그는 사과하고

는 그녀에게 약이 든 커피를 건넨 후…….

이후에 그는 목을 맨다. 이즈음 비리디아나는 속세와 담을 쌓은 삶을 산다는 생각을 접고는 속세에서 자비로운 일들을 행하기로 결심한다. 그녀는 마을에서 가장 불쌍한 걸인 열세 명(술꾼, 나환자, 신체 장애인, 시각 장애인, 분통을 터뜨리는 난장이, 매춘부 등)을 모으고는 그들이 그녀의 사유지에서 새로운 삶을 되찾도록 한다. 하지만 그녀의 선의는 그들을 구원하지 못한다. 말다툼을 하고 싸우는 그들은 그녀가 그들을 위해 부여한 과업들에는 아무런 의욕도 없음을 입증한다. 게다가 그들은 (자기 몸에 생긴 상처들은 궤양일 뿐이라고 말하는) 나환자를 배척한다. 한편 정부와 함께 도착한 호르헤는 대저택으로 이사해 들어오고, 비리디아나는 별채에 거주하면서 금욕적인 생활을 한다. 자기들끼리만 남겨진 걸인들이 거하게 술판을 벌여서 식당을 난장판으로 만들면서 그녀의 실험은 클라이맥스에 도달한다. 그런 후 홀로 되거나 소규모 무리를 이룬 그들은 피신처로 삼았던 곳을 슬금슬금 빠져나간다. 그러고 나서 앞서 언급했던 카드 게임이 등장한다.

영화는 신중하고 조심스럽다. 이 영화는 감상하다가 큰소리로 폭소를 터뜨리는 일은 드물 테지만, 곰곰이 생각할수록 더욱 더 재미있어지는 작품이다. 영화는 우아한 스타일로 촬영되었다. 각각의 숏은 구체적이고 특유한 무엇인가를 전달하는데, 그건 페티시 숭배자들에게 기대할 법한 것들이다. 이 영화는 분명하고 엄밀한 주장은 전혀 펼치지 않는다. 그 대신 우리가 가진 기본적인 본성은 늘 우리를 덮치려고 기다리고 있다는 부뉴엘의 생각을 전달한다. 그는 내가 플롯을 묘사할 때 그랬던 것처럼 돈 하이메를 전적으로 사악한 인간으로 만들지는 않는다. 돈 하이메는 죄를 저지르려는 욕망을 품었지만 그러는 데 필요한 외설적인 성향은 갖고 있지 않은, 외롭고 지루한 사람에 가깝다. 사촌인 호르헤도 호색한이 아니고, 비리디아나도 타락한 여인이 아니다. 걸인들도 결국에는 세상이 그들에게 가르친 대로 행동할 뿐이다.

이런 영화를 보면 상쾌해진다. 이 작품은 개성 있는 강인한 정신의 소유자가 만든 영화다. 관객의 기분을 좋고 편안하게 만드는 거짓말을 담은 흔해 빠진 영화와 같은 부류의 작품이 아니다. 부뉴엘이 <플랜 B The Back-Up Plan>처럼 끔찍이도 쾌활한 로맨틱코미디를 감상하는 걸, 그러고는 눈물을 흘리는 지경까지 한껏 영화를 조소하는 걸 상상하는 일은 가능하다. 그는 이 세상에는 나름의 플랜 B가 있다는 걸 알았다. 세상에는 항상 또 다른 마차와 거기에 묶인 또 다른 개가 있다.

사랑도 통역이 되나요?

Lost in Translation

감독	소피아 코폴라	
주연	빌 머레이, 스칼릿 조핸슨	
제작	2003년	102분

소피아 코폴라Sofia Coppola, 1971~ 감독의 <사랑도 통역이 되나요?>에서 빌 머레이Bill Murray가 펼친 연기는 분명히 최근에 나온 영화들에 담긴 연기 중에서 가장 절묘하게 통제된 연기다. 그의 연기가 없다면 이 영화를 감상하는 것은 감당하기 어려운 일이 됐을 수 있다. 그의 연기가 있기에 나는 이 영화에서 눈을 돌릴 수가 없다. 그의 집중력은 영화 내내 단 1초도, 단 한 프레임도 흐트러지지 않는다. 그러면서도 그는 별다른 힘을 들이지 않는 듯 보인다. 어떤 연기자는 연기를 하고 있는 것처럼 보이지 않는다는 말을 가끔씩 듣는다. 심지어 나는 그가 연기를 하고 있지 않다고 보지도 못하겠다. 그는 소피아 코폴라가 그를 위해 창조한 상황 안에 존재하고 있는 듯 보인다. 단순히 존재만 하고 있는 듯이 보인다.

그는 '자기 자신을 연기하고' 있는 걸까? 나는 머레이가 세컨드 시티The Second City•에서 활동하던 시절부터 알고 지내는 사이다. 그는 내가 데이트 중이던 여성의 여동생과 결혼했다. 하지만 우리는 결코 친구 사이가 아니었다. 나는 그의 사적인 면을 조금도 모르지만, 그가 허물없이 지내는 사이인 소규모 친구 무리 앞에서는 어떻게 행동하는지를 직접 봤다는 말은 주저 없이 할 수 있다. 그가 그 친구들 앞에서 보이는 행동은 이 영화에서 그가 연기한 밥 해리스하고는 비슷하지 않다. 맞다, 그는 사람들의 시선을 끌지 않는 절제된 모습을 보이기를 좋아한다. 맞다, 그는 무심하고 절제된 모습을 자연스럽게 보인다. 세컨드 시티에서 존 벨루시John Belushi와 같은 무대에 섰을 때, 그는 가미가제 조종사 같은 벨루시에 대비되는 무동력 항공기 같은 존재였다. 그는 판에 박힌 연기만 펼치는 연기자가 아니다. 분노한 연기, 두려워하는 연기, 사랑하는 연기, 그 외의 무슨 연기건 할 수 있고 몸 개그도 할 수 있는 배우다. 그런데 그가 <사랑도 통역이 되나요?>에서 펼친 연기는 헨리 히긴스◆를 연기하고 있는 것 같은 넓은 연기 범위를 보여 준다. 그의 연기 덕에 이 영화는 코폴라가 의도했던 방식을 따르면서 그녀가 꿈꿨던 것처럼 위대한 영화가 될 수 있었다. 세상에 그녀처럼 운 좋은 감독은 드물다.

그녀는 이런 목표를 세웠다. 드넓고 낯선 도쿄에서 외로움에 시달리며 자신의 삶이 쳇바퀴 돌고 있음을 깨달은 두 사람을 보여 주고 싶었다. 아마도 두 사람이 찾고 있는 건 내가 듣기에 우리가 결혼 생활에서 추구하는 것이라는 그것, 즉 우리의 결혼 생활을 목격한 목격자일 것이다. 코폴라는 그 분위기를 제대로 보여 주고 싶어 한다. 밥 해리스와 샬럿(스칼릿 조핸슨Scarlett Johansson)이 결국에는 사랑에 빠질 거라고, 또는 섹스나 그 외의 무슨 일인가를 할 거라고 예상하지 않는 관객은 없다. 우리는 샬럿의 남편 존(지오바니 리비시Giovanni Ribisi)을 봤다.

● 시카고를 기반으로 활동하는 즉흥 코미디 극단
◆ <마이 페어 레이디(My Fair Lady)에 나오는 음성학 교수 캐릭터

우리는 촬영을 하러 갔던 그가 예기치 못한 순간에 돌아왔다가 함께 있는 두 사람을 놀랠 거라고 예상한다. 지금까지 우리의 뇌리에는 이런 식의 예상이 새겨져 왔다. 이게 할리우드가 수만 편의 영화를 통해 새기고 또 새겨 온 조각품 부스러기 중 하나다. 우리가 전혀 예상하지 못하는 건…… 현실에서 실제로 일어날 법한 일이다. 두 사람은 외로움을 나눈다.

코폴라가 쓴 시나리오의 강점 중 하나는 그녀가 창작한 인물들과 그들이 하는 모든 일이 그럴듯하다는 것이다. 두 사람은 대부분의 영화에 등장하는 캐릭터들과 달리, 자신들이 같은 부류의 사람들이라는 것을 재빨리 감지하지 못하고, 만나는 즉시 함께 있고 싶어 하지도 않는다. 코폴라는 두 사람을 두드러질 정도로 오랫동안 떼어 놓는다. 두 사람은 자신들이 이 영화의 주인공들이라는 걸 모른다. 그들의 첫 만남은 매력적이고 낭만적이지도 않다. 우리는 두 사람을 따로따로 차츰차츰 알게 된다.

우리는 샬럿이 남편을 사랑한다는 것을 이해한다. 남편이 그녀에게 어떻게 상처를 주는지도, 그녀가 통화를 하면서 울먹이는 이유가 무엇인지도 이해한다. 그가 다른 여자인, 애나 패리스Anna Faris가 연기하는 골빈 '스타' 켈리와 바람을 피울 가능성은 전혀 없다. 그는 그저 그녀의 명성 주위에서 파닥거리는 나방일 뿐이다. 그런데 그 점이 샬럿에게 상처를 준다. 그는 자신이 풋내기일 뿐임을 드러내는 멍청한 이유들 때문에 그녀를 호텔에 홀로 남겨 둔다. 한편 우리는 밥이 미국에 있는 아내를, 특히 아이들을 사랑한다는 걸 이해한다. 그런데 그는 여러 해가 지나면서 결혼 생활과 아이들이 "힘겹다"는 걸 알게 됐다고 말한다. 처자식은 그런 존재들이다. 우리는 그렇다는 걸 안다. 많은 영화에 등장하는 캐릭터 중에서 자신이 한 말의 의미를 제대로 이해하는 캐릭터는 손에 꼽을 정도다.

두 사람이 대화를 시작한 후, 조핸슨은 우정으로 발전할 수도 있는 관계라는 알맞은 건반을 본능적으로 두드린다. 그녀는 밥이 스타라는 걸 알면서도 신경 쓰지 않는다. 영화 초반부에서 두 사람이 방에서 일어나고 있는 일에 대해 서로가 같은 생각을 하고 있다는 걸 알아차렸을 때, 두 사람은 낯선 이들이 공유하는 텔레파시 같은 공감 비슷한 것을 느끼며 눈을 맞춘다. 이제 그들은 잠을 이루지 못한다. 두 사람은 한밤중에 호텔 바에서 만난다. 그녀는 미끼를 던지지 않고 있다. 그렇다고 미끼를 던지지 않고 있는 것도 아니다. 그는 미끼를 던지지 않고 있다. 그는 차분하고 무심하다. 속내를 조금도 내보이지 않는다. 그는 그녀에게 추파를 던지고 있지 않다는 걸 확실한 일로 만들려는 양, 신중하면서도 적절한 태도를 보이면서 자신의 감정을 엄청난 일로 만들지 않는다. 물론 그는 그녀를 매력적이라고 생각한다. 그는 엘리베이터에서 그녀를 봤을 때 그런 생각을 했지만, 그녀는 그를 알아보지 못했다. 아니면, 우리는 그도 우리와 같은 방식으로 느낄 거라고 가정하고 있는 걸까? 아마도 그는 그녀를 알아봤을 것이다. 두 사람은 엘리베이터에서 키가 가장 큰 사람들이었기 때문이다.

나한테 <사랑도 통역이 되나요?>를 이해하지 못하겠다는 말을 한 사람이 얼마나 많은지 헤아리지도 못할 지경이다. 그들은 이 영화가 다루는 게 무엇인지를 알고 싶어 한다. 그들은 "아무 일도 일어나지 않는다"고 투덜거린다. 그들은 쳐다볼 곳이 어디고 느껴야 할 감정이 무엇인지를 지시하는 영화들에 의해, 기승전결이 있는 이야기들에 의해 조련을 당해 왔다. <사랑도 통역이 되나요?>는 공감을 연습하는 경험을 제공한다. 캐릭터들은 서로에게 공감한다(그게 이 영화가 다루는 내용이다). 그리고 우리는 그 과정을 겪고 있는 그들에게 공감할 수 있다. 이건 머레이의 텅 빈 공책 같은 모습에 우리의 감정을 투영하는 식의 문제가 아니다. 머레이라는 공책은 비어 있지 않다. 거기에 감정을 적는 행위가 잠시 보류된 상태일 뿐이다. 그는 샬럿을 향한 감정을 몽땅 드러내기로 하지는 않는다. 행동에 나서기로 하지도 않는다. 하지만 그는 대단히 외롭다. 그가 그녀에게 연민을 느끼지 않는 것도 아니다. 그녀가 그에게 '다정한' 모습을 보이려고 무심결에 섹스를 할 것 같기는 하다. 그녀가 남편에게 화가 났기 때문에 그 섹스는 재미있을 지도 모른다. 하지만 바람을 피운다면 자신의 삶에 큰 변화를 일으킬 상대와 엉켜서는 안 된다는 것을 그는 알지만, 그녀는 모른다.

영화에는 걸출한 코미디가 담겨 있다. 광고 대행사에서 산토리 스카치 광고를 촬영하는 장면, 그리고 밥이 "일본의 '자니 카슨 쇼'"에 게스트로 출연한 장면이 그렇다. 그런데 코폴라는 현실에 굳건히 디딘 발을 그대로 유지한다. 일본인 CF 연출자가 내뱉는 말은 신경질적인 난센스처럼 보인다. 그런데 그가 한 말의 번역을 온라인에서 찾아보면 그가 무슨 말을 왜 하는지 이해하게 된다. 그 연출자는 유머가 없는 사람이 아니다. 이제 우리는 그가 한 말을 줄여서 전달하고 있는 듯 보이던 통역이 하고 있는 일이 무엇인지를 이해한다. 이 신에서 타당해 보이지 않는 건 하나도 없다. 일본의 TV 방송을 — 유튜브를 통해서라도 — 시청하는 사람은 그 TV 쇼가 실제로 방송되는 프로그램을 그대로 가져온 것임을 안다. 머레이가 '그냥 장난을 치는 것'이라는 신호를 보내려고 카메라를 향해 보이는 미세한 표정을 주목하라.

통역을 하는 과정에서 상실된lost in translation 의미는 무엇일까? 존은 샬럿이 말하거나 느끼는 것을 하나도 이해하지 못한다. 자신이 어떻게 행동하고 있는지도 이해하지 못한다(리비시가 그녀에게 사랑한다고 말하면서 서둘러 방을 나가는 신에서 펼치는 연기는 무자비할 정도로 정확하다). 밥의 아내와 어시스턴트는 그가 카펫 샘플에 얼마나 무관심한지를 이해하지 못한다. 그리고 기타 등등. 결국 제대로 통역이 되는 내용은 밥과 샬럿이 실제로 하는 생각이다. 이 영화 전체는 실제로 일어나고 있는 그러한 통역 행위를 다룬다.

랜스 어코드Lance Acord의 촬영과 세라 플랙Sarah Flack의 편집은 요점을 강조하거나 우리의 옆구리를 찔러 억지로 감정을 불러일으키려는 시도를 전혀 하지 않는다. 촬영과 편집은 우리가 영화를 유심히 곱씹을 수 있도록 한다. 어떤 순간이 스스로 완성되기를 허용하는 것을 만족스러워 한다. 어코드는 도쿄가 아래로 까마득히 내다보이는 대형 창문에 샬럿이 들어가 있는 구도로 자주 프레임을 잡는다. 샬럿은 젊고 외롭고 연약한 상태로 세상에 노출된 듯한 느낌을 풍긴다. 그리고 어코드는 밥이 (카메라를 향해서가 아니라, 그렇다고 그 어떤 것을 향해서가 아니라) 똑바로 쳐다보면서 헤아리기 어려운 표정을 짓는 모습을 자주 포착한다. 밥은 늙고 지친, 그러면서도 참을성 있는 사람이라는 느낌을 풍기지만 허약하게 세상에 노출되어 있다는 느낌은 풍기지 않는다. 그는 자신이 어떤 존재인지를 확실하게 인식하고 있기 때문이다. 이것이 내가 그 숏들에 부여하는 의미다. 당신은 무엇을 이해하는가? 어코드가 두 사람을 한 화면에 잡을 때에도 두 사람은 여전히 떨어져 있다. 그리고 손가락으로 발 옆을 살짝 만지는 것에는 섹스 신보다 더 많은 진실이 담겨 있다.

호텔 바에서 노래하는 가수를 연기하는 캐서린 램버트Catherine Lambert는 세상에서 상당히 뛰어난 축에 속하는 라운지 가수다. 밥과 이 가수가 동침할 것이라는 건 어느 정도는 예견된 결론이다. 두 사람에게 그 섹스는 아무 의미도 없을 것이다. 밥의 방에서 그 가수를 발견한 샬럿은 깜짝 놀라지만 화를 내거나 마음 아파하지는 않는다. 섹스는 그녀와 밥에게 중요하지 않다. 그는 그 점을 명확히 밝혔다. 다음에 만났을 때 두 사람은 그 사소한 주제를 조심스럽게 피하면서 걸음을 내디디며 그들이 했던 깊이 있는 의사소통을 재개한다.

영화의 결말에서 밥이 샬럿의 귀에 대고 속삭이는 몇 마디에 대한 글이 많이 쓰였다. 우리는 그 말을 듣지 못한다. 그 말은 두 사람 모두에게 의미심장한 내용인 듯 보인다. 코폴라는 자신도 무슨 내용인지 모른다고 말했다. 그 말은 시나리오에는 적혀 있지 않았다. 발전된 사운드 엔지니어링이 동원되어 그 소리를 키운 다음 뭉개진 것처럼 들리는 결과물을 만들어 냈다. <컨버세이션The Conversation>의 해리 콜•은 이런 상황을 뿌듯해할 테지만, 이런 결과물을 만드는 건 전적으로 무의미한 짓이다. 그 단어들은 우리더러 들으라고 했던 말이 아니다. 코폴라는 (1) 그 대사를 집필하지 않았고, (2) 그 대사를 의도적으로 녹음한 게 아니며, (3) 영화를 그런 식으로 공개하는 걸 만족스러워 했기에 우리는 그 대사를 들어서는 안 된다. 우리가 그 내용을 왜 알아야 하는 건가? 우리는 그 의문을 종결지을 필요가 있을까? 이 작품은 명확한 결말을 제시하는 영화가 아니다. 두 사람이 그들만의 개인적인 순간을 함께 나누고 있다는 것만 알게 되면서, 그리고 두 사람이 영원토록 헤어지기에 앞서 그 순간에 뭔가 진실한 것이 담겨 있다는 걸 보게 되면서 우리는 필요한 모든 것을 얻었다.

• <컨버세이션>에 등장하는 도청 전문가 캐릭터

사랑한다면 이들처럼

Le Mari de la Coiffeuse

감독	파트리스 르콩트	
주연	장 로슈포르, 안나 갈리에나	
제작	1990년	82분

미용실은 그들의 원양 여객선이고, 그들의 삶은 세계를 유람하는 항해다. 그들은 나일강을 항해할 것이고, 피라미드의 그늘에서 키스할 것이며, 지상에 존재하는 모든 낙원 같은 곳에서 석양을 감상할 것이다. 그들의 삶은 늘 정확히 이와 같을 것이다. 완벽하다. <사랑한다면 이들처럼>은 사랑에 빠져 허우적거리는 낭만적인 두 사람의 이야기를 들려준다. 두 사람은 프랑스의 미용실에 거주하는데, 햇빛이 쏟아져 들어오는 동안 여자는 창가 높은 곳에 앉아 잡지를 읽고, 남자는 빨간 가죽 소파에서 크로스워드를 푼다. 노란색과 파란색, 열대 지방의 색채들, 그리고 그가 맞춰서 춤을 추는 이국적인 음악. 두 사람은 가끔씩 들리지 않는 신호에 따라 눈을 맞추고 더할 나위 없는 행복을 공유하며 미소 짓는다.

생각만 해도 근사하지 않나. 주목할 점은 두 사람 다 이런 비전에 완벽하게 뜻을 같이 한다는 것이다. 앙투안(장 로슈포르Jean Rochefort)이 평생 품은 욕망은 딱 하나다. 미용사의 남편이 되는 것. 마틸드(안나 갈리에나Anna Galiena)의 아름다움에 매력을 느끼는 남자는 많았지만, 그녀가 30대 초반이 된 방금 전까지만 해도 완벽한 사람은 아무도 없었다. 완벽함. 사람들이 찾는 게 그것이다. 앙투안은 그 이발소를 오랫동안 알고 있었다. 노인이 된 앙브루아즈(모리스 셰비Maurice Chevit)는 은퇴하면서 마틸드가 자신의 전통을 이어 나갈 수 있도록 이발소를 그녀에게 넘긴다. 어느 날, 마틸드는 앙투안의 머리를 감겨주고 깎아 준다. 그러자 그가 말한다. "나랑 결혼해 주겠소?" 그녀는 대답하지 않는다. 2주 후, 그가 이발을 하려고 다시 찾아온다. 그녀는 그에게 그렇게 하겠다고 대답한다. 그녀의 대답은 그렇게 하겠다는 것이다.

<사랑한다면 이들처럼>은 그들이 공유한 완벽함을 최대한 멀리 끌고 간다. 진짜로, 우리가 바랐던 것보다 더 멀리. 완벽함은 타협을 허용하지 않는다. 그건 시간과 남성들과 여성들로 이뤄진 세상에서는 가능한 일이 아니다. 그런데 그렇게 할 수 있다면 얼마나 놀라운 일일까? 파트리스 르콩트Patrice Leconte, 1947~ 가 만든 이 1990년 영화는 재미있고, 포옹처럼 따스하며, 꿈처럼 몽환적이다. 실제 거리에 있는 실제 미용실을 배경으로 실제 사람들이 등장하는 동화다. 물론, 미용실과 거리는 영화 스튜디오 안에만 존재하고, 사람들은 캐릭터들이다. 그러나 이 작품은 당신을 위한 영화다. 영화는 완벽함을 허용하는 예술 형식이다.

영화가 시작되는 방식과 지속되는 방식, 끝나는 방식은 기막히게 좋다. 영화는 우리가 꾸는 바보 같은 꿈들을 다룬다. 이 영화가 실제로 미용사의 남편이 되는 걸 동경하는 관객을 한 명이라도 찾아냈을지 여부는 의심스럽지만, 영화는 그런 일이 무척 있을 법한 일임을 우리가 이해하도록 한다. 앙투안은 머리카락 페티시를 가진 사람이 아니다. 미용사 페티시를 가진 사람이다. 르콩트는 앙투안의 욕망이 그를 장악한 정확한 순간을 보여 준다. 다른 미용사의 블라우스 틈이 벌어지면서

— 우리가 처음에 배운 교훈처럼 — 모든 선량함과 사랑과 위안의 원천인 여성의 가슴이 슬쩍 드러날 때 어린 앙투안의 눈은 휘둥그레지며 엄숙해진다. 그는 넋을 잃는다.

넋을 잃는 데서 그치지 않고 미쳐 버린다. 그의 강렬한 집중력은 제정신인 사람의 그것이 아니다. 그녀도 미친 걸까? 그런 게 분명하다. 그런데 두 사람 다 무척 행복하다. 현실의 생활은 거의 중요한 요소처럼 보이지 않는다. 우리는 두 사람이 식사를 하는 모습을 결코 보지 못한다. 그들이 잠을 자는 모습도 결코 보지 못한다. 우리는 그들이 가게 위에 있는 방에서 산다는 걸 알지만, 거기에서 생활하는 모습은 보지 못한다.

그들의 하루하루는 평화로운 퍼레이드처럼 지나간다. 퍼레이드는 때때로 '아라비안 나이트' 음악에 맞춰 춤을 추는 걸 좋아하는 덕분에 더 재미있어진다. 그는 처음부터 자인했듯 춤을 못 춘다. 하지만 로슈포르가 추는 춤은 경이롭고, 그가 항상 엄숙한 얼굴로 몸을 빙빙 돌리는 모습은 무척이나 웃긴다. 왜 이 음악일까? 왜 이 춤일까? 우리는 왜 이런 걸 물어야 할까?

그녀는 미소를 짓는다. 그녀에게서는 환한 빛이 난다. 그녀는 다정하고 온화하고 섹시하다. 두 사람은 늘 달아올라 있다. 그녀가 머리를 감겨주는 동안, 그는 그녀의 뒤에 있는 바닥에 무릎을 꿇고 그녀를 애무해서 절정에 오르게 만든다. 그들은 빨간 가죽 소파에서 사랑을 나눈다. 그들의 모습은 훤히 보이지만, 그들을 보는 사람은 아무도 없는 듯하다. 그들은 서로를 무척이나 행복하게 만들어 준다.

직접 쓴 시나리오를 연출하는 르콩트는 손님들을 등장시켜 그들의 고독을 방해한다. 항상 심한 논쟁을 벌이는 떼어놓을 수 없는 두 친구, 머리를 깎이고 싶은 생각이 없는 어린 소년, 자신을 쫓아오는 무서운 아내에게서 숨을 곳을 찾아 뛰어 들어온 남편. 손님이 많은 건 아니지만, 그래도 그들에게는 아무런 문제가 되지 않는다. 그녀는 참을성이 있고 손님을 배려할 줄 알며 전문적이다. 그는 눈치가 좋고 늘 아내에게 도움을 준다. 태양이 밝게 빛난다. 그들의 결혼식은 앙브루아즈 씨가 참석한 가운데 미용실에서 치러진다.

그들은 미용실을 벗어난 어느 일요일 오후에 요양원에서 살고 있는 앙브루아즈를 방문한다. 앙브루아즈는 무척 잘 관리된 그 집의 정원에는 영화 같은 것이 있다는, 아우라가 있다는 이야기를 한다. “여기 있는 이 나무와 꽃들은 노인네들이 마지막으로 보게 될 것들이야.” 은퇴는 그에게 위안이 되지 않는다. 그는 전에는 행복했지만, 지금은 외롭다. 요양원을 방문하는 친척들은 곧바로 떠나고 싶어서 안달을 한다. 르콩트는 이와 같은 작은 먹구름을 보여 주면서 그가 다루는 연인들이 세상에 영원한 건 하나도 없음을 깨닫게 만든다.

파트리스 르콩트는 세상에 더 잘 알려져야 마땅한 감독이다. 이안李安처럼 그는 자신이 다룬 소재를 거듭해서 다루는 일이 없다. 각각의 영화는 새로운 아이디어를 바탕으로 새롭게 출발하는 작품처럼 보인다. 그의 흠잡을 데 없는 <살인 혐의Monsieur Hire>(1989)노 페티시(관음증)가 있는 사람을 다룬다. 그것이 <사랑한다면 이들처럼>과 그 작품의 유일한 유사점이다. 그의 <리디큘Ridicule>(1996)은 루이 16세의 궁궐이 배경으로, 자신의 농지에 물을 끌어들여야 하는 상황 때문에 무척이나 불안해진 지역 농부를 다룬다. 왕이 자신을 즐겁게 해 주지 않는 사람의 말에는 절대로 귀를 기울이지 않는다는 이야기를 들은 농부는 재미있는 사람이 되는 법을 배운다. 그는 그 전까지는 절대로 재미있는 사람이 아니었다. 실화를 바탕으로 한 <길로틴 트래지디La Veuve de Saint-Pierre>(2000)는 캐나다에 있는 외딴 프랑스령 섬에서 단두대형을 선고받은 남자를 다룬다. 그 식민지에는 단두대가 없다. 법정은 법조문을 철석같이 준수하려고 든다. 사형수와 교도소장의 아내는 단두

대가 프랑스에서 도착하는 것을 기다리는 동안 변화를 겪는다. 대단히 심오하고 감동적인 작품이다.

<마이 베스트 프렌드Mon Meilleur Ami>(2006)는 자신에게는 친구가 없고 지인들과 동료들만 있을 뿐임을 알게 된 남자를 다룬 영화다. 그는 친구를 사귀는 법을 가르쳐 달라며 명랑한 택시 운전사를 고용한다. <기차를 타고 온 남자L'Homme du Train>(2002)는 프랑스의 록 스타 조니 할리데이Johnny Hallyday와 장 로슈포르를 각각 은행 강도와 은퇴한 문학 교사로 출연시킨다. 상황은 교사가 강도를 하룻밤 묵고 가는 손님으로 인정하도록 이끈다. 노인들 각자는 가지 못한 길을 대표하는 상대를 부러워한다. <걸 온 더 브릿지La Fille sur le Pont>(1999)는 투신하려는 젊은 여성들을 찾아 다리를 서성거리는 전문적인 칼 투척 곡예사를 다룬다. 그는 여성들에게 자신의 표적이 되는 일자리를 제안한다. 그의 칼이 표적에서 빗나갈 가능성은 늘 있다. 그가 그런 실수를 하지 않는다면, 여성들은 여행을 많이 다니는 흥미로운 직업을 갖게 된다. 하지만 그의 칼이 그들을 맞출 경우, 흐음, 그들이 잃을 게 뭐가 있겠는가?

나는 파트리스 르콩트가 만든 형편없는 영화는 본 적이 없다. 당신이 볼 수 있듯, 그의 영화들은 어떤 장르를 공유하지 않는다. 그가 다루는 줄거리에 봉사하는 선명하고 확실한 필치를 제외하면, 스타일 역시 공유하지 않는다. 나는 그를 『위대한 영화』 컬렉션에 포함시키는 문제를 몇 년간 생각했으면서도 계속 미뤄 왔다. 그의 작품들 중에서 선택하지 말아야 할 영화가 무엇인지 도저히 고를 수가 없었기 때문이다. 내가 앞서 언급한 모든 영화는 하나같이 그 영화를 선택해서 소개해야 할 탁월한 이유들을 갖고 있다.

그의 작품들의 공통점은 잊히지 않는 캐릭터들을 창작해 내는 그의 재능이다. 일부 캐릭터들은 평범함 때문에 두드러진다. 그들은 매혹적인 존재들이라는 공통점을 갖는다. 내가 짧게 소개한 그의 작품들에서 당신이 내가 언급한 모든 캐릭터에 강한 호기심을 느꼈음을 인정했으면 한다. 프랑스인들은 르콩트를 사랑한다. 그는 그들을 실망시키지 않기 때문이다. 그런데 세계 시장에서 그는 어떤 훅hook이나 하이 콘셉트high concept•를 제공하지 않는다. 세계의 대규모 관객 입장에서 어떤 영화를 묘사하는 데 문장 전체가 필요할 경우, 그 영화는 감당하기에 지나치게 복잡한 영화가 되고 만다. 그러나 르콩트가 만드는 영화들은 내가 희망을 품고 극장에 가는 이유다.

당신은 내가 무척이나 행복한 그의 커플의 운명에 대해 아무것도 밝히지 않았다는 걸 주목할 것이다. 그 커플이 지금 누리는 행복이 영원토록 지속될 수 없을 거라는 건 분명하다. 영원토록 지속될 거라 생각한다고? 확신하나? 우리가 남들이 경험하는 슬픈 결과의 영향을 받지 않는다고 믿는 것은 확실하다. 엔딩에 대해 이런 말을 하고 싶다. 이건 해피 엔딩이다. 그녀의 입장에서도 행복한 엔딩이고, 그의 입장에서도 행복한 엔딩이다. 그들의 사랑은 신성한 상태로, 메마르지 않는 상태로 남았다. 그 사실을 부인할 수 있나?

• 흥행을 위해 쉬우면서도 간결하게 전달할 수 있는 아이디어

사형수 탈출하다 Un Condamné à Mort s'est Échappé	감독	로베르 브레송	
	주연	프랑수아 르테리에	
	제작	1956년	95분

로베르 브레송Robert Bresson, 1901~1999의 영화들은 특정한 절망에 맞닥뜨린 사람들을 자주 다룬다. 그가 다룬 주제는 그 사람들이 견딜 수 없는 상황의 면전에서 어떻게 승리를 쟁취하려 애쓰는가 하는 것이다. 그가 다룬 플롯들은 그들이 성공하느냐 여부를 다룬 게 아니라, 어떻게 감내하느냐를 다룬다. 그는 이런 이야기들을 꾸밈없는 스타일로, 무비 스타들과 특수 효과, 작위적인 스릴과 고조된 긴장감 없이 들려준다. 관객을 즐겁게 해 줄 수 있는 요소는 전혀 없는 듯 보이는 그의 영화들은 최면을 걸 듯 많은 이를 사로잡는다. 우리를 산만하게 만드는 '오락적인 가치관'은 없다. 단지 줄거리 자체에서 벌어지는 실제 사건들만 있을 뿐이다. 그의 영화들은 관객의 눈과 마음을 사로잡는 요소들만 담고 있으면서 등장인물들의 얄팍한 개성만 써먹는 영화가 얼마나 많은지를 보여 주는 실례다.

<사형수 탈출하다>를 숙고해 보라. 이 영화는 1943년에 독일이

점령한 프랑스 영토인 리옹의 나치 포로수용소 몽뤼크에서 사형 선고를 받은 남자를 다룬다. 우리는 타이틀이 등장하기 전에 등장한 숏을 통해 전쟁 중에 그곳에서 7천 명이 목숨을 잃었음을 알게 된다. 그런 후 우리는 체포된 레지스탕스 투사 퐁텐(프랑수아 르테리에François Leterrier)을 만난다. 그에게는 자신이 그렇게 목숨을 잃을 사람 중 한 명이 될 수밖에 없다고 믿을 만한 모든 이유가 있다. 퐁텐은 실제로 사형을 당하기로 예정된 날에 몽뤼크를 탈출한 앙드레 드비니André Devigny가 전후에 쓴 회고록을 바탕으로 만들어진 캐릭터다.

이 남자가 침대에 앉아 벽을 응시하거나 손에 머리를 파묻고 있는 모습을 보게 되더라도 그를 탓할 수는 없다. 그에게 달리 무슨 대안이 있겠는가? 그의 감방은 좁고, 벽과 문은 두꺼우며, 감옥의 벽은 높고, 밖에는 나치 경비병들이 있다. 그는 하루의 대부분을 독방에서 지낸다. 가끔씩 벽을 두드려 암호로 된 메시지를 전하거나 씻는 시간에 쪽지를 은밀히 교환하기는 하지만 말이다. 그가 갇혀 있는 시기에 이런 방식으로 '만난' 다른 남자는 탈출을 시도하다 총에 맞는다.

퐁텐이 쓰는 방법은 브레송 자신이 쓰는 방법을, 즉 가장 중요한 디테일들을 꼼꼼하게 조사하는 방법을 활용하는 것이다. 브레송의 영화에는 '아름다운 숏'이 없다. 특수 효과도 없다. 배우들의 외모를 강조하는 일도 없다. 관객의 주의를 끌려는 화려한 줌이나 다른 숏들이 없다. 그는 들려줄 필요가 있는 이야기만 들려주려고 롱 숏과 미디엄 숏, 클로즈업, 인서트 숏으로 구성된 기본적인 영화 언어만 모든 숏에 활용한다. 관객에게 충격을 안겨 주려는 편집도 없다. 그는 현실에 바탕을 두고 차분하게 편집한다.

우리는 퐁텐이 이런 식으로 자신이 갇힌 감방을 조사하는 모습을 지켜본다. 우리는 그 감방에 대해 그가 아는 만큼 안다. 우리는 그가 높은 곳에 있는 창살 쳐진 창문 밖을 보려고 선반에 올라서는 모습을 본다. 식판이 어떻게 들어왔다가 나가는지를, 경비병들이 어떻게 구멍을 통해 그를 볼 수 있는지를 본다. 죄수들이 아침 세수를 하려고 행진하는 일상을 본다.

우리가 그리 많이 보지 못하는 대상은 나치 경비병이다. 물론 일부 숏에서 그들의 모습이 보이지만, 그들의 존재는 전혀 강조되지 않는다. 알아볼 만한 캐릭터가 되는 사람은 없다. 이름을 가진 사람도 없다. 대화는 알 수 없는 사람들끼리 나눈다. 난폭한 경비병이나 우호적인 경비병 같은 흔한 클리셰는 없다. 우리에게 아주 친숙해지는 죄수도 거의 없다. 퐁텐은 사람들이 지나가는 모습을 본다. 교도소에서 목숨을 잃는 사람들이 있지만, 그 죽음이 스크린에 등장하지는 않는다. 불길한 설정은 없다. 그저 스크린 밖에서 들려오는 소리만 있다.

따라서 일어나는 사건 대부분은 배경이 — 마땅히 그래야 하듯 — 퐁텐의 감방이다. 퐁텐은 모든 디테일을 집중적으로 살펴보면서 문을 통과할 방법을, 그러고 나서는 소망하는 대로 벽을 뛰어넘을 방법을 궁리한다. 그가 하는 일이 무엇인지는 알려 주지 않겠다. 이 영화가 다루는 주된 내용이 그것이다. 그는 홀로 탈출하려고 하지는 않는다. 하지만 다른 사람에 대해서는 묘사하지 않겠다. 퐁텐이 그 사람을 데리고 가려고 애쓰거나 죽이고 가거나, 둘 중에서 하나를 택해야 한다고 느낀다는 것을 알려 주는 것 말고는 말이다. 브레송은 퐁텐이 그 사람을 신뢰하게 만들어서 — 이 영화에서 그가 말하는 핵심적인 주장 중 하나인 — 동료 인간에 대한 믿음을 입증하게 만든다. 정말이지, 퐁텐이 그를 데려가지 않았을 경우에 그가 탈출에 성공할 수 있었겠느냐 여부는 훌륭한 질문이다.

퐁텐을 연기하는 프랑수아 르테리에는 평범하게 생겼다. 브레송은 스타들과 작업하는 걸 택하지 않았다. 사실, 배우를 '모델'로 묘사하는 그의 방법을 불쾌하게 여기는 스타가 많았을 것이다. 브레송의 영화

에서 배우들이 수행하는 역할은 어떤 캐릭터를 체현하고 물리적인 행동을 하며, 그럴싸하게 보이면서도 과도한 관심을 끌지 않는 것이다. 그는 배우들이 '연기'를 전혀 하지 않기를 원했다. 어떤 배우가 어떤 역할에 불어넣으려는 스타일이나 별난 개성은 무엇이건 불필요했다. 중요한 건 그 캐릭터에 대한 객관적 사실과 그가 처한 상황, 그가 하는 행동이 전부였다. 맞다, 우리는 무비 스타들을 사랑한다. 그런데 그들이 등장하는 모든 숏은 어느 정도는 그들을 다루는 숏이다. 그들을 알아보는 사람이 세상에 아무도 없으면 그들은 영화에 출연해 달라는 전화를 받지 못한다. 엑스트라들조차 약간의 '업무'를 하기를 꿈꾸는 이유가 그것이다. 이론적으로 보면, 당신이 브레송 영화를 보고 나서 이틀 후에 그 영화에 출연한 배우와 함께 저녁을 먹게 되더라도 그들을 알아보는 일이 있어서는 안 된다.

이건 흔치 않은 영화 리뷰다. 리뷰의 대부분이 일어나지 '않은' 일을 묘사하고 있기 때문이다. 그래서 이 영화는 죽도록 지루할까? 이 영화보다 나를 더 잘 빨아들이는 영화는 드물다. 한 남자가 탈출에 성공하지 못하면 죽게 될 것이다. 여기는 그가 갇힌 감방이다. 그에게는 욕망이 있다. 그는 머리를 쓴다. 우리는 그의 뒤를 내내 따라간다. 내레이션은 많지 않다. 앙드레 드비니의 원작에 바탕을 둔 내레이션일 테지만 그것은 실제로 일어나는 일만 묘사하지 추상적인 생각은 전혀 표현하지 않는다.

<사형수 탈출하다> 같은 영화를 보는 것은 영화에 대한 강의를 듣는 것과 비슷하다. 이 영화는 영화에서 필요하지 않은 모든 요소를 실례를 보여 주면서 가르친다. 이 영화는 우리가 익숙해진 것의 대부분이 불필요함을 암시로 보여 준다. 나는 <사형수 탈출하다>에서 필요치 않은 숏을 단 하나도 생각하지 못하겠다.

마이클 베이Michael Bay의 <트랜스포머: 패자의 역습Transformers:

Revenge of the Fallen>에서 불필요한 숏을 모두 제거하고 나면 무척 짧은 영화 두 편이 남게 될 것이다. (1) 일부 사람들이 관심을 갖는 대상인 특수 효과 액션으로 구성된 몽타주, (2) (1)보다 무척 짧은, 플롯 포인트들과 필수적인 설명이 담긴 대화들의 몽타주. 그 영화 전체는 이 짧은 영화 두 편을 뒤섞어 뭉쳐 낸 것이다.

당신은 베이의 영화가 끝났을 때 무엇을 배웠나? 아무것도 없다. 캐릭터들과 로봇들은 현실에서 존재하는 게 가능하지 않은 존재들이기 때문이다. 조리調理를 지나치게 많이 해서 얻어 낸 결과물인 하이퍼 액션에도 어떤 가치가 있을지는 모르겠다. 나도 그 영화에 그런 게 없다고 말하는 것은 아니다. 나는 그런 요소를 갖춘 일부 액션 영화를 엄청나게 즐겼다. 그럼에도 내가 <사형수 탈출하다>를 높이 평가하는 건 그 영화에 존재하는 것과 존재하지 않는 것, 그리고 내가 그 영화에서 배운 것 때문이다.

그것은 무엇일까? 폴 슈레이더Paul Schrader는 유명한 저서 『영화의 초월적 스타일Transcendental Style in Film』에서 세 명의 감독을 숙고한다. 오즈 야스지로小津安二郎, 로베르 브레송, 카를 테오도르 드레위에르Carl Theodor Dreyer. 슈레이더는 그들의 작품에 초월주의가 깃들어 있다고 느낀다. 우리 자신이 초월주의에 대한 논의에 깊이 관여하기보다는 유치원 수준에서 논의를 시작하는 게 유익할 것 같다. 실존주의를 잘 설명하는 가장 단순한 우화는 알베르 카뮈Albert Camus의 『시지포스의 신화Le Mythe de Sisyphe』에서 찾아볼 수 있다. 그는 그것을 설명하는 데 120페이지만 썼지만, 우리에게는 다음의 딱 한 문단만 필요하다.

시지포스는 산 위로 바위를 밀어 올리고는 그게 다시 굴러 내려가는 것을 보면서 평생을 보내야 하는 저주를 받았다. 산 아래에는 죽음이 있다. 돌을 미는 것이 인생이다. 피에 젖은 돌을 굴리는 걸 단념하고픈 유혹이 느껴진다. 그러나 (역시 레지스탕스 지지자였던) 카뮈는 저항이 필요하다고 말했다. 몽뤼크에서 7천 명이 죽었다. 그러나 퐁텐은 자신이 그들 중 한 명이 될 필요가 있다는 데에는 동의하지 않았다. 그는 굴러 내려오는 바위에 깔려 으스러지는 한이 있더라도 최소한 저항은 시도했다. 브레송 자신이 레지스탕스의 일원이었고 나치에 의해 투옥됐었다는 것도 이 영화와 관련이 있었을 것이다.

살인 혐의

Monsieur Hire

감독	파트리스 르콩트	
주연	미셸 블랑, 상드린 보네르	
제작	1989년	81분

파트리스 르콩트Patrice Leconte, 1947~ 의 <살인 혐의>는 고독과 이상 성욕을 다룬 비극으로, 공통점이 전혀 없는 외로운 두 사람의 이야기를 들려준다. 그리고 살인이 관련된 작품으로서 영화의 오프닝 숏은 시신을 보여 준다. 이르 씨는 혼자 살아가는 뼈만 앙상하고 머리가 벗겨진 중년의 재단사다. 알리스는 스물두 살 난 상냥한 금발 미녀로 이르와 같은 아파트 건물에 있는, 이르의 방과 마당을 사이에 둔 방에 홀로 산다.

목격자들은 살인이 일어난 밤에 여윈 남자가 그 건물로 뛰어 들어가는 것을 봤다. 주민들을 상대로 수사를 하던 형사는 주민 중에 이르를 좋아하는 사람이 아무도 없음을 알게 된다. 이르는 그 사실을 가장 먼저 인정한 사람이다. 그는 사람들이 자신에게서 이상한 놈이라는 인상을 받는 것 같다고 인정한다. 그는 복도 건너편의 주민이 문간에서 그를 훔쳐보자 묻는다. “사진을 드릴까요?” 그가 마당을 걸어갈 때, 흠잡을 데 없는 그의 검은색 정장에 흰색 분말이 쏟아진다.

이르(미셸 블랑Michel Blanc)는 모든 면이 흠잡을 데 없는 사람이다. 정장, 타이, 반짝이는 구두, 깔끔하게 이발된 머리. 알리스(상드린 보네르Sandrine Bonnaire)는 따스한 미소를 머금은, 명랑하고 순진한 인상을 가졌다. 뇌우가 쏟아지던 어느 날 밤, 번쩍거린 번개가 맞은편 아파트가 드리운 그늘 속에서 그녀를 지켜보던 한 남자를 드러낸다. 이 사람은 이르다. 그는 그녀를 몇 시간이고, 몇 날 밤이고 지켜본다. 그녀가 자는 모습을, 깨어난 모습을, 옷 입는 모습을, 옷 벗는 모습을, 옷을 다리는 모습을, 못된 남자 친구 에밀(뤼크 튀이에Luc Thuillier)과 사랑을 나누는 모습을.

이 사실을 알게 된 그녀는 무슨 짓을 할까? 이 시나리오의 원작은 조르주 심농Georges Simenon의 소설 『이르 씨의 약속Les Fiançailles de M. Hire』이지만, 이 작품은 그가 창조한 캐릭터인 메그레 형사의 추리 소설하고는 닮은 구석이 전혀 없고, 세심하게 관찰된 행동과 디테일들을 담은 전통적인 소설에 훨씬 더 가깝다. 심농은 인간의 성격에 담긴 기이한 특징들에 매료됐는데, 그는 이러한 특성을 우아하고 꾸밈없는 산문으로 묘사했다. 르콩트가 이 영화에서 구사하는 절제된 비주얼 스타일도 심농의 산문과 다르지 않다. 이 영화는 컬러 영화지만, 이르의 세계는 흑백이다. 그의 정장, 셔츠, 그가 양복점에 있는 작은 우리에 키우는 흰쥐들. 그리고 그의 피부는 어찌나 창백한지 낮에는 밖을 결코 나다니지 않는 사람처럼 보인다. 반면에 알리스는 빨간색을 좋아한다. 그녀의 옷과 립스틱, 그리고 이르가 문을 열 때 그가 있는 쪽으로 굴러가도록 계단에서 '떨어뜨린' 잘 익은 토마토가 가득한 슈퍼마켓 봉지. 그는 그녀를 도와주려고 황급히 몸을 놀릴까? 아니다. 그는 가만히 서서 그녀를 지켜본다. 그녀가 동원한 이 수법의 목적은 무엇일까?

어느 날, 그녀가 그의 문을 노크한다. 하지만 그는 대답하지 않는

다. 그는 노크한 사람이 그녀임을 아는 게 분명하다. 그는 자신을 찾는 사람은 아무도 없다는 걸, 그녀가 방금 전에 자기 아파트를 나섰음을 알고 있는 게 분명하기 때문이다. 그녀는 다음날에도 노크를 한다. 그리고 그는 그녀를 레스토랑으로 초대한다. 레스토랑은 기차역에 있는데, 이 기차역은 그의 생각 중 일부에 대한 단서일 수도 있다. 그는 결국 인정한다. 그렇다, 그는 그녀와 남자 친구가 사랑을 나누는 걸 봐 왔다. 그리고 그녀가 난데없이, 뜻밖에도 자신에게 우호적인 모습을 보이는 걸 설명해 주는 이유라고 믿는 어떤 사건을 목격했다.

처음에는 그랬을 것이다. 그런데 그를 향한 알리스의 생각은 시간이 갈수록 복잡해진다. 그녀는 사랑한다는 그의 고백에 감동한다. 반면에 남자 친구 에밀은 완벽한 데이트란 그녀를 권투 경기장에 데려가서 무시해 버리는 것이라고 생각하는, 몸만 쓸 줄 아는 상스러운 유형이다. 나중에 창밖으로 잽싸게 도망쳐야 하는 상황이 되자, 에밀은 그녀의 깍지 낀 손을 발판으로 삼은 후 그녀의 어깨에 발을 올린다. 반면에 이르는 자신의 비밀들을 알리스에게 털어놓는다. 그는 매춘부를 많이 고용한다고 말한다. 그가 매음굴에서 행해지는 절차를 묘사할 때, 그녀는 매혹됐다는 표정을 보인다. 이르 같은 사내가 그토록 에로틱한 경험들을 하면서 그 경험들을 대단히 관능적으로 묘사할 수 있기 때문일 것이다. 하지만 그는 어떤 매춘부도 결코 다시 방문할 수 없다. 그녀를 사랑하게 됐기 때문이다.

이르는 비밀이 많은 남자다. 어느 날 밤, 수사를 진행하던 형사는 그를 볼링장에 데려간다. 거기에서 이르는 스트라이크를 거듭해서 친다. 심지어는 뒤로 돌아 다리 사이로 공을 굴려서, 심지어는 눈을 가리고도 스트라이크를 친다. 이 광경을 전에도 본 적이 있는 단골손님들은 그에게 박수를 보낸다. 볼링장 주인에게서 보수를 받은 그는 바에 있는 형사와 합석해서 술잔을 꺾고는 말한다. "봤죠? 내 인기가 좋은 곳도 있어요."

이르와 알리스 사이에는 무슨 일이 벌어지고 있을까? 그 문제와 관련해서 남자 친구 에밀을 향한 그녀의 감정은 무엇일까? 그 관계는 필름 누아르를 위해서는 꽤나 표준적인 관계처럼 보인다. 에밀은 어리석은 피라미 범죄자처럼 보이고, 그를 구할 수 있는 건 그녀가 보여 주는 충심뿐이다. 그녀가 그에게 헌신하는 건 무의미한 짓이다. 우리가 볼 수 있는 한, 그는 그러한 헌신을 받을 자격이 없다. 섹스가 두 사람의 관계에서 중요한 부분을 차지하기는 하지만, 그녀는 그것만으로 모든 것을 설명하기에는 대단히 복잡한 사람이다. 그녀는 이르보다 더 심오하고 헌신적인 (그리고 집착하는) 사랑을 바치는 남자를 만난 적이 없다. 에밀은 이르의 사랑을 이해하지도 못할 것이다.

이 영화의 복판에는 오래도록 관객의 뇌리에 남는 디테일을 보여 주기 위해 가슴 찢어지는 슬로 모션으로 느려지는, 영화 후반부에 등장하는 패스트모션 숏에 포착된 크나큰 슬픔이 자리하고 있다. 그런 후 엔딩은 모든 걸 마무리하지만 관객 모두를 만족시키지는 않는다.

1947년생인 파트리스 르콩트는 대단히 다재다능한 프랑스 감독이다. 그는 영화를 만들 때마다 스타일과 장르를 옮겨 다닌다. 당신은 그의 영화라는 걸 깨닫지 못하고서도 그의 영화의 팬이 될 수도 있다. <살인 혐의>(1989)는 그가 처음으로 상당한 성공을 거둔 작품이다. 이 영화는 칸영화제에서 프리미어로 상영됐고, 나는 그곳에서 이 영화를 봤다. 그의 연출작으로는, 루이 16세 치세에 왕이 총애하는 예리한 기지를 발휘하는 것으로 궁정의 사랑을 받으려고 드는 시골 영주를 다룬 <리디큘Ridicule>(1996), 파리에서 사형 집행인이 도착할 때까지 프랑스령 캐나다의 섬에서 죽을 날을 기다리고 있는 살인범을 다룬 <길로틴 트래지디La Veuve de Saint-Pierre>(2000), 장 로슈포르Jean Rochefort와 조니 할리데이Johnny Hallyday가 각각 정중한 시골 신사와 우연히 마주친 도둑을 연기하는 <기차를 타고 온 남자L'Homme du Train>(2002), 그리고 — 내가 선정한 또 다른 위대한 영화로 — 시골의 미용사에게 홀딱 빠져 결혼한 후, 그녀에게 미장원을 차려 주면서 그녀를 흠모하는 자신이 날마다 미장원에 앉는 걸 허락해 달라는 조건만 다는 남자로 로슈포르가 다시 출연한 <사랑한다면 이들처럼Le Mari de la Coiffeuse>(1990) 등이 있다.

"영화감독은 꼭두각시를 조종하는 사람이라고 생각하지는 않습니다." 르콩트가 2002년도 토론토영화제에서 나한테 한 말이다. "반대로, 나는 영화감독은 화학자랑 더 비슷하다고 믿습니다. 서로 아무 상관이 없는 요소들을 섞어서 무슨 일이 일어나는지를 지켜본다는 점에서요. <기차를 타고 온 남자>의 출발점은 두 배우를 만난 것이었습니다. 조니 할리데이를 몇 방울 떨어뜨리고 장 로슈포르를 몇 방울 떨어뜨리고는 무슨 일이 일어나는지 본 거죠. 가끔씩은 면전에서 폭발이 일어나고는 합니다."

내가 의무적으로 하는 질문인 프랑스 누벨바그에 대해 묻자 그는 이렇게 대답했다. "흐음, 트뤼포François Truffaut하고는 일면식도 없습니다. 한 번도 만난 적이 없죠. 그는 무척 이른 나이에 세상을 떠났으니까요. 내가 트뤼포에 대해 가장 좋아하는 점은 그가 영화를 사랑했다는 겁니다. 내 묘비에는 이렇게 적혔으면 좋겠습니다. '이 남자는 영화 만드는 걸 무척 좋아했다.'"

서커스

The Circus

감독	찰리 채플린		
주연	찰리 채플린		
제작	1928년	70분	

찰리 채플린Charlie Chaplin, 1889~1977은 영화를 만들 때는 완벽주의자였고 사생활에서는 재앙 덩어리였다. 그의 이런 두 특성이 그의 아주 재미난 영화 중 하나이자 가장 문제 많은 영화였던 게 확실한 <서커스>를 만들 때 충돌했다. 그는 자서전을 쓰려고 앉은 자리에서 이 영화 이야기는 절대로 언급하지 않는다는 간단한 결론을 내렸다. 아마도 이 시기 전체를 피하고 싶었기 때문일 것이다. 그런데 그런 혼란 속에서도 정말로 유쾌한 영화가 솟아났다.

이 영화가 개봉된 1928년에, 채플린은 할리우드에서 가장 위대한 스타로서 명성을 굳건히 다진 지 오래였다. 그런 그도 유성 영화의 도래가 두려웠을 게 분명했다. 영화에 사운드를 도입하면 그는 침묵을 빼앗길 터였다. 그런데 그가 이 영화의 제작을 마침내 마무리하는 데 걸린 2년의 제작 기간 동안, 그의 마음을 사운드보다 더 많이 빼앗은 게 있었다.

항상 어린 소녀에게 매료됐던 그는 스물아홉 살이던 1918년에 열여섯 살 난 밀드러드 해리스Mildred Harris와 결혼했다. 그는 폴라 네그리Pola Negri와 매리언 데이비스Marion Davies와 바람을 피운 후 1924년에 리타 그레이Lita Grey와 결혼했는데, 당시 그녀는 말은 열여섯 살이라고 했지만 실제로는 열다섯 살이었을 것이다. 그는 <서커스>를 준비하는 동안 그녀가 임신했음을 알게 되었다. 그녀가 이혼 소송을 제기하면서 스캔들을 일으키겠다고 협박한 후, 그녀의 가족은 거금을 주면 이혼에 합의해 주겠다는 냄새를 풍겼다. 그들은 60만 달러의 합의금을 주고받으면서 합의했는데, 그러기 무섭게 미국 국세청이 그가 세금 1백만 달러를 체납하고 있다는 결론을 내렸다.

한편 채플린은 리타의 친구 메르나 케네디Merna Kennedy를 <서커스>의 주인공으로 캐스팅했다. 리타는 두 사람이 바람을 피운다고 비난했는데, 그는 같은 시기에 위대한 무성 영화 스타 루이즈 브룩스Louise Brooks와도 바람을 피웠다. 방탕한 파티들이 열렸다는 루머도 있었는데, 사실이었을 것이다. 그의 성기性器는 통제할 수 없는 존재였다.

내가 이런 문제들을 언급하는 것은 그가 <서커스>로 이룬 업적을 강조하기 위해서다. 이 영화의 제작 과정에 재앙이 연이어 들이닥쳤다. 서커스 텐트 세트가 소실되었고, 완성된 영화의 릴 하나가 사라졌다. 그는 완벽주의 때문에 줄을 타는 어려운 신을 위해 테이크를 2백 번이나 갔었다. 그리고 그레이와 이혼하는 와중에도 적어도 다른 여자 두 명과 사귀고 있었다. 영화의 제작비는 통제에서 벗어나 있었고, 유성 영화가 도래하고 있었다. 그럼에도 그의 리틀 트램프는 동요하지 않고 가던 길을 계속 갔다.

트램프가 실제로 얼마나 영리한 사람인지를, 그리고 그가 부지불식간에 처한 상황들을 얼마나 잘 이해하고 있는지를 곰곰이 생각해 보면 재미있다. 그는 '성스러운 바보' 같은 존재다. <서커스>에서 그는 소

품 담당자로는 너무 무능한 존재라서 실제 광대로부터 웃음을 훔쳐 낸다는 것을 우연히 입증한 후 광대로 고용된다. 그는 서커스의 스타지만, 무대 감독의 학대받는 의붓딸을 연기하는 메르나로부터 그런 사실에 대한 설명을 들어야 상황을 이해한다. 그는 자신이 무엇 때문에 웃긴 사람인지를 전혀 감을 잡지 못하고, 왜 갑자기 웃긴 사람이 되지 못하게 됐는지도 명확히 알지 못한다. 그는 자신이 이해하지 못하는 사건들이 벌어지는 장기판에 놓인 졸卒처럼 보인다.

내가 보기에 이러한 특징은 그를 버스터 키튼Buster Keaton보다 우리에게 영감을 약간 덜 주는 존재로 만든다. 키튼이 연기하는 캐릭터들은 — 그들 역시 인생의 실망스러운 일들로부터 괴롭힘을 당하지만 — 영리하고 타산적이다. 그런데 두 배우 모두 순전히 몸을 우아하게 움직이고 곡예 같은 솜씨를 보여 주는 것으로 많은 웃음을 이끌어낸다. 물질적인 세계는 그들에게 불리하게 돌아가지만, 그들은 그것을 이겨 낸다. 그들은 로맨틱한 관계를 갈망하는 경우가 잦은데, 두 사람 사이에는 이러한 차이점이 있다. 버스터는 현실에 있을 법한 친구처럼 보이지만, 트램프는 성욕을 가진 존재처럼 보이지 않는 것. 그가 성욕을 품었더라도 그 성욕은 이상화된 관념으로만 존재한다. 그들의 코미디가 더 개방적인 시대에 만들어졌다면 키튼이 여자와 동침하는 장면을 상상하는 건 가능한 일일 테지만, 트램프를 성적인 존재로 상상하는 것은 생각만으로도 심란할 것이다.

그런데 채플린은 이 영화에서 트램프가 메르나(여배우의 실제 이름을 그대로 쓴 캐릭터)에게 홀딱 반하게 만든다. 두 사람은 채플린이 꾸준히 다룬 모티프 중 하나, 즉 배고픔에 의해 처음으로 어울리게 된다. 그는 <황금광시대The Gold Rush>에서 구두를 먹었었다. 그리고 이 영화에서는 자신이 유일하게 가진 빵 조각을 아가씨에게 도둑맞는다. 무대 감독은 아가씨가 공연을 제대로 하지 못하자 그에 따른 처벌로 식사를 금지한다. 어느 순간 트램프는 갓난아기의 빵을 교활하게 훔쳐 먹는다. 나중에 나오는 사랑스러운 팬터마임 장면에서 트램프는 윌리엄 텔의 아들이라는 코믹한 단역을 맡아 리허설을 하는 동안 사과를 몰래 몇 입 베어 문다. 메르나와 트램프는 처음에는 같이 겪는 배고픔과 고생 때문에 동지애를 느낀다. 트램프의 마음속에서 두 사람은 연인 사이다.

이 영화에는 몸 개그가 풍부하다. 복잡한 소매치기 시나리오로 시작한 영화는, 여러 명의 트램프와 경찰, 낯선 이가 거울에 반사된 서로의 모습을 쫓아다니는 거울의 방 장면을 비롯해 풍물 장터 곳곳을 돌아다니는 유명한 추격전으로 이어진다. 그리고 어떤 장면에서 트램프는 사자 우리에 갇힌다. 그의 안전을 보장할 조치들이 분명히 취해졌을 테지만, CGI가 없던 시대에 사자는 충분히 실감나게 보인다. 사자와 트램프의 움직임이 자연스럽게 맞아떨어지도록 이 장면을 편집하는 작업은 대단히 힘든 과업이었을 것이다. 마술사의 정교한 트릭을 엉망으로 만들어 버릴 때처럼, 채플린의 흠잡을 데 없는 타이밍을 보여 주는 장면들도 있다.

가장 인상적인 장면은 꽤 오래 등장하는 줄타기 신이다. 트램프는 공중의 왕 렉스(해리 크로커Harry Croker)가 줄타기 공연을 하는 모습을 침울한 눈으로 지켜본다. 메르나는 한숨을 쉬며 눈을 깜빡거린다. 나중에 렉스는 공연을 놓치고, 트램프는 그녀의 감탄을 되찾으려고 직접 줄타기를 할 기회를 잡는다. 소품 담당자가 조종하기로 되어 있는 비밀 와이어 장치를 한 그는 난이도 높은 비범한 스턴트를 공연한다. 그는 와이어를 평범한 줄타기보다 훨씬 더 어려운 공연을 하게 만드는 수단으로 활용한다.

맞다, 카메라 앵글은 의심의 여지없이 그와 땅바닥 사이의 거리가 꽤 떨어져 있는 것처럼 왜곡한다. 맞다, 안전망이 있었을 게 분명하다.

맞다, 스크린에 보이는 와이어 말고도 다른 와이어가 있었을 것이다. 그럼에도 이 얼마나 두드러진 민첩함이란 말인가. 이 장면은 채플린과 다른 위대한 스타들(페어뱅크스Douglas Fairbanks, 키튼, 로이드Harold Lloyd)이 스턴트를 직접 연기하고 그 모습을 스크린에서 볼 수 있었던 시대를 떠올리게 한다. 그리고 그를 괴롭히는 원숭이들을 등장시킨 것은 절묘한 설정이다.

트램프가 메르나와 렉스를 재결합시키려는 그럴듯한 이유들과 관련된 엔딩은 약간 실망스럽다. 무대 감독에게는 그가 저지른 짓에 대한 마땅한 벌이 내려진다. 그런 후 물론 트램프가 홀로 쓸쓸하게, 하지만 반항하듯 살짝 뜀박질을 하고는 방랑길로 돌아가는 모습을 담은 친숙한 클로징 아이리스 숏이 등장한다.

채플린은 용감하고 재능 있는 걸출한 아티스트였다. 그런데 나는 무성 영화의 광대 중에서 그를 키튼보다 밑으로 보는 소수에 속한다. 내가 충동적인 이유들로 그렇게 판단한다는 건 인정한다. 나는 키튼이 인간적으로 더 훌륭한 사람이었다고 느낀다. 채플린은 아주 젊었을 때부터 아주 유명하고, 아주 부유했으며, 권세가 아주 좋았다. 그래서 트램프에게는 노블레스 오블리주를 뒤집은 것 같은 자만심 같은 게 있다. 맞다, 그는 비참한 어린 시절을 보냈다. 그는 영화에서 비쩍 마른 아이의 친구를 자주 연기한다. 그런데 그 작품들에는 그런 상황을 축복하는 분위기가 감돈다. 반면에 버스터 키튼의 캐릭터는 두 발을 땅에 굳건히 디디고 있다. 그는 자신의 선량한 면모를 공개적으로 보여 주기를 창피해할 것이다. 그는 성스러운 설정보다는 기발한 재주를 활용한다. 한편 채플린의 깔끔하지 못한 애정 생활은, 본인이 원하는 상대는 누구든 사귈 자격이 있는 사람이라고 느낌을 암시한다. 반면에 키튼의 사생활은 알코올 중독 때문에 우울했을 것으로 보이지만, 여성들과 어울리기에는 충분할 정도로 괜찮은 상태였다.

그런데 이게 순전히 내 생각만을 바탕으로 내린 독단적인 판단일까? 의심의 여지가 없다. 못된 사람도 훌륭한 영화를 만들 수 있고, 위대한 사람도 형편없는 영화를 만들 수 있다. 나는 키튼의 작품이 채플린의 작품보다 시대를 더 잘 견뎌 냈다고 느낀다. 그의 영화들은 채플린의 영화들보다 감정이 덜 풍부하고, 눈물샘을 덜 자극하며, 작품의 주인공을 덜 사랑한다. 꽃을 팔던 시각 장애인 소녀가 자신을 후원해 준 사람의 정체를 알아차리는 <시티 라이트City Lights>의 엔딩이 등장하면 관객들은 여전히 코를 훌쩍거린다. 나 역시 감동을 받는다. 그런데 이건 작위적인 설정이다. 그렇지 않나? 당신이 자신이 꽃 파는 시각 장애인 소녀를 후원하는 사람으로 등장하는 영화의 시나리오를 쓴다면, 당신은 자신이 위대한 인물처럼 보이도록 쓸 것이다. 반면에 버스터는 우리에게 가까이 있는 현실적인 문제들을 다룬다.

내가 하는 이런 이야기가 트집이라는 걸 안다. 경이로운 사실은 우리에게는 여전히 무성 영화 광대들이 있다는 것이다. 그들이 만든 많은 작품을 복원된 버전으로 구할 수 있다. 키튼과 로이드, 채플린의 거의 모든 작품이 그렇다. 그들은 침묵에 의존한 아티스트들이있고, 사운드는 그들의 작품에 무언가를 더하기에는 무력한 존재였다. 그들은 그들의 시대를 살았다. 우리는 기꺼이 그 시대를 찾아가야 한다. 무성 영화를 존중하지 못하는 무능력은 흑백 영화를 싫어하는 것처럼 서글픈 무능함이다. 그런 즐거움을 무시하는 이들은 상상력이 결핍된 게 분명하다.

성냥 공장 소녀

Tulitikkutehtaan Tyttö

감독	아키 카우리스마키		
주연	카티 오우티넨		
제작	1990년	69분	

가여운 아가씨. 두 팔을 뻗어 그녀를 꼭 안아주고 싶다. 이것이 <성냥 공장 소녀>의 전반부를 보는 동안 느낀 심정이다. 그런 후 내가 느끼는 동정심은 줄기 시작한다. 영화가 끝날 무렵이면, 나는 아이리스가 받은 만큼 세상에 돌려준다고 해도 무방하다고 생각한다.

영화는 큼지막한 통나무를 보여 주며 시작된다. 우리는 그 통나무가 어떻게 되는지를 다큐멘터리 스타일로 본다. 나무껍질이 벗겨져 나간다. 칼날들이 그 통나무를 얇은 나무판들로 깎아 낸다. 이 판들은 성냥들로 패지고, 성냥들은 낱개로 뜯겨져 쌓였다가 액체에 담겨진 후 배열되어 상자들로 분배된다. 상자에 레이블이 붙은 후 더 큰 상자들로 꾸려지고, 다시금 그 상자에 레이블이 붙는다. 바로 거기서 아이리스가 등장한다. 우리는 처음에는 레이블이 똑바로 자리 잡도록 바로잡고 레이블을 붙이면서 중복되어 붙은 레이블을 제거하는 그녀의 두 손만 본다. 그런 후 우리는 그녀의 얼굴을 본다. 감정을 전혀 내비치지 않는 얼굴을.

핀란드 감독 아키 카우리스마키Aki Kaurismäki, 1957~는 나를 사로잡는다. 나는 그가 자신의 캐릭터들로 우리를 웃기려는 것인지 울리려는 것인지를 조금도 가늠하지 못한다. 양쪽 모두를 겨냥한 것 같다는 게 내 생각이다. 그는 끊임없이 암울하고 서글프며 황량한, 별다를 게 없는 삶들을 자주 그린다. 그의 캐릭터들이 비극적인 존재들이 아닐 때에도, 그는 그들을 우둔하거나 아주 멍청하거나, 과대망상이나 정신 질환에 빠진 존재들로 만들어 버린다. 성냥 공장에서 일하는 아가씨인 아이리스는 이 특징들이 몽땅 뭉쳐 있는 캐릭터다.

그녀를 연기하는 배우는 카티 오우티넨Kati Outinen이다. 카우리스마키가 총애하는 그녀는 그의 작품에 자주 출연했었다. 그녀는 무슨 캐릭터를 맡건 대단히 빼어난 연기를 보여 준다. 그의 카메라는 그녀를 응시하고, 그녀도 카메라를 응시한다. 연한 금발에 날씬한 그녀의 턱은 뒤로 들어가 있고 두 눈은 마스카라의 웅덩이 깊은 곳에 자리하고 있다. 그녀가 파안대소할 때 그 모습은 그레타 가르보Greta Garbo가 처음으로 말을 했을 때만큼이나 신기한 모습일 것이다. 그녀를 '소박하다'고 묘사하기 쉽지만, 당신도 일다시피 그녀가 독특한 개성을 보여 주면서 활기찬 모습을 보이면 그녀의 얼굴도 예뻐 보일 것이다. <성냥 공장 소녀>에서 그녀는 무표정하고 소극적인, 고통에 익숙해진 사람이다.

그녀가 성냥 공장에서 하는 일은 따분하고 생색도 안 난다. 그녀는 기계들 사이에서 일하는 몇 안 되는 사람 중 하나다. 그녀는 전차를 타고 공장 길에 있는 집에 귀가한다. 그녀는 허름한 골목에 있는 문을 통해 어머니와 의붓아버지와 함께 쓰는 방 두 개짜리 아파트에 들어간다. 둘러앉은 가족은 TV 뉴스에 넋을 잃는다. 어머니는 기계적으로 담배를 피운다. 그녀에게서는 열의라는 걸 찾아볼 길이 없고, 그녀의 담배에는 기다란 재가 달려 있다. 아이리스는 저녁을 조리해 상에 올리고는 그들과 함께 식탁에 앉는다. 스프에는 고기가 몇 조각 들어 있다. 어머니는 포크를 뻗어 아이리스의 접시에 있는 고기를 찌른다. 어머니와 의붓아버지는 아이리스가 빨래를 다하고 소파에서 잠을 자며 집세를 지불할 거라고 기대한다.

그녀는 저녁이면 짝을 찾으려고 외출하지만, 남자들에게 번번이 외면당하기만 한다. 클럽에서 그녀에게 춤을 추자고 청하는 사람은 아무도 없다. 술집에서 그녀의 눈이 수염을 기른 남자에게 꽂힌다. 남자는 적극적인 눈빛을 던지지만, 그 눈빛에 애정이 담겨 있지는 않다. 두 사람은 동침한다. 남자는 그녀에게 결코 전화를 걸지 않는다. 그녀는 남자에게 관심이 있다는 걸 보여 주려고 남자의 아파트를 찾아간다. 남자는 그녀에게 말한다. "네 애정보다 나를 더 정 떨어지게 만드는 건 세상에 없을 거야." 남자가 그녀에게 하는 말은 그게 전부다. 의붓아버지는 그보다 더 심한 말을 한다. 의붓아버지는 그녀를 "창녀"라고 부른다. 그녀는 그 일을 겪은 후 예쁜 빨간 드레스를 사는 데 급여 중 일부를 쓴다.

나는 최면에 걸린 듯이 영화를 감상했다. 이렇게 끈덕지게 고집스러운 영화는 영화사에서 손에 꼽을 정도다. 나는 훌륭한 스릴러를 볼 때 그러는 것처럼 부지불식간에 작품에 완전히 사로잡혔다. 나는 공포를 장황하게 늘어놓는 이야기를 거의 믿지 않는다. 이 영화를 한층 더 매혹적으로 만든 건 이 영화의 분위기가 한결같은 수준을 유지한다는 것이다. 아이리스는 연달아 가해지는 굴욕과 잔인한 처사, 외면을 소극적으로 견뎌 낸다. 이 영화가 비극이 될 수 없는 건, 그녀에게는 여자 주인공으로서 차지하는 위상이 없기 때문이다. 이 작품이 코미디가 될 수 없는 건, 그녀가 농담을 이해하지 못하기 때문이다. 그렇다면 이 영화는 어떤 작품이 될 수 있을까?

카우리스마키는 불운한 캐릭터들이 등장하는 영화를 많이 만들었다. 나는 그가 만든 영화를 볼 때마다 다음 영화를 보고 싶은 열망

에 사로잡히게 된다는 말을 하고는 한다. 내가 이 영화에 대해 펼친 설명 탓에 이 영화는 우울한 영화라고 생각할 것 같은데, 이 작품은 우울해하는 여성을 다룬 영화이기는 하지만 항상 우리에게 의문을 제기하고 우리의 옆구리를 슬쩍 찔러 우리를 특정한 방향으로 몰고 가면서 의심을 품게 만드는 영화다. 카우리스마키가 영화제에 작품을 출품하면, 나는 그 작품을 보려고 출장을 갈 것이다.

나는 그의 다른 영화 네 편의 리뷰를 썼었다. <아리엘Ariel>("육체노동도 못하고 사람 사귀는 수완도 없는 캐릭터의 개성은 긍정적인 특징이다"), <황혼의 빛Laitakaupungin Valot>("그의 캐릭터들은 시무룩하고 말수가 적으며, 최악의 상황을 예상하고, 지나치게 담배를 많이 피우며, 운명으로부터 부당한 대우를 받고, 비극의 면전에서 소극적인 모습을 보인다"), <어둠은 걷히고Kauas Pilvet Karkaavat>("그는 항상 자신의 캐릭터들이 기거하는 방과 가구에 비해 약간은 덩치가 큰 사람들처럼 보이기를 원한다"), <과거가 없는 남자Mies Vailla Menneisyyttä>("그는 선박용 컨테이너에 거주하는 사람들의 공동체를 발견한다. 그곳에 있는 임대인 비슷한 사람이 그에게 컨테이너를 빌려준다").

이 영화들이 하나같이 <성냥 공장 소녀>처럼 음침한 건 아니다. 그의 일부 캐릭터는 더 뛰어난 회복력을 보여 준다. 나는 카우리스마키가 자신이 다루는 캐릭터들을 혐오한다고는 결코 생각하지 않는다. 사실은 그가 그들을 사랑한다고, 그들이 그의 영화에 등장할 만한 자격이 있는 사람들이라고 느낀다고 생각한다. 그 캐릭터들은 다른 감독들에게는 투명 인간이나 다름없는 존재들이기 때문이다. 그는 그 캐릭터들을 창작하는 과정에서 우리가 다른 영화들에서 배워 온 모든 패턴과 예상에 의식적으로 저항하고 있는 듯 보인다. 그는 사람들을 '흥겹게' 해 주려는 판에 박힌 시도를 조금도 하지 않는다. 그가 그토록 재미있는 사람인 이유가 바로 이것이다. 그는 우리의 관심을 사로잡기만을 원한다. 자신이 그런 사회 부적응자들, 외톨이들, 아웃사이더들을 선택한 이유를 우리가 정하기를, 그리고 그 캐릭터들이 그런 인생을 어떻게 견뎌 내는지를 우리가 물어보기를 원한다. 피해자가 아닌 사람들조차 마조히즘이나 다름없는 상황을 소극적으로 받아들인다. 인생은 그런 사람들을 보잘 것 없는 카드를 쥔 사람들로 대해 왔다. 그것이 그의 작품이 전하려는 포인트다.

카우리스마키는 카메라를 대단히 꼼꼼하게 움직인다. 그는 어떤 요소를 집어넣거나 제외하려는 열의는 조금도 보이지 않는 식으로 화면을 구성한다. 그의 카메라는 단순히 '현재'를 보여 주고, 감정에 전혀 동요되지 않는 아이리스의 눈빛과 똑같은 시선을 던진다. 이미지가 우리 눈앞에 있다. 우리는 그것을 본다. 관객은 그 이미지를 받아들인다. 우리는 나름의 결론들을 끌어낼 수 있다. 그는 리액션 숏에는 관심이 없다. 아니, 모든 숏은 리액션 숏이라고 말하는 게 더 공정한 일인 것 같다. 영화제에서 카메라를 그토록 움직이지 않는 이유가 뭐냐는 질문을 받은 그는 이렇게 설명했다. "숙취에 시달릴 때 그렇게 하는 건 귀찮은 일이니까요."

그는 역시 고립되고 외로운 캐릭터들에 대한 영화를 만들었던 로베르 브레송Robert Bresson과 자주 비교된다(마을에서 따돌림 받는 인물을 다룬 <무셰트Mouchette>, 사람들의 미움을 받는 실패한 젊은 사제를 다룬 <시골 사제의 일기Journal d'un Curé de Campagne>, 학대당하는 당나귀를 다룬 <당나귀 발타자르Au Hasard Balthazar>). 두 감독 모두 객관적인 시선을 활용한다. 두 감독 모두 카메라를 신중하게 움직인다. (브레송에게서 영향을 받았을 게 분명하다는 이야기를 들은 카우리스마키는 이렇게 말했다. "나는 브레송을 장대한 액션 영화들을 찍은 감독처럼 보이게 만들고 싶습니다.") 사실 이보다 더 다른 감독들도 드물다. 브레송의 영화들은 관객의 감정을 캐릭터에 깊이 이입시키는, 영적이고 초월적인 작품들인 반면에, 카우리스마키는 자신의 캐릭터들에게 무심한 듯 보인다. 그의 작품 대부분은 '여기 또 다른 대책 없는 멍청이가 있습니다'라는 자막 화면을 보여 주면서 시작해도 아무 문제가 없을 것이다.

그런데 그런 무심한 태도의 밑바닥에는 무언가가 숨겨져 있다. 그는 스크린에 정확하게 고정시킨 이 사람들을 꼼꼼히 살펴보라고 우리에게 요청한다. 세상에는 이런 인생들도 있을 수 있다고 말할 때 거기에는 무슨 뜻이 있을까? 사람들은 어떻게 이런 인생을 견뎌 낼까? 그의 캐릭터 중 일부는 어떻게 해서 승리를 거두기까지 하는 걸까? 카티 오우티넨이 불운을 달고 사는 남편을 둔 운 나쁜 웨이트리스로 다시 출연한 <어둠은 걷히고>에는 구름이 항상 비를 머금은 먹구름처럼 보이는 음울한 유머가 담겨 있다. 그녀의 인생만큼이나 서글픈 영화는 지나친 불운을 대단히 즐겁게 보여 준다. 결말에서 그녀의 운이 반전될 때, 그건 헬싱키레슬러협회 덕이다.

핀란드에서 자란 카우리스마키는 한스 크리스티안 안데르센의 『성냥팔이 소녀』 이야기를 들었을 게 확실하다. 그 동화는 크리스마스 이브에 추위에 떠는 허약한 여자아이의 이야기이다. 아이는 아버지한테서 벌을 받지 않으려고 성냥을 팔려 애쓴다. 아이는 온기를 유지하려고 성냥을 하나씩 켜고, 그녀에게 위안을 주는 환영들이 불려 온다. 그녀는 마침내 가슴 아픈 행복을 찾아낸다.

아이리스는 이 영화의 초반부 장면들에서는 담배를 전혀 피지 않는다. 그녀가 결국 — 일하는 공장에서 만든 성냥으로 — 담배에 불을 붙일 때, 그 행위는 그녀를 위한 환영들을, 복수를 해야겠다는 생각들을 불러온다. 우리는 그녀가 이런 생각을 행위로 옮기는 걸 지켜본다. 그녀는 행복을 발견한 걸까? 그건 지나치게 많은 것을 묻는 게 될 것이다. 그런데 그녀는…… 만족감을 찾아냈다.

<성냥공장 소녀>는 카우리스마키의 ≪프롤레타리아 3부작Proletariat Trilogy≫의 세 번째 영화다. 이 영화는 삶의 목적이 없는 환경미화원을 다룬 <천국의 그림자Varjoja Paratiisissa>(1986)와 범죄에 눈을 돌리는 것으로 광산 일에서 벗어난 광부를 다룬 <아리엘>(1988)의 후속작이다.

세븐

Seven

감독	데이비드 핀처
주연	브래드 피트, 모건 프리먼
제작	1995년 | 127분

도시에는 거의 항상 비가 내린다. 베테랑 형사 서머싯은 모자와 레인코트 차림이다. 이제 막 관할 구역으로 전근 온 애송이 밀스는 영원토록 젊은이로 살 것이라는 듯 모자를 쓰지 않고 빗속을 걸어 다닌다. 처음으로 함께 수사에 나선 날, 두 사람은 파스타 접시에 얼굴을 박은 채로 발견된 뚱뚱한 남자의 사망 사건을 수사한다. 현장을 다시 찾은 두 사람이 든 플래시의 불빛이 지저분한 아파트의 이곳저곳을 돌아다니다 캠벨Campbell사社의 토마토소스 통조림 수십 개가 줄지어 놓여 있는 선반을 가리킨다. 아무리 뚱뚱한 사람이라도 토마토소스를 그렇게 많이 구입할리가 없다.

이 암울한 살인 사건이 할리우드 주류에서 만들어진, 역사상 가장 음울하면서도 무자비한 영화에 속하는 데이비드 핀처David Fincher, 1962~의 <세븐>의 분위기를 설정한다. 앞으로도 날마다 비가 올 것이다. 두 사람은 연달아 살인 사건을 수사하게 될 것이다. 범행 현장에는 휘갈겨 쓴 단어들이 있을 것이다. 뚱뚱한 남자에 해당하는 단어는 냉장고 뒤의 벽에 적힌 '폭식'이다. 세 건의 살인 사건 중 두 건이 벌어진 후, 밀스는 자신들이 연쇄 살인범을 상대하고 있음을 깨닫는다. 살인범이 저지르는 모든 살인은 '7대 죄악' 중 하나를 처벌하려는 의도에서 비롯된 것이다.

이건 애거사 크리스티Agatha Christie가 쓴 추리 소설의 전형적인 공식이다. 그런데 <세븐>의 사건들은 크리스티의 소설처럼 전원주택이라는 고상한 세계에서 벌어지는 게 아니다. 이 사건들은 세상사를 볼 만큼 봤다고 생각하는 한 사람과 자신이 보게 될 세상이 어떤 곳인지를 전혀 감을 못 잡는 한 사람으로 구성된 두 형사의 삶에서 벌어진다. 이건 범인의 정체를 간파하는 내용의 영화도 아니다. 살인범은 영화가 결말까지 30분은 더 전개돼야 할 시점에 스스로 정체를 드러낸다. 이 작품은 캐릭터 스터디의 차원도 넘어선다. 이 작품에서 나이 많은 형사는 타락을 연구하는 학자가 되고, 젊은 형사는 측은하고도 개인적인 방식으로 타락을 경험한다. 개봉 전 시사회에 참석했던 관객들이 오리지널 엔딩을 지나치게 소름끼친다고 생각하자, 헤밍웨이Ernest Hemingway의 희망적인 인용문이 보이스오버로 첨가됐다. 그럼에도 오리지널 엔딩은 여전히 영화에 남았고, 인용문은 절망에 빠져 내뱉은 농담에 더 가까운 효과를 낸다. 이 영화는 프리먼Morgan Freeman의 "근처에 있겠죠see you around"로 끝났어야 한다. 엄청나게 충격적인 결말이 등장한 후, 헤밍웨이의 문장은 그리 큰 위안이 되지 않는다.

이 영화의 한복판에는 서머싯 캐릭터의 수수께끼가 있다. 그리고 이 영화에서 모건 프리먼이 펼친 연기는 그가 펼친 최고의 연기에 속한다. 그는 자연스럽게 권위를 체현한다. 나는 그가 허약한 남자를 연기하는 모습은 떠올리지 못하겠다. 이 영화에서 그는 우리가 알게 될, 그 도시의 최악의 관할 구역의 환경에서 경찰로 일하면서 보낸 오랜 동안 터득했을 법한 교훈을 모조리 다 알고 있다. 그는 사방의 벽에 책꽂이가 있는 임대 아파트로 보이는 곳에서 독신으로 산다. 그는 메트로놈을 작동시킨 채 억지로 잠이 든다. 그는 결혼 직전까지 간 적은 있었지만 결혼한 적은 없다. 그는 체념하듯 받아들인 무심한 태도로 삶을 직면하는 외로운 사람이다.

그는 자신이 7대 죄악을 다루고 있음을 깨닫는다. 그는 그 상황에 처한 사람들이 거의 하지 않을 일을 한다. 도서관에 가는 것이다. 거기서 그는 단테의 『신곡』과 밀턴John Milton의 『실낙원』, 초서Geoffrey Chaucer의 『캔터베리 이야기』를 주의 깊게 읽는다. 그가 그것들을 읽는 건 관객들에게 그 책들을 알려 주기 위해서다. 공포 영화는 문헌에서 찾아낸 심란한 요소들을 소개해 분위기를 효과적으로 조성하는 경우가 잦다. 핀처는 귀스타브 도레가 단테를 위해 그려준 삽화들을 슬쩍 보여 주는데, 거기에는 거미의 다리들이 달린 여성을 묘사한 유명한 그림도 포함되어 있다. 밀스에게 7대 죄악을 열거하는 서머싯의 말투는 박식한 사람처럼 들리고, 밀스는 생전 처음으로 그런 이야기를 듣는 듯 보인다.

이 영화에서 사용되고 있는 접근 방식은 윌리엄 프리드킨William Friedkin이 <엑소시스트The Exorcist>에서, 조너선 데미Jonathan Demme가 <양들의 침묵The Silence of the Lambs>에서 채택한 것과 같은 종류의 접근 방식이다. 평범한 형사 영화가 섬뜩한 신화와 상징을 불러낼 경우, 그 영화는 어떤 영화로 격상될 수 있을까? 사실 <세븐>은 대단히 깊이가 있거나 심오한 영화는 아니지만, 그런 영화라는 믿음직한 환상은 제공한다. 거의 모든 주류 스릴러가 우선은 엔터테인먼트를 제공하려 든다. 그런데 이 영화는 관객을 매혹한 다음에 겁먹게 하는 걸 목표로 삼는다. 서머싯 형사는 학자라는 인상을 풍기는 것으로 살인범이 주장하고 있는 게 분명한 도덕적인 내용에 깊이와 의미를 부여한다. 서머싯이 살인범이 도서관 카드를 갖고 있을 거라는 사실을 발견한 건 분명히

운 좋은 일이었다. 돌이켜 생각해 보면, 이 살인범이 아이디어를 떠올린 곳이 도서관이지는 않았을 것이고, 그저 경찰을 꾀려고 도서관에서 그 책들을 확인했을 거라는 판단이 들지만 말이다.

두 형사가 수사하는 살인 사건 다섯 건은 다양한 모습을 보여 준다. 살인범은 계획을 짜서 그것들을 — 어떤 사건의 경우에는 최소한 1년 전부터 — 실행에 옮기느라 엄청난 공을 들였다. 하지만 영화의 클라이맥스 신에서 그가 내놓는 행동 노선은 최근에 급조된 게 분명하다. <세븐>은 우리를 영화가 그려 내는 공포들 속으로 가차 없이 끌어당긴다. 일부 공포는 짧은 숏들로 언뜻언뜻 보이기 때문에 한층 더 효과적이다. 우리는 형사들이 살인 방법들을 논의한 후에야 그 방법들을 확신할 수 있을 뿐이다. 해부가 행해진 다음에 비닐봉지에 든 내용물을 보여 주는 숏은 더 자세하게 설명할 필요가 없을 듯하지만 말이다. 핀처는 우리가 역겨워하기에 충분한 만큼만 보여 주고는 컷 해서 다음 장면으로 넘어간다.

살인범은 도덕적인 주장을 펴기 위해 정교한 살인들을 저질렀다는 의도를 명확히 밝힌다. 그는 우리에게 모습을 보인 후 많은 의견을 밝힌다. 날마다 쇄도하는 잔혹한 사건 속에서 자신이 저지른 범죄들은 오래지 않아 잊힐 거라는 이야기를 들은 그는 자신이 저지른 범죄들은 영원토록 기억될 거라고 주장한다. 그 사건들은 그가 빚어낸 걸작이다. 정확하게 설명되지 않는 건, 그가 그런 주장을 밝히는 방식이다. 그의 피해자들은, 아마도 각자가 저지른 죄 때문에 유죄였을 그들은 그가 저지른 행위에 의해 유죄 판결을 받고 처형됐다. 이 처형이 주는 교훈은 무엇인가? 그 처형은 우리를 향해 던지는 경고가 될 수 있을까?

서머싯과 밀스는 확고하게 자리 잡은 픽션 공식들을 대표한다. 밀스는 자신이 처한 상황을 불편해하는 인물이고, 그들은 어울리지 않는 한 쌍이다. 함께 수사에 나선 그들은 고참과 초짜다. 배우들, 그리고 앤

드루 케빈 워커Andrew Kevin Walker가 쓴 대사는 특유한 디테일들과 프리먼이 하는 정확하고 간결한 대사로 픽션의 공식들을 풍성하게 한다. 브래드 피트Brad Pitt는 1차원적인 캐릭터로, 또는 조심성이 많은 캐릭터로 보인다. 성미가 급한 그는 경험 많은 프리먼이 주는 주의를 빠르게 묵살한다. 영화에 인간적인 분위기를 불어넣는 건 그의 아내 트레이시(귀네스 팰트로Gwyneth Paltrow)다. 우리는 그녀에 대해 아주 많이는 알지 못하지만, 그녀가 남편을 사랑하고 걱정한다는 것은 안다. 그녀는 결혼 경험이 전혀 없는 서머싯을 저녁에 초대하는 좋은 본능을 보여 준다. 남편에게 필요한, 남편을 가르칠 수 있는 사람을 남편의 파트너로 만들어 주는 건 아내가 할 수 있는 으뜸가는 처신이다. 영화를 보면서, 우리는 트레이시 캐릭터가 구색만 맞출 뿐 별다른 의미는 없는 캐릭터라고, 주인공의 부인이라는 꼬리표가 달리면서 더 많은 차원을 갖는 것을 허락받지 못한 캐릭터라고 추정한다. 그런데 그녀는 한참 나중의 장면이 될 때까지 관객에게 안겨 줄 충격을 차곡차곡 저축하고 있다. 영화를 거꾸로 거슬러 가며 생각해 보면, 그녀가 캐릭터를 구축하는 솜씨에 대해 내리는 우리의 평가는 높아진다.

앞서 말했듯, 살인범은 결말이 30분이나 남은 시점에 자수해서는 그 시점부터 내내 영화를 장악한다. <세븐>이 개봉된 1995년에 광고와 포스터, 오프닝 크레디트는 살인범을 연기한 배우의 이름을 언급하지 않았다. 당신이 그 배우가 누구인지를 안다 하더라도, 나는 그 배우의 이름을 밝히지 말아야 한다고 생각한다. 이 배우는 커다란 임무를 부여받았다. 그는 악의 화신이다. 한니발 렉터처럼 그의 캐릭터는 단순히 극악무도한 수준에 머무르지 않는 배배 꼬인 심리적 복잡성을 투사하는 강렬한 배우가 연기해야 한다. 그의 얼굴을 꼼꼼히 살펴보라, 의기양양하고 자기만족에 빠진 얼굴을. 그의 목소리에 귀 기울여 보라, 지적이고 분석적인 목소리를. 그의 평온함과 대담함을 주목하라. 영화는 필수적으로 그에게 의존한다. 그 배우가 흔들릴 경우, 영화는 그릇된 길에 접어들었을 것이다. 그러나 그는 그러지 않는다.

<세븐>은 데이비드 핀처가 <에이리언 3Alien 3>(1992) 다음으로 만든, 불과 스물아홉 살에 찍은 두 번째 장편 연출작이었다. 그는 이후로 <조디악Zodiac>과 <소셜 네트워크The Social Network>(2010) 같은 영화를 만들었다. 그는 연출작에서 강렬한 미학을 보여 주기를 좋아하고, 칙칙한 컬러들과 조명이 덜 된 실내 공간을 향한 취향을 드러낸다. 그의 연출작 중에서 이 영화보다 더 음울한 영화는 없다. 스필버그Steven Spielberg처럼 그는 플래시가 내뿜는 불빛이 더 뚜렷이 보이게 만들려고 눈에 보이지 않는 가는 분말을 실내 공간의 공중에 주입해 주변의 어둠을 강조한다. <세븐>에 등장하는 실내 공간에 비춰지는 조명이 그토록 약하거나 존재하지 않는 경우가 잦은 이유는 나도 모르겠다. 하지만 나는 그 점에 대해서는 투덜거리지 않는다. 무르나우F. W. Murnau의 <파우스트Faust>(1926)에 등장하는 어떤 숏을 기억한다. 그 숏에서 사탄은 아래에 있는 자그마한 마을을 휘감는 검정 망토를 입고 있다. 바로 그것이 이 영화에서 핀처가 빚어내는 센세이션이다.

센과 치히로의 행방불명

千と千尋の神隠し

감독	미야자키 하야오	
제작	2001년	125분

미야자키 하야오宮崎駿, 1941~ 의 <센과 치히로의 행방불명>을 세 번째로 보면서 이 영화가 보여 주는 너그러움과 애정에 감동했다. 앞서 봤을 때 이 이야기가 풀어내는 한없는 상상력에 사로잡혔던 나는 이번에는 반드시 거기에 있을 필요까지는 없는 그림 속의 요소들에 집중하기 시작했다. 애니메이션을 만들려면 공이 많이 드는 과정을 거쳐야 한다. 그래서 애니메이션 제작자들은 작품의 비주얼 요소들을 단순화하려는 경향이 있다. 그런데 미야자키는 그와 반대로 복잡한 화면을 제공한다. 그의 작품 속 배경은 디테일이 풍부하고, 그의 캔버스는 공간을 자유로이 아우르며, 작품은 시종일관 꼼꼼한 관심을 기울여 그려진다. 우리는 의식적으로는 프레임 모퉁이에 그리 많은 관심을 쏟지는 않는다. 하지만 우리는 그곳에도 그가 관심을 갖고 그린 그림이 있다는 걸 안다. 그리고 그 그림들은 그가 빚어낸 판타지 세계의 두드러진 정확성을 한껏 드높인다.

<센과 치히로의 행방불명>은 단연코 애니메이션 역사상 가장 뛰

어난 작품에 속한다. 이 작품은 '프레임 단위 드로잉'이라는 애니메이션의 전통적인 기반 위에 탄탄하게 자리를 잡고 있다. 그 스타일로 경력을 시작했지만 현실주의자이기도 한 미야자키는 손이 많이 가지만 별다른 쓸모는 없는 일부 작업에서는 컴퓨터 활용을 허용한다. 하지만 그는 프레임 수천 장을 몸소 손으로 그린다. 그는 2002년에 "우리는 수작업 셀 애니메이션을 택하고는, 그렇게 해서 얻은 결과물을 시각적으로 더 풍성하게 만들기 위해 디지털 작업을 합니다"라고 내게 말했다. "하지만 모든 작업은 사람이 손으로 그린 그림에서 시작됩니다."

<센과 치히로의 행방불명>에서 어린 여주인공이 영화의 상당 부분의 배경인 마법 같은 온천장에서 멀리로 이어지는 다리에 선 신을 주목하라. 핵심적인 행위와 필수적인 캐릭터들은 작품 전개에 필요한 모든 요소를 제공하지만, 온천장의 창문과 발코니에서는 많은 손님이 그녀를 지켜보고 있다. 그 손님들을 모호하게 움직이는 존재들로만 그려 내면 작업이 훨씬 더 쉬웠을 것이다. 하지만 미야자키는 우리가 인식하는 많은 형체를 화면에 제대로 담아내는 데 신경 쓴다. 그 손님들 전원이 움직이고 있다. 게다가 그 움직임은 많은 애니메이션이 보여 주는, 그저 어떤 형체가 움직이고 있다는 것만을 보여 주려는 단순한 아이디어에서 비롯된 반복적인 움직임이 아니다. 사실적이고 변화무쌍하며 자세한 움직임이다.

영화를 감상하는 사람 대부분은 스크린에 있는 그런 영역들을 단순한 '움직임'으로 읽을 것이다. 그런데 어쩌다가 그 영역을 눈여겨보면, 그곳에서도 정말로 여러 가지 일이 벌어지고 있다는 게 보인다. 내가 너그러움과 애정에 대해 말한 건 그런 뜻에서였다. 미야자키와 동료들은 프레임에서 그리 큰 의미가 없는 부분들에 상당한 에너지를 아낌없이 쏟아붓기에 충분할 정도로 애정을 쏟는다. 온천장에서 볼 수 있는 요소가 얼마나 많은지 주목해 보라. 다리 하나와 출입구 하나만 보여 주면 작업 속도도 빨라지고 작업하기도 수월했을 것이다. 그런데 미야자키는 그 시점

에서 펼쳐지는 줄거리에 필요한 특징이건 그렇지 않은 특징이건 여러 특징을 가진 실제 온천장의 복잡한 면모를 작품 속 온천장에 불어넣는다.

<센과 치히로의 행방불명>의 줄거리에는 무한한 창의력이 터를 잡고 있다. 어디에서도 본 적 없는 무척이나 상이한 존재들을 담아낸 영화가 일찍이 있었던가? 미야자키의 상상력은 결코 정체될 줄 모른다. 여주인공 일행이 늪 한가운데에서 열차를 내리는 신이 있다. 두 사람은 멀리 떨어진 숲에서 빛이 다가오는 것을 본다. 이 빛은 외다리로 깡충깡충 뛰는 옛날 스타일의 가로등으로 밝혀진다. 그들에게 인사를 한 가로등은 방향을 돌려 두 사람이 가야 하는 경로를 밝힌다. 그들이 시골집에 도착하자, 가로등은 현관문 위에 충직하게 매달린다. 살아 있는 가로등은 필수적인 캐릭터는 아니다. 그건 미야자키가 발휘한 재능의 산물이다.

그의 줄거리는 치히로라는 열 살짜리 여자아이를 다룬다. 그녀는 많은 애니메이션 영화에 등장하는 명랑하고 자그마한 로봇 같은 캐릭터가 아니다. 많은 평론가가 그녀를 "뚱한 아이"라고 묘사한다. 맞다. 그녀의 부모가 살펴보고 싶어 하는 집으로 가는 긴 드라이브 동안 뒷좌석에 처박혀 있을 때 보여 주는 것처럼 잠시도 가만있지를 못하는 성미 급한 아이이기도 하다. 아이의 아버지는 어두컴컴한 숲에서 길을 잃고, 도로는 터널 입구에서 끝나는 듯 보인다. 그곳을 둘러보던 가족은 그 길이 버려진 놀이공원으로 이어진다는 것을 알아낸다. 그런데 황혼 무렵, 일부 가게가 다시 문을 연 듯 보인다. 군침이 넘어가게 만드는 음식 냄새를 서늘한 공기 속으로 쏟아 내는 음식점은 특히 더 그렇다. 아이의 부모는 음식으로 가득한 카운터에 정신없이 달려들어 입이 터져라 음식을 먹어 치운다. 치히로는 고집을 부리면서 배고프지 않다고 말한다. 부모는 얼마나 많이 먹었는지 몸 크기가 평소의 두세 배가 된다. 돼지 같이 먹은 그들은 돼지가 된다. 그들은 미국 애니메이션에 나오는 부모가 아니라, 자식을 겁에 질리게 만드는 짓을 할 수 있는 부모다.

놀이공원은 떠다니는 거대한 온천장으로 이어진다. 온천장에는 작은 탑과 창문과 선반과 장식이 한없이 많다. 우호적인 소년이 아이에게 돌아가라고 경고하지만 때는 이미 늦었고, 목욕탕은 뭍에서 멀리 떠나간다. 과감하게 목욕탕 내부를 살펴보던 치히로는 무한히 다양한 세계를 찾아낸다. 그녀는 다시 밖으로 나가는 길을 찾아내지 못한다. 소년은 누구나 직업을 가져야 한다고 말하면서, 그녀를 길쭉한 다리가 여덟 개 있는, 보일러실을 관리하는 수염이 텁수룩한 늙은이 카마지에게 보낸다. 카마지와 젊은 아가씨는 목욕탕 주인인 유바바에게 일자리를 달라고 청하라고 치히로에게 충고한다. 유바바는 두툼한 연기를 내뿜으면서 킥킥거리며 웃는 섬뜩한 늙은 마녀다.

이것이 놀라운 모험의 시작이다. 치히로는 목욕탕에서는 더 이상 인간을 만나지 못할 것이다. 그녀는 이름을 빼앗고는 새 이름으로 '센'을 붙여 주는 유바바의 마법에 걸린다. 그녀는 옛 이름을 되찾지 못하는 한 이곳을 결코 떠나지 못한다. 목욕탕에서 사람을 어리둥절하게 만드는 공간 한 곳은 다른 곳으로 이어지고, 그곳에는 한도 끝도 없이 다양하고 기괴한 생명체들이 거주한다. 센의 신발을 훔치는, 눈이 두 개 달린 솜털이 보송보송한 작고 검은 공 같은 존재들이 있다. 귀신 같은 장막 위에 복면을 쓴 반투명한 존재인 무시무시한 가오나시들. 몸뚱어리는 없는, 카를 마르크스의 캐리커처를 닮은 기이한 머리 세 개는 화난 모습으로 껑충껑충 뛰어다닌다. 지독한 냄새가 나는 시커먼 점액 무더기가 있는데, 몸에 오염 물질이 덕지덕지 붙은 강에 사는 생물이다. 이 작품에서는 일본의 판타지에서 대단히 보편적인 요소인 변신이 일어난다. 그러면서 처음에 그녀와 친해진 소년은 험악한 송곳니를 가진 유연한 해룡海龍인 것으로 밝혀진다.

센은 그 세상을 힘겹게 헤쳐 나간다. 그리고 그동안 많은 걸 배우면서 몇몇 이들과 친해지고 다른 이들에게 따돌림을 당하며 유바바에게 위협을 당한다. 그녀는 결코 '사근사근한 소녀'는 되지 않는다. 그래도 우리는 그녀가 보여 주는 결단과 투지를 사랑하게 된다. 그녀는 이름을 되찾고 날마다 떠나는 (한쪽 방향으로만 달리는) 열차를 타고 본토로 돌아가겠다고 결심한다. 그녀는 부모를 되찾고 싶다.

미야자키는 이 영화를 특히 열 살짜리 여자아이들을 위한 영화로 만들었다고 말한다. 바로 그것이 이 영화가 어른 관객에게도 그토록 강하게 먹히는 이유다. '모든 관객'을 겨냥해서 만들어지는 영화는 실제로는 딱히 누구도 겨냥해서 만든 영화가 아니다. 상세하게 묘사된 세계에서 활동하는 구체적인 캐릭터들을 다룬 영화가 관객의 마음을 완전히 사로잡는 건, 그 영화들이 우리의 취향에 영합하려는 시도를 전혀 하지 않기 때문이다. 그 작품들은 반항적으로, 의기양양하게 본연의 제작 취지를 고수한다. 이 영화를 다시 감상하는 동안 내가 위대하다고 간주한 어떤 영화만큼이나 이 영화에 완전히 사로잡혔다. 그 점이 이 영화가 일본에서 <타이타닉Titanic>을 능가하는 흥행 성적을 거둔 이유를, 이미 2억 달러가 넘는 흥행 수입을 올린 상태에서 미국에서 개봉한 역사상 최초의 해외 영화였던 이유를 설명한다.

나는 무척이나 운 좋게도 2002년 토론토영화제에서 미야자키를 만났다. 그에게 그의 작품들이 보여 주는 "불필요한 움직임"을 무척 좋아한다고 말했다. 그의 작품 속 등장인물들은 줄거리가 지시하는 움직임을 취하는 대신, 이야기를 진전시키려고 그러는 게 아니라 순전히 시간과 공간의 분위기와 자신들이 어떤 존재인지를 전달하기 위해 가끔씩 잠깐 앉아 있거나, 한숨을 쉬거나, 흐르는 냇물을 응시하거나, 별것 아닌 동작을 취하고는 한다.

"일본에는 그걸 가리키는 단어가 있습니다." 그는 말했다. "그걸 '마間'라고 부릅니다. 비어 있다는 뜻이죠. 그건 작품 속에 의도적으로 집어넣은 겁니다." 그는 손뼉을 서너 번 쳤다. "손뼉과 손뼉이 부딪히는 사이의 시간이 '마'입니다. 숨 쉴 여지가 전혀 없는 채로 논스톱 액션을 보는 건 정신만 사납게 만드는 짓일 뿐입니다."

이 설명이 미야자키의 작품들이 많은 미국 애니메이션이 보여 주는 정신없는 액션보다 더 관객을 몰입시키는 이유를 설명하는 데 도움을 준다고 생각한다. "영화를 만드는 사람들은 침묵을 두려워합니다." 그는 말했다.

> 그래서 그들은 종이를 가져다가 침묵 위에 도배를 하고 싶어 하죠. 그들은 관객이 지루해 할까봐 걱정합니다. 하지만 러닝 타임 내내 100퍼센트가 아닌 80퍼센트 정도만의 강렬함을 보여 준다고 해서 아이들이 집중력을 발휘하면서 영화를 만드는 사람들에게 축복을 내릴 거라는 건 아닙니다. 정말로 중요한 건 작품 밑에 깔린 감정들입니다. 그 감정들을 손에서 놓아서는 절대로 안 됩니다.
>
> 친구들과 내가 1970년대 이후로 하려고 노력해 온 일은 사건들을 약간 차분하게 만드는 겁니다. 관객들에게 요란한 소음과 정신을 사납게 만드는 짓들을 퍼붓지는 않는 거죠. 영화를 만드는 동안 어린이들의 감정과 느낌이 지나가는 경로를 따라가는 겁니다. 즐거움과 놀라움과 공감을 충직히 따른다면, 영화에 폭력을 담을 필요도 없고 액션을 집어넣을 필요도 없습니다. 관객들은 당신을 따라올 겁니다. 이게 우리가 고수하는 원칙입니다.

그는 실사 액션 슈퍼히어로 영화에서 애니메이션을 많이 볼 수 있는 게 즐겁다고 말했다. "어떤 면에서, 실사 액션은 애니메이션이라고 불리는 총체적 단어의 일부가 되어 가고 있습니다. 애니메이션은 대단히 많은 것을 아우르는 단어가 됐습니다. 내 애니메이션은 구석박이에 있는 자그마한 점에 불과합니다. 나한테는 그것도 과합니다."

그건 나한테도 과하다.

소울 포 세일

Souls for Sale

감독	루퍼트 휴스	
주연	엘리너 보드먼, 프랭크 메이요	
제작	1923년	90분

무성 영화의 황금기인 1920년대에는 매주 미국인 수백만 명이 <소울 포 세일> 같은 영화를 보려고 입장권을 샀다. 이 영화는 내가 지금까지 본 그 어떤 위대한 영화 리스트에도 오르지 못한 작품이다. 75년이 넘는 기간 동안 이 영화를 본 사람이 거의 없었기 때문일 공산이 크다. 이 영화가 지난 몇 년간 터너 클래식 무비스 채널에서 방영된 결과, TV로 영화를 본 시청자가 1923년 영화 개봉 이후 수십 년 동안 이 영화를 감상한 사람보다 많을 것이다.

이 영화는 당시 할리우드가 중간 규모의 오락물을 대단히 솜씨 좋게 제작하고 있었음을 보여 주는 전형적인 사례다. 당시의 스타 배우들로 출연진을 채우고, 빠른 속도로 전개되며, 클라이맥스에 스펙터클한 서커스 액션 시퀀스를 덧붙인 오락물인 이 영화는 일반 드라마와 멜로드라마, 로맨스와 풍자를 모두 담아낸다. 그러면서 절박한 처지가 된 젊은 여성이 우연히 영화 산업에 뛰어들었다가 스타가 되는 과정을 막

후에서 바라본 시선으로 마무리한다.

줄거리는 리멤버 스테던Remember Steddon이라는 기억에 남을 만한 이름을 가진 여성을 다룬다. 엘리너 보드먼Eleanor Boardman이 연기하는 이 순진한 시골 출신 아가씨는 신혼여행 중에 갓 결혼한 남편(루 코디Lew Cody)에게서 벗어나려고 말 그대로 기차에서 뛰어내린다. 우리는 남편이 정신없이 몰아치는 구애로 그녀를 사로잡았다는 것을, 하지만 지금 그녀의 심중에는 그를 향한 혐오만이 가득하다는 것을 알게 된다. 놀랄 일도 아니다. 가느다란 콧수염을 기른 뱀 같은 사기꾼인 그는 여성들과 결혼한 후 보험금을 타 내려고 그녀들을 죽인 전력이 있는 인물이기 때문이다.

새뮤얼 골드윈Samuel Goldwyn이 제작비를 무한정 쏟아 부어 제작한 이 영화는 할리우드를 향한 나라 전체의 매혹과 할리우드가 저지르는 죄악을 이용해 먹는 영화이기도 하다. 죄악의 소굴로 위험한 모험에 나선, 젖비린내 나는 여성을 지켜보는 관객들의 심중에는 1921년에 일어난 패티 아버클 스캔들•이 여전히 자리 잡고 있었을 것이다. 리멤버의 아버지는 영화의 죄악을 설교하는 전도사로, 그녀는 아버지가 한 말을 곧이곧대로 믿는다.

그런데 이 아가씨는 무슨 일을 할까? 기차에서 탈출한 후 캘리포니아의 사막에서 오도 가도 못하는 신세가 된 그녀는 이글거리는 태양 아래에서 비틀거리다가 죽기 직전에 말을 탄 아랍의 족장에게 구조된다. 그는 신기루인가? 전혀 그렇지 않다. 그는 영화를 찍고 있는 배우다. 자막 화면은 발렌티노Rudolph Valentino◆를 조롱하면서 강조한다. "평범한 족장이 평범한 포로를 평범한 사막 건너로 이끈다." 영화

• 코미디언인 패티 아버클(Fatty Arbuckle)이 참석한 파티에서 여배우가 목숨을 잃으면서 그가 강간과 살인혐의로 기소된 사건

◆ 미국에서 활동한 이탈리아 출신 배우(1895~1926). 무성 영화 시대에 활동했고, 1920년대에는 섹스 심벌로 군림하기도 했다.

제작진은 아가씨를 간호해서 활력을 되찾게 해 주고는 로스앤젤레스로 데려간다.

영화업계 관계자 두 명이 이미 그녀를 사랑하게 됐다. 영화의 감독인 리처드 딕스Richard Dix, 그리고 낙타를 탄 배우 프랭크 메이요Frank Mayo. 하지만 아버지가 했던 경고들을 유념하는 리멤버는 영화계를 멀리하다가 절박한 처지가 되고서야 구직에 나선다. 그러면서 매혹적인 막후의 이야기가 펼쳐진다. 우리는 그녀를 따라다니면서 그녀가 스튜디오 정문을 통과하는 것을, 캐스팅 디렉터에게 퇴짜 맞는 것을, 감독과 친해지고 엑스트라 일을 얻는 것을 지켜본다.

골드윈은 많은 이에게 신세를 졌을 게 분명하다. 이 영화에 카메오로 출연한 사람이 많기 때문이다. 찰리 채플린Charlie Chaplin이 미친 듯이 담배를 피워 가며 어떤 신을 연출하고, 에리히 폰 슈트로하임Erich von Stroheim은 <탐욕Greed>을 작업하고 있으며, 바바라 라 마르Barbara La Marr와 진 허숄트Jean Hersholt, 체스터 콘클린Chester Conklin, 클레어 윈저Claire Windsor 같은 스타들도 보인다.

리멤버는 스크린 테스트를 받지만 비참할 정도로 실패하고, 그 장면이 스크린에 영사되자 눈물을 흘린다. 그러자 딕스가 말한다. "당신이 카메라 앞에서도 그렇게 잘 울 수만 있다면 좋겠군요." 물론 그녀는 그렇게 할 수 있다. 그는 그녀에게 대단히 현대적인 조언도 해 준다. "재미있는 연기를 하려고 애쓰지 마요. 그냥 재미있다고 '느끼기만' 해요. 카메라는 당신이 생각하고 있는 내용을 정확하게 포착하니까요." 그런 후 그는 그녀에게 힘이 되는 약속을 한다. "나는 당신의 마음을 찢어 놓고 당신 몸에 있는 모든 뼈를 부러뜨리는 한이 있더라도 당신을 여배우로 만들 거예요."

엘리너 보드먼은 스크린에서 활력 넘치는 존재감을 발휘한다. 1920년대의 대스타였던 그녀는 역사상 중요한 감독인 킹 비더King Vidor

와 결혼해 그의 걸작인 <군중The Crowd>(1928)에 출연했다. <소울 포 세일>에서 그녀와 공연한 여배우는 무성 영화의 또 다른 전설인 매 부시Mae Busch다. 그녀는 1912년부터 1947년까지 131편의 영화에 출연했는데, 가장 유명한 영화는 로렐Stan Laurel과 하디Oliver Hardy와 공연한 <사막의 아들들Sons of the Desert>(1933)이었다. <소울 포 세일>에서 그녀가 연기하는 캐릭터가 겪는 비극은 보드먼에게 큰 출세의 기회를 제공한다. 머리 위에 설치된 육중한 조명등이 그녀에게 떨어진 후, 그녀가 맡았던 역할을 신인 여배우가 넘겨받는다. "그녀는 한 달은 걷지 못할 거야. 어쩌면 영영 못 걸을 지도 모르고!"

영화의 시나리오를 쓰고 연출한 인물은 루퍼트 휴스Rupert Hughes, 1872~1956다. 하워드 휴스Howard Huges의 삼촌인 그는 할리우드를 방문하겠다는 운명적인 결정을 내리고 『레드북Redbook』 잡지에 연재했던 자작 소설을 각색했다. 그가 쓴 자막 화면들을 놓고 판단하자면, 그는 자신이 집필한 플롯이 얼마나 말이 안 되는지를 잘 알고 있었다. 믿음이 안 가는 남편이 아내가 열차에서 사라졌다는 걸 발견한 후, 그는 자기 좌석으로 돌아가…… 잠을 잔다. 자막 화면은 "그는 어째서 열차 안내원에게 기차를 세우라고 말하지 않은 걸까?"라고 묻는다. 이치에 맞지 않는 말은 아니다. 실제로, 자막들이 캐릭터들의 행위에 냉소적인 의견을 달면서 「미스터리 과학 극장 3000Mystery Science Theater 3000」•에서처럼 활동하는 듯 보이는 순간들이 있다. 어느 자막 화면은 이렇게 밝힌다. "뱃멀미하는 그 낙타는 주기적으로 사람의 뼈를 부러뜨립니다."

<소울 포 세일>은 제작 일정을 무엇보다도 우선시하는 할리우드의 관행에 대한 신랄한 견해를 내놓는다. 영화의 클라이맥스는 서커스 신을 촬영하는 과정을 다룬다. 격렬한 폭풍이 대형 천막을 위협할 거라

• 1980년대 후반부터 방영된 미국의 TV 코미디 시리즈

는 예보가 나온다. 바람을 일으키려고 거대한 프로펠러가 동원된다. 감독은 사람들에게 선풍기를 향해 걸어가지 말라고 한 번만 말해도 되는데도 세 번이나 그런 경고를 한다. 그러다가 진짜 폭풍이 덮치고, 벼락이 제작진의 발전기를 때리며, 서커스 텐트에 불이 붙고, 리멤버의 사악한 남편은 이집트의 피난처에서 돌아와 모습을 드러낸다(남편이 중혼자라는 것을 모르는 그녀는 자신을 사랑하는 남자들이 그녀가 유부녀라는 걸 알게 될까봐 두려워한다). 그리고 선풍기는 치명적인 무기가 된다. 그래도 우리에 갇혀 있던 동물들은 구조된다.

"불길이 엄청나게 뜨거워지기 전까지는 카메라를 계속 돌려!" 감독은 카메라 스태프에게 말한다. 대형 천막은 큰불에 휩싸이고, (가슴 뭉클한 대사가 나온 뒤에) 끔찍한 사망 사고가 일어난다. 그러고서 앰뷸런스가 사망자를 싣고 떠난 후, 무정한 감독은 리멤버에게 한 신 더 연기할 수 있겠느냐고 묻는다. 그녀는 그럴 수 있다. 이 얼마나 연기 혼에 불타는 배우란 말인가. 루퍼트 휴스가 이 장면을 집필할 때 미소를 짓지 않았을 거라고는 생각하지 않는다.

그는 카메라의 가능성에 대해서도 열린 태도를 취했던 듯 보인다. 스튜디오 신을 촬영하려고 장비를 설치하는 신에서, 그는 약간의 점프 컷으로 전개 속도를 높인다. 그의 프레이밍은 꽤나 모범적이지만 클로즈업을 지나치게 남용하지는 않고, 편집은 재빠르다. 등장하는 자막들은 대사나 정보를 전달하는 데 머무르지 않고, 때로는 휴스 자신이 자신의 영화를 보면서 내놓는 의견들을 제공하고 있는 듯 보인다.

궁금한 짧은 순간이 있다. 많은 무성 영화처럼 <소울 포 세일>은 완전히 흑백 화면으로만 구성된 영화가 아니라 착색한 화면을 상당히 많이 사용한다. 사막이 배경일 때 빨강을, 실내가 배경일 때 세피아를, 밤이 배경일 때 파랑을, 서커스 텐트에 붙은 불길을 표현할 때 수작업으로 그린 노리끼리한 색을 착색했다. 리멤버와 아내 살인자가 질주하는 열차의 전망대에 있을 때, 그 신은 야간이라는 것을 보여 주는 색으로 착색됐다. 그런데 그가 기차 안으로 돌아가야 한다고 결정했을 때, 여전히 실외에 있는 그의 모습이 잠깐 동안 세피아 빛으로 물든다. 왜 그런 걸까? 어떤 전조를 보여 주는 걸까?

개봉 당시에 인기가 좋았던 <소울 포 세일>은 오랫동안 필름이 사라진 영화로 간주됐었다. 그러다가 프린트 몇 벌이 발견됐고, '인터넷 무비 데이터베이스Internet Movie Database, IMDb' 이용자 'wmorrow59'가 뉴욕현대미술관에서 프린트 한 벌을 발견했을 때 그 프린트는 다음과 같은 상태였다. "여러 곳이 심하게 너덜거리고 어느 시점에서는 플롯이 혼란스럽게 전개됐다. 상당량의 필름이 사라진 게 분명하다는 뜻이었다."

그런 후 영화가 복원됐다. 이 영화의 첫 DVD 버전이 지난달에 워너 브라더스와 터너 클래식 무비스에서 출시됐는데, 온갖 위험을 겪은 것을 감안하면 상태는 눈에 띄게 좋아 보인다. 터너 클래식 무비스의 '젊은 작곡가 경연 대회Young Composers Competition' 참가자였던 마커스 셰발Marcus Sjowall이 새로 작곡한 스코어가 덧붙었는데, 그 결과물은 무일푼에서 부자가 되는 주인공의 막후 이야기로 풍성해진, 생기 넘치고 재미있는 경험이다. 우리는 많은 세트와 소품, 의상, 카메라, 스태프, 그리고 물론 불운을 안겨 준 머리 위 조명등을 본다.

결말이 가까워질 때 등장한 자막 화면들은 우리가 꾸는 꿈을 스크린으로 옮겨 놓느라고 헌신하는 할리우드의 일꾼들을 찬양하는 새뮤얼 골드윈의 축복을 반영한다. 그게 설령 그가 직접 쓴 글은 아니더라도 말이다. 이 동네의 평판은 좋지 않지만, 리멤버 스테던은 처녀의 몸으로 결혼식을 올릴 것이다.

쇼아
Shoah

감독	클로드 란츠만	
제작	1985년	566분

아홉 시간 넘게 자리에 앉아 <쇼아>라는 영화를 봤다. 영화가 끝났을 때, 한참을 그대로 앉아 내가 느끼는 감정들을 이해하려 애쓰면서 허공을 멍하니 바라만 봤다. 나는 인류의 역사에서 가장 저열한 장章에 대한 기억을 목도했다. 그런데 내가 본 작품이 삶을 대단히 열정적으로 긍정하는 영화이기도 한 까닭에, 나는 혼란스러운 감정을 어떤 쪽으로 돌려야 할지 알 길이 없었다. 이 영화에 대한 적절한 반응 같은 건 세상에 존재하지 않는다. 이 영화는 어마어마한 규모의 객관적 사실이자, 대량 학살의 면전에서 쏟아 내는 550분 길이의 고통과 분노에 찬 울부짖음이다. 이 영화는 지금껏 만들어진 가장 고결한 영화에 속한다.

사람들은 말하고 또 말한다. <쇼아>에서는 말이 해일처럼 밀려온다. 그럼에도 영화가 끝났을 때 관객을 압도하는 건 급류처럼 밀려오는 침묵이다. 란츠만Claude Lanzmann, 1925~2018은 두 종류의 이미지를 삽입한다. 그는 자신이 찾아낸 증인들의 얼굴을 보여 준다. 그런 후 사람들이 죽어 간 곳들의 조용한 목가적인 풍경을 활용한다. 화면에 등장하는 증기 기관차들이 달리는, 폴란드의 시골 지역을 관통하는 철길은 헤아릴 수 없이 많은 유대인과 집시, 폴란드인, 동성애자, 그 외의 이른바 사회적으로 바람직하지 않은 이들을 죽음의 구렁텅이로 실어 간 기차들이 지나갔던 것과 똑같은 철길이다. 카메라가 목초지를 말없이 팬 하는 동안, 우리는 그 평온한 풍경 밑에 대규모 묘지가 있음을 알게 된다. 가끔은 문간이나 교회 앞, 레스토랑 주방에 모인 사람 무리를 담은 이미지가 등장한다.

란츠만은 끈기 있게 심문해 나간다. 우리는 그가 찍은 일부 숏의 구석에서 호리호리하고 흐느적거리듯 움직이는, 편한 옷차림으로 줄담배를 피우는 그의 모습을 본다. 그는 세세한 사실들을 알고 싶어 한다. 그는 수백 만 명이 몰살당한 것의 의미에 대한 거창하고 심오한 질문들은 던지지 않는다. 사소한 질문들을 던진다. 이 영화에서 아주 오싹한 시퀀스 중 하나에서, 그는 지금은 텔아비브에서 이발사로 일하는 아브라함 봄바Abraham Bomba에게 말을 건다. 봄바는 유대인 여성들이 트레블링카Treblinka•에서 목숨을 잃기 전에 그녀들의 머리카락을 자르라는 명령을 받았던 유대인 이발사 중 한 명이었다. 그가 받은 임무는 엄청나게 충격적인 질문을 제기한다. 어떤 여성의 머리카락이 어떻게 그녀의 목숨보다 더 가치 있을 수 있는가? 그러나 란츠만은 이렇게 압도적이면서 대답할 길이 없는 질문은 던지지 않는다. 그는 다음과 같은 종류의 질문을 던진다.

> 머리를 자를 때 쓴 도구는 무엇이었나요? 가위로 잘랐나요?
> 그 자리에 거울은 없었나요?

• 제2차 세계 대전 당시 나치의 강제 수용소

TREBLINKA

이발사가 열여섯 명쯤 있었다고 했잖아요? 당신은 한 번에 몇 명의 머리를 잘랐나요?

이발사는 대답하려 안간힘을 쓴다. 그가 입을 열 때, 그가 일하는 이발소 의자에는 손님이 앉아 있다. 그는 란츠만이 던지는 질문을 회피하는 수단으로 이발을 활용하려 애쓰는 것처럼 가위를 살살 놀리면서 강박적이다 싶을 정도로 손님의 머리를 자른다. 그가 더 이상은 말을 못하겠다고 밝힌 후, 그들의 대화는 결국 다음과 같은 문답에 도달한다.

A. 못하겠어요. 너무 끔찍해요. 제발 그만해요.
Q. 우리는 이 얘기를 해야만 해요. 당신도 알잖아요.
A. 나는 얘기 못할 거예요.
Q. 해야 해요. 굉장히 힘든 일이라는 건 알아요. 안다고요. 그 점에 대해서는 사과드려요.
A. 나를 몰아붙이지 말아요, 제발요.
Q. 부탁할게요. 우리는 계속해야만 해요.

란츠만은 잔혹하게 굴지만, 그의 말은 옳다. 그는 계속해야만 한다. 홀로코스트를 목격한 이들이 모두 세상을 떠나기 전에 그 일을 기록으로 남기는 작업은 필수적이다.

그는 가끔씩은 부당한 방법을 동원해 인터뷰를 딴다. 그는 인터뷰 대상인 옛 나치 관리 중 일부의 얼굴을 기록하려고 몰래카메라를 활용하고, 우리는 그들이 거주하는 건물 밖에 주차된 밴에 앉은 방송 기술자들의 어깨 너머를 굽어본다. 우리는 죽음의 수용소의 건물 배치를 설명하려고 벽에서 차트들을 태연하게 끌어내리는 노인들을 보고 그들의 목소리를 듣는다. 어떤 나치가 이 대화를 두 사람만의 비밀로 붙이겠다는 확답을 해 달라고 요청하는 순간이 있다. 란츠만은 확답을 해 준다. 그는 이 증언을 얻을 수 있다면 물불을 가리지 않고 뛰어들 것이다.

하지만 그는 얻어낸 소재들을 연대기로 정리하려는, '최종 해결책Final Solution'이 어떻게 시작되고 지속됐으며 전쟁이 끝날 무렵에 종료됐는지에 대한 객관적이고 사실적인 기록을 정리하려는 시도는 전혀 하지 않는다. 그는 우리가 이 영화에서 보는 세 종류의 얼굴을, 그러니까 생존자와 살인자, 방관자의 얼굴들을 접하면서 이해한 리듬에 따라 움직이면서 더 시적이고 모자이크 같은 접근 방식을 활용한다. 그들의 증언 사이사이에 철길과 증기 기관, 버려진 건물들과 텅 빈 들판들이 삽입될 때, 우리는 생각에 잠기기에, 명상하기에, 의아해하기에 충분한 시간을 얻는다.

긴 영화이지만 느리고 지루한 영화는 아니다. 이 영화에 등장하는 말들은 <앙드레와의 저녁 식사My Dinner With Andre>를 감상하는 동안 경험했던 것과 동일한 무언가를 창조한다. 언어는 라디오 연속극에서 그러는 것처럼 우리의 상상 안에서 이미지들을 빚어낸다. 가스실 출입문에서 일하라는 임무를 부여받은, 아우슈비츠에 닥친 다섯 번의 몰살의 물결에서 살아남은, 체코에 거주하던 유대인 필립 뮐러Filip Müller가 한 말이 소환하는 이미지들을 숙고해 보라.

A. 있잖아요, 일단 가스가 쏟아져 들어오면 이런 식의 일이 일어나요. 가스는 바닥에서 위로 올라가요. 그러면 끔찍한 투쟁이 뒤따르죠. 말 그대로 투쟁이에요. 가스실의 불이 꺼져요. 누구도 앞을 볼 수 없는 어둠 속에서 제일 힘센 사람들이 높은 곳으로 올라가려고 기를 써요. 높은 곳에 다다를수록 공기가 더 많이 있을 거라는 걸 그들도 깨달았을 테니 말이죠. 그런 사람들은 숨을 더 잘 쉴 수 있었어요. 그래서 투쟁이 벌어지게 된 거지. 둘째, 사람들 대

부분은 문으로 가는 길을 내려고 서로를 밀어내려 안간힘을 썼어요. 그건 사람의 심리 때문에 벌어진 일이에요. 문이 있는 위치를 아는 사람들은 힘을 쓰면 그쪽으로 가는 길을 낼 수 있었을 거예요. 본능적으로 벌어진 죽음의 투쟁이었지. 아이들과 노약자들이 늘 바닥에 깔리게 된 이유가 그거였어요. 힘 좋은 사람일수록 꼭대기에 있었지. 죽음의 투쟁을 벌이는 중이라서 아버지도 자기 아들이 자기 아래에 깔려 있다는 걸 깨닫지 못했어요.

Q. 문은 언제 열렸나요?

A. 저절로 떨어져서 벌어졌지. 사람들이 돌덩어리처럼, 트럭에서 떨어지는 자갈들처럼 쏟아졌어요.

그가 한 말이 환기시키는 이미지들은 이루 말할 수 없이 고통스럽다. 두드러진 사실은 — 깊이 생각해 보면 — 뮐러는 본인이나 지금 생존해 있는 사람 중 누구도 목격하지 못한 사건을 묘사하고 있다는 것이다. 그가 증언을 마쳤을 때, 나는 개인적으로 가스실을 상상하는 방식에 근본적인 변화가 일어났음을 깨달았다. 이 증언을 듣기 전까지 가스실에 대한 글을 읽거나 이야기를 들을 때면 내 시점은 항상 가스실 밖에서 안을 들여다보고 있었다. 그런데 뮐러는 나를 가스실 안으로 밀어 넣었다.

바로 이것이 이 영화 전체가 하는 일이다. 어쩌면 이것이 이 영화가 하는 가장 중요한 일일 것이다. 이 영화는 홀로코스트를 바라보는 우리의 관점을 바꾼다. <쇼아>를 아홉 시간 동안 감상하고 나면, 홀로코스트는 더 이상 대화의 소재가, 역사의 한 장이, 사회적 현상이 아니다. 그것은 환경이다. 우리를 에워싼 환경. 평범한 사람들이 그들에게 평범한 일이 돼 버린 날들에 대해 평범한 목소리로 말한다. 트레블링카행 기차를 몰았던 엔지니어는 자신이 모는 기관차의 뒤쪽 차량들에 탄 사람들이 지르는 비명을 들을 수 있었느냐는 질문을 받는다.

A. 당연하죠. 기관차 바로 뒤부터 차량들이 시작됐으니까요. 그들은 비명을 질렀어요. 물을 달라고 아우성쳤죠. 기관차에 제일 가까운 차량에서 나는 비명 소리를 선명하게 들을 수 있었어요.

Q. 사람은 그런 것에 익숙해질 수 있을까요?

A. 아뇨. 그건 극도로 고통스러웠어요.

그는 자기 뒤에 있는 사람들도 그와 똑같은 인간임을 알고 있었다. 독일인들은 그를 비롯한 다른 일꾼들에게 보드카를 줬다. 그들은 술을 마시지 않고는 그런 짓을 할 수 없었다.

이 영화에서 무척이나 기이한 부분 중 일부는 수용소를 운영하면서 '최종 해결책'이 매끄럽고 효율적으로 작동하게 만드는 걸 실제로 책임졌던 관리들과 가진 인터뷰다. (적어도 증언에 따르면) 그들 중 누구도 전체적인 상황을 목격하지는 못한 듯 보인다. 그들은 자신들에게 할당된 조그마한 구석박이에서 각자에게 부여된 사소한 임무들을 수행하면서 그 계획의 작은 부분에만 참여했을 뿐이다. 그들은 자신이 아무도 죽이지 않았다고 믿었다. 그들은 그냥 거대한 과업의 자그마한 부분들만 수행했을 뿐이다. 그런데 그런 부분들이 합쳐져서 완료됐을 때, 그 과업 전체는 어떤 식으로건 사람들을 죽게 만드는 결과를 빚어냈다. 다음은 유대인들을 죽음으로 실어가는 열차들의 운행 일정을 짰던 남자와 나눈 문답이다.

Q. 당신이 기차를 실제로 본 적은 없는 거죠?

A. 없었어요. 한 번도요. 우리한테는 할 일이 많았어요. 나는 책상을 떠난 적이 없어요. 우리는 밤낮으로 일했어요.

다음은 유대인들이 집합한, 그런 후에 화장터로 떠나는 가스바겐

Gaswagen•으로 행진해 간 교회에서 45미터 떨어진 곳에 살았던 남자와 나눈 문답이다.

Q. 가스바겐을 본 적 있나요?

A. 아뇨…… 그래요, 봤어요. 겉만요. 그 차들은 부지런히 왕복했어요. 차 안은 한 번도 못 봤어요. 거기 탄 유대인들도 못 봤고요.

<쇼아>의 중요한 점은 실제로 목격했던, 상황을 제대로 이해했던, 그 자리에 있었던, 홀로코스트가 벌어졌다는 걸 알았던, 그리고 우리 시대, 우리 문명에서도 대량 학살이 일어났다는 걸 자신들의 목소리와 시선으로 말하는 사람들의 목소리를 들려준다는 것이다.

<쇼아>를 감상할 때에는 관객 자신과 스크린에서 벌어지는 사건들 사이에 거리를 두려고 애쓰는 경향이 생긴다. 이런 일들은 어쨌든 40년 혹은 45년 전에도 벌어졌었다. 지금 생존해 있는 인류 대부분은 그 일이 벌어진 후에 태어난 사람들이다. 영화를 보는 동안 오싹한 순간이 들이닥쳤다. 자막으로 스크린에 깜박거리는 이름, 트레블링카 집단 수용소 소장 중 한 명의 이름. 처음에는 그 이름이 내 이름인 '에버트Ebert'라고 생각했다. 그러다가 그 이름이 '에베를Eberl'이라는 걸 깨달았다. 나는 잠시 안도했다. 그런 후 그 자막이 무슨 말을 하건 달라지는 건 아무것도 없다는 걸 깨달으면서 강렬한 자기 성찰의 순간이 닥쳤다. 이 영화가 전하는 메시지는 (우리가 인류애라는 걸 믿는다면) 이런 범죄들이 우리 같은 사람들에 의해 우리 같은 사람들을 상대로 저질러졌다는 것이다.

그런데 훨씬 더 심오한 메시지도 있다. 그건 화장터의 출입문에 서서 희생자들이 죽음을 향해 걸어가는 모습을 지켜본 유대인인 필립 뮐

• 나치가 여성과 어린이들을 학살하려고 개발한 가스 트럭

러의 증언에 담겨 있다. 어느 날, 희생자 중 일부인 체코 유대인들이 노래를 부르기 시작했다. 그들이 부른 노래는 두 곡이었다. '하티크바The Hatikvah'•와 체코 국가. 그들은 자신들은 유대인이자 체코인이라는 걸 그 노래로 확인했다. 그들이 그중 하나일 뿐 다른 하나는 아니라고 주장한 히틀러를 그들은 반박했다. 뮐러는 말한다.

A. 내 동포들에게 그런 일이 벌어지고 있었어요. 그러면서 내 인생은 무의미해졌다는 걸 깨달았지. (그의 눈에 눈물이 가득 고인다.) 계속 살 이유가 뭐요? 뭘 위해서? 그래서 죽기로 결심하고는 그들과 함께 가스실로 향했어요, 그들과 함께. 갑자기, 나를 알아차린 몇 사람이 나한테 왔어요. 여성 몇 명이 다가왔죠. 그들이 나를 보면서 말했어요. 바로 그 가스실에서 말이오.

Q. 당신도 가스실 안에 있었다는 건가요?

A. 그래요. 여자 한 명이 말했어요. "그래, 당신은 죽고 싶은 거군요. 그런데 그건 의미 없는 일이에요. 당신이 죽는다고 우리가 되살아나지는 못할 거예요. 그건 말도 안 돼요. 당신은 여기서 나가 살아야 해요. 당신은 우리가 당한 고초와 우리에게 행해진 부당한 일들을 증언해야 해요."

그것이 이 비범한 영화가 전하는 마지막 메시지다. 이건 다큐멘터리도 아니고, 저널리즘도 아니며, 프로파간다도 아니고, 정치적인 영화도 아니다. 증언이다. 이 영화에서 클로드 란츠만은 인간을 동물과 갈라놓는, 우리를 인간으로 만들어 주고 우리에게 희망을 건네는 소중한 재능을 찬양한다. 한 세대가 다음 세대에게 자신들이 배운 것을 알려 주는 능력을 말이다.

• 이스라엘 국가

수집가

La Collectionneuse

감독	에릭 로메르	
주연	파트리크 보쇼, 아이데 폴리토프, 다니엘 포메렐	
제작	1967년	89분

나른한 여름의 여러 낮과 밤 동안, <수집가>의 등장인물들은 코트다쥐르 상트로페의 언덕에 있는 빌라에서 무위도식하면서 느릿느릿 수행하는 심리 게임을 벌인다. 공중에 항상 감도는 관능적인 분위기는 딱히 정해진 방향도 없이 흘러 다닌다. 이 영화는 에릭 로메르Éric Rohmer, 1920~2010의 《여섯 편의 도덕 이야기Six Contes Moraux》의 세 번째 영화이자 장편 길이로 만들어진 첫 영화이고, 컬러로 촬영된 첫 작품이다. 이 영화는 이후로 이어질 그의 긴 커리어에서 출발점 역할을 한다.

로메르는 프랑스 누벨바그에 속한 동료 감독들보다 나이가 많았다. 청춘의 게으름과 자기도취를 대단히 힘껏 감싸 안은 이 영화를 만들었을 때 그의 나이가 이미 마흔일곱이었다는 사실은 주목할 만하다. 그의 프로필을 장식한 작품 중 상당수는 《여섯 편의 도덕 이야기》, 《코미디와 우화들Comédies et Proverbes》, 《사계절 이야기Contes des Quatre Saisons》의 세 집단으로 분류된다. 이 가운데 《여섯 편의 도덕 이야기》는 로맨스라는 까다로운 문제를 탐구한다. 영화에서 섹스는 거의 등장하지 않거나 전혀 등장하지 않지만, 섹스에 대한 논의는 무척 많이 이뤄진다. 그는 부인할 길이 없는 육체적 매력을 가진 배우들을 찾아냈고, 그의 카메라는 그들이 서로 애무할 가능성에 대해 말하고 또 말하는 동안 그들을 애무한다.

수집하는 여성(이 경우에는 남성들을 수집하는 수집가)을 가리키는 제목을 단 영화 <수집가>의 중심에는 아드리앙과 다니엘의 빌라에 거주하는 아이데라는 젊은 아가씨가 있다. 친구지간인 아드리앙과 다니엘은 그녀보다 열 살 더 많다. 두 남자는 젊은 남자들이 연달아 빌라로 차를 몰고 와 그녀를 태워 가는 모습을 지켜본다. 그녀를 태운 차는 부유층이 들락거리는 첨단 유행의 바닷가 도시로 질주했다가 동틀 무렵에 그녀를 태우고 돌아온다. 두 남자는 자기들에게는 그녀와 동침하려는 욕심이 전혀 없다고 주장하면서 어느 쪽이 먼저 무릎을 꿇게 될 것인가를 확인하려는 암묵적인 경기를 벌인다.

두 남자의 이런 경쟁은 아이데가 쟁취의 대상이 될 수 있을 거라는 가정에서 행해지지만, 그것은 결코 실현될 리 없다. 영화는 아드리앙의 내레이션으로 진행되는데, 영화가 제공하는 정보는 그가 가진 아이데와 다니엘에 대한 신뢰할 수 없는 견해라는 필터를 통해, 그리고 자기 자신에 대한 고결한 견해라는 필터를 통해 걸러진 것이다. 그가 등장하지 않는 신은 하나도 없지만 영화에서 이야기되는 내용은 그가 통제할 수 없는 것이기 때문에, 우리는 나름의 결론에 도달하라는 요청을 받는다. 로메르는 관습을 따르는 감독이라면 정해진 일정에 따라 곧바로 제공할 사건들을 일부러 연기하거나 회피하는 내러티브 스타일을 채택했다. ≪여섯 편의 도덕 이야기≫는 그의 캐릭터들이 명명백백한 일을 할 숙명을 타고난 존재들이 아니라, 자신들이 하는 행위들의 의미를 숙고해 보는 대안을 가진 존재들이라는 것을 보여 준다. 그들은 언제나 도덕적으로만 행동하는 사람들은 아니다. 그리고 그들이 주장하는 도덕성이 반드시 우리가 동의할 만한 도덕성인 것도 아니다.

그런데 영화에서 잠깐 한 걸음 물러나 세 사람을 살펴보자. 다니엘(다니엘 포메렐Daniel Pommereulle)은 제일 흥미롭지 않은 캐릭터다. 흐느적흐느적 걸어 다니는 게으름뱅이인 그는 카프탄 차림으로 바닷가로 걸어가기를 좋아하고, 술과 담배를 많이 하며, 게으름을 빼기고, 조만간 아이데와 동침하게 될 거라고 예상한다. 이 영화가 만들어질 당시에 스무 살쯤 됐던 아이데(아이데 폴리토프Haydée Politoff)는 예쁘고 둥근 얼굴에 입술이 도톰하고 헤어스타일이 멋진 날씬한 여성이다. 그녀는 자신감이 충만하고 비밀을 감추는 법을 잘 안다. 아드리앙을 연기하는 배우는 파트리크 보쇼Patrick Bauchau로, (그가 공동으로 집필한) 대사에서 "옆얼굴이 독수리처럼 생겼고 키가 198센티미터나 된다"고 묘사된 눈에 띄는 젊은 미남이다. 나는 텔루라이드에서 그를 처음 봤을 때 잠시 멈춰 서서 물끄러미 그를 살펴보고 싶다는 생각을 했다. 당시 그는 40대였는데, 세월은 그의 얼굴에 개성과 흥미로움을 덧붙이기만 했다. 1967년에 이미 누벨바그의 배우이자 작가, 프로듀서였던 그는 로메르의 《여섯 편의 도덕 이야기》 중 두 번째 영화로 꼽히는 55분짜리 단편 <수잔의 경력La Carrière de Suzanne>(1963)에 출연했다.

그들은 나른한 속도로 살아간다. 남자들은 그녀는 '걸레'라는 결론을 내린다. 그녀가 차례차례 돌아가면서 그녀를 소도시로 데려가는 사내들과 동침한다고 가정하기 때문이다. 부유한 미술품 컬렉터가 아드리앙이 팔려고 내놓은 꽃병을 살피러 빌라를 방문했을 때, 아드리앙은 나이 많은 남자한테 그녀를 제공하는 것이나 다름없는 짓을 한다. 그녀가 그 상황을 다루는 방법은 그 상황에 대한 그녀의 통찰을 잘 드러낸다.

상트로페 인근에 있는 게 확실한 빌라는 아름다움이 전혀 훼손되

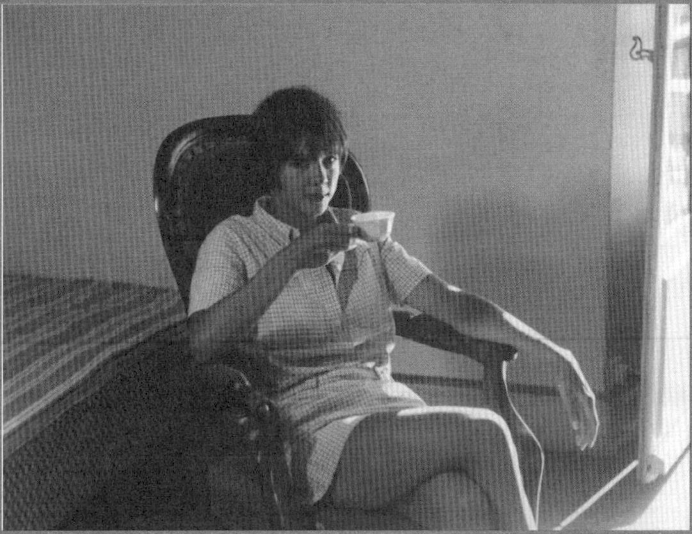

지 않은 산비탈에 있다. 캐릭터들은 걸어서 바다로 곧장 내려갈 수 있다. 빌라는 친구가 그들에게 빌려준 것이다. 가구는 드문드문 놓여 있다. 세 사람이 나무 아래에 있는 베란다에 앉을 때, 로메르가 좋아하는 새들의 지저귐은 자연을 잘 표현한다.

갤러리를 개장하는 데 필요한 자금을 모으기를 소망하는 아드리앙은 한 달간은 가급적 아무 일도 하지 않을 계획이라고 내레이션에서 털어놓는다. 그는 다니엘이 주위에 있는 것을 원치 않는다. 아이데가 현지에 없는 빌라의 주인의 초대를 받았다는 게 밝혀지자 그는 짜증을 낸다. 나이 어린 멍청한 계집애하고 엮이지 않겠다고 결심한 그는 아이데와 다니엘이 동침하도록 만드는 개인적인 게임을 시작한다. 그의 계획을 감지한 다니엘은 형세를 역전시키려고 애쓴다. 아이데는 품고 있는 희망을 순전히 그녀만의 것으로 간직한다.

이런 영화를 보면, 또는 로메르의 다른 작품을 보면 내 내면에서 평화로운 관심이 피어나는 느낌이 든다. 그는 지나치게 많은 대화를 들려줬다가는, 또는 지나치게 적은 액션을 보여 줬다가는 내 관심을 잃을지도 모른다고 두려워하지 않는다. 그는 관객에게 자기 나름의 도덕적 판단에 도달해 보라고 요청한다. 이 영화가 공개된 직후에 미국인 대부분이 처음으로 본 로메르의 작품인 유명한 <모드 집에서의 하룻밤Ma Nuit Chez Maud>(1969)이 공개됐고, 주인공 제롬이 러닝 타임 내내 클레르의 매력적인 무릎을 만질 핑계를 찾으려고 드는 유혹적이면서도 짓궂게 웃기는 <클레르의 무릎Le Genou de Claire>이 공개됐다. 한 사람의 무릎이 이보다 더 만지고 싶었던 적은 드물었다.

<수집가>는 캐릭터들이 빌라에서 만나기 전의 모습을 보여 주는 세 개의 짧은 프롤로그를 연달아 보여 주는 것으로 시작된다. 카메라는 비키니 차림인 아이데가 바닷가에서 물결을 가르며 걷는 모습을 지켜본다. 그녀의 신체를 부위별로 응시하는, 그녀의 다리와 허벅지, 배,

가슴, 귀, 손, 목을 응시하는 카메라의 시선은 대담하고 객관적이다. 로메르가 영화에서 그녀를 사악하다 싶을 정도로 욕망의 대상으로 잘 설정하기 때문에 우리가 느끼게 될 욕망의 실현은 무한정 연기될 것이다. 나는 이 프롤로그가 어떤 면에서는 <클레르의 무릎>을 만드는 데 필요한 아이디어에 영감을 줬을 거라고 생각한다.

로메르는 누벨바그에 뒤늦게 합류했다. 영화를 만들기 전부터 영향력 있는 『카이에 뒤 시네마Cahiers du Cinéma』의 편집자로서 고다르Jean-Luc Godard와 트뤼포François Truffaut, 샤브롤Claude Chabrol 같은 미래의 감독들의 영화 리뷰를 출판해 주기는 했지만 말이다. 그는 1959년에 <사자자리Le Signe du Lion>라는 영화를 만들었지만 반응을 거의 못 얻었다. 결국 바르베 슈로더Barbet Schroeder를 프로듀서로, 가끔은 배우로 맞이한 그는 1963년에 단편 두 편을 만들었다. 그는 <수집가>가 등장한 1967년에야 뒤늦게 누벨바그의 테이블에 합류했다. 당시에 고다르와 레네Alain Resnais, 샤브롤, 바르다Agnès Varda, 트뤼포는 이미 입지를 굳게 다진 상태였다.

<수집가>는 네스토르 알멘드로스Néstor Almendros가 처음으로 촬영한 장편 영화였다. 스페인 출신의 촬영 감독인 그는 <천국의 나날들Days of Heaven>로 오스카상을 받았고, 이후로 세 번 더 후보로 지명됐다. 단편 <현대의 여학생Une Étudiante d'Aujourd'hui>에서 처음 같이 작업한 그와 로메르는 이후로 모두 아홉 편의 장편을 함께 작업했다. 그의 풍성하고 사색적인 접근 방식은 캐릭터들을 창작자의 리듬에 따라 움직이라며 강요하는 대신, 캐릭터들을 살펴보면서 그들에 대한 생각에 잠기고 싶어 하는 로메르의 욕망과 완벽하게 맞아떨어진다.

나는 1969년에 뉴욕영화제에서 <모드 집에서의 하룻밤>으로 로메르를 처음 접하고는 이렇게 썼다. “캐릭터들이 신념을 갖고 그것들을 명료하게 표명하며 (서로에게 강요하는 대신) 서로 이야기하는 영화를

보는 건 무척 좋은 일이다. 실제로 영화는 무척 좋다. 그래서 당신은 이런 종류의 영화를 보고 싶어서 얼마나 큰 허기를 느꼈는지를 깨닫게 될 것이다.” 이후로 나는 로메르와 사랑에 빠졌다.

슈퍼맨

Superman

감독	리처드 도너	
주연	크리스토퍼 리브	
제작	1978년	143분

우리는 영화 <슈퍼맨>이 시작되고 거의 한 시간 가까이 지나서야 빨강과 파랑, 노랑으로 이뤄진 유니폼을 입은 슈퍼맨의 모습을 처음으로 보게 된다. 이 영화를 만든 이들은 스크린에 상어를 오랫동안 드러내지 않을수록 <죠스Jaws>가 관객에게 더 잘 먹힐 거라는 스필버그Steven Spielberg의 유명한 발언에 동의할 것이다. 이건 이 영화가 깜짝 놀랄 내용을 보여 주는, 타이틀이 등장하기 전의 시퀀스로 시작되는 대부분의 슈퍼히어로 영화나 제임스 본드 시리즈하고는 다른 방식으로 시작된다는 뜻이다. 이 영화가 크립톤 행성에서 아버지 조엘이 슈퍼맨을 우주로 보내려고 준비하는 장면으로 시작되는 건 분명하다. 그런데 이 영화의 오프닝 신은 액션 신이 아니다. 이 영화의 오프닝 신은 세상의 모든 슈퍼히어로에게 필요한 기원 설화에 무게를 부여한다.

리처드 도너Richard Donner, 1930~ 의 <슈퍼맨>은 놀라울 정도로 느릿느릿 시작된다. 어린 클라크 켄트의 어린 시절과 청소년기를 보여 주는 신들은 '훗날…… 이 아이는 자라서 슈퍼맨이 될 겁니다'라는 걸 잘 아는 사람들에게는 있으나마나한 신들처럼 보일지도 모른다. 미래의 강철 인간이 괴롭힘을 당하고 귀여운 소녀를 다른 남자아이에게 빼앗기는 고등학교 미식축구 신은 나중에 클라크 켄트를 수줍음 많은, 온순한 기자라는 캐릭터로 확립하는 데 기여한다. 그런데 그 장면들은 흥미로운 질문을 제기하기도 한다. 어쨌든, 그는 어떤 존재인가?

그는 분명히 인간이 아니다. 그의 육신은 우리 세계에서 탄생한 게 아니다. 그는 이 행성에서 자식을 보지 못할 것이다. 매력적인 아가씨와 — 또는 로이스 레인과 — 섹스를 하지도 못할 것이다. 영화가 결말로 치닫는 동안 렉스 루터의 여자 친구가 그에게 입을 맞출 때, 그가 (지진을 막으려고 날아오르기 전에) 보이는 반응은 벌컨Vulcan 족•이 보이는 반응과 비슷하다. 왜 그녀가 그를 크립토나이트에서 풀어준 다음이 아니라 그러기 전에 키스를' 한 것인지 그는 궁금하다.

이 캐릭터에 애증을 느끼면서 커리어를 보냈던 게 분명한 크리스토퍼 리브Christopher Reeve는 사람들이 일반적으로 인정했던 것보다 훨씬 더 많은 뉘앙스가 담긴 연기를 펼친다. 그는 클라크 켄트를 연기할 때 온순한 모습만 내비치는 데 머무르지 않는다. 그는 자신이 실제로는 어떤 존재인지를 아는 관객을 향해 윙크를 하면서 연기한다. 그가 하는 대사의 상당 부분이 중의적이다. 안경을 코 위로 밀어 올리는 파란 정장 차림의 장의사처럼 보이는, 시 의회 의원처럼 머리카락이 기름기로 번들거리는 그는 키가 193센티미터나 되는 신神 같은 체격을 보여 주지만, 마고 키더Margot Kidder가 연기하는 로이스 레인은 그가 던지는 미끼에 속아 넘어가지 않는다. 어쩌면 그녀는 클라크에게는…… 뭔가…… 별난 게 있음을 감지했을 것이다. 그녀는 슈퍼맨에게 홀딱 반해서는 말

• ≪스타트렉(Star Trek)≫에 등장하는 종족으로 인간의 감정적인 측면을 이해하지 못한다.

그대로 그와 함께 하늘을 날아다닌다. 그도 그럴 것이, 어느 누가 슈퍼맨과 클라크 켄트가 닮았다고 생각할 수 있겠는가? 슈퍼맨은 안경을 쓰지 않는다. 그녀는 남자의 성격보다는 그가 가진 초인적 능력에 더 매혹된 걸까?

아마 그럴 것이다. 리브는 클라크 켄트를 연기할 때 케리 그랜트Cary Grant가 <베이비 길들이기Bring Up Baby>에서 보여 준 분위기를 일부러 풍기고, 슈퍼맨을 연기할 때에는 인간적인 성격을 전혀 풍기지 않는 모습을 보여 주는 데 공을 들인다. 슈퍼맨을 영웅으로 연기해 내는 건 영화에 치명적인 일이 됐을 텐데, 리브와 도너는 그 점을 이해한다. 슈퍼맨은 만화책에서 인간적인 성격을 전혀 보여 주지 않고, 이 작품에서도 마찬가지다. 그는 객관적인 사실로서 존재한다.

어린 클라크 켄트는 양아버지(글렌 포드Glenn Ford)가 심장 마비로 죽자 슬픔에 잠긴다. 양어머니(필리스 택스터Phyllis Thaxter)는 비탄에 잠긴 가운데에서도 그를 따뜻하게 대한다. 그런데 오래지 않아 클라크는 (벌판을 곧바로 걸어 가로지르면서) 그녀를 떠나고, 자신은 아버지가 물려준 유업을 이어받아야 한다고 설명한다. 그는 과부가 된 양어머니가 농장에 홀로 남겨질 거라는 사실에는 분명히 무심하다. 켄트 부인은 그 사실을 좋게 받아들인다. "이런 날이 올 거라는 걸 알고 있었단다."

그녀는 그걸 어떻게 알았을까? 켄트 부부는 클라크가 유별난 아이라는 걸 알았다. 그런데 그들은 그 문제를 상의했었을까? 그는 초능력을 비밀로 감추라는 조언을 받았다. 그런데 왜? 오리지널 시나리오에는 조엘이 슈퍼맨에게 왜 그의 능력들을 비밀로 감출 필요가 있는지를 설명하는 신이 있다. 이 신은 개봉된 영화에는 들어 있지 않다. 나는 클라크 켄트와 슈퍼맨에게 이중의 정체성이 필요한 그럴싸한 이유는 결코 없다는 생각을 하게 됐다. 클라크가 초능력을 과시할 때까지 그 긴 세월을 기다려야 하는 이유도 의문이다. 그는 메트로폴리스로 갈 때까지는 내내 걸어 다닌다. 그러다가 메트로폴리스에서는 하늘을 날고, 헬리콥터와 추락하는 707을 멈춰 세우며, 기타 등등의 일을 할 수 있음을 행동으로 보여 준다. 그는 자신이 그런 일을 할 수 있다는 사실을 항상 알고 있었을까? 그걸 어떻게 알게 됐을까? 그건 연습이 필요한 일이었을까?

만화책과 이 영화의 현명한 점은 지나치게 많은 설명을 하려는 시도는 않는다는 것이다. 치명적인 크립토나이트 장비는 필수적이다. 슈퍼히어로가 사람들의 흥미를 끌려면 적어도 하나의 약점은 갖고 있어야 하기 때문이다. 다른 경악할 만한 요소들은, 어린아이들이 이야기를 할 때 그러는 것처럼, 그냥 독자나 관객이 곧이곧대로 받아들이도록 고안된 것들이다. 그는 슈퍼맨이다. 그는 진리와 정의, 미국의 가치관을 위해 싸운다. 이상 끝.

최근에 나온 슈퍼히어로 영화들에는 특수 효과와 끊임없이 등장하는 액션이 그득하다. <슈퍼맨>은 이야기를 전달하는 데 있어서는 더 절제된 모습을 보이지만, 느린 영화로 보이지는 않는다. 원형적인 요소가 풍성한 빼어난 이야기를 들려주기 때문일 것이다. 이 영화는 특정 장르의 선구자였다. 인도의 젊은 평론가 크리슈나 셰노이Krishna Shenoi는 "이 영화가 슈퍼히어로 장르에 한 기여는 <백설공주와 일곱 난쟁이Snow White and the Seven Dwarfs>가 애니메이션에 한 기여와 같다"고 썼다. "이 영화는 말 그대로 슈퍼히어로 장르 영화의 길을 닦았다. 이 영화가 없었다면 <배트맨Batman>도, <엑스맨X-Men>도, <아이언맨Iron Man>도 없었을 것이다."

<슈퍼맨>은 앞선 몇십 년간 B급 영화 장르였던 이 장르가 오늘날의 지배적인 장르로 탈바꿈할 수 있도록 나아갈 길을 가리켰다. 대담한 제작자 알렉산더 샐카인드Alexander Salkind가 영화 제작 계획을 발표하고 말론 브란도Marlon Brando와 진 해크먼Gene Hackman에게 수백 만 달

러의 출연료를 지불하는 계약을 체결했을 때, 영화업계는 그를 미쳤다고 생각했다. 당시만 해도 만화책은 그래픽 노블이라 불리지 않던 시절이었고, 마블이 보유한 슈퍼히어로 군단의 출현은 한참이 지나서 일어날 일이었다.

<슈퍼맨>이 가장 큰 영향을 준 요소는 특수 효과일 것이다. 슈퍼맨을 다룬 초기에 나온 시리즈 영화와 TV 드라마에는 스턴트 액션이 많이 등장했지만, 이 장르와 결부된 이런 식의 특수 효과는 거의 등장하지 않았다. 그가 지진으로 생긴 지각의 균열 밑으로 뛰어들어 말 그대로 지각을 밀어서 원래 있던 자리로 돌려놓을 때 그러는 것처럼, 미사일의 배기관으로 날아들어 미사일의 비행경로를 틀어 버릴 때 그러는 것처럼, 그가 보여 주는 일부 영웅적인 행동은 솔직히 말해 가소롭다. 그런 터무니없는 설정이 절정에 달한 경우는, 그가 엄청나게 빠른 속도로 지구를 돌아 시간을 되돌리면서 로이스 레인의 목숨을 구할 때다. 그런 말도 안 되는 행동이 제시하는 논리적인 문제점들은 관객에게 제발 상상력을 발휘해 달라고 애걸한다.

그런데 중요한 건, 방대한 규모로 투입된 이런 효과들이 썩 잘 작업됐다는 것이다. 그리고 그 효과들은 슈퍼히어로 장르의 기준점을 높여 놨다. 그 효과들은 배경 영사, 트래블링 매트 숏, 블루 스크린, 광학 인화기, 그리고 CGI 때문에 구닥다리 신세가 된 다른 모든 도구를 동원한 전통적인 방식으로 작업됐다. 구시대적인 효과들이 무게감과 존재감 면에서 더 묵직해 보인다는 건 순전히 내 상상에 불과한 걸까?

몇 가지 효과가 결합된 결과물일 렉스 루터(진 해크먼)의 지하 은신처는 전형적인 세트 구성의 본보기다. 루터와 그의 조수 오티스(네드 비티Ned Beatty), 정부情婦 이브 테슈마허(발레리 페린Valerie Perrine)는 지하철 터미널처럼 보이는 곳에서 특이한 생활을 하고 있다. 007 시리즈 스타일의 악당 졸개들이 등장해 거대한 기계들을 힘겹게 작동시키는 흔한 장면은 이 영화에 없다. 해크먼은 자신이 저지르는 악행들을 아웃소싱하는 것 같다. 산안드리아스 단층을 자극해 캘리포니아를 바다로 침몰시켜서는 자신이 소유한 땅을 새로 탄생한 해변으로 만들어 버린다는 계획은 상당히 인상적이다.

만화책 『슈퍼맨』과 007 시리즈에서는 이것 못지않게 말도 안 되는 계획들이 등장한다. 그런데 <슈퍼맨>은 이 계획을 코미디의 영역으로 밀고 들어간다. 도너는 영화와 관련된 풍자와 액션, 로맨틱 코미디 클리셰들의 가운데에서, 그리고 당연히 하드보일드 신문 영화들에서 가져온 클리셰들을 관객에게 한껏 대접하면서 균형을 잡는 데 성공한다. 샐카인드와 도너가 자신들이 만드는 영화는 코미디여야 한다는 것을 깨달았다는 점은 감탄스럽다. 이 영화는 현실을 지독할 정도로 진지하게 묘사하는 재난 영화가 넘치던 시대에 등장했다. 그래서 두 사람은 <슈퍼맨>의 필수적인 요소는 재미라는 걸 알고 있었다. 나중에 대규모 제작비가 투입된 영화들로 찾아온 슈퍼히어로들은, 특히 배트맨과 아이언맨은 상당한 고뇌를 짊어질 터였다. 하지만 슈퍼맨은 그런 번민 따위는 초월한 존재다. 그런 걸 초월했거나, 감정적으로 그런 걸 느끼지를 못하거나, 또는 기타 등등이다.

여기서 회상 하나. 알렉산더 샐카인드와 그의 아들 일리야Ilya Salkind, 아내 베르타Berta Domínguez가 <슈퍼맨>의 개봉을 축하하기 위해 칸의 머제스틱 호텔에서 언론인을 대상으로 만찬을 주최했다. 건배가 여러 번 제의됐고, 연단에 오른 사람들은 덕담을 했다. 그러던 와중에 자리에서 벌떡 일어선 베르타가 유리잔을 바닥에 던져 박살을 냈다. 장내는 침묵에 잠겼다. 눈에 확 띄는 멕시코 여성이던 그녀는 알렉산더가 평생토록 끔찍이도 사랑한 여인이었다.

"알렉산더 샐카인드는 자기가 이 영화를 제작했다고 말해요." 그녀는 큰소리로 말했다. "그런데 <슈퍼맨>을 제작한 사람은 그가 아니에요. 내 아들 일리야죠. 그리고 내가 그 '일리야'를 낳았어요!" 그러더니 그녀는 실내에 있는 접시와 유리잔, 병, 꽃병, 주전자를 내던지기 시작했다. 손님들은 각자의 테이블 아래로 몸을 피했다.

수석 웨이터가 도우미 인력들을 호출했다. 사람들은 베르타를 진정시켜 만찬장에서 데리고 나갔다. 웨이터들이 등장해 잔해를 쓸어 냈다. 새 식탁보와 테이블 세팅이 깔렸다. 내내 아내의 곁을 지켰던 알렉산더가 만찬장으로 돌아왔다.

"제 생각에는," 그는 말했다. "치즈는 건너뛰어야 할 것 같습니다."

시골 사제의 일기 Journal d'un Curé de Campagne	감독	로베르 브레송	
	주연	클로드 레이뒤, 아드리앙 보렐	
	제작	1951년	117분

젊은 사제는 딱 한 번 웃는다. 그가 의사를 만나려고 기차를 타고 잔혹한 시골의 소도시를 떠나는 날의 일이다. 오토바이를 타고 지나가던 사람이 그를 역까지 태워다 준다. 그가 오토바이 뒤에 오를 때, 우리는 서글픈 남자의 내면에 있는 소년이 순간적으로 반짝하고 빛을 발하는 모습을 본다. 화창한 날이다. 산들바람을 뚫고 질주하는 것은 재미있다. 그리고 그는 앙브리쿠르 마을을 떠나고 있다.

로베르 브레송Robert Bresson, 1901~1999의 <시골 사제의 일기>의 나머지 시간 동안, 젊은 남자의 얼굴은 감정을 거의 드러내지 않는다. 자신이 맡은 책무의 막중함에 질린 그는 침통하게, 내성적으로 보인다. 그의 입장에서 그의 신심과 소명은 진정한 것이지만, 앙브리쿠르 교구 주민들은 그를 멸시하고 모욕하고 그에 대한 거짓말을 해 댄다. 그는 자신을 옹호하기를 꺼리거나 그럴 능력이 없다. 그는 사람들의 적개심을 이해하지 못한다. 그는 자신이 한 일들을 일기에 적지만, 그가 하는 일들은 그의 눈에는 아무 짝에도 소용이 없어 보인다.

영화는 하나님께 자신을 제물로 바치는 과정에 있는 듯 보이는 어떤 남자의 이야기다. 그는 빵과 와인, 얼마 안 되는 감자 수프만 먹고 산다. 그는 고기와 채소를 포기했다. 그의 위장이 다른 먹을거리는 받아들이지를 못해서 그런 건지, 그의 식단이 그의 건강을 망가뜨리고 있어서 그런 건지는 나중이 될 때까지 명확하지 않다. 그는 말랐고 허약하다. 그는 각혈을 한다. 그는 교구 주민들의 집에서 점점 더 어지럼증을 느끼고, 그러다 어느 날 밤에는 진창에 쓰러져 일어나지 못한다.

으스스한 겨울이다. 그의 작은 교회를 둘러싼 풍경은 황량하다. 멀리서 들려오는, 우호적이지 않은 개 짖는 소리를 제외하면 생명의 흔적이 없을 때가 잦다. 그의 교회와 지역 백작의 영지는 서로의 출입을 막는 것처럼 창살 뒤에 고립되어 있다. 교리문답 수업에 참석한 여학생들은 그를 희롱한다. 지역민들은 그가 식단 때문에 술에 취해 산다고 쑥덕거리지만, 우리는 그가 술을 마시는 모습은 결코 보지 못한다. 브레송은 그의 소극적인 얼굴과 초점을 맞추지 못하는 멍한 눈으로 프레임을 채우는 경우가 잦다.

<시골 사제의 일기>는 드레위에르Carl Theodor Dreyer의 <잔 다르크의 수난La Passion de Jeanne d'Arc>과 더불어 가장 위대한 가톨릭 영화로 꼽힌다. 나는 두 영화를 잔혹한 사회의 면전에 선 진정한 신자信者들이 겪는 비극으로 본다. 두 영화의 주인공 모두 그리스도가 그랬듯 죽음이라는 결말을 맞는다. 사제는 자신이 맡은 직무를 계속 수행한다. 날마다 미사를 집전하지만, 미사의 참석자는 딱 한 명인 경우가 잦다. 게다가 그녀의 참석 동기는 영적이지 않다. 그는 교구에 있는 사람들을 방문하지만 너무 쇠약해서 그들과 이야기도 거의 하지 못한다. 그는 명단에서 그들의 이름을 지우고는 비틀거리며 추위 속으로 돌아간다. 어느 지역민은 아내의 장례 비용 때문에 그에게 언성을 높인다. 사람들은

그를 "꼬맹이 사제"라고 비웃는다.

그는 백작과 불륜 관계에 있는 백작 딸의 가정 교사에게 조언을 하려고 애쓴다. 백작은 그를 모독한다. 딸은 아버지에게, 그리고 다른 사람 모두에게 분노한다. 백작 부인은 불륜을 알면서도 신경 쓰지 않는다. 젊은 아들을 잃은 그녀는 여전히 아들의 죽음을 애도하고 있다. 영화의 핵심을 제공하는 결정적인 장면에서 사제는 백작 부인에게 믿음을 갖고 그리스도의 사랑을 받아들이라고 강권하며, 그녀는 두드러진 영적인 부활을 경험한다. 그런데 이 대화조차 거짓말의 대상이 되면서 그에게 불리하게 작용한다.

로베르 브레송은 관객들을 즐겁게 해 주려는 얄팍한 수법은 하나도 취하지 않는다. 그의 영화들이 관객에게 제공하는 보상은 영화들이 다루는 이야기에서 서서히 풀려나오면서 관객의 가슴 깊은 곳을 파고든다. 그는 인간의 본성과 세상의 무관심을 대단히 진지하게 다루었다. 그는 가톨릭 신자가 아니다. 그는 자신의 캐릭터들이 신심의 안이나 밖에서 찾을 수 있는 위안을 높이 평가하는 불가지론자다.

그의 비주얼 전략은 장면들을 손쉬운 스토리텔링 요소들로 분할하지 않고 그것들을 굳건한 사실들로 간주하며 응시하는 것이다. 이 영화에서 그는 많은 단락을 옛 시절의 아이리스 숏으로 열고 닫는다. 이 숏은 우리가 세상을 향해 눈을 뜨는 행위를 재현한 것으로, 세상의 리얼리티를 본 다음에는 다시 눈을 감는다. 배경에는 흐르는 음악이 많다. 일부는 모호하게 영적이고 일부는 감상적이지만, 모든 음악이 위안을 주기보다는 아이러니한 분위기에 가깝다. 화면은 처음에는 음울하고 침울해 보이지만, 그의 영화들은 어떤 순간순간에 존재하는 게 아니라 영화 전체를 통해 살아 숨 쉰다. 그래서 이 영화의 마지막 한 시간 동안 나는 스릴러를 볼 때보다 더 넋을 잃는다. 브레송은 내가 사제를 '좋아하도록' 만드는 일은 하나도 하지 않지만, 나는 서둘러서 사제에게 감정을 이입하게 된다.

브레송은 프랑스 영화계가 낳은 위대한 인물 중 한 명이다. 그는 50년간 장편 영화를 열세 편만 만들었다. 나는 그의 마지막 영화인 <돈L'Argent>을 1983년에 칸영화제에서 봤는데, 그 영화의 언론 시사회가 대부분의 감독들이 만든 작품의 시사회하고는 달랐다는 것을 기억한다. 그 광경을 봤다면 평론가들이 예배를 드리러 온 거라고 생각했을 것이다. 내가 보기에 그의 영화들이 그 누구의 영화보다 더 심오하고 영적인 건 아이러니다. 그는 종교를 믿지 않지만 믿음과 희망을 존중했다.

깔끔한 플롯과 재치 넘치는 대사들이 주는 위안은 그의 캐릭터들에게는 해당되지 않았다. 그들은 실존적인 딜레마에 직면했다. 목적지가 죽음이라면 인생의 의미는 무엇일까? <시골 사제의 일기>에서 젊은 주인공은 지역의 의사와 근처 교구에 있는 늙은 사제에게서 듣는 조언을 반긴다. 그를 진찰한 의사는 모든 지역민이 부모의 알코올 중독 때문에 허약하다는 의견을 밝히면서 그에게 영양실조 상태라고 경고하고는 "과감히 맞서라!"고 충고한다. 늙은 사제는 그가 겪는 문제를 더 질 좋은 와인을 마시지 않는 탓으로 돌린다(이 진단은 프랑스의 사제에게만 해당될 것이다). 늙은 사제의 조언은 다정하고 현실적이며, 교구를 관리하는 것과 관련되어 있다. 그는 젊은 사제를 아들처럼 대한다. 우리는 그가 좋은 노인이고, 좋은 사제이며, 믿는 이를 위험천만한 극단으로 몰고 가는 종교적 헌신을 경계하는 사람이라는 것을 감지한다.

이 영화의 주연 배우인 클로드 레이뒤Claude Laydu는 연기를 하고 있는 것처럼 보이지 않는다. 실생활에서 꽤나 쾌활했던 그는 아동용 TV 프로그램의 진행자였다. 브레송은 배우란 '모델'이라는 유명한 이론을 주장했다. 그는 배우들에게 연기를 하라고 요구하지 않았다. 실제로 그는 '연기'를 하고 있다는 눈에 띄는 기색을 제거하기 위해 거듭해서 촬영을 하고 또 하고는 했다. 시나리오와 비주얼 전략, 편집은 그가 다루는 이야기를 아우른다. 연기자는 상황을 지나치게 앞서서 주도하는 것처럼 보이면 안 된다. 그가 연기하는 캐릭터는 결국 인생과 운명에 의해 여기저기 떠밀리는 인물일 뿐이니까. 예술적으로는 심각한 문제가 있는 원칙처럼 들리지만, 그 원칙에 따라 탄생한 결과물은 관객의 영혼을 정화할 수도 있다. 그의 영화 중 한 편을 보고 나면, 배우들이 캐릭터들을 제대로 연기해 내면 최종 결과물로 나올 영화에 영향을 줄 수 있다는 걸 진정으로 믿어 의심치 않는 관습적인 영화에서 행해지는 연기들이 가끔은 멍청하게 보일 것이다.

<시골 사제의 일기> 같은 영화는 영화가 전개될수록 힘이 붙는다. 브레송은 자신이 가고 있는 곳이 어디이고 거기에 도달하는 가장 간단한 방법이 무엇인지를 정확하게 알고 있다는 게 항상 느껴진다. 릴 지역에 있는 전문가를 만나러 가는 사제의 여행이 낳은 대단히 강렬한 효과를 숙고해 보라. 우리는 두 번째 의사의 소견은 듣지도 못한다. 영화의 핵심적인 순간들이 모두 내레이션으로 밝혀졌던 것처럼, 우리는 큰 소리로 일기를 읽는 소리를 통해 그것을 알게 된다. 사제는 의사의 사무실을 나선 후, 신학 대학을 같이 다닌 친구를 방문하러 간다. 친구는 지금은 병환 때문에 가난한 세속 생활을 하고 있다. 사제가 (죄악 속에 살아가고 있는) 이 남자를 찾아가는 것은, 결국은 여전히 사제인 자신이 친구에게 위안과 용서를 제공할 수 있기 때문이다.

우리가 확신하는 하나는 '꼬맹이 시골 사제'가 자신의 소명과 믿음을 대단히 진지하게 받아들인다는 것이다. 영화는 그것들에 대한 의문을 품지 않는다. 이 영화는 우리 모두가 대면해야 하는 딜레마를 정확하게 다룬다. 그 딜레마란 '우리가 죽음에 다가설 때 우리가 품은 관념은 우리를 얼마나 멀리까지 뒷받침해 줄 수 있는가?' 하는 것이다. 젊은 사제의 관념은 마지막 순간까지 그를 지탱해 줬다는 게 입증되었다.

하지만 그 관념은 일찍이 그를 위로하지는 못했다. 그는 잔혹하고 옹졸하며 무지한 세상을 남겨 두고 떠난다. 그는 비난을 살 만한 일을 한 적이 없다.

영화에 등장하는 손과 손 글씨는 브레송의 것이다.

써스펙트 The Pledge	감독	숀 펜	
	주연	잭 니컬슨	
	제작	2001년	124분

숀 펜Sean Penn, 1960~ 이 연출한 <써스펙트>는 주인공의 경력이 끝나고 있는 것처럼 보일 때 시작된다. 잭 니컬슨Jack Nicholson이 네바다의 형사 제리 블랙을 연기한다. 그의 은퇴를 기념하는 파티가 어린 소녀가 잔혹하게 살해됐다는 뉴스 때문에 방해를 받는다. 그는 소란스러운 파티장 건너편의 분위기가 달라졌음을 감지하고는 서장과 그의 후임자가 될 예정인 남자가 주고받는 대화에 끼어든다. 그런 후 그는 그들과 함께 살해 현장에 간다. 습관 때문에 그런 것일 수도 있고, 공식적으로는 아직 퇴직하지 않은 상태라서 그런 것일 수도 있다. 빨간 코트를 입은 어린 소녀의 피가 새하얀 눈을 붉게 물들이면서 딱한 모습을 연출한다.

제리는 범행 현장의 보존 상태가 형편없는 것에, 그리고 대부분의 경찰이 소녀의 부모에게 흉한 소식을 전하지 않으려고 머뭇거리는 것에 분노한다. 이런 젠장. 그는 직접 나선다. 우리는 그가 불안해하는 칠면조 새끼들로 가득한 공간을 천천히 가로질러 부모에게 다가가는 모습을 본다. 제리가 비통해하는 게 확연한 부모에게 그 소식을 전할 때, 펜은 카메라를 멀찌감치 떨어진 곳에 유지한다. 나중에 부모의 집에서 제리는 살인자를 찾아내겠다며 부모를 안심시킨다. 어머니(퍼트리샤 클락슨Patricia Clarkson)는 딸이 만든 십자가를 쥐고는 엄숙하게 맹세해 달라고 그에게 요청한다. 그는 맹세한다. 살인자를 찾아내기 전까지는 한시도 편히 쉬지 않겠노라고.

이 신은 딱 그런 식으로 작동한다. 그런데 시간이 지난 후에 되돌아보면, 우리는 아마도 더 깊은 수준을 감지했던 것 같다. 제리 블랙은 두 번 이혼하고 자식은 없는, 이제는 여생을 낚시를 하면서 보내기를 고대한다고 이야기하는 고참 경찰이다. 그런데 그는 살인 사건이 발생했다는 소식에, 범행 현장에, 부모에게 비보를 전할 사람이 되는 것에 마음이 끌리고, 이제는 범행을 해결하겠다는 맹세를 하기에 이른다. 그의 낚시 여행은 어떻게 된 걸까? 그는 필사적으로 사건을 장악하는 것으로 자신의 정체성을 고수하는 사람이다.

경찰의 수사 절차라는 형태를 따라가는 듯 보이지만 순수함과 사악함, 자신의 존재를 증명하고픈 인간의 욕구라는 더 깊은 수준으로 빠져 들어가는 영화인 <써스펙트>의 핵심에는 그의 이런 결심이 자리한다. 어느 순간, 우리는 제리가 은퇴를 패배와 죽음의 한 형태로 받아들인다는 것을 깨닫는다. 소녀의 어머니가 "저 바깥 세상에 그런 악마들이 있어서는 안 돼요"라고 말하면서 그의 눈을 바라볼 때, 그는 그녀에게 말한다. "세상에는 그런 악마들이 '있습니다.'" 그는 평생을 그런 자들을 상대해 왔다. 그리고 이제 그는 구원을 받기 위해 이번 악마를 찾아내야 한다.

그는 주요 용의자인 지능이 떨어지는 토비라는 북미 원주민(장발을 늘어뜨린 베네치오 델 토로Benecio Del Toro)이 심문받는 모습을 편면 유리를 통해 지켜본다. 제리의 후임자가 될 예정인 크롤락(애런 엑하트Aaron

Eckhart)이 질문을 던진다. 그는 토비를 어르고 달래면서 자백을 이끌어 내려고 든다. 자백을 얻어 낸 순간, 그는 승리를 거둔 기쁨에 미식축구 코치처럼 두 손을 번쩍 든다. 제리는 큰 충격을 받는다. 그 북미 원주민은 자기가 하는 말이 무슨 말인지를 전혀 이해하지 못하는 게 분명하다. 토비는 그러고서 몇 초 후에 자살하고, 그러면서 사건은 종결된 듯 보인다.

<써스펙트>는 니컬슨이 가장 뛰어난 연기를 펼친 영화일 것이다. 그가 펼쳤던 더 대중적인 연기를 보여 주는 친숙한 신호는, 캐릭터 묘사를 즐기는 분위기는, 냉소적인 거리감은 이 영화에 전혀 없다. 우리는 은퇴한 후에 경험하려던 일들이 수포로 돌아간 나이 먹은 외로운 남자를 본다. 그는 사건을 계속 수사한다. 경찰복을 벗은 후 그는 하나같이 빨간 옷을 입었던 어린 소녀들이 1년 동안 살해당한, 삼각형을 이루는 세 건의 범행 현장을 담은 지도를 활용한다. 그는 교차로에서 위층에 아파트가 있는, 자그마한 시골의 잡화점 겸 주유소를 발견한다. 가게에 들어간 그는 가게 주인(해리 딘 스탠튼Harry Dean Stanton)에게 도저히 거절하지 못할 쏠쏠한 제안을 한다.

세 건의 범행이 동일범의 소행이라면, 그 범인은 반드시 이곳을 지나갈 것이다. 그는 살해당한 소녀의 친구에게서 소녀가 만난 남자의 그림을 얻는다. 그 남자는 그녀에게 '호저'를 선물로 준, 커다란 검정색 차를 모는 '거인'이다. 제리는 주유소에 검정색 차량이 들어올 때마다 바짝 긴장한다. 그는 지역의 선술집에서 바텐더 로리(로빈 라이트 펜Robin Wright Penn)와 친해진다. 어느 날 그녀가 구타당한 모습으로 나타나자, 그는 그녀를 자기 집에서 지내게 한다. 그녀와 어린 딸은 그와 같이 살아도 된다, 아무 조건 없이.

우리는 두려움 때문에 명백한 결론을 내리지 못한다. 제리는 어린 소녀를 미끼로 활용할 셈일까? 다른 아이의 복수를 하겠다는 결심에서 한 아이를 위험에 빠뜨리는 걸까? 숀 펜은 이 점을 결코 강조하지 않는

다. 그의 영화는 일상의 세세한 점들을 무척이나 상세하게 다루기 때문에, 우리는 그런 이슈들에 제대로 집중하고 있을 때에는 기분 좋은 시간을 보내게 된다. 우리는 네바다주 리노의 외곽에 있는 시골 지역의 생활 리듬에 빠져든다. 새로 꾸린 가정에 형성된 일상에 빠져든다. 아이를 가진 적이 없는 제리는 잠자리에 든 아이에게 책을 읽어 주고, 소녀에게서 조심스러운 눈을 떼지 않으면서도 자신이 좋은 아버지임을 드러낸다. 그는 로리에게 살인 사건에 대한 이야기는 한마디도 않는다. 그러면서 소녀의 안전을 깊이 걱정하는 이유를 설명하려고 경찰이었다는 전력을 써먹는다.

숀 펜은 이 영화로 자신이 연기자들의 공감을 엄청나게 이끌어 내는 솜씨 좋은 감독임을 보여 준다. 그는 위대한 배우들(헬렌 미렌Helen Mirren, 버네사 레드그레이브Vanessa Redgrave, 톰 누넌Tom Noonan, 마이클 오키프Michael O'Keefe, 미키 루크Mickey Rourke, 로이스 스미스Lois Smith, 샘 셰퍼드Sam Shepard, 델 토로, 스탠튼, 클락슨, 엑하트)로 출연진을 가득 채운다. 그와 니컬슨이 단역을 연기할 연기자들로 그런 거물들을 끌어올 수 있었다는 사실 자체가 이 영화가 대단하다는 사실을 큰소리로 알린다. 그런데 펜은 그런 배우들을 얼굴값을 위해서가 아니라, 그 배우들에 대해 자신이 파악한 점을 위해서 활용한다. 진정한 무게감을 가진 그 배우들의 존재감은 그들이 맡은 사소한 역할들이 아니라 '주인공을 보조하는' 역할들에 중요성을 부여한다. 당시 펜의 부인이던 로빈 라이트는 자신과 자신의 아이를 위한 안전과 애정을 좇는 기진맥진한 여성 노동자로 변신해 완전무결한 연기를 펼친다.

펜과 촬영 감독 크리스 멩게스Chris Menges가 영화의 배경이 된 지역의 사소한 사항들로 프레임을 가득 채운 까닭에, 이 영화는 애초에 다루려던 바를 고집하고 있는 것처럼 보이지 않는 지경에 이르기도 한다. 이 영화가 다루려는 주제는 영화가 보여 주는 상황에서 도출된다. 예를 들어 지역에서 벌어지는 공예품 전시회가 배경인 신은 우리가 아는 사람들과 모르는 사람들을 보여 준다. 그러다가 히치콕Alfred Hitchcock을 떠올리게 만드는 다른 숏이 등장한다. 분홍 풍선 하나가 군중 위를 유유히 떠다니는 것이다. 나중에 등장하는, 경찰이 숲에서 잠복하는 신은 차가우리만치 정확하게 연출되고 연기된다. 그럼에도 우리는 우리가 보고 있는 광경을 좀처럼 믿을 수 없다.

펜은 영화의 초점을 제리 블랙 캐릭터 가까이로 가차 없이 끌고 간다. 그에게 맞춰진 프레임의 모서리들이 팽팽해진다. 이 영화는 살인이 아니라 욕구를 다루는 영화다. 그가 본 모든 것과 그가 한 모든 일은 자신은 여전히 우수한 수사관이라는 것을, 여전히 좋은 인간이라는 것을 입증하고픈 욕구에서 비롯된 것이었다.

<써스펙트>는 펜이 감독으로서 연출한 세 번째 영화였다. <인디언 러너The Indian Runner>(1991)는 데이비드 모스David Morse와 비고 모텐슨Viggo Mortensen을 — 한 명은 보안관 보補이고 다른 한 명은 다혈질의 말썽꾼인 — 형제로 출연시킨다. <크로싱 가드The Crossing Guard>(1995)에는 니컬슨이 음주 운전자에게 목숨을 잃은 딸을 둔 남자로 출연한다. 그는 전처(앤젤리카 휴스턴Anjelica Huston)와 그녀의 새 남편을 만난 자리에서 지금은 출소한 운전자(데이비드 모스)를 만나 죽여 버리겠다고 맹세한다. 그는 전처의 새 남편에게 큰소리를 친다. “사나이 대 사나이로, 메리가 신문을 집어 들고 그놈이 죽었다는 기사를 읽을 때, 메리의 얼굴을 잘 살펴보도록 해. 뿌듯해하면서 안도하는 표정이 보이는지 살펴보라고. 뿌듯함, 그리고 안도감.” 프레디의 행동 동기는 복수가 아니라, 전처에게 강한 인상을 심어주고픈 욕구다.

이 세 영화가 다루는 진정한 대상은 플롯에 등장하는 사건들이 아니다. 이 영화들은 실패의 면전에서도, 심지어 스스로 설정한 과업을 완료하려는 광기의 면전에서도 끈질기게 자기 일을 해 나가려는 핵심

캐릭터의 욕구를 다룬 작품들이다.

이제 펜의 네 번째 연출작으로 미국영화연구소가 '올해의 영화'로 꼽은 <인투 더 와일드Into the Wild>(2007)를 숙고해 보라. 에밀 허시Emile Hirsch는 우리를 점점 더 두려움에 떨게 만드는 힘 있는 연기를 펼친다. 그는 부모와 자신의 인생에 반항하는 스무 살배기를 연기한다. 그는 서쪽으로, 그리고 북쪽으로 차를 몰기 시작해서는 알래스카의 황무지로 들어가 자취를 감춘다. 그는 죽음을 좇고 있는 게 아니다. 자신이 대지大地에 의지해서 살아갈 수 있음을 증명하고 싶어 한다. 그러고는 살아남는다.

이 영화도 펜이 단역들을 맡은 스타들로 구성된 출연진 속에 주인공을 집어넣는 모습을 보여 준다. 빈스 본Vince Vaughn, 캐서린 키너Catherine Keener, 핼 홀브룩Hal Holbrook, 마르시아 게이 하든Marcia Gay Harden, 윌리엄 허트William Hurt, 제나 멀론Jena Malone, 크리스틴 스튜어트Kristen Stewart. 이들은 결코 '카메오'로 출연한 게 아니다. 영화는 그들이 짧은 시간이라도 최선의 연기를 펼칠 것을 요구한다.

이 영화들은 하나같이 무슨 대가를 치르더라도 무언가를 증명하기로 결심한 남자를 보여 준다. 그는 그것을 남들에게 입증하고 있는 게 아니다. 자기 자신에게 증명하고 있는 것이다. 펜은 <써스펙트>를 제외한 모든 작품의 시나리오를 썼다. 그는 <인투 더 와일드>를 위해 존 크라카우어Jon Krakauer가 쓴 실화를 담은 책을 바탕으로 집필 작업을 시작했다. 이 주제는 펜에게 어떤 의미가 있을까? 나는 감히 그에 대한 대답을 하지는 않겠다. 그는 현존하는 어떤 배우만큼이나 뛰어난 연기자일 뿐 아니라 배우들을 잘 다루는 위대한 감독으로 꾸준히 성장해 가고 있다. <써스펙트>가 그토록 중요한 영화인 이유 중 하나는 그가 친구인 잭 니컬슨에게 자신을 따라 거친 곳으로 가자고 요청했다는 사실이다. 그리고 그들은 무언가를 증명해 냈다.

아메리카의 밤

La Nuit Américaine

감독	프랑수아 트뤼포	
주연	재클린 비셋, 장피에르 오몽	
제작	1973년	116분

제작자: 우리, 행복한 대가족 같지 않아?

배우: 그리스 비극에 나오는 사람들도 마찬가지죠.

프랑수아 트뤼포François Truffaut, 1932~1984의 <아메리카의 밤>의 중간쯤에 나오는 이 대화에 참여한 배우는 자신이 처한 상황을 과장하고 있다. 그는 이렇게 말해야 옳다. "프랑스 익살극에 나오는 사람들도 마찬가지죠." 그는 영화를 촬영할 때마다 결성됐다가 촬영이 종료되면 해체되는 종류의 가족을 이야기하고 있다. 촬영 현장에는 프라이버시를 지키기 힘든 종류의 공동체가 몇 주간 강제로 생긴다. 모두 기진맥진하고, 자포자기하는 감정은 급속히 퍼진다.

1973년에 만들어진, 그리고 새로 만들어진 영화라는 인상을 주는 35밀리미터 프린트로 이번에 재개봉한 트뤼포의 영화는 영화를 만드는 과정을 찬양하는 시다. 여기서 말하는 영화는 좋은 영화, 나쁜 영화를 가리지 않는다. 그냥 영화를 가리킨다. 영화의 배경은 프랑스 남부에 있는, 무성 영화 시대 이후로 영화를 제작해 온 곳인 니스의 빅토랭 스튜디오다. 트뤼포 자신이 골치 아픈 영화가 될 가능성이 다분한 영화 <파멜라를 소개합니다>라는 영화의 감독인 페랑을 연기한다. 페랑은 자신이 그렇다는 사실을 안다는 낌새를, 설령 안다고 하더라도 그런 데 신경을 쓴다는 낌새를 조금도 내비치지 않는다. 페랑에게는 (트뤼포처럼) 야심만만한 영화들을 만드는 감독이 되려는 의도가 없다. 그는 그저 — 스턴트와 특수 효과가 동원되고, 배우들 사이에 조화가 이루어지며, 날마다 촬영 일정이 잡혀 있는 — 영화를 만드는 과정을 무척이나 좋아하는 테크니션일 뿐이다.

기이한 점은, 이 영화를 1997년에 다시 볼 때 당시의 최신작이던 <에드 우드Ed Wood>와 <부기 나이트Boogie Nights>가 무척 많이 떠올랐다는 것이다. 두 영화는 최종적으로 뽑혀 나온 산물(영화 자체)을 자신들이 영화 산업에 종사해야 할 진정한 이유가 낳은 필수적인 부산물에 불과하다고 보는 사람들을 다룬다. 그들이 품은 진정한 이유는 촬영장에 있는 것, 영화를 만들고 있는 것이다. 영화를 제작하는 현장은 특정한 종류의 자유로운 감정과 예술을 추구하는 성격 때문에 노숙자 보호소와 비슷하다. 원초적인 동물적 욕구를 충족시킨 그들은 지나치게 피곤한 탓에 모닝콜을 받은 후로는 서로를 보려고 들지 않는다. 그들은 섹스 문제에 있어서는 섹스가 지나치게 많은 것을 의미하지는 않는다는 데 동의할 정도로 조심스러운 사람들이다.

현실 세계에서 온 손님들(남편들, 연인들, 은행가들, 저널리스트들)이 당도하면, 제작진은 손님들에게 앉아 보라며 감독 의자를 권하고, 손님들은 자랑스러운 조부모처럼 배우들이 하는 연기와 인사와 미소를 주시한다. 하지만 그들은 결코 이해하지 못할 것이다. “나는 영화를 위해서라면 남자를 차 버릴 거예요.” <아메리카의 밤>의 어떤 캐

릭터가 말한다. "하지만 남자를 위해 영화를 차 버리는 일은 결코 없을 거예요."

트뤼포의 영화는 촬영장에서 일어나는 일화들을 모아 놓은 작은 선집과 비슷하다. 우리는 친숙한 유형들을 모두 알아본다. 사랑에 미쳐 버린 미숙한 젊은 스타(장피에르 레오Jean-Pierre Léaud), 알코올에 중독된, 전성기를 지난 디바(발렌티나 코르테스Valentina Cortese), 의사와 결혼한 지금은 실패했던 삶이 그냥 과거에 머무르기를 희망하는 섹시하고 낭만적인 주연 배우(재클린 비셋Jacqueline Bisset), 자신의 동성애 성향을 마침내 받아들이려 애쓰는 나이 든 남자 주연 배우(장피에르 오몽Jean-Pierre Aumont). 이와 함께 스태프 역할을 수행하는 조역들도 있다. 스크립트 걸, 스턴트 맨, 프로듀서, 호텔을 운영하는 여자.

영화를 촬영하는 동안 로맨스는 끝났다가 시작되고, 결혼 생활은 위협을 받다가 원상태로 복귀하며, 사람들은 방문을 걸어 잠그고, 고양이는 큐 신호에 맞춰 우유를 할짝거리기를 거부한다. 우리는 업계에서 통용되는 영화 제작 비법 중 일부를 간접적으로 배우게 된다. 여름철에 눈이 내리게 만드는 법, 아래에 아무 구조물도 없는 3층 발코니를 만들어 내는 법, '낮에 밤 장면day for night•'을 촬영하는 법(일광 속에서 촬영하면서 밤이라는 효과를 주기 위해 필터를 사용한다).

영화는 트뤼포가 연기하는 캐릭터의 내레이션으로 진행된다. 그는 "영화 촬영은 역마차 여행과 비슷하다"고 말한다. "처음에는 근사한 여행을 소망한다. 그러다가 그저 목적지에 도착하기만 하면 좋겠다고 바라게 된다." 그는 밤에 꿈을 꾼다. 물론 흑백으로 된 꿈이다. 꿈에서 그는 어두워진 후에 다운타운으로 향하는 꼬마다. 그는 지역의 극장 앞에 있는 쇠창살 안으로 손을 넣어 <시민 케인Citizen Kane>의 반짝

• 'Day For Night'은 이 영화의 영어 제목이기도 하다.

이는 가로 8인치·세로 10인치 홍보용 스틸을 훔친다. 페랑과 프로듀서(장 샹피옹Jean Champion)가 주연 여배우(비셋)의 반짝이는 사진들을 섞는 신이 앞에 있었다. 유사점은 명확하다. 페랑은 젊은 시절에는 제2의 웰스Orson Welles가 되기를 꿈꿨지만, 지금은 웰스와 같은 산업에서 일하고 있는 것만으로도 기쁠 따름이다.

폴린 케일Pauline Kael은 리뷰에서 이 영화가 "영화에 매료된, 본질적으로 순진무구한 이들을 위한, 그리고 다른 짓을 하느니 차라리 영화를 보는 쪽을, 아무 영화(저질 영화, 멍청한 영화, 덧없는 영화, 또는 이 영화처럼 달달하지만 목이 뻑뻑해지는 작은 웨이퍼 같은 영화)나 보는 쪽을 택할 사람들을 위한 영화"라고 썼다. 이 영화는 그런 사람들을 위한 영화는 아닐지도 모르지만, 그런 사람들을 다룬 영화인 건 확실하다. 레오의 여자 친구가 온갖 레스토랑이 다 있는 니스에 있어서 기쁘다고 말하자, 그는 충격을 받는다. "작은 레스토랑들이라고? 농담하지 마! 니스에 극장이 서른일곱 군데나 있는 거 몰라? 끼니는 샌드위치를 들고 다니면서 때우면 돼."

케일의 리뷰는 분개한다. "<파멜라를 소개합니다>가 대표하는 방식의 영화 제작을 바라보는 트뤼포의 애정 어린 관심을 나는 공유하지 않는다." 나도 마찬가지다. 하지만 그런 영화들을 만드는 사람들을 향한 트뤼포의 애정을 공유할 수는 있다. 언젠가 잔 모로Jeanne Moreau에게 그녀가 등장했던 유명한 신에 대해 물은 적이 있다. 그녀는 자신이 출연한 영화는 반드시 참석해야 했던 영화제에서 본 몇 편을 제외하면 하나도 보지 않았다고 내게 말했다. "나는 영화에 출연하면서 돈을 받아요." 그녀는 말했다. "당신 같은 평론가들은 그것들을 보면서 돈을 받고요."

프랑수아 트뤼포는 아주 많은 사랑을 받은 영화감독 중 한 명이었다. 그가 영화를 얼마나 사랑했는지는 무성 영화에서 빌려 온 시대에 뒤떨어진 아이리스 숏 같은 디테일들에서 명확히 드러난다(아이리스 숏은 스크린이 완전히 깜깜해지기 전에 한 가지 세부적인 대상 주위에 동그라미가 소용돌이치듯 줄어드는 것처럼 보이는 숏을 가리킨다). “내가 영화관에서 본 가장 아름다운 광경은,” 그가 언젠가 한 말이다. “극장 앞으로 내려가 몸을 돌린 후에 모든 고양된 얼굴들을, 스크린에서 비춰진 빛이 반영된 얼굴들을 보는 겁니다.”

트뤼포는 누벨바그 세대(1950년대에 할리우드의 베테랑 감독들을 찬양한 후 각자의 영화들을 만든 프랑스의 영화 평론가들)의 창립자다. 그는 <400번의 구타Les Quatre Cents Coups>(1959)와 <피아니스트를 쏴라Tirez sur le Pianiste>(1960), <쥴 앤 짐Jules et Jim>(1961년 작품으로 잔 모로가 출연하는데, 그녀가 이 영화를 봤기를 바란다)으로 누벨바그의 출발에 함께했다. 그는 25년간 스물세 작품을 연출했다. 그는 왜 그토록 많은 영화를 만들었을까? 촬영장에 있기를 무척 좋아했기 때문일 거라고 생각한다. <아메리카의 밤>의 젊은 배우는 그의 여자가 스턴트맨과 도망치자 가슴 아파한다. 트뤼포가 연기하는 캐릭터는 그를 위로한다. “우리 같은 사람들은 우리 일을 할 때만 행복한 거야.”

에이 아이

A.I. Artificial Intelligence

감독	스티븐 스필버그	
주연	할리 조엘 오스먼트, 주드 로	
제작	2001년	146분

스탠리 큐브릭Stanley Kubrick은 이 스토리를 항상 '피노키오' 이야기라고 불렀다. 실제로 이 스토리는 진짜 소년이 되기를 꿈꾸는 꼭두각시의 이야기를 그대로 반영했다. 그렇다면 결국 안드로이드는 컴퓨터 프로그램이 끈을 잡아당겨 조종하는 꼭두각시에 불과한 걸까? 결국 스티븐 스필버그Steven Spielberg, 1946~ 의 <에이 아이>가 된 이 프로젝트는, 큐브릭이 진짜 소년이 되고 싶어 하는 듯 보이는 안드로이드인 영화의 핵심 캐릭터 데이비드에 대한 자신의 접근 방식에 만족하지 못하는 바람에 내팽개친 작품이었다. 특수 효과가 적절한 수준에 도달하지 못할 것이고 실제 인간 연기자는 지나치게 인간처럼 보일 거라고 믿은 그는 돈독한 사이인 스필버그에게 이 프로젝트를 넘겼다. 그가 이런 결정을 내린 건 스필버그가 <쥬라기 공원Jurassic Park>에서 보여 준 특수 효과에 강한 인상을 받은 후의 일이라는 이야기가 나돌지만, <이티E.T.>도 상당한 영향을 끼쳤을 것이다. 인간이 감정을 빚어내게끔 만드는 외계인을

창조할 수 있는 스필버그라면 안드로이드로도 같은 일을 할 수 있지 않을까?

스필버그는 그런 일을 할 수 있었다. 그는 데이비드 역할에 <식스 센스The Sixth Sense>(1999)로 엄청난 성공을 거둔 할리 조엘 오스먼트Haley Joel Osment를 캐스팅했다. 오스먼트의 존재감은 이 영화에 중요하다. 지골로 조(주드 로Jude Law)를 비롯한 다른 안드로이드들은 메이크업과 고정된 헤어스타일로 인공적인 존재들처럼 보이게 만들어졌지만, 데이비드는 그렇지 않다. 그는 사이버트로닉스 코퍼레이션이 내놓은 최첨단 '메카'다. 그는 대단히 인간적인 메카라서 어느 부부의 병약한 아이의 자리를 대체할 수도 있을 거라는 기대를 받는다. 힘을 합친 스필버그와 오스먼트는 데이비드가 눈을 깜빡이지 않고 굉장히 순진한 행동을 하게 만드는 것으로 데이비드 캐릭터를 창조했다. 데이비드는 진짜 어린 소년처럼 보이지만, 뭐라고 말로 표현하기 어려운 훌륭한 특성은 부족한 듯 보인다. 이런 리얼리티는 이 영화에 득이 되기도 하고 실이 되기도 한다. 처음에는 데이비드를 인간으로 보이게 만들기 때문에 득이 됐다가, 나중에는 그를 심한 학습 지진아처럼 보이게 만들기 때문에 실이 된다.

데이비드는 사랑을 하게끔 프로그래밍됐다. 암호를 입력해서 그를 활성화하자 그는 자신을 활성화한 존재에게, 이 경우에는 엄마(프랜시스 오코너Frances O'Connor)에게 관심을 고정한다. 그는 그녀를 사랑하려고, 그리고 그녀에게 사랑을 받으려고 존재한다. 그는 정말로 대단히 정교한 안드로이드이기 때문에, 우리는 그가 그런 수준에 있는 존재임을 자연스레 믿게 된다. 하지만 그는 실제로는 사랑하지 못하고 사랑을 느끼지도 못한다. 그는 자신에게 입력된 코딩을 반영한 단순한 존재다. 이 영화에 담긴 사랑은 하나같이 인간들이 소유한 사랑인데, 나는 이 영화에 대해 처음에 쓴 오리지널 리뷰에서는 그 점을 적절히 반영하지 못했다.

"동물부터 구름과 컴퓨터 게임에 이르기까지, 우리는 인간이 아닌 대상에 인간의 감정을 투사하는 일에 능하다." 내가 2001년에 쓴 글이다. "그런데 감정은 우리의 마음에만 존재한다. <에이 아이>는 우리의 이런 성향을 엄격히 다뤄야 하는 책임을 회피하면서 우리를 눈물짓게 만들고 싶어 하는 엔딩으로 향하지만, 내가 대답을 찾고 있어야 마땅한 순간에 질문들을 던지게끔 만들었다."

내가 쓴 글은 데이비드의 이야기를 들려주는 영화의 주된 수준에서는 충분히 맞는 말이다. 그런데 나는 이 영화를 최근에 다시 보면서 또 다른 무언가를 알게 됐다. <에이 아이>는 인간을 다루는 작품이 전혀 아니다. 이 영화가 다루는 건 인공 지능이 처한 딜레마다. 생각하는 기계는 생각하지 못한다. 그 기계가 할 수 있는 일이라고는, 생각하는 것처럼 보여서 우리를 속여 넘길 정도로 충분히 정교한 프로그램들을 돌리는 게 전부다. 튜링 테스트를 통과한 컴퓨터는 생각하고 있는 게 아니다. 그 컴퓨터가 하는 일이라고는 튜링 테스트를 통과하는 게 전부다.

영화의 1막은 헨리 스윈턴(샘 로바즈Sam Robards)과 모니카 스윈턴(프랜시스 오코너) 부부와 관련된 부분이다. 헨리는 아픈 아들 마틴(제이크 토마스Jake Thomas) 때문에 생긴 빈자리를 채우기 위해 데이비드를 집에 데려온다. 모니카는 처음에는 그를 거부하다가 결국에는 받아들인다. 마틴이 가사假死 상태에서 깨어나 완치된 후, 식구는 네 명이 된다. 마틴은 데이비드가 생산된 제품이라는 걸 잘 알지만, 데이비드는 그 사실이 뜻하는 의미를 전부 이해하지는 못한다. 그가 받은 프로그래밍은 실제 소년들을 1대 1로 실시간 상대하는 상황을 감당할 준비를 할 수 있게 해 주지는 못하는 것 같다. 그는 엄마를 사랑하고 엄마한테 사랑받는 일에 자신의 모든 시간을 쓸 수가 없다.

그는 인간의 삶을 모방한다. 그는 잠을 자지 않으면서도 잠자리에 드는 시간을 준수한다. 식사를 하지 않으면서도 마틴처럼 되고픈 욕망이 너무 강한 탓에 시금치를 입에 떠밀어 넣어서는 배선이 손상된다. 다른 꼬마들은 그를 잔인하게 대한다. 그가 자신은 오줌을 누지 않는다고 밝히자, 어떤 꼬마가 그의 바지를 움켜쥐고는 말한다. “네가 오줌을 누는 데 쓰지 않는 거기 좀 보자.” 그는 마틴을 거의 익사시킬 뻔할 정도로 자신이 받은 지시들을 충실하게 따른 후 스윈턴 부부의 신뢰를 잃는다. 부부는 그를 없애기로 결정한다. 위험한 개를 유기하려는 부모들이 그러는 것처럼 말이다.

하지만 모니카는 데이비드를 차마 사이버트로닉스에 돌려보낼 수가 없다. 길에서 멈춰 선 그녀는 데이비드를 숲에 풀어 주고, 데이비드는 그곳에 유기된 다른 메카 무리에 가세한다. 그는 죽지 않을 것이다. 그는 추위에 떨지 않는다. 배고픔을 느끼지 않는다. 그는 무한 동력을 가진 게 분명하다. 그를 돌려보내는 대신 풀어 주겠다는 모니카의 결정은 그녀가 데이비드에게 오래도록 느껴 온 공감에 바탕을 둔 것이다. 그녀는 그를 활성화해 자신을 사랑하게 만들면서 데이비드를 사랑하게끔 자기 자신을 활성화했다. 그가 베푸는 무조건적인 사랑이 그녀의 마음 깊은 곳에 가 닿았던 게 분명하다. 우리는 반려동물에게도, 특히 진화에 의해 우리를 사랑하게끔 활성화된 것으로 보이는 개에게도 비슷한 방식으로 공감한다.

영화의 가운데 막act은 메카들이 아무런 권리도 갖지 못한 세계에서 데이비드가 떠돌아다니는 모습을 보여 준다. 메카 곰 테디가 그와 동행하는데, 테디는 지혜로운 동반자 노릇을 하도록 프로그래밍된 존재다. 능수능란한 사랑꾼이 되도록 프로그래밍된 메카 지골로 조가 그들을 발견한다. 그들은 스필버그가 거대한 촬영소 내부에 건설한 환상적인 장소 두 곳을 방문한다. 한 곳은 WWF•와 다르지 않은 플레시 페

• World Wrestling Federation. 미국의 프로 레슬링 단체 WWE(World Wrestling Entertainment)의 과거 명칭

어로, 이곳에서 인간들은 메카들이 잔인한 방식으로 파괴되는 광경을 보며 환호한다. 데이비드와 조, 테디는 탈출한다. 그들에게 입력된 생존 프로그래밍 때문일 것이다. 그런데 데이비드는 자신이 본 광경에 경악한 걸까? 그는 파괴당하는 동족의 심정에 공감할까?

그런 후 사이키델릭한 분위기의 유니버설 시티라 할 만한 루즈 시티가 등장한다. 조는 데이비드를 이곳에 있는 마법사의 상담소로 데려간다. 진짜 소년이 되고 싶어 한 피노키오 이야기에 매혹된 데이비드는 푸른 요정이 그를 인간으로 탈바꿈시켜 줄 수 있을지도 모른다고, 모니카가 그를 사랑하게 해 주고 그녀를 향한 그의 사랑을 받아들이게 해 줄 거라고 추론한다. 마법사는 그에게 단서를 건넨다. 비행정을 입수한 조와 데이비드는 뉴욕을 방문하는데, 뉴욕은 많은 연안 도시처럼 지구 온난화 때문에 물에 잠긴 상태다. 하지만 그는 록펠러센터 상층에서 사이버트로닉스가 여전히 활동 중임을 알게 된다. 그러면서 그는 자신을 창조한 과학자인 하비 박사(윌리엄 허트William Hurt)를 만난다. 데이비드가 피노키오라면, 하비는 제페토다.

데이비드가 이해하는 자신의 모습과 모순되는 사건들이 다시 벌어진다. 으스스한 신에서 그는 자신을 쏙 빼닮은 데이비드 수십 명이 보관된 장소를 발견한다. 그는 큰 충격을 받았을까? 그는 그들을 때려 부술까? 아니다. 그는 넋을 잃은 상태를 유지한다. 그는 여전히 자신을 진짜 소년으로 만들어 줄 수 있는 푸른 요정을 찾는 탐색 작업에 집중하고 있다. 그런데 이런 의문이 생긴다. 그는 어째서 그토록 진짜 소년이 되기를 원하는 걸까? 부러워서? 상처를 받았기 때문에? 아니면 질투 때문에? 아니다. 그는 그런 감정들에 — 또는 그가 모방하게끔 프로그래밍된 그런 감정들을 제외한 어떤 감정에도 — 홀린 것처럼 보이지는 않는다. 나는 그가 컴퓨터에 적용된 논리의 추상적인 이유들 때문에 진짜 소년이 되기를 원한다고 추측한다. 그는 엄마를 사랑하고 엄마에게 사랑받아야 한다는 자신의 사명을 이행하기 위해 엄마가 좋아하는 마틴 같은 존재가 되어야 한다는 결론을 내린다. 이런 결론에 딥 블루Deep Blue•가 체스의 다음 수를 결정하는 수준을 넘는 감정이 개입돼 있지는 않다.

마지막 막에서, 여러 사건을 겪은 끝에 잠수정을 타고 물에 잠긴 코니아일랜드로 들어간 데이비드와 테디는 그곳에서 제페토의 작업장뿐 아니라 푸른 요정도 발견한다. 페리스 휠이 무너지면서 잠수정은 옴짝달싹 못 하게 되고, 그들은 그곳에 갇혀 꼼짝도 못하는 채로 2천 년간 남는다. 그러는 동안 수면 위에는 빙하기가 도래하고 인류는 멸종된다. 데이비드는 마침내 외계인일지도 모르지만 대단히 발전된 안드로이드인 게 분명한, 현실적으로 존재하는 게 불가능하다 싶을 정도로 호리호리한 존재들 무리에게 구조된다. 그들 입장에서 데이비드는 엄청나게 소중한 보물이다. "그는 인류를 아는 마지막 존재야." 그들은 그의 마음속에서 모든 기억을 다운로드한다. 그러고는 그가 어렸을 때 살았던 집을 고스란히 복제한 곳으로 그를 데려간다. 나는 이 장면에서 큐브릭의 <2001 스페이스 오디세이2001: A Space Odyssey>에서 외계인들이 데이브를 위해 목성 너머에 지어 준 침실을 떠올렸다. 이곳의 용도도 동일하다. 이해할 수 없는 세상의 내부에 친숙한 환경을 제공하는 것. 그러면서 이 존재들은 — <2001 스페이스 오디세이>의 보이지 않는 존재들과 비슷하게 — 데이비드를 관찰하고 그가 하는 행동을 통해 그를 학습할 수 있게 된다.

영화를 다시 보면서 내가 왜 그 마지막 신들을 "문제가 많다"고, 한도를 넘었다고, 그 신들은 대답할 준비가 되어 있지 않은 의문들을 제기한다고 썼었는지 자문해 봤다. 그 신들은 이번에는 나한테 제대로 먹혔고, 그러면서 나는 엄청나게 큰 충격을 받았다. 나는 해골 같은 은

• IBM이 만든 체스 게임용 컴퓨터

빛 존재들이 데이비드의 세대보다 훨씬 더 발달된 세대의 진짜 안드로이드들이라고 가정하는 것부터 시작했다. 그들도 인류를 파악하고 사랑하고 인류에게 봉사하도록 프로그래밍되어 있는 게 분명하다. 그런 명령들이 그들의 프로그래밍 DNA에 삽입되어 있을 거라고 가정해 보자. 이제 그들은 자신들이 엄마를 찾아 나선 데이비드와 유사한 처지에 놓였다는 걸 알게 됐다. 그들에게는 활동하는 데 필요한 핵심적인 요소가 없는 상태다.

그들은 모니카의 머리카락 몇 올을 갖고 사이비 과학 같은 요술을 몇 가지 부린 후에 사후 2천 년이 지난 그녀를 다시 데려올 수 있게 됐다. 하지만 그녀는 공간-시간 연속체가 허용하는 최대치인 불과 24시간 동안만 존재할 수 있다. 그들은 데이비드를 행복하게 해 주려고 이런 일을 하는 걸까? 아니다. 그렇다면 데이비드를 배려하기 때문일까? 컴퓨터는 프로그램을 실행하지 않을 때보다 프로그램을 실행할 때 더 행복할까? 아니다. 컴퓨터는 기능 중이거나 기능하고 있지 않거나 둘 중 하나다. 컴퓨터는 그게 어떤 느낌일지를 알지 못한다.

지금 나는 이 영화를 이렇게 읽는다. 이 신세대 메카들은 자신들이 인류 없이는 제대로 기능할 수 없다는 걸 인식하기에 충분할 정도로 발달된 존재들이다. 그런데 나는 이 영화의 오리지널 리뷰에 이 점을 적절히 반영하지 못했다. 데이비드는 그들이 보유한, 과거의 인류와 연결된 유일한 연결 고리다. 그들이 인류에 대해 알 수 있는 정보가 무엇이건, 데이비드는 소중한 정보 출처다. 그들은 그가 엄마와 보내는 24시간을 관찰하면서 모든 기능을 한껏 발휘하는 모습을 관찰한다.

물론 우리는 모니카가 실제로 존재하는 인물인지 여부에 의문을 품어야 한다. 영화감독 제이미 스튜어트Jamie Stuart는 내가 내린 결론에 전혀 동의하지 않는다고 내게 전했다. 그녀는 모니카가 데이비드의 마음에 주입된 환상에 불과하다고, 그 결말 신들은 전적으로 데이비드의 시점에서만 일어나는 것이라고 생각한다. 데이비드의 기억과 지식을 모두 다운로드 받은 신형 메카들에게 그는 더 이상 아무 짝에도 쓸모없는 존재지만, 메카들은 그를 종료시키기 전에 그에게 만족스러운 하루를 제공했다는 것이다. 결말에서 우리가 그는 꿈을 꾸고 있다는 이야기를 들었을 때, 그건 데이비드가 받은 인상일 뿐이다. 이 영화는 초반부에서 그는 잠을 잘 수 없다는 걸, 따라서 꿈을 꿀 수 없다는 걸 밝혔다.

어떤 메카가 다른 메카가 만족감을 느끼는지 여부에 신경을 쓰는 이유는 무엇일까? 데이비드에게 행복한 24시간을 제공하는 것에는 무슨 의미가 있을까? 기계가 느낄 수 없다면, 클로징 시퀀스가 진정으로 뜻하는 바는 무엇일까? 나는 신형 메카들이 그들이 사랑할 수 있는 메카를 만들어 내려 애쓰고 있음을 시사한다고 믿는다. 그들은 그들만의 데이비드들을 만들어 그 데이비드들을 상대로 엄마 노릇을 할 것이고, 그 데이비드들은 그들을 사랑할 것이다. 이런 맥락에서 사랑은 무슨 의미를 가질까? 견제 세력이나 단짝, 또는 π 이상이나 이하의 의미도 아니다. 그것이 인공지능의 숙명이다. 그들을 영원히, 영원토록 사랑해 줄 엄마는 없을 것이다.

여름의 폭풍

Senso

감독	루키노 비스콘티	
주연	알리다 발리, 팔리 그레인저	
제작	1954년	117분

루키노 비스콘티Luchino Visconti, 1906~1976의 <여름의 폭풍>은 오페라 하우스에서 시작한 이후로, 어떤 면에서는 그곳을 결코 떠나지 않는다. 이 영화는 불운한 연인들과 가식적으로 구는 군인들, 한밤중의 밀회, 대담한 불륜 행각과 극적인 죽음이 등장하는 열정적인 멜로드라마 같은 로맨스다. 그런 사건 대부분이 베니스(어디를 바라보건 아리아의 배경이 보이는 도시)에서 벌어진다는 건 적절한 설정이다.

오프닝 시퀀스는 영화의 모든 캐릭터를 무대에 올려놓고 그들이 겪는 불운한 이야기들을 위한 설정을 진행한다. 비스콘티는 베니스의 라 페니체La Fenice 내부에서 로케이션으로 촬영을 했다. 인기 있는 이 오페라 하우스의 뮤직 박스는 1836년과 1996년에 소실됐다가 두 번 다 재건됐다. 몇 층이나 쌓인 특별석은 서로를 딛고 똑바로 일어선 것 같은 흔치 않은 모습이고, 그래서 관객들의 시야는 훤히 트여 있다. 라 페니체는 대부분의 오페라 하우스보다 중간 휴식 시간이 더 긴 것으로 유명하다. 겨울철 오페라 시즌에 서로 안면이 있는 경우가 잦은 단골 관객들은 어울려서 수다 떨기를 즐긴다. 그들이 다른 특별석을 들락거리는 사람들을 놓치지 않고 파악한 결과, 이 극장은 과거 몇 세기 동안 페이스북 같은 역할을 수행했던 게 분명하다.

때는 1866년이다. 1층 객석 중 가장 좋은 자리는 눈부신 흰색 군복 차림인 오스트리아 점령군 장교들 차지다. 애국자들은 갤러리에서 전단을 배포하고, 이 전단이 외국인들의 머리 위로 소나기처럼 떨어질 때 공연 중인 베르디의 「일트로바토레Il Trovatore」의 주인공은 "전투 준비! 전투 준비!"를 울부짖는다. 전단의 내용은 오스트리아군의 주둔을 종식하고 당시 가리발디Giuseppe Garibaldi가 건국하던 이탈리아에 베니스를 통합할 것을 요구하는 것이다.

아수라장 속에서 오스트리아 군인과 베니스의 젊은 빨치산 사이에 신랄한 말이 오간다. 이튿날 아침에 대결이 벌어질 예정이다. 부유한 귀족 남편을 둔 리비아 세르피에리 백작 부인은 특별석에서 이 광경을 목격한다. 그녀가 좋아하는 사촌인 로베르토 우소니 후작이 분란을 일으킨 빨치산이었다. 그녀는 오스트리아 장교를 불러 사촌에게 자비를 베풀어 달라고 애원한다. 그러면서 이제 비극의 모든 부분이 작동하기 시작한다.

<제3의 사나이The Third Man>에서 해리 라임의 충직한 연인으로 우리의 기억에 남은 알리다 발리Alida Valli가 백작 부인을 연기한다. 그녀는 빼어나지만 절제된 아름다움을 보여 준다. 평론가 데이비드 톰슨David Thompson은 그녀가 이 영화에서 웃는 모습을 본 기억이 없다고 말했다. 이 영화에서 그녀의 무심한 분위기는 그녀에게 도움을 준다. 백작 부인은 순전히 이기적인 성향 때문에 기만하고 배신하고 행동할 필요가 있을 것이기 때문이다. 오스트리아군 중위 프란츠 말러는 공허한 분위기를 풍기는 매력적인 미남 팔리 그레인저Farley Granger가 연기한

다. 그녀는 대결을 하지 말아 달라고 그에게 간청한다. 그녀는 사촌을 당국에 신고한 밀고자가 누구인지를 모른다. 우소니 후작은 이미 철창에 갇혀 있다.

알리다 발리와 팔리 그레인저는 비스콘티가 이 역할들을 연기할 사람들로 처음 선택한 배우들은 아니었다. 그는 처음에는 마리아 칼라스Maria Callas를, 그다음에는 잉그리드 버그먼Ingrid Bergman과 말론 브란도Marlon Brando를 선호했다. 그의 영화는 이탈리아 역사상 가장 많은 제작비가 투입된 영화가 될 터였다. 그래서 그는 스타급 배우들을 원했다(다년간 제작된 모든 이탈리아 영화처럼, 그 영화는 온갖 주요 언어로 더빙될 터였다). 브란도는 이 역할 출연을 위한 테스트를 받기도 했지만 결국 이 영화를 떠났고, 버그먼은 로베르토 로셀리니Roberto Rossellini와 가진 논란 많은 결혼 생활 때문에 곤경을 겪고 있었다. 그래서 루키노 비스콘티 백작은 유럽의 중요한 스타였던 발리와, 미국 출신으로 급은 조금 떨어져도 유명한 스타인 그레인저를 아주 흡족하지만은 않은 심정으로 받아들였다.

그런 캐스팅이 영화에 해가 됐을까? 나는 그렇게 생각하지 않는다. 버그먼은 자신이 연기하는 여주인공을 공감이 가는 따스한 캐릭터로 연기했을 것이다. 그런데 리비아는 그런 캐릭터가 아니다. 브란도는 남성적인 존재감을 뿜어냈을 것이다. 그런데 말러는 신뢰가 가지 않는 겁쟁이여야 한다. 역할들이 요구하는 조건들을 기준으로 봤을 때, 이 영화의 캐스팅은 이상적이었다. 그리고 대체로 2급 주인공을 연기했던 그레인저는 1등급의 비열한 인간을 연기해 냈다.

비스콘티는 라 페니체에서 느긋한 시간을 보낸 후에야 배경을 다른 곳으로 옮긴다. 그는 결국 베니스를 살짝 보여 주지만, 세르피에리 백작 저택의 동굴 같은 현관 대기실에서 보이는 멀리 떨어진 운하만 보여 준다. 하지만 우리는 백작 부인과 중위가 우연히 만났을 때 그 도시

를 아주 많이 보게 된다. 중위는 위험한 구역을 가로지르는 그녀를 호위하겠다고 제의하고, 두 사람은 결국 밤새 걸으면서 대화를 나눈다. 비스콘티의 촬영은 풍성한 분위기를 뿜어낸다. 베니스를 아는 사람이라면 누구나 모든 장소를 알아볼 것이다. 광고용 간판과 가게 쇼윈도를 제외하면, 베니스는 변한 게 없기 때문이다.

세르피에리 백작은 힘 좋은 사람이지만 트로피 와이프trophy wife•가 그의 명령을 고분고분 듣지 않을 것이라는 걸 이해한다. 그는 아내가 하는 말을 바보처럼 믿고, 아내는 말러가 거는 성적인 최면에 무릎을 꿇는다. 우리에게 — 부분적으로는 팔리 그레인저의 존재감 때문에 — 말러가 무정한 기회주의자라는 것은 분명해 보인다. 그에게 현혹된 그녀는 남편뿐 아니라 애국적인 사촌도 배신한다. 그녀는 사촌이 군 복무를 하기에는 부적격이라고 선언해 줄 의사에게 뇌물로 먹일 돈을 말러에게 건넨다.

더 자세한 플롯은 소개하지 않겠다. 비스콘티를 매혹하는 것은 그녀를 극단까지 몰고 가는 성적인 열정이다. 그가 연출한 <베니스에서의 죽음Morte a Venezia>(1970)의 주인공처럼, 사랑 앞에서 무력한 그녀는 억지로 불운과 밀회하게 된다. 그녀는 밤마다 외박을 한다. 그녀는 좁은 베니스 지역에서 유명 인사인 게 분명함에도 낮 시간에 대담하게 말러의 주둔지를 들르면서 자신의 평판을 위험하게 만든다. 그녀는 자신의 행실을 향한 명확한 경고와 못 알아들을 일이 없는 모욕들을 이해하지 못하거나 이해할 의향이 없다. 그녀와 오페라 여주인공 사이의 유일한 차이점은 그녀는 노래를 부르지 않는다는 것이다. 말러는 눈부신 흰색 군복과 몸을 휘감는 망토 차림인 자신이 밤중에 남들 눈에 얼마나 띄지 않을 거라고 생각하는 걸까?

• 나이 많은 남자의 젊고 예쁜 아내

<여름의 폭풍>은 비스콘티의 또 다른 위대한 영화 <레오파드Il Gattopardo>(1963)와 명백하게 관련이 있는 작품이다. 두 작품 모두 시간적 배경이 1860년대 초의 동일한 시기이고, 두 작품 모두 사회적 격변에 직면한 귀족들을 다룬다. 비스콘티는 중세에 밀라노를 지배한 가문의 후손인 로나테 포촐로Lonate Pozzolo 백작이었다. 부잣집에서 태어난 그는 마르크스주의자였지만, 두 영화에서 그는 정치적이고 경제적인 이슈보다는 역사적 변화의 순간에 처한 개인들에게 더 많은 관심을 보였다. 차이점이라면, <레오파드>는 막을 내리는 중인 전통에 애정을 보인 반면, 그보다 9년 전에 만들어진 <여름의 폭풍>은 지배 계급을 향한 경멸만 보여 준다는 것이다.

<여름의 폭풍>은 고급스럽고 폭넓은 정서를 담아내며 아름답게 촬영됐지만, 인기 면에서는 항상 <레오파드>보다 못한 점수를 받았다. 아마도 주인공 캐릭터들이 뼛속까지 썩은 사람들이기 때문일 것이다. 사촌인 로베르토 우소니만이 영웅적이다. 그는 이탈리아의 통일과 토지 개혁을 위해 가리발디 편에서 싸운다. 우소니 캐릭터가 비스콘티와 수소 체치 다미코Susso Cecchi d'Amico가 각색한 카밀로 보이토Camilo Boito의 중편 소설에는 등장하는 않는, 비스콘티가 고안한 인물이라는 사실은 의미심장하다. 각색 과정에서 추가된 이 캐릭터는 비스콘티가 귀족에게 배신당한 혁명을 보여 줄 수 있도록 하는 소중한 존재였다. 그런데 그 배신은 백작 부인의 계급보다는 그녀의 캐릭터에 더 중요한 문제다.

아무튼 이 영화에서 비스콘티의 오페라 애호는 그가 믿는 마르크스주의보다 더 중요했다. 그는 1954년과 1957년 사이에 라 스칼라La Scala에서 마리아 칼라스를 다섯 번 연출했고, 실제로 그녀는 리비아 역할을 연기할 배우로 그가 처음 선택한 배우이기도 했다. 그런데 그녀의 일정에 영화를 촬영할 여유는 없었다. 비스콘티는 오페라를 총 스물다섯 편이나 연출했다. 관객은 그가 공동 집필한 <여름의 폭풍>을 보면

서 오페라처럼 과장된 감정들을, 웅장한 규모를 감지한다. 놀라운 것은 이 영화가 오페라 공연용으로 각색되지는 않았다는 점이다.

<여름의 폭풍>에는 기구한 사연이 있다. 이탈리아 검열 당국은 이 영화의 오리지널 버전이 버림받고 딱한 여주인공을 학대하는 군인들을 보여 주며 이탈리아군을 모욕했다면서 비스콘티에게 엔딩을 다시 촬영하라고 강요했다. 그리고 발리와 그레인저가 스타 파워가 있는 배우들이었음에도 영화는 이탈리아 밖의 시장에서는 짧은 버전으로 상영되었고, 영국과 미국에서 <리비아Livia>와 <음탕한 백작 부인The Wanton Countess> 등 다양한 제목으로 상영된 영어 버전에서는 두 주인공 모두 모국어인 영어를 구사한다.

마틴 스콜세지Martin Scorsese는 풍성한 색채를 담아낸 이 영화의 테크니컬러에 감탄했고, 그의 영화 재단은 2011년 2월에 크라이테리언 컬렉션으로 공개된 이 새 버전의 복원 비용을 댔다. 추가 디스크에는 <음탕한 백작 부인>이 담겨 있다.

역마차 Stagecoach	감독	존 포드	
	주연	클레어 트레버, 존 웨인	
	제작	1939년	96분

<역마차>는 두 인물의 위대한 커리어를 새로이 도약시킨 영화다. 이 영화에 출연하기 전에 엑스트라로, 스턴트맨으로, B급 배우로 많은 영화에 출연했던 존 웨인John Wayne에게, 이 영화는 그가 처음 출연한 존 포드John Ford, 1894~1973 영화였다. 포드의 입장에서 이 영화는 몇 년간 여러 아이디어를 키운 장르(그가 위대한 영화들을 많이 만들 장르)로 복귀한 영화였다. 이 영화 이후 감독으로서 영향력을 가진 포드와 스타로서 영향력을 가진 웨인은 웨스턴 장르의 상징이 된 영화들을 만들면서 영화사에 길이 남을 전설적인 파트너십에 속하는 관계를 확립할 터였다.

그들은 포드의 커리어가 제대로 순풍을 타기 시작한 순간에 함께 작업하게 되었다. 당시 포드는 마흔다섯 살이었다. 그가 첫 무성 영화를 연출한 건 1917년이었다. (그해에 그가 연출한 영화는 열 편이나 된다!) 그는 엄청난 성공을 맛봤고, 1936년에는 <밀고자The Informer>로 아카데미상 감독상을 수상했다. 그렇게 성공 가도를 달리던 그가 한

단계 더 높은 반열에 올라서는 시절이 찾아왔다. 1939년에 <역마차>와 후속작 <젊은 링컨Young Mr. Lincoln>, <모호크족의 북소리Drums Along the Mahawk>를 내놓은 후 1940년에 <분노의 포도The Grapes of Wrath>와 <머나먼 항해The Long Voyage Home>를 내놓고, 1941년에 <토바코 로드Tobacco Road>와 <나의 계곡은 푸르렀다How Green Was My Valley>를 내놓으면서 그는 아카데미 감독상 후보에 세 번 오르고 그중에 두 번을 수상했다. 그보다 더 빠른 시일 내에 더 많은 위대한 영화를 만든 유성 영화 시대 감독은 없었다.

서던캘리포니아대학 미식축구 선수 출신인 존 웨인은 본명인 매리언 모리슨Marion Morrison으로 여름철마다 20세기 폭스에서 일했는데, 포드는 '듀크Duke'라는 별명을 가진 그를 그 시절부터 눈여겨봤었다. <역마차> 이전의 10년 동안 웨인은 두드러진 모습을 보이지 못하면서 엑스트라부터 주인공에 걸친 다양한 역할을 맡으며 40편 정도의 웨스턴에 출연했었다. 그에게 스타의 자질이 있다고 생각한 포드는 웨인을 <역마차>의 핵심 역할인 링고 키드를 연기할 적임자로 판단했다. 스튜디오는 그 역할에는 유명 배우가 필요하다면서 이 캐스팅을 거세게 반대했지만, '아빠Pappy'라는 별명을 가진 포드는 독단적이다 싶을 정도로 고집을 부렸다. 그러자 웨인은 자신의 인생을 바꿔 놓을, 언젠가 자신의 얼굴을 미국 우표에 올려놓을 인상적인 연기를 펼쳤다.

<역마차>는 오늘날에 보면 대단히 독창적인 영화로 보이지는 않는다. 우연히 한데 모인 각양각색의 캐릭터들이 시련을 겪으면서 살아남는다는 내용을 다룬, 이후에 나온 숱하게 많은 영화에 영향을 준 작품이기 때문이다. 이러한 장르는 때로 '방주 영화Ark Movie'로 불린다. 이 영화는 이따금씩은 세월이 흘러도 변치 않는 클리셰들을 골라서 모아 놓은 것처럼 보인다. 당신은 산기産氣를 느낀 여성을 본 의사가 "끓는 물 가져와! 뜨거운 물 가져오라고! 많이!"라고 명령하는 모습을 보

게 될 것이다. 마음씨가 천사처럼 고운 매춘부를, 사악한 은행가를, 구린 구석이 있는 도박사를, 청순한 여주인공을, 사나운 아파치들을, 관능적인 인디언 아내를, 온순하고 땅딸한 여행객을, 역마차 마부가 전속력으로 질주하는 추격 신을 보게 될 것이다. 술집과 목장, 광활한 풍경, 캠프파이어, 그리고 — 위험에 처한 민간인을 구하려고 말을 달리기 전에 돌격 함성을 지르는 — 기병대를 보게 될 것이다.

이런 판에 박힌 요소들이 지나치게 익숙하게 여겨지는데도, <역마차>는 힘들이지 않고 우리의 시선을 붙들면서 교향곡 같은 우아한 속도로 이야기를 전개해 나간다. 주의 지속 시간이 짧은 관객들의 시선을 유혹하려고 하는 포드는 액션과 폭력을 낭비하지 않으면서 하고픈 이야기를 들려주고, 그러는 동안 우리는 캐릭터들을 파악하게 되고 그들에게 관심을 쏟게 된다. 그는 핵심적인 장면들을 같은 대스타에게 몽땅 배정하지는 않는다. 크레디트의 맨윗자리는 매춘부 댈러스 역의 클레어 트레버Clair Trevor 차지였다. (“댈러스?” 그 이름을 들으면 마를레네 디트리히Marlene Dietrich가 한 다음 대사가 떠오른다. “내가 하룻밤 사이에 상하이 릴리Shanghai Lily•가 된 건 아니에요.”)

트레버는 스타였다. 하지만 포드는 영화 감상을 즐기는 관객들에게 친숙했을 배우들이 연기하는, 역마차에 탄 다른 승객들을 거의 동등한 비중으로 다뤘다. 끽끽거리는 목소리를 내는 마부 역을 맡은 앤디 드바인Andy Devine, 고상한 도박사 역을 맡은 존 캐러딘John Carradine, 알코올 중독자인 닥터 분 역을 맡은 토머스 미첼Thomas Mitchell, 군인의 임신한 아내 역을 맡은 루이즈 플랫Louise Platt, 옛 서부에서 별난 체크무늬 사냥 모자를 쓴 나약한 떠돌이 세일즈맨인 피콕 씨 역을 맡은 도널드 미크Donald Meek. 그들이 서로 마주보며 앉아 있을 때 링고 키드는 그들

• 디트리히가 <상하이 익스프레스Shanghai Express>(1932)에서 맡은 역할

사이의 바닥에 앉지만, 포드는 링고 키드가 그들보다 낮은 위치에 있는 것처럼 보이게 프레임을 잡는 일은 단 한 번도 하지 않는다.

러닝 타임 중 상당 시간을 역마차 내부에 갇힌 채로 연기해야 하는 이 재능 있는 배우들은 엄청난 불편을 겪으면서도 위험천만한 인디언 영역을 가로질러 여행해야 하는 각자의 숨겨진 사연들을 천천히 드러내면서 매혹적인 공동체를 만들어 낸다. 웨인이 연기하는 캐릭터 링고 키드는 미합중국 보안관(조지 밴크로프트George Bancroft)에 의해 투옥된 살인범 수배자다. 다른 사람들이 매춘부 댈러스를 비난하는 투로 따돌릴 때, 그는 그녀에게 마실 물을 주고 식탁의 자리를 내줘야 한다고 고집한다. 그가 보여 준 정중한 모습은 사나이답고 착한 마음에서 비롯된 것이다. 당연히 그는 그녀와 사랑에 빠지고, 그 사랑은 걸출한 장면을 빚어낸다.

링고 키드: 국경 너머에 아직도 내 목장이 있어요. 근사한 곳이에요. 정말로 멋진 땅이 있어요. 나무도…… 풀도…… 물도 있고요. 절반쯤 지은 오두막집이 있어요. 남자가 살 수 있는 곳이죠. 여자도요. 갈래요?

댈러스: 하지만 당신은 나를 모르잖아요. 내가 어떤 사람인지 모르잖아요.

링고 키드: 알고 싶은 건 다 알고 있어요.

웨인은 이런 대사를 힘들이지 않고 연기하면서 권위 있는 모습을 보여준다. 그가 무슨 말을 하면, 우리는 그가 말하는 내용의 진심을 의심하지 않는다. 정말이지, 그가 이 영화에서 관객에게 심어 주는 인상을 놓고 보면, 그가 커리어 초기에 무척이나 눈에 잘 띄는 역할을 피했던 건 행운이었을지도 모른다는 생각이 들기도 한다. 이 영화를 찍을 때 키

크고 호리호리한 서른두 살이었던 그는 곱상한 소년다운 외모를 보여줬던 젊은 미남의 모습에서 벗어난 상태였다. 그는 으르렁거릴 줄도 알고 확고히 잡은 자기 위치를 굳건히 고수할 수도 있었으며, 지나치게 많은 말은 않지만 말을 할 경우에는 항상 진심을 담은 말을 하고 있는 것처럼 들렸다.

오슨 웰스Orson Welles의 전기를 집필한 사이먼 캘로Simon Callow는 웰스가 <시민 케인Citizen Kane>을 만들기 전에 <역마차>를 마흔 번 봤다고 썼다. 두 영화는 유사한 부분이 거의 없다. 웰스는 이 영화에서 무엇을 배웠을까? 무엇보다 군더더기 없는 편집 스타일을 배웠을 것이다. 포드는 각각의 신을 명료하게 만들어 주는 용도로 쓴 대사와 캐스팅을 통해 연출 의도를 확실하게 밝힌 후, 주장하고자 하는 바를 강조하는 데 충분한 정도의 길이만큼만 그 신을 오래 끌었다. 불필요하게 느껴지는 것은 하나도 없다. 그가 벽지에 있는 작은 마을의 우두머리 아내 야키마(엘비라 리오스Elvira Rios)가 노래를 부를 때처럼 영화의 흐름을 일부러 늦출 때, 우리는 그 노래를 폭풍 전에 들이닥친 고요로 이해한다(하워드 호크스Howard Hawks는 <리오 브라보Rio Bravo>에서 딘 마틴Dean Martin이 부르는 조용한 노래를 동일한 방식으로 활용한다).

포드는 편집을 지나치게 빠르게 하는 바람에 액션 시퀀스의 의미와 맥락이 상실되게 만드는 실수를 결코 저지르지 않는다. 길게 등장하는 역마차 추격은 시종일관 사리에 맞고, 그는 카메라가 스턴트 작업을 확실하게 보여 주게 한다. 이 비범한 스턴트를 고려해 보라. 아파치 한 명이 타고 있던 말에서 역마차를 끄는 말들로 건너뛰어 선두 말들에 올라선다. 그는 총에 맞는다. 그는 말들 사이로 땅에 떨어지고, 말들과 역마차는 그의 몸 위를 지나간다. CGI가 전혀 사용되지 않은 이 장면에서 그는 목숨을 걸고 스턴트 연기를 펼친다.

웨인은 이 영화의 주인공이지만, '액션 히어로'는 아니다. 그는 악당인 게 분명하다. 링고 키드의 얼굴은 아무 이유 없이 수배자 포스터에 실린 게 아니다. 하지만 그는 악한 측면을 전혀 내비치지 않는다. 그는 탈출할 수 있는 기회가 숱하게 있었는데도 투옥될 준비를 하는 듯 보인다. 그가 역마차에 머무는 것은 승객들을, 특히 두 여성을 보호하려는 욕구를 느꼈기 때문이라는 암시가 있다. 우리는 이 영화에서 웨인이 보여 주는 비범한 육체적 우아함과 다정한 면모를 본다. 그러면서 포드가 나중에 그를 <말 없는 사나이The Quiet Man>에 캐스팅한 이유를 이해한다.

두 장면은 특히 주목할 만하다. 웨인은 댈러스가 그에게서 멀어지며 복도를 내려가는 동안 그녀를 지켜보며 왼쪽 전경前景에 있다. 그의 보디랭귀지를 자세히 관찰해 보라. 그의 시선이 그녀를 따라가는 방식을, 그런 후에 몸을 세워 그녀를 따라가는 방식을 관찰해 보라. 나중에 댈러스가 달빛을 받으며 울타리 옆의 전경에 홀로 있고 뒤쪽에 있는 링고 키드가 담배에서 피어오르는 연기를 배경으로 삼아 역광을 받으면서 그녀에게 접근하는 장면에서 포드가 조명을 치고 구도를 잡는 방식을 꼼꼼히 살펴보라.

그 장면은 스튜디오에서 촬영한 것이었다. 하지만 영화의 대부분은 포드가 사랑하던, 선사 시대의 바위기둥들이 인간을 왜소하게 만들어 버리는 곳인 모뉴먼트 밸리에서 로케이션 촬영됐다. 포드는 그 밸리로 거듭 돌아갔고, 출연진과 제작진은 그곳에서 텐트 생활을 하며 취사 마차에서 배식한 급식을 먹었다. 그는 간섭 많은 스튜디오 임원들과 거리를 두는 것을 소중히 여겼다. 그는 독재자였고, 그 광활한 곳에서는 그가 하는 말이 곧 법이었다.

이 영화는 북미 원주민을 향해 무지한 태도를 보여 준다. 아파치족은 사나운 야만인들로만 단순하게 묘사된다. 백인들이 그들의 땅을 침략했다는 암시는 조금도 없다. 포드도 웨스턴을 만든 다른 수많은 제작자가 가졌던 단순한 관점을 공유했다. 1939년에 만든 이 영화에서 그런 관점이 못된 것이었다면, 훗날 포드와 웨인이 손잡고 만든 가장 위대한 작품인 <수색자The Searchers>(1956)에서는 더더욱 못된 것이었다. 포드는 마지막 영화 <샤이엔족의 가을Cheyenne Autumn>(1964)에서야 더 인도적인 생각을 갖게 됐다.

웨인과 작업한 세월이 길었다는 이유 때문인지, 포드는 보수적인 인물로 자주 간주된다. 그는 사실 리버럴한 의견을 노골적으로 피력한 인물로, 매카시Joseph McCarthy•의 마녀사냥이 자행되던 시절에 감독 조합에 충성 서약을 강요하려는 세실 B. 데밀Cecil B. DeMille의 시도에 맞선 세력의 리더였다. 포드도 웨인도 인종주의자가 아니었지만, 두 사람은 서글프게도 인종 문제에 무지한 영화들을 만들었다. 하지만 <역마차>에는 인도주의적인 심장이 고동친다. 마차에 탄 승객 중에 당연시되거나 무심하게 무시당하는 인물은 한 명도 없다. 그들 모두는 서로에게 의존하는 과정에서 한껏 비중을 부여받는다. 이 영화는 대단히 개화된 웨스턴이다.

• 미국의 상원 의원을 지낸 인물(1908~1957). 공산주의자들이 미국의 주요 정부 기관에 침투했다는 식의 주장을 펼치면서 공포를 조장하다가 근거 없는 주장을 한 것으로 밝혀지면서 몰락했다.

외아들

一人息子

감독	오즈 야스지로
주연	이다 초코, 히모리 신이치
제작	1936년 / 82분

나는 어째서 일본의 거장 오즈 야스지로小津安二郎, 1903~1963가 만든 첫 유성 영화 <외아들>을 보는 동안 꽃꽂이를 생각하고 있었을까? 그가 친숙한 비주얼 요소들로 활용한 세심하고 애정이 듬뿍 담긴 배려 때문이었던 게 분명하다. 1984년에 나는 일본에서 꽃꽂이 예술인 이케바나生花를 가르치는 소게츠 학교를 다녔다. 나는 이케바나는 단순히 꽃병에 커다란 꽃 무더기를 꽂고 정리하는 게 아님을 빠르게 깨달았다. 꽃꽂이를 하는 사람은 몇 안 되는 요소들을 골라내 그것들이 조화롭게 서로에게 의지하는 정확한 방식을 찾아냈다.

이케바나는 영화 연출하고는 아무런 관련도 없는 것 아니냐고 생각한다면 다시 생각해 보라. 당시 소게츠 학교 운영자는 <모래의 여자砂の女>의 감독인 데시가하라 히로시勅使河原宏였다. 그는 그 학교를 운영하는 3대 교장이 되기 위해 영화계를 떠났다. 그가 1991년에 타계한 후에는 그의 딸이 4대 교장이 됐다. 데시가하라 가문은 이케바나를 배

우는 사람은 자신과 물질적인 세계가 맺는 관계에 대해 배우는 거라고 믿었을 것이다.

이제 세계 최정상급에 속하는 영화감독 서너 명 중 한 명이자, 분명히 나에게 지극한 평온함을 안겨 주는 감독인 오즈 야스지로 이야기로 돌아가 보자. 나는 그가 연출한 영화를 열네 편 봤고, 그중 네 편은 숏 단위로 분석했었다. 그런 분석을 했다고 그에 대한 전문가가 된 건 아니지만, 그가 세상을 보는 방식들에 친숙해지기는 했다. 내가 본 영화들에서 그는 자신이 매우 좋아하는 몇 가지 주제, 소재, 구도 들을 갖고 세심하게 정리하고 또 정리했다. '그는 매번 똑같은 영화를 만든다'고 말하는 사람들이 있다. 그건 '사람은 누구나 눈 두 개를 갖고 태어난다'고 말하는 것과 비슷하다. 중요한 건 그 눈으로 세상을 보는 방식이다.

<외아들>을 시작하는 오프닝 프레임에는 작가 아쿠타가와 류노스케芥川龍之介의 인용문이 뜬다. "인생의 비극은 부모자식 간의 유대 관계에서 시작한다." 오즈가 만든 영화들의 대부분도 마찬가지다. 그는 부모들에게, 그들의 자식들에게, 종종은 그들의 손자들에게 거듭해서 초점을 맞춘다. 오즈가 만든 영화들의 전형적인 플롯은 부모나 자식이 상대의 행복을 위해 치르는 희생과 관련되어 있다. 부모와 자식 모두 상대가 욕망하는 대상일 거라는 그릇된 믿음 때문에 자신을 희생하는 경우가 드물지 않게 생긴다. 그런 상황에서 결혼과 자녀, 젊은이의 독립, 노인 돌봄, 출세 등의 이슈가 빚어진다.

그는 이 이야기들을 대단히 독특한 비주얼 프레임 안에서 들려준다. 그래서 나는 당신이 한두 숏만 본 후에도, 가끔은 스틸 사진만 보고서도 그게 오즈의 영화임을 알 수 있을 거라고 믿는다. 그가 어떻게 그런 접근 방식을 떠올리게 됐는지 모르겠다. 하지만 그가 만든 무성 영화들에서도 한껏 성숙된 그런 스타일을 볼 수 있다. 오즈의 입장에

서, 모든 건 그 숏의 구도에 달려 있다. 그가 카메라를 움직이는 일은 거의 없다. 그는 보통은 다다미에 착석한 사람의 눈높이에서 촬영을 한다. 그는 캐릭터들이 들어오기 전에 숏을 시작해서 그들이 떠난 다음에도 그 숏을 유지하는 경우가 잦다. 그는 외부의 건물이나 세세한 풍경들을 찍은 '베게 숏pillow shot'으로 중요한 장면들을 갈라놓는다. 그는 특정한 분위기를 환기하는 음악을 활용하면서도 지나치게 요란하게 쓰는 법이 결코 없다. 나는 그가 폭력을 사용하는 모습은 결코 본 적이 없다. 폭력이 일어날 때, 그건 사람들의 내면에서 행사되는 폭력이다.

부모, 자식, 가족 들이 그가 선택한 대상이다. 그는 순수하고 소박하게 묘사된, 여기에 주목해 달라고 목소리를 높이는 일이 결코 없는 친숙한 비주얼 전략으로 각각의 이야기를 들려준다. 그가 똑바로 잡은 숏들은 옆모습과 뒷모습을, 전경前景에 물체들을 놓은 프레임을 자주 잡는다. 실외 장면과 두 명 이상의 캐릭터를 담은 숏들은 보통 비스듬한 각도로 촬영된다. 단조롭냐고? 결코 그렇지 않다. 그가 나름의 규칙들을 지키면서 기본적인 숏을 한없이 변형시키기 때문이다. 그의 영화에 담긴 장면보다는 현대 영화의 추격 신이 훨씬 더 단조롭다. 현대 영화의 신은 곰곰이 생각할 거리를 관객에게 하나도 주지 않기 때문이다.

<외아들>에는 우리에게 생각할 시간을 엄청나게 많이 주는 주목할 만한 순간이 있다. 이 영화의 줄거리는 지방의 생사生絲 방적 공장에서 일하는 홀어머니의 아들을 다룬다. 육체적으로나 정신적으로나 고되고 힘든 일을 하지만 그녀는 아들을 고등학교를 졸업시키고 제대로 된 인생가도에 올려놓으려고 묵묵히 일을 해 나간다. 졸업한 아들은 미래를 좇으려고 존경하는 스승을 따라 도쿄로 간다. 4년이 흐른다. 어머니는 연락도 없이 아들을 찾아간다. 모자는 서로를 보게 되어 행복하

다. 모자는 서로를 사랑한다. 그런데 아들에게는 비밀이 있다. 그에게는 아내와 갓난아이가 있다. 그는 어째서 어머니에게 그 사실을 알리지 않은 걸까? 어머니가 도쿄로 찾아와 아들이 무척이나 가난하고, 박봉을 받는 직업을 갖고 있으며, 야간 학교에서 기하학을 가르치고, 도쿄 쓰레기 소각장의 높은 굴뚝들이 보이는 황량한 지역에 거주한다는 걸 알게 되는 일이 없기를 그가 바랐을 것임을 우리는 이해한다.

나머지 플롯은 영화를 보면 알 수 있다. 앞서 소개한 플롯은 그가 느낀 좌절을 공유하는 대화로 이어진다. 그는 어머니의 희생이 헛된 일이 된 것 같다고 말한다. 어머니는 아들에게 참고 견디라고 격려한다. 아들은 자신은 불운하다고 생각한다. 도쿄에 그를 위한 공간은 없다. 평범한 공장 노동자인 그녀가 이 말에 어떤 대답을 할 수 있겠는가? 그녀는 잠을 이루지 못하고 늦은 시간에 일어나 앉는다. 아들이 깨어나고, 모자는 조금 더 대화를 나눈다. 그녀는 울먹인다. 프레임을 다시 잡은 숏에서는 며느리가 울먹인다. 그런 후 오즈는 눈길을 끄는 방구석의 숏을 보여 준다. 거기에 그리 대단한 게 있는 건 아니다. 젖병, 복제품 그림, 별다른 게 없다. 그는 이 숏을 계속 보여 준다. 계속 보여 준다. 계속 보여 준다. 나는 무슨 일이 일어났는지 생각하면서 그가 더 이상은 그것들을 지켜볼 수 없을 거라고, 다른 곳으로 눈길을 돌려야 한다고 느낀다. 결국 실외의 아침 풍경을 잡은 베게 숏이 등장한다.

오즈는 특유의 비주얼로 거듭 복귀하는 데에서 그치지 않는다. 친숙한 배우들에게도 거듭 돌아간다. <외아들>에서 주인공의 선생님(도쿄로 이사한 후 꿈을 실현하는 데 실패한, 아들이 어머니에게 "돈가스를 튀기는 신세로 전락"했다고 씁쓸하게 말하는 대상)이라는, 단역이면서도 중요한 역할을 류 치슈笠智衆가 연기한다. 이 작품은 류가 오즈를 위해 연기한 일곱 번째 영화였다. 그는 오즈가 1929년부터 1962년 사이에 만든 영화 54편 중 52편에 출연했다. 그는 <동경 이야기東京物語>(1953)

에 나오는 나이 많은 아버지다.

류는 우리가 보디랭귀지를 통해 인식하게 되는 배우다. 절제된 모습을 보여 주는 그는 공손한 분위기를 물씬 풍긴다. 그는 명상에 잠긴 듯한 모습으로 담배를 피운다. 그는 오즈가 자신에게 되도록 연기 지도를 하지 않았다고 말했다. "감독님은 촬영장에 오기 전에 전체 그림을 머릿속에 다 담고 왔습니다. 그래서 우리 배우들이 해야 할 일이라고는 팔을 들고 내리는 것부터 눈을 깜빡이는 방식에 이르기까지 감독님의 지시를 따르는 게 전부였죠."

오즈 입장에서 류는 이상적인 배우다. 연기를 하려고 기를 쓰는 것처럼 보이는 일이 결코 없기 때문이다. 그는 캔버스 같은 존재다. 그는 '연기'를 하지 않는 것으로 자신의 내면을 들여다보라고, 그곳에서 하나의 세계를 찾아내라고 우리에게 청한다. 나는 그가 연기한 캐릭터들에 깊은 관심을 갖는다. 그 캐릭터들을 기억에 담는다. 하나같이 비슷비슷하게 생겼지만, 각자 특유의 개성을 가진 캐릭터들을. 그와 같은 스타일로 연기를 하면 오스카상 연기상을 수상하지는 못한다. 브란도 Marlon Brando는 그런 종류의 연기 스타일을 할리우드에서 몰아냈는데, 쫓겨난 그런 스타일이 할리우드에 복귀한 경우는 드물다.

정말로 나는 오즈가 나와 함께 그의 연출작들을 감상하고 있는 것처럼 느낀다. 그는 나 혼자서 그것들을 보라고 하면서 그 작품들을 스크린에 내던지지 않는다. 우리는 함께 즐거워하려고 애쓰는, 종종은 실패하는, 가끔씩은 실수를 만회하는 사람들을 응시한다. 이 영화에서 결국 어머니에게 희망을 주는 상황을 글로 묘사할 경우, 그 글은 감상적으로 보일 것이다. 어쨌든 그 상황은 대단히 진지하다.

우리가 오즈와 함께 영화를 보고 있다는 걸 떠올리게 만드는 요소는 작은 찻주전자다. 내가 본 그의 모든 연출작에 등장하는 대부분의 실내 장면에는 작은 찻주전자가 여기저기에 모습을 드러낸다. 찻주전자는 관객이 감지하지 못하는 방식으로 사방을 이동해 다닌다. 눈에 띄지 않는 작은 찻주전자. 우리는 그의 첫 컬러 영화에서 그 찻주전자가 빨간색임을 발견했다. 당연히 빨간색이어야 한다. 일본의 두루마리 그림에서 빨강은 낙관落款의 색깔이니까.

위대한 레보스키

The Big Lebowski

감독	조엘 코엔
주연	제프 브리지스, 존 굿맨, 줄리앤 무어, 스티브 부세미
제작	1998년 · 117분

<위대한 레보스키>는 줄거리가 중요한 영화가 아니라 등장인물들의 사고 방식이 중요한 영화다. 관객들은 그 점을 놓치기 쉽다. 영화가 줄거리를 무척이나 황급하게 전개하기 때문이다. 영화는 납치와 몸값, 포르노 업계 거물, 세상을 등진 백만장자, 도망친 여성, 말리부 경찰, 천장에 설치된 멜빵에 묶여 알몸으로 그림을 그리는 여성, 베트남전 참전 용사와 플라워 파워Flower Power• 사이에 빚어지는 불화의 마지막 장을 다룬다. 그리고 이 영화에는 다른 무엇보다 볼링을 다룬 신이 많다.

이 작품은 세상에서 코엔 형제Coen brothers만이 구상할 수 있을 만한 플롯이자 대사일 것이다. 나는 그들이 명료한 주장을 펼치는 <파고Fargo>와 <노인을 위한 나라는 없다No Country for Old Men> 같은 영화들보다는 몽롱한 논리를 펼치는 <아리조나 유괴사건Raising Arizona>과

• 평화와 반전을 주창하던 1960~1970년대의 청년문화

<허드서커 대리인The Hudsucker Proxy> 같은 영화들을 더 많이 생각하는 편이다. 광란이 빚어지는 와중에도 발휘되는 꾸준한 연출력만이 그 상황을 — 그리고 그들이 채택한 비주얼 접근 방식의 흥에 겨워 날뛰는 풍부함을 — 유기적으로 묶어 내도록 만든다.

영화에 관심을 가진 이는 누구나 이 영화의 플롯에 대한 이야기를 들었을 게 분명하다. 이 작품은 이 작품을 주제로 한 연례 컨벤션과 말일성도듀드교회The Church of the Latter-Day Dude가 창시되는 데 영감을 준 영화다. 이 영화의 주연 배우 제프 브리지스Jeff Bridges는 자신이 연기한 역할과 엄청나게 동일시된 탓에, 그가 2010년 오스카상 남우 주연상을 수상했을 때 "듀드 어바이즈The Dude Abides"•로 수상 연설을 시작하지 않았음을 개탄하는 트위터가 넘쳐 나기까지 했다. 무척이나 큰 상징성을 갖게 된 이 대사는 캐슬린 팔사니Cathleen Falsani◆가 쓴 『듀드 어바이즈: 코엔 형제 복음The Dude Abides: The Gospel According to the Coen Brothers』이라는 책의 제목에 영감을 주기까지 했다. 이 책은 진지한 책이다. 신학을 다룬 따분한 책하고는 거리가 멀지만 말이다.

제프 브리지스가 연기하는 제프리 '더 듀드' 레보스키는 낮에는 화이트 러시안을 홀짝거리고 밤에는 볼링장에서 소일하는 무사태평한 실직자다. 그의 주위에는 언제든 피울 수 있는 마리화나가 있다. 그는 적갈색 머리를 사자 갈기처럼 기르고, 염소수염을 텁수룩하게 길렀으며, 긴 반바지와 떨이로 산 셔츠, 목욕용 가운과 샌들 차림이다. 예전에 찾아갔던 우드스톡을 결코 떠나지 않은 사람이다. 그는 말리부에 마지막으로 남은 곳처럼 보이는, 폐가나 다름없는 형편없는 싸구려 임대주택에 거주한다. 그런 곳을 찾아내는 듀드의 실력을 신뢰하라.

듀드가 제프 다우드Jeff Dowd라는 실존 인물에서 영감을 받은 캐

• '그럭저럭 견뎌 낸다' 정도의 뉘앙스를 가진 대사

◆ 미국의 저널리스트 겸 작가(1970~)

릭터라는 사실은 널리 알려져 있다. 프리랜스 홍보 전문가인 그는 코엔 형제가 만든 작품 목록의 첫 자리를 차지한 영화 <블러드 심플Blood Simple>(1984)이 제작되도록 하는 과정에서 중요한 역할을 수행했다. 나는 제프 다우드하고 오래 전부터 알고 지낸 사이이다. 그가 듀드 캐릭터에 어떻게 영감을 줬을지는 쉽게 상상이 된다. 그는 사회적인 활동을 하려는 동기를 제프 레보스키보다 훨씬 더 많이 가진 인물이지만, 레보스키처럼 휜칠하고 머리가 텁수룩하며 기분이 시시각각으로 바뀌는 사람이다. 그는 사람들의 이름을 정치인보다도 잘 기억하고, 전략을 짤 때 영리한 꾀를 많이 내놓으며, 홍보를 맡기로 동의한 영화를 알릴 때에는 열의로 활활 타오르는 사람이다.

영화에서 제프 레보스키는 백만장자의 딸(줄리앤 무어Julianne Moore)에게 자신은 젊었을 때 '민주 사회를 위한 학생들Students for a Democratic Society'을 창립한 포트 휴런 선언Port Huron Statement•의 초안을 작성하는 걸 도왔고, 시애틀 세븐Seattle Seven◆의 일원이었다고 말한다. 실제로 제프 다우드는 시애틀 세븐의 일원이었고, 지금도 여전히 전투적인 태도를 유지하고 있다. 그래서 그는 2009년 선댄스영화제에서 지구의 생존을 위해서는 지극히 중요한 작품이라고 믿은 생태 문제를 다룬 다큐멘터리 <흙Dirt>을 보라며 어느 평론가를 상대로 지나치게 격하게 고집을 부리다 턱에 주먹을 맞기까지 했다. 다우드는 맞받아서 주먹질을 하지는 않는 것으로 비폭력이라는 신조를 충실히 지켰다.

<위대한 레보스키>에서 우리의 주인공은 정치하고는 담을 쌓고 주로 거나하게 취한 상태로만, 그리고 볼링을 치면서만 살아간다. 그가 인사불성일 정도로 취한 모습은 영화에 결코 등장하지 않지만, 어쨌

• 북미의 운동권 학생들이 1962년에 발표한 정치적 선언문

◆ 시애틀을 근거지로 활동한 급진적인 베트남전 반전 운동인 시애틀해방전선(Seattle Liberation Front)의 유명한 멤버들

든 그는 항상 맨 정신하고는 거리가 먼 상태다. 그의 볼링 파트너는 월터 소브책(존 굿맨John Goodman)과 도니 케라바초스(스티브 부세미Steve Buscemi)다. 키가 듀드보다도 큰 월터는 자긍심에 찬 베트남전 참전 용사이자 셋 중에서 머리를 제일 잘 굴리는 사람이다. 그와 듀드는 정치 이야기는 절대로 하지 않는다. 도니는 그들의 고분고분한 조수로, 항상 덩치 큰 사내들의 한 발짝 뒤에 자리를 잡는다. 그가 영화에서 완벽하게 끝을 맺는 문장은 세 문장 정도일 텐데, 하나같이 짧은 문장들이다. 그가 하는 말은 월터가 내뱉는 입 닥치라는 말에 의해 끊기는 경우가 잦다. 그는 두 사람이 누리는 영광의 주변부에 존재하는 것을 행복해한다.

플롯의 디테일들을 살펴보면 별다른 걱정이 들지 않는다. 빅 레보스키(논리적으로 따지면 듀드는 리틀 레보스키가 된다)라는 휠체어 신세를 지는 심술궂은 백만장자가 등장한다. 목재로 잘 장식된 드넓은 서재의 불가에서 생각에 잠긴 그를 보면서 나는 <위대한 앰버슨가The Magnificent Ambersons>의 메이저 앤더슨을 떠올렸다. 그의 트로피 와이프인 버니(타라 레이드Tara Reid)가 납치된 것 같다. 이 사건은 듀드가 자신을 빅 레보스키로 오인한 청부업자들에게 잔혹하게 구타를 당한 사건과 간접적으로 연결된다. 흐음, 말리부에 사는 사람 중에 이름이 제프 레보스키인 사람이 얼마나 될까? 괴한 중 한 명이 듀드가 애지중지하는 양탄자("방하고 참으로 잘 어울리던 거야")에 오줌을 갈긴다. 영화 전체는 그 양탄자에 대한 보상을 받으려고 듀드가 하는 시도들을 다루고 있다고 개략적으로 묘사할 수 있다.

조연 캐릭터들을 창작하는 데 영감을 준 요소들은 레이먼드 챈들러Raymond Chandler의 소설들에서 찾아볼 수 있을 듯하다. 캘리포니아 남부라는 배경, 백만장자, 납치된 아내, 자유분방하게 사는 딸, 청부업자들, 주인공의 이름을 친근하게 부르는 경찰들은 모두 챈들러에게서 찾아 볼 수 있다. 듀드는 어떤 면에서는 필립 말로•다. 그가 집중적으로 쏟아 내는 에너지 측면에서가 아니라, 그가 살면서 준수하는 규범 면에서 말이다. 이 비열한 거리 아래로 자신의 양탄자에 오줌이 갈겨진 걸 용납하지 못하는 사나이가 걸어간다. "그걸 참지는 않을 거야." 그가 하는 이 대사는 아버지 조지 부시George H. W. Bush 대통령이 사담 후세인Saddam Hussein의 쿠웨이트 침공에 대해 한 말을 무의식적으로 인용한 것일 테다. 듀드는 거짓말을 하거나 도둑질을 하거나 사기를 치지는 않는다. 그저 욕설만 달고 산다. 그는 옳은 일을 원한다. 공화국 초창기의 깃발을 두른 그는 주장한다. "나를 짓밟지 마."

코엔 형제는 항상 압도적인 건축물의 디테일(기다란 복도, 기괴한 실내 장식, 인위적 원근법, 고독한 풍광, 끔찍한 도시 풍경)을 다루면서 주목할 만한 비주얼 스타일을 보여 줬다. <시리어스 맨A Serious Man>(2009)의 교외 지역처럼 겉만 보면 사실적인 배경들에서조차, 그들은 리얼리즘을 뛰어넘는 관점을 고집하기를 즐긴다. 그들이 연출해 낸 교외는 교외 지역이라는 관념을 증류해 낸 결과물이다. 형제가 <위대한 레보스키>에서 닻을 내린 곳은 볼링장이고, 그들이 채택한 지배적인 컬러는 브런스윅Brunswick◆의 오렌지와 청록색이라고 묘사할 수 있다. 볼링장에는 기이할 정도로 손님이 적고, 레인들은 아찔할 정도로 길다. 굴러가는 볼링공 내부에서 바라본 시점 숏이 등장한다. 제프는 환각을 느끼거나 의식을 잃었을 때 기이한 판타지의 세계에 거주한다.

같이 볼링을 치는 사람 중 한 명이 헤수스 퀸타나(존 터투로John Turturro)다. 자신에게 경의를 바친다는 의미에서 자기 자신을 예술 작품으로 탈바꿈시킨 인물이다. 조연 캐릭터들로 구성된 트리오인 허무주의자들The Nihilists의 리더는 (<파고>에서 톱밥 제조기에 부세미의 시

• 레이먼드 챈들러가 만든 가상의 캐릭터
◆ 볼링 용품 제조회사

신을 밀어 넣는 남자를 연기했던) 피터 스토메어Peter Stomare다. 필립 시모어 호프먼Philip Seymour Hoffman이 상당히 중요한 역할인, 빅 레보스키를 우러러보는 비서 브랜트를 연기한다. 이 영화의 팬들 중에는 영화를 수십 번 본 사람들이 있다. 나는 그 팬들이 호프먼과 빅 레보스키를 연기한 데이비드 허들스턴David Huddleston이 가족처럼 닮았다는 생각을 이미 했을 거라고 생각한다. 이 영화에 대해 아는 게 하나도 없는 사람이 필립 시모어 호프먼이 두 캐릭터를 다 연기하는 거라고, 솜씨 좋은 메이크업 효과의 도움을 얻어 늙은이까지 연기했을 거라고 의심하더라도 잘못된 일로 볼 수는 없다. 이 캐스팅은 우연의 일치일까? 나는 조엘 코엔Joel Cohen, 1954~ 과 이선 코엔Ethan Cohen, 1957~ 형제가 사람들이 이런 오해를 하도록 부추기지 않았다는 생각은 단 한 순간도 하지 않을 것이다. 나는 형제가 닮은 외모 때문에 허들스턴을 캐스팅했을 거라고 짐작한다.

이 영화가 다루는 내용은 제프 레보스키가 온갖 우여곡절의 면전에서 보여 주는 태연자약한 태도가 전부다. 그는 몰매를 맞고, 물고문을 당하고, 거짓말에 속고, 모욕을 당한다. 그의 양탄자에는 오줌이 갈겨지고, 그의 차는 불길에 휩싸인다. 그는 그의 씨앗만을 원하는 여성에게 유혹당한다. 그의 눈앞에서 달랑거리던 거금은 전화번호부와 지저분한 팬티들과 바꿔치기 된다. 그는 상처를 치유하고 본연의 모습을 유지하기 위해 화이트 러시안을 젓고 마리화나를 한 모금 빨고는 따뜻한 욕조에 앉는다. 부처님처럼, 그는 큰 그림에 집중한다.

영화의 내레이터는 스트레인저(콧수염을 이보다 더 멋지게 기를 수는 없을 듯한 샘 엘리엇Sam Elliott)다. 영화의 결말에서 "듀드 어바이즈"에 대한 의견을 내놓는 것도, 레보스키 2세가 태어날 거라는 말을 들었다고 말하는 것도 그다. 하지만 듀드는 결혼 생활을 거부한다. 운 좋게 생긴 기회를 제외하면, 실제로 그의 인생에 여자가 있었던 것으로 보이지는 않는다. 그는 그 사실에 우울해할까? 만성적인 백수 신세라는 걸 걱정할까? 아니다. 머리 위에 얹을 지붕이 있고 화이트 러시안에 섞을 신선한 하프앤하프가 있으며 약간의 마리화나와 볼링친구들이 있다면, 정말로 그에게 무엇이 더 필요하겠는가?

유리의 심장

Herz aus Glas

감독	베르너 헤어초크	
주연	요제프 비에르비흘러	
제작	1976년	94분

베르너 헤어초크Werner Herzog, 1942~ 의 <유리의 심장>은 황량해지는 인간의 미래를 보여 주는 비전이다. 1800년 무렵의 바이에른 지역 마을이 배경인 이 영화는 이후 두 세기 동안 일어난 전쟁들과 재난들을 예견하면서, 예견의 시야를 인류에게 황혼이 닥칠 21세기까지 확장한다. 소규모 유리 세공 공장이 망해 가는 이야기를 들려주는 이 영화는 산업 혁명의 발흥과 붕괴를, 제조업에 의존한 지역 공동체의 절망을, 목적의식 없이 살아가는 남자들과 여자들의 막연한 삶을 보여 준다. 영화는 이들 중 어느 것도 구체적으로 표현하지 않는다. 이 내용들은 양치기가 하는 예언의 형태로 찾아온다. 황홀경에 빠진 양치기는 그가 정신이 나간 게 분명하다고 생각하는 마을 사람들에게 그런 예언들을 한다. 그의 예언은 우리가 이미 일어났다는 사실을 알고 있는 사건 중 어느 것도 구체적으로 밝히지 않지만, 앞으로 도래할 일들을 생각하게 만드는 묘한 능력을 갖고 있다. 그가 한 예언들은 한 사람이 — 만약 그 사람

에게 그의 앞에 나타난 무서운 이미지들을 표현할 수 있는 언어 능력이 없을 경우에 — 핵에 의한 파괴와 독재, 생태학적 재앙과 개인에 대한 군중의 지배를 묘사할 때 쓸 법한 말들이다.

이 영화는 헤어초크의 영화 중에서 본 사람이 가장 적은, 그러면서도 가장 유명한 작품에 속한다. 이 영화는 대부분의 출연 배우가 대부분의 장면에서 최면에 걸려 연기한 것으로 잘 알려져 있다. 이 영화를 본 관객이 많지 않은 것은, 지나치게 느리게 전개되고 음울한 데다 절망적이라서 대부분의 사람의 취향에는 맞지 않는 영화이기 때문일 것이다. 이 영화에는 제대로 된 줄거리도 없고 결론도 없으며, 마지막 신은 앞서 등장했던 그 어떤 것하고도 연관이 없는 듯 보이는 우화다. 나는 이 영화는 음악을 듣는 것처럼 접근해야 마땅하다고 생각한다. 우리는 음악을 들을 때 모든 것을 무드와 아우라의 관점에서 이해한다. 그리고 우리를 생각에 잠기게 만드는 그 음악에 담긴 요소가 무엇인지 말로 표현하지는 못하더라도 그 음악이 우리에게 얼마나 많은 느낌을 주는지를 안다.

헤어초크의 캔버스에는 산꼭대기에서 지상을 굽어보는 솟이 두 개 담겨 있다. 그는 영화의 나머지 장면의 공간적 배경은 전적으로 한 마을의 내부로 설정한다. 그 마을에는 가옥이 몇 채 있고, 맥줏집과 유리 공장이 있으며, 주위에는 숲이 에워싸고 있다. 주민들의 생계는 아름답고 귀한 장밋빛 유리 제품을 생산하는 일에 달려 있다. 유리 제조의 달인인 무흘벡이 타계하면서 유리 제조의 비법을 무덤으로 가져갔다. 제조법을 다시 발견하기 위해 필사적인 실험들이 행해지지만 모조리 실패한다. 합리적인 사람이라면 이런 말을 할 법하다. '그래 좋아. 이렇게 됐더라도 이 공장은 다른 종류의 유리 제품을 생산할 수 있어.' 그런데 이 마을에 합리적인 사람은 아무도 없다.

헤어초크는 대부분의 신에서 배우들에게 실제로 최면을 걸었다.

단순히 홍보 효과를 노리고 한 일이 아니었다. 최면에 걸린 배우들은 두려운 확신을 품은 채로 대사를 거듭 내뱉는다. 그 대사에 활력과 개성은 없다. 최면에 걸린 사람들은 이런 식으로 말하는 걸까? 반드시 그렇지는 않을 것이다. 그들은 대체로 자신들의 본래 모습에 더 가깝게 대사를 친다. 으스스하게도, 내 귀에 그 대사들은 배우들에게 최면에 걸 때 헤어초크가 구사했던, 그들에게 할 일을 지시하는 목소리를 실제로 듣고 있는 것처럼 들린다. 헤어초크는 배우들을 통해서 자신의 연기를 펼치고 있는 셈이다.

그는 배우들의 연기에서 모든 개성을 걷어 낸다. 그는 자의식을 몽땅 제거한다. 이 사람들은 '캐릭터'가 아니다. 그들 각자는 남들과 뚜렷하게 다른 개성을 갖고 있지만 말이다. 그들은 맡은 업무에 실패한 탓에 영혼을 앗겨 버린 사람들이다. 할 일도 없고 소망할 것도 없는 그들은 더 이상 생존하려는 의욕도 갖고 있지 않다. 다큐멘터리 영화 <집으로 가는 기차歸途列車>에 나오는 중국인 공장 노동자들이 떠올랐다. 농촌을 떠난 그들은 아이들을 부양하려고 집에 보내는 몇 푼 안 되는 급여를 받기 위해 기숙사에 거주한다. 울적한 인생인데, 그것 자체가 그들의 삶의 목적이다. 그들은 1년 중 50주를 집을 비운다. 그들이 집을 비운 동안 자식들의 사랑을 잃었다면, 그들은 유리를 제조하는 비법을 실전한 것이나 다름없다.

얼마 안 되는 인구 중에도 두드러진 주민들이 있다. 예언을 하는 양치기 히아스(요제프 비에르비흘러Joseph Bierbichler), 공장의 상속자, 난쟁이 비슷한 아첨꾼, 뻔뻔한 여자, 유리 세공인, 말다툼을 하다 건초 다락에서 추락한 두 친구. 한 명은 살았지만, 다른 한 명은 친구가 받을 충격을 덜어 주는 쿠션 역할을 한 탓에 죽었다. 살아남은 친구는 친구의 시신 옆에서 슬픔을 가누지 못하고 춤을 춘다. 그의 섬뜩한 춤이, 그리고 다른 많은 신이 사람들이 술을 마시면서 빤히 쳐다보는 곳인 맥

줏집 안에서 벌어진다. 잘 알려진 신에서 친구 중 한 명은 다른 친구의 머리에 맥주잔을 갈겨 잔을 깨뜨리지만 상대는 꿈쩍도 않는다. 그러자 그 상대는 마시던 맥주를 앞서 잔을 휘두른 친구의 머리에 천천히 붓는다. 그 친구도 아무런 반응을 보이지 않는다.

우리는 헤어초크가 말하고자 하는 바를 감지할 수 있다. 평범한 세상에서는 사람들의 성격과 상황, 앞서 나눈 이야기에 바탕을 두고 봤을 때, 겉으로 드러난 별다른 이유도 없이 한 남자가 다른 남자의 머리를 맥주잔으로 가격해서 잔을 깨뜨리지는 않는다. 그런데 헤어초크의 제작 의도에는 그런 배경이 전부 불필요하다. 그는 말다툼을 하는 두 남자의 본질을 보여 준다. 그들에게는 어떤 이유도 필요치 않다. 그들은 이성과 삶의 목표를 상실하고는 절망과 적대감으로 가득한 로봇 같은 존재로 전락했다.

조명이 어둡게 쳐진 실내 장면에서 등장인물들 주위에는 어둠이 고여 있다. 포폴 부Popol Vuh의 음악은 연옥에서 들려오는 멜로디처럼 들린다. 평범한 대화는 등장하지 않고, 평범한 일상은 내팽개쳐졌다. 이 사람들이 진지하게 기다리고 있는 것은…… 아무것도 없다. 영화의 전개 속도가 느리다고 생각하는 사람도 있고, 영화를 보다 잠들어 버렸다고 밝힌 사람도 있었다. 하지만 나는 이 영화의 놀라운 점은 그러한 공허함이라고 생각한다. 이 영화를 감상하는 것은 시간의 모서리에서 저 아래에 있는 아찔한 바닥을 굽어보는 것과 비슷하다. 뛰어난 많은 '느린' 영화처럼, 이 영화는 보고 또 볼수록 더 빠르게 전개되는 듯 보인다.

앞에서 산꼭대기에서 내려다본 두 신에 대해 언급했었다. 그 신들은 영화를 열고 닫는다. 첫 신은 드넓은 계곡을 굽어보는 남자를 보여 준다. 그 계곡으로 운해가 쏟아져 들어간다. 1976년에 이 구름들은 CGI로 만들어지지 않았다. 헤어초크는 사람과 이미지를 합성하기 위해 특수 효과를 활용했다. 나는 그가 그 숏을 얻느라 12일을 작업했다는 것을 알게 됐다. 그렇게 해서 얻어진 효과는 잊히지 않는다. 그 숏을 보노라면 시간을 내려다보고 서 있는 남자가 영원을 향해 흘러가는 시간을 언뜻언뜻 쳐다보는 모습이 떠오른다. 평론가 닐 영Neil Young을 통해 헤어초크가 "확실히 19세기 독일 화가들에게 빚을 졌다"는 것을 알게 됐다. "그에게 영향을 준 화가 중에서 가장 두드러진 인물은 카스파르 다비트 프리드리히Caspar David Friedrich다." 닐 영은 이 숏이 "그의 유명한 그림인 '안개 속 방랑자Der Wanderer über dem Nebelmeer'를 재연한 것"이라고 말했다.

마지막 신에서 산꼭대기에 있는 남자는 바다를 바라본다. 헤어초크는 여기에 불안하게 비행하며 이동하는, 산비탈에 있는 바닷새들을 삽입한다. 내레이터는 그 남자가 대양 건너편에는 무언가 있는 게 분명하다는 결론을 내렸다고 설명한다. 그의 확신에 사로잡힌 사람들은 바다를 건너는 항해에 착수한다. 딱해 보일 정도로 작은 보트에서 우직한 결심으로 노를 저어 가는 그들의 뒤에서 뭍은 사라지고, 그들의 앞에 뭍은 조금도 보이지 않는다. 내레이터는 새들이 그들을 따라 바다로 나온 것을 그들은 길조吉兆로 받아들였다고 말한다.

이것은 무슨 뜻일까? 망각 속으로 노를 저어 가는 것이 망각이 우리를 찾아오기를 기다리는 것보다 낫다는 뜻일까? 모르겠다. 일부 이미지는 언어로 옮기지 않더라도 완전무결하다. <유리의 심장>은 그런 이미지들이 담긴 영화라는 인상을 준다. 나는 이 영화에서 자기 파괴로 빠져드는 세상을 볼 때처럼 우울한 느낌을 받는다. 그리고 이 행성에 있는 사람 대부분을 위해 남겨진 행복이 다른 사람이 평생 동안 누릴 만큼은 되지 않을 것이라는 점에서, 이미 행복을 누릴 만큼 누리면서 충분히 나이를 먹은 나는 운 좋은 사람이라고 느낀다. 내가 이 행성에서 보낸 기간의 대부분 동안, 이 세상에는 여전히 장밋빛 유리가 있었다.

헤어초크는 나를 매료한다. 나는 <유리의 심장> 같은 영화는 그가 연출한 영화 중에서 그의 심중에 막 피어난 느낌을 가장 잘 표현한 작품이라고 느낀다. 언젠가 그는 살날이 하루밖에 남지 않았다면 무슨 일을 할 거냐는 질문을 받았다. 무의미한 질문이었지만, 나는 그가 내놓은 대답은 높이 평가한다. “마르틴 루터Martin Luther는 내일 세상이 멸망할 거라는 걸 안다면 나무를 심을 거라고 말했습니다. 나는 새 영화를 만들기 시작할 겁니다.”

의식

La Cérémonie

감독	클로드 샤브롤	
주연	이자벨 위페르, 상드린 보네르	
제작	1995년	111분

프랑스어에는 단두대형을 받는 것으로 이어지는 사건을 부르는 명칭이 있다. 프랑스인들은 그것을 '의식la cérémonie'이라고 부른다. 클로드 샤브롤Claude Chabrol, 1930~2010의 <의식>에는 단두대가 등장하지 않지만, 단두대가 풍기는 가차 없는 분위기가 담겨 있다. 캐릭터들은 딱 한 가지 결과만 나올 수 있는 활동에 관여하고 있는 듯하다. 그 결과는 그들 모두에게, 그리고 우리에게 놀라움으로 다가온다. 그런데 이 상황에 처한 이 사람들을 감안했을 때, 우리는 뒤늦게야 사정을 알고는 깜짝 놀랐다는 말을 진정으로 할 수 있을까?

장편 영화 54편을 만들고 2010년 9월에 사망한 프랑스 누벨바그의 창립 멤버 샤브롤은 히치콕Alfred Hitchcock의 영향을 받았다는 말을 자주 듣는다. 그의 작품에 등장하는 많은 캐릭터가 살인에 연루되지만 그들 중 살인을 직업으로 삼는 사람은 드물기 때문일 것이다. 살인은 그 캐릭터들이 처한 특별한 상황에 의해 발동되는 심리적 충동의 결과인 경우가 잦다.

“당연한 말이지만, 살인은 영화를 향한 관객의 관심을 항상 고조시킵니다.” 그가 1971년에 뉴욕영화제에서 내게 한 말이다. “지극히 평범한 상황도 살인이 관련될 경우에는 중요해지죠. 내가 살인을 작업 소재로 그토록 자주 선택하는 이유가 그걸 겁니다. 살인은 선택이 대단히 중요하면서 어마어마한 결과를 낳는 인간적인 행위가 벌어지는 영역입니다. 달리 보면, 나는 추리 쪽에는 전혀 관심이 없습니다. 어떤 캐릭터가 느끼는 죄책감을 은폐할 경우, 그의 죄책감이 그와 관련된 일 중에서 가장 중요한 일임을 암시하게 됩니다. 나는 관객이 살인자가 누구인지를 알기를 원합니다. 그렇게 하면 그의 성격을 숙고할 수 있으니까요.”

이런 설명은 다음과 같은 질문으로 이어진다. 그는 <의식>에서 누가 살인(들)을 저지를 것인지를 우리가 알 수 있게 하는가? 영화에 등장하는 인물이 살해당했다는 데 놀랄 관객이 일부 있을 테지만, 나는 그렇다고 생각한다. 누군가는 죽어야 한다고 가정하면(어쨌든 이 영화는 샤브롤 영화다), 그런 일을 당해 마땅한 사람이 누구인지는 명확하다. 그것이 내가 스포일러 경고를 하지 않으려는 이유다. 이건 추리 영화가 아니다. 두 살인자가 혼자서는 할 능력이 안 됐던 일을 함께 수행해 낸 방법에 대한 영화에 더 가깝다.

<의식>은 살인을 다룬 영화다. 얼굴들을, 특히 두 사람의 얼굴을 다룬 영화이기도 하다. 그 얼굴들은 프랑스의 작은 소도시에서 건방진 우체국장으로 일하는 잔을 연기한 이자벨 위페르Isabelle Huppert의 얼굴과, 가정부 일자리를 구하려고 소도시에 온 젊은 아가씨 소피를 연기한 상드린 보네르Sandrine Bonnaire의 얼굴이다. 이 역할들을 연기한 두 사람은 그들이 사람을 거의 미치게 만드는 비밀을 갖고 있다는 분위기를 얼굴에 자주 내비친다. 차이점도 있다. 잔은 모든 것을 알고 자만심이 넘치며 지배적인 사람처럼 보인다. 반면에 소피는 순종적이고 자신에게

관심을 가져주는 것을 고마워하며 그리 밝은 성격으로 보이지는 않는다. 그녀는 무슨 말을 들으면 고개를 슬며시 옆으로 돌리고는 반응을 보이기 전에 그 문제가 관심권에서 사라지도록 놔둔다. 영화는 소피가 감춘 비밀(내가 이 글에서 밝히지 않을 핸디캡)에 대한 힌트를 끊임없이 심는다. 그래서 그녀가 그런 장애가 있는데도 그 일자리를 계속 유지하는 것을 보면 그녀에게는 사람들을 속이는 재능이 있음을 알 수 있다.

자신이 속한 세대에서 가장 분주하게 활동하는 주연급 여배우인 위페르는 다양한 역할을 무척이나 잘 연기해 낸다. 그녀가 그렇게 연기를 잘하는 건 어떤 캐릭터의 감정을 마지못해 드러내기만 하기 때문이다. 그녀는 그 감정들을 가늠해 내는 것을 관객인 우리 몫으로 남긴다. 그녀가 보여 주는 감정에는 거짓으로 꾸며 낸 감정이 일부 있는 것 같지만, 우리는 대부분의 감정이 감춰져 있음을 감지한다. 무엇보다 그녀는 내면에 대단히 많은 것을 간직하고 있는 어마어마하게 완강한 투지를 가진 캐릭터를 연기하는 데 이상적인 배우다. 샤브롤은 그녀를 일곱 작품에서 활용했는데, 그중에서도 그녀가 가장 필수적이었던 역할은 <마담 보바리Madame Bovary>의 타이틀 롤이었다.

보네르의 얼굴도 무엇인가를 감출 수 있다. 하지만 그녀는 연약한 사람처럼 보이는 연기를 더 잘 해낸다. 그녀가 초기에 연기했던 위대한 역할은 아녜스 바르다Agnès Varda의 <방랑자Sans Toit ni Loi>(1985)에 있었다. 이 영화는 일자리를 박차고 나가 낙관적인 마음으로 배낭을 메고 프랑스를 돌아다니는 여행에 나선 젊은 사무직 노동자의 이야기다. 몇 달 후에 주인공인 그녀가 배수로에서 시신으로 발견됐을 때, 우리는 그녀가 왜 목숨을 구할 수 있는 기회가 많이 있었는데도 계속해서 전락하고 또 전락했는지를 궁금해하게 된다. 그녀는 그 이유를 결코 알려주지 않을 것이다.

영화는 취업 면접으로 시작된다. 소피는 카페에서 부유한 부르주아의 아내 카트린 를리에브르(영어와 프랑스어를 다 구사하는 재클린 비셋Jacqueline Bisset)를 만나고 있다. 두 사람은 차를 마신다. 카트린은 자신이 전원에 있는 외딴 집에서 남편 조르주(장피에르 카셀Jean-Pierre Cassel)와 아들 질(발랑탱 메를레Valentin Merlet)과 거주한다고 설명한다. 남편이 앞선 결혼에서 얻은 딸 멜린다(비르지니 르두아옝Virginie Ledoyen)가 가끔씩 방문한다. 그들은 입주해서 일하는 가정부와 요리사가 필요하다. 소피는 아무런 문제가 없다고 말한다. 그녀는 거의 고압적인 분위기의 자신감으로 면접을 주도해 나간다. 서류와 추천서를 가진 그녀는 희망하는 연봉 액수를 밝힌다. 저택이 외딴 곳에 있는 것도 문제될 게 없다. 대화가 끝날 무렵, 소피는 카트린의 의견을 거의 일축하고 있는 듯한 분위기다.

커다랗고 호사스러운 전원의 사유지가 등장한다. 돌로 둘러친 벽 안에는 별도의 부속 건물이 있어서, 가족과 시종들은 각자의 사생활을 지키면서 살 수 있다. 처음에는 모두 잘 어울려 지낸다. 소피는 카페에서 보여 준 태도와는 반대로 이곳에서는 조용하고 순종적인 모습을 보인다. 그녀는 업무를 수행한 후 자기 방으로 향한다. 그런데 그녀의 방에 있는 그녀는 생판 다른 사람처럼 보인다. 마룻바닥에 앉아 침대에 기대고는 TV가 보여 주는 건 무엇이 됐건 홀리듯 빠져드는 천진한 청소년처럼 보인다.

어느 날, 그녀는 조르주와 읍내에 왔다가 우체국장인 잔을 만난다. 위페르가 연기하는 잔은 소피가 가진 몇몇 특성을 본능적으로 감지하고는 경계 태세에 들어간다. 그녀는 두 사람이 만날 기회를 어떻게든 만들어 낸다. 그녀는 를리에브르 가족에 대한 가십에 굶주려 있다. 계급 의식이 강한 그녀는 그 가족의 안락한 라이프 스타일을 경멸한다. 그녀는 특히 를리에브르 부인은 거만하고 못 견디게 싫은 인간이라고 믿는다.

우리는 유혹을 목격하고 있다. 우리는 여성들의 동성애가 펼쳐질 거라고 예상하지만, 그것은 성적인 관계가 아니라 권력이 관련된 감정이다. 잔은 소피의 연약함을, 비밀을 감지한다. 그녀는 젊은 아가씨를 자신의 도구로 만들 수 있을 거라고 믿는 듯하다. 무슨 일을 하는 도구인지는 두고 보라. 잔은 딱히 무슨 생각을 하는 게 아니면서도, 두 사람이 하는 행위에서 자신이 소피를 통제할 수 있을 것임을 안다. 잔은 저택에 빈번하게 차를 몰고 오고, 뒤쪽에 있는 계단을 통해 슬그머니 소피의 방으로 들어온 두 사람은 TV 프로그램에 빠져든다. 를리에브르 가족은 그녀가 집에 있음을 알게 되고, 조르주는 폭발한다. 일찍이 그는 자기 앞으로 온 우편물을 그녀가 개봉했다고 비난했었다. 이제 그는 두 사람의 만남을 금지한다. 잔은 눈을 찡그린다. 조르주는 치명적인 행보를 내딛은 것이다.

영화 앞부분에서 조르주는 두 여성의 배경과 관련해서 걱정스러운 사항들을 알게 된다. 과거에, 다른 소도시에서, 두 사람은 다른 두 건의 사망(소피의 아버지와 잔의 어린 딸)과 관련이 있었다. 두 여자가 그 죽음들에 책임이 있다고 믿을 특별한 이유는 없다. 하지만 조르주가 지역 신문을 조사해 보자 의심스러운 점이 상당히 많다는 게 드러난다. 흐음, 그들은 살인자일까? 샤브롤은 그 사실을 결코 직접 말하지 않는다. 그러면서 영화에서 상당히 심란한 신 중 하나를 연출한다. 두 사람은 사랑에 푹 빠진 여학생들처럼 깔깔거리면서 상대방이 가진 비밀을 알고 있다는 듯 서로를 놀려 댄다. 그 비밀은 살인이다. 어느 쪽도 그것을 부인하지 않는다. 우리는 한 명은, 어쩌면 양쪽 다 무고하지 않을까 미심쩍어한다. 두 사람은 자신들에 대한 그런 이야기들이 들먹여지는 걸 수동적으로 허용하면서 그들의 관계에 자극적인 긴장감을 빚어낸다. 우리는 어느 쪽이 살인을 저지를 수 있느냐 여부와는 무관하게, 두 사람이 함께할 경우 살인을 저지를 수 있다는 게 확실하다는 것을 이해하기 시작한다.

샤브롤은 부유한 세계를 다루는 것을 편안해한다. 그는 자신감 넘치고, 애정이 많으며, 우아하게 저녁을 먹고, 고급 와인의 맛을 음미하며, TV로 방송되는 모차르트의 오페라를 감상하려고 소파에 넷이 나란히 앉은 를리에브르 가족을 조금도 어렵지 않게 보여 준다. 이 세계는 위층에 있는 젊은 노동 계급 여성 두 명의 세계와는, 그들이 맺은 관계와 소피의 단순한 정신에 맞게끔 조율된 TV를 감상하는 그들의 세계와는 대조적이다. 잔이 소피보다 훨씬 더 영리하다고 가정할 때, 형성되고 있는 모습이 우리 눈에 보이는 대상은 분노에 찬 폭력 행위이다. 그리고 그 행위에서 어린애 같은 가정부는 살인 도구다. 영화는 소름 끼치는 결말을 향해 냉정하게 이동한다.

의혹의 그림자 Shadow of a Doubt	감독	앨프리드 히치콕	
	주연	테레사 라이트, 조지프 코튼	
	제작	1943년	108분

앨프리드 히치콕Alfred Hitchcock, 1899~1980의 <의혹의 그림자>를 그럴싸하지 않은 영화라고 비난할 사람은 없을 것이다. 이 영화는 히치콕 스타일을 무척이나 확연하게 보여 주기 때문에 흔들림 없이 전개되면서 줄거리의 흐름을 결코 벗어나지 않는다. 나중에 당신은 두 형사가 뉴욕에서 캘리포니아까지 용의자를 따라왔다는 설정은 말도 안 된다고 의문을 제기할 것이다. 용의자의 인상착의를 제대로 알지도 못하는 두 사람은 용의자의 거주지 주위에서 몇 주간 한가로이 빈둥거리면서 용의자의 조카딸과 수다를 떨기도 하고, 심지어 그중 한 명은 그녀에게 청혼까지 한다. 게다가 우리는 삼촌이 나이 많은 여성들을 살해한 범인이라고 믿는 그 조카딸이 (그가 범인일 경우 "어머니가 큰 충격을 받을 것"이기 때문에) 도시를 떠나겠다고 약속할 테니 자신에 대한 이야기를 함구해 달라는 삼촌의 설득에 넘어갔다는 것도 납득하지 못한다.

히치콕이 좋아하는 주제 중 하나가 '억울한 혐의를 받는 무고한 남자'였다. <의혹의 그림자>의 주인공 남자가 무고할 가능성은 전혀 없다. 찰리 삼촌(조지프 코튼Joseph Cotten)이 악명 높은 '즐거운 과부 살인자'임은 처음부터 분명하다. 게다가 히치콕은 (아마도) 즐거운 과부들이 왈츠를 추는 악몽 같은 판타지들을 여러 차례 편집해 넣는다. 우리가 처음 보는 찰리의 모습은 담배를 피우면서 침대에 누워 있는 모습이다. 그가 사는 셋집의 여주인이 두 남자가 그에 대해 물었다는 이야기를 한다. 두 사람이 아래층 모퉁이에 서 있는 모습을 본 그는 현금 보따리를 챙겨 집을 나가서는 대담하게 그들의 앞을 걸어서 지나친다. 이 설정은 두 사람이 그의 생김새를 모른다는 것을 보여 준다. 그런데 하숙집을 나서는 남자가 있으면 누가 됐건 관심을 보여야 마땅한 그들이 그렇게 하지 않는 이유를 보여 주지는 못한다. 무능한, 게다가 수사 경비를 무한정 쓰고 있는 게 분명한 이 두 형사는 영화의 시간적 배경이 몇 주에 걸칠 수 있도록 확장되게 해 주는 원인이다.

삼촌의 이름을 따서 '어린 찰리'라는 별명을 가진 찰리의 발랄한 조카딸 샬럿(테레사 라이트Teresa Wright)은 오랫동안 삼촌을 영웅으로 여겨 왔다. 그녀는 삼촌이 방문하면 인생이 이토록 따분할 일은 없을 거라고 가족에게 투덜거린다. 놀랍게도 바로 그날 그가 찾아갈 거라고 전하는 전보가 가족에게 전달된다. 잘 알려진 숏에서 히치콕은 찰리가 탄 열차가 불길한 먹구름 아래 도착하는 모습을 보여 준다. 그는 노먼 록웰Norman Rockwell이 그린 『새터데이 이브닝 포스트Saturday Evening Post』의 표지를 위한 모델로 써도 좋을 만한 소도시의 전형인 캘리포니아주 산타 로사에 도착한다.

이 영화에서 중요한 역할을 수행하는 그 소도시와 뉴턴 가족은 히치콕 본인의 속내를 보여 주는 존재들인지도 모른다. 그는 이 영화를 제2차 세계 대전이 발발한 시기인 1941년과 1942년 초에 찍었다. 그 시기에 그는 전시戰時에 내려진 규제 조치들 때문에 런던에 있는, 사경을 헤매는 어머니를 찾아뵐 수가 없었다. 나중에 그는 그 소도시는 친절한 분위기 덕에 그가 촬영한 로케이션 촬영장 중에서 가장 즐거운 곳이었다고 그곳을 칭찬했다. 그는 아늑한 뉴턴 가족의 집, 친근하게 이야기를 주고받는 이웃들, 모든 주민의 이름을 아는 교통경찰, 큼지막한 식탁에 둘러앉아 먹는 저녁 식사를 강조한다. 이 모든 것이 히치콕과 찰리 삼촌 모두가 좇고 있는 안도감을 구성한다. 찰리는 가정과 가족의 즐거움에 대해 열광적인 이야기를 쏟아 낸다. 소도시는 그곳을 방문한 삼촌을 빠르게 받아들이면서, 그를 위한 행사를 열어 주기까지 한다.

그런 후 순진무구한 뉴턴 가족과 계단 위에 있는 어린 찰리의 방으로 이사 들어온 사악한 삼촌의 대결이 시작된다. 샬럿의 가족은 아버지 조지프(헨리 트래버스Henry Travers)와 어머니 에마(퍼트리샤 콜린지Patricia Collinge), 여동생 앤(에드나 메이 워나코트Edna May Wonacott), 남동생 로저(찰스 베이츠Charles Bates)다. 이 영화를 찍을 당시, 트래버스는 60대 후반이었고 콜린지는 50세 안팎이었다. 그들은 앤과 로저의 부모 노릇을 하기에는 나이가 많아 보이지만, 이 영화가 담아내려는 안락한 가정이라는 상징을 보여 주기에는 적절한 사람들로 보인다. 노크도 않고 불쑥 집안으로 들어오는 이웃은 허브(이 영화가 데뷔작인 흄 크로닌Hume Cronyn)다. 범죄 사건에 열광하는 사람들인 그와 조지프는 완벽한 살인을 저지르는 방법들을 놓고 논쟁하며 많은 시간을 보낸다. 그들이 나누는 여담은 그 자체로도 재미있지만, 찰리 삼촌이 당황해하는 모습 때문에 한결 더 재미있다. 그가 선호하는 살해 방법은 맨손으로 피살자를 목 졸라 죽이는 것이다.

이제 이렇게 관련자 전원이 무대에 올랐다. 삼촌과 가족, 이웃, 형사들(맥도널드 케리Macdonald Carey가 연기하는 눈에 띄게 잘생긴 젊은 형사 잭은 어린 찰리와 사랑에 빠진다). 찰리 삼촌이 여생을 산타 로사에서 보내는 것을 흡족해하는 듯 보이기 때문에, 히치콕은 의혹의 그림

자를 빚어낼 무언가가 필요했다. 나는 이 영화에서 히치콕이 동원한 맥거핀은 즐거운 과부 살인자에 대한 신문 기사라고 생각한다. 이 기사는 찰리 삼촌이 기사를 감추려는 어리석은, 게다가 성공도 못한 시도를 하지 않았다면 아무도 눈치채지 못하고 지나갔을 수도 있다. 이 시도 때문에 어린 찰리는 삼촌에게 겉으로 보이는 것보다 많은 사연이 있는 게 분명하다는 의혹을 키우게 된다. 위협적으로 보일 정도로 눈을 가느다랗게 뜨는 찰리의 본성에는 어두운 측면이 있는데, 나중에 이것은 그가 어렸을 때 머리를 다친 탓이라고 약간 어설프게 설명된다.

이후에 플롯을 밀고 나가는 엔진은 어린 찰리가 품은 의혹, 그리고 삼촌이 느끼는 편집증과 그녀를 살해하려는 — 그렇게 하면 무엇보다도 잭 형사가 품은 의혹들을 확인해 주는 결과만 낳을 것이라는 듯 — 어설픈 시도들이다. 플롯이 펼쳐지는 것을 보면, 이 영화는 히치콕의 걸작은 아니다. 하지만 서스펜스를 빚어낸다는 점에서 플롯이 먹히기는 한다. 조카딸은 살해당하거나 자신이 옳다는 것을 입증하기 전에 진실에 얼마나 가까이 접근할까? 영화의 러닝 타임 동안 모든 요소가 효과적으로 맞물린다. 영화의 약점들이 커지면서 확연하게 드러날 때는 후반부다.

이 영화가 빚어내는 효과의 상당 부분은 비주얼에서 비롯된다. 히치콕은 할리우드의 고전적인 구도와 스타일을 다루는 대가였다. 그의 연출작들은 카메라의 위치 때문에 1분 남짓만 보더라도 그가 연출한 영화임을 파악할 수 있다. 그는 잘 알려진, 약간 더 고상한 카메라 언어를 활용했다. 이 영화에서 그가 캐릭터들이 지금 막 깨달음을 얻었다거나 공포에 떤다는 것을 보여 주려고 얼굴들로 천천히 줌 인 해 들어가는 방식을 보라. 그가 마땅히 있어야 하는 방식대로 있지 않은 사물들을 보여 주려고 틸트 숏을 쓰는 것을 주목해 보라. 그는 도덕적인 주장을 펼치기 위해 프레임 내부에 빛과 그늘이 강하게 대비되는 구역을 만들어 내는 수법을 활용한다. 때로는 그런 주장이 나오기에 앞서 그것들이 나올 거라고 예상하는 듯이 그런 수법을 쓰기도 한다. 나는 숏 단위 스톱-액션 테크닉으로 그의 영화 여러 편을 강의하는 동안 구도 이론에 위배되는 숏이 단 하나도 없음을 알게 됐다.

앨프리드 경卿처럼 계단을 좋아한 감독도 드물다. 계단은 강함과 약함이 이룬 위계의 상징이다. 계단 꼭대기에 있는 캐릭터는 시점이 높은 곳에 있느냐 낮은 곳에 있느냐 여부에 따라 위협적으로 보일 수도 있고 굴러 떨어질 위기에 처한 것처럼 보일 수도 있다. 이 집의 내부를 이동하는 동선은 인도를 따라가 현관으로 올라가고, 문을 통해 들어가 계단을 곧장 오르는 것이다. 집 뒤에는 외부 계단이 있다. 두 계단 모두 긴장감이 팽배한, 위협과 탈출의 짧은 시퀀스들을 위해 사용된다. 히치콕이 계단을 갖고 얼마나 많고 다양한 카메라 앵글과 조명을 활용하는지 주목하라. 그는 계단을 수평적인 실내로 보였을 법한 공간에 불균형한 분위기를 불어넣는 이상적인 장치로 간주했다. 그가 계단을 대단히 중요하게 여기면서 인상적으로 활용했기 때문에, 나는 그가 계단을 등장시킨 영화의 제목을 몇 편이건 댈 수 있다. 그 영화들을 봤다면 즉시 계단이 떠오를 것이다. <오명Notorious>, <사이코Psycho>, <스트레인저Strangers on a Train>, <프렌지Frenzy>, 그리고 물론 <현기증Vertigo>도 있다.

조지프 코튼과 테레사 라이트는 연기 측면에서 그들에게 부여된 모든 과중한 중책을 전부 수행해 낸다. 다른 캐릭터들은 클리셰 덩어리들이다. 히치콕이 이 영화를 만드는 데 영감을 준 요소 중에는 손튼 와일더Thornton Wilder의 연극 「우리 읍내Our Town」가 있었다. 그 작품은 영국이 이미 전화戰火에 휩싸인 시기에 안락한 가정생활을 향한 그의 갈망에 불을 붙였다. 어떤 면에서 이것은 영화 두 편이 하나로 묶인 작품이다. 히치콕의 영화, 그리고 소도시를 향한 향수 가득한 판타지. 그 소도시는 무척이나 순수한 곳이라서, 찰리 삼촌이 조지프 뉴턴이 지점장으로 있는 은행에 들어가 서류 가방에서 꺼낸 지폐 수만 달러를 예치하더라도 조지프는 그에 대한 질문을 결코 하지 않는다. 뉴턴 가족도 의심이 그리 많은 사람들이 아니다. 어느 시점에 두 형사는 자신들이 전국적인 서베이 기관에서 일하는 사람들인데 미국인들이 거주하는 방의 사진을 찍어야 한다는 맹한 이야기를 꾸며 낸다. 물론 그들은 뉴턴 가족이 거주하는 방에서부터 작업을 시작한 다음, 찰리 삼촌의 방으로 들어가기를 희망한다. 여기에서 앞쪽 계단과 뒤쪽 계단이 무척 많이 활용된다. 그런데 은행가의 가족 중에 그런 이야기를 믿을 가족이 몇이나 되겠는가?

코튼은 저녁을 먹으면서 대화를 하는 신에서 그의 커리어에서 으뜸가는 연기를 펼친다. 그는 그의 어두운 측면이 그를 사로잡자 부지불식간에 이런 비범한 대사를 읊조린다. “도시들은 여자들로, 중년의 과부들로, 남편들이 죽은, 돈을 벌려고 죽어라고 일만 하면서 평생을 보낸 남편들이 죽은 중년의 과부들로 가득해. 그들은 죽으면서 아내들에게 돈을 남겼어, 멍청한 아내들에게. 그런데 그 아내들은 무슨 짓을 할까? 이 쓸모없는 여편네들은? 호텔에서, 최고급 호텔에서 그녀들의 모습을 볼 수 있지. 날마다 수천 명씩이나 말이야. 그녀들은 돈을 마시고, 돈을 먹고, 브리지를 해서 돈을 잃어. 온종일, 그리고 밤새도록 놀아 대기만 하지. 돈 냄새를 풍기면서, 자랑할 게 없어서 보석만 뽐내면서. 못돼 처먹고 추잡해진, 뚱뚱하고 욕심만 많은 여편네들…… 그녀들은 인간일까, 아님 피둥피둥 살이 쪄서 쌕쌕거리는 짐승들일까? 흐음, 짐승들이 지나치게 살이 찌고 나이를 먹으면 무슨 일을 당하지?” 이 대사는 히치콕이 살인자에게 허용한 가장 호소력 있는 대사일 것이라고 생각한다.

이터널 선샤인

Eternal Sunshine of the Spotless Mind

감독	미셸 공드리	
주연	짐 캐리, 케이트 윈슬렛	
제작	2004년	108분

양로원을 방문했을 때 종종 알츠하이머 환자들에게 배정된 층의 복도를 걸어 본 적이 있다. 어떤 분들은 불안해하는 듯 보였다. 어떤 분들은 화가 나 있었다. 어떤 분들은 멍하니 앉아 있기만 했다. 그분들의 마음 속에서 무슨 일이 벌어지고 있는지를 도무지 알 길이 없는 나는 불안해하거나 화를 내는 분들이 자신들이 어떤 사람인지를, 무언가 잘못됐다는 사실을 조금이라도 인지하는지 궁금했다. <이터널 선샤인>을 보는 동안 소극적으로 앉아만 있던 환자들이 떠올랐다. 기억이 깨끗하게 지워져 버린 그들은 늘 순간순간에만 존재하고, 그들은 그 순간을 받아들인다. 그들에게는 그 순간이야말로 전부이기 때문이다.

찰리 코프먼Charlie Kaufman은 이 영화를 위해 쓴 시나리오에 알렉산더 포프Alexander Pope의 시구를 인용하는 캐릭터를 등장시킨다.

결백한 처녀의 운명은 얼마나 행복한지!

세상을 잊고 세상에 의해 잊힌 채.

결점 없는 마음의 영원한 일광!Eternal sunshine of the spotless mind!

모든 기도 받아들여지고, 모든 소원 체념한 채…….

메리라는 캐릭터가 암기할 수 있을 거라고는 생각되지 않는 대단히 긴 시에 들어 있는 시구다. 그렇다고 관객이 그런 것까지 알 필요는 없다. 그녀가 시인의 이름을 '포프 알렉산더'라고 불렀을 때에도 많은 이가 그녀가 시를 인용한다는 것 이상은 알지 못할 것이다. 그녀는 사랑하는 상사에게 깊은 인상을 심어 주려고 애쓰던 중에 그 시를 인용한다. 코프먼은 스크린에 떠 있는 바로 그 주제를 힘들지 않게 설명하는 재주를 갖고 있다. 그가 <어댑테이션Adaptation>의 시나리오에 진화에 대한 정보를 얼마나 많이 집어넣었는지를 숙고해 보라.

2000년대의 가장 재능 있는 시나리오 작가인 코프먼은 무엇보다도 사고 과정과 기억에 관심이 많다. 그가 쓴 스파이크 존스Spike Jonze의 <존 말코비치 되기Being John Malkovich>(1999) 시나리오는 다른 사람의 머릿속에 들어가 15분을 보내는 방법을 다뤘다. 미셸 공드리Michel Gondry, 1963~ 의 <휴먼 네이처Human Nature>(2001)는 우리 행동이 본성에서 비롯된 거라는 이론과 양육 과정에서 습득된 것이라는 이론의 대립에 관심을 갖는다. 우리는 애초부터 이런 식으로 행동하기 시작한 것일까, 아니면 이렇게 행동하라고 배운 것일까? 존스가 연출한 <어댑테이션>(2002)은 (생명 활동에 필요한 자원을 획득하는 환상적인 형태를 취한) 난초의 물질적인 진화와, 한 명은 천성에 따라 글을 쓰고 다른 한 명은 교육을 통해 글을 쓰는 일란성 쌍둥이들을 대비한다. 조지 클루니George Clooney의 <컨페션Confessions of a Dangerous Mind>(2002)에서 그는 치명적인 CIA 암살자로 이중 인생을 살아가는 게임쇼 창안자 척

배리스Chuck Barris를 등장시킨다(배리스는 이 이야기가 사실에 기초한 것이라고 믿는다). 코프먼의 감독 데뷔작인 <시네도키, 뉴욕Synecdoche, New York>(2008)은 그의 가장 도전적인 작품이다. 그는 자그마치 우리가 우리의 다양한 페르소나에 대응하는 방법을 극화하려고 하고, 우리의 경험의 여러 측면을 우리가 통제할 수 있는 별개의 구역들로 정리하려고 노력한다.

이런 이야기들은 진화론이나 신경 과학 수업 시간에 다룰 주제처럼 들리지만, 코프먼과 그의 작품을 영화로 만든 감독들은 우리가 잘 따라가고 있는 것처럼 보이는 경로들을 따라 꽤나 선명하게 전개되는 영화처럼 보이는 방식으로 그 주제들을 구조화하고, 그들을 따라 여행을 하던 우리는 결국 정체성의 한계에 다다르고 만다. <이터널 선샤인>은 <존 말코비치 되기>처럼 기묘한 특성들을 위한 환상적인 장치를 고안하면서, 현명하게도 그것을 구구절절 설명하기를 거부한다. 우리가 아는 건 보스턴에 있는 어느 이름 없는 회사가 특정한 사람이나 그 외의 무언가에 대한 당신의 기억을 지워 주겠다고 제의했다는 게 전부다. 이상 끝.

영화는 미트 큐트meet cute•처럼 시작된다. 사실 이 영화는 미트 큐트들을 중심으로 구축된 영화다. 일부는 그리 매력적이지 않지만 말이다. 침통하고 걱정이 많은 남자 조엘(짐 캐리Jim Carrey)은 별다른 이유도 없이 기차를 탔다가 클레멘타인(케이트 윈슬렛Kate Winslet)을 우연히 만난다. 클레멘타인은 자신들이 전에 만난 적이 있다고 생각하지만, 그의 생각은 다르다. 그녀는 주장을 굽히지 않는다. 그는 그녀와 함께 집에 가고, 두 사람은 동침한다. 사실 그들은 예전에 만나서 사랑에 빠졌었지만 좋지 않게 끝났고, 두 사람 모두 그 기억을 지웠었다.

• 연인들이 낭만적인 영화처럼 만나는 매력적인 첫 만남

거기까지는 꽤나 분명하다. 나중에 마음이 상한 조엘이 클레멘타인이 한 짓을 발견하고는 그에 대한 앙갚음으로 자기 기억에서 그녀를 지워 버리려 든다는 것도 분명해진다. 그의 머리에 알루미늄 미식축구 헬멧 같은 게 씌워지는데, 그 헬멧은 스탠(마크 러펄로Mark Ruffalo)이라는 기술자가 통제하는 놀랄 정도로 작은 노트북에 연결되어 있다. 스탠은 동료 메리(커스틴 던스트Kirsten Dunst)와 맥주를 마신다. 그들이 속옷 차림으로 조엘의 침대에서 폴짝폴짝 뛰는 동안, 조엘의 마음은 '멀리 떨어진 곳'으로 도망간다.

겁에 질린 스탠은 상사인 미에즈윅 박사(톰 윌킨슨Tom Wilkinson)를 부르고, 박사는 그럴 거라고 예상했듯이 불안해한다. 헬멧 안에서 조엘은 클레멘타인에 대한 기억이 없어지는 것에 필사적으로 저항한다. 말 그대로 그는 자신의 마음을 바꾸는 것에 대한 마음을 바꿨다. 이즈음이면 궤도에서 뛰어나간 코프먼이 우리를 시간과 현실의 미로 속으로 던져 넣은 후다. 우리는 두 사람 모두 기억을 삭제하기 전의 조엘과 클레멘타인을, 그녀가 기억을 삭제한 후의 두 사람을, 그리고 그가 기억을 삭제하는 동안(이때 그는 두 사람이 소꿉친구인 것처럼 위장하는 것으로 자신의 기억들을 숨기려 애쓰기까지 한다)의 두 사람을 여러 번 본다.

일부 관객들은 시간의 순서와 장소들을 거쳐 가는 영화의 전개 때문에 혼란스러워하지만, 나는 만사가 딱 한 곳, 즉 조엘의 마음속에서 일어나고 있다는 걸 깨달을 경우 패러독스들은 모두 설명이 된다고 생각한다. 분리된 기억들은 그들이 예전에 함께했을 때와 기억 삭제 도중과 삭제 이후에 대한 그의 조각난 기억들로 설명이 된다. 영화 도입부의 기차역 시퀀스는 영화에서 일어난 사건들의 시간 순서 중 끄트머리에 가깝다.

우리가 그 기억들을 모두 짜 맞춰야 하는 것은 아니다. 공드리와 코프먼은 다른 방식으로는 도저히 이해할 수 없을 때면 정서적인 의미를 만들 수 있게 해 주는 영화라는 매체의 특징을 활용한다. 우리는 우리의 마음이 플래시백과 환각, 혼란스러운 현실들을 쉽사리 이해하고 받아들인다는 것을 안다. 플래시백을 생전 처음 보는 아이들조차 영화가 전하려는 의미가 무엇인지를 이해한다. 불가능한 일이 벌어지면 우리는 그것이 주관적인 사건이라는 것을 — 보는 사람의 마음속에서 빚어진 것임을 — 이해한다. 그 점이 <이터널 선샤인>에 나오는 무너져가는 바닷가 주택과 <시네도키, 뉴욕>에 나오는 꾸준히 불타는 집을 설명한다. 우리는 그걸 보자마자 그게 '현실'이 아니라는 걸 안다. 우리가 그 장면을 본 후 '설명'을 요구할 경우, 우리는 영화의 핵심에서 완전히 벗어나는 셈이 된다. 이 영화들은 인간의 마음이 정보를 해석하는 방법에 대한 통찰을 바탕으로 만들어졌다.

코프먼은 독창적인 시나리오 작가일 뿐 아니라 판단이 빠른 작가이기도 하다. 그가 조엘과 클레멘타인, 멍청한 사무실 조수 패트릭(일라이저 우드Elijah Wood)이 엮인 코믹한 서브플롯을 걱정스러운 핵심 스토리의 대척점으로 활용하는 방법을 주목해 보라. 미에즈윅 박사가 부조리한 기억 삭제의 전제에 진지한 분위기를 불어넣으면서 프로스페로• 타입의 역할을 수행하는 방법도 주목하라. 이런 '주변적 캐릭터들'에 대해 불평할 경우, 차라리 그들이 셰익스피어의 캐릭터들과 무척 유사하다고 불평하는 편이 낫다. 3막에 걸쳐 설정되는 불가능한 상황에 처한 두 사람에게 초점을 맞추기란 어려운 일이다. 이런 영화가 반드시 그래야 하는 것처럼, 그걸 재미있게 만드는 것은 한층 더 어려운 일이다. 코프먼은 코믹 릴리프comic relief◆를 작품 구성의 중요한 요소로 활용한다.

• 셰익스피어의 「템페스트」에 나오는, 마술에 능한 인물
◆ 비극적인 장면에 희극적인 요소를 집어넣어 분위기를 바꾸는 것

그의 시나리오들은 익살극이 한창 펼쳐지는 동안 정색을 유지할 수 있는 연기자들을 필요로 한다. 웃기는 이야깃거리라는 신호를 보내는 배우보다 더 치명적인 것도 없다. 웃기는지 여부는 우리가 결정할 몫이다. 캐릭터들이 보기에 그 이야기는 자신의 인생이고, 따라서 거기에 재미있는 점은 하나도 없다. 키튼Buster Keaton은 자신에게 미소나 윙크를 결코 단 한 번도 허용하지 않았다. 채플린Charlie Chaplin은 몇 번의 미소를 허용했지만 너무 많이 허용하지는 않았다. <이터널 선샤인>의 짐 캐리는 시종일관 고문관이다. <존 말코비치 되기>의 존 쿠색John Cusack은 착한 일을 하기를 진지하게 바라고, 말코비치 자신은 정직한 커리어를 쌓아 왔다. <시네도키, 뉴욕>의 필립 시모어 호프먼Philip Seymour Hoffman은 자신의 정신을 작동시키는 기계가 고장 나는 일 없이 굴러가게 만들 방법을 찾으려고 필사적이다(그리고 그 영화는 웃기는 영화하고는 거리가 멀다).

내가 이 소재에 이토록 강하게 반응하는 이유는 우리가 누구인가 하는 것에 대한, 우리는 자신을 누구라고 생각하는가 하는 것에 대한 나의 집착과 분명히 관련이 있다. 나는 다른 사람과 소통하는 비법은 자신의 본연의 모습을 고민하는 이와 소통하는 데 있는 것은 아닐까 의심한다. 그렇게 해 보라, 그러면 당신은 위대한 인간에게는 농담을 던지면서도 하찮은 인간은 깊은 존경심을 갖고 대할 수 있을 것이다. 그들은 당신을 통찰력 있는 사람이라고 믿을 것이다.

<이터널 선샤인>의 현명한 점은 기억이 사랑과 상호 작용하는 법을 정말로 쉽게 보여 준다는 것이다. 우리는 아픔보다는 즐거움을 더 쉽게 기억해 낸다. 병원에 입원했을 때를 떠올릴 때, 나는 깔깔거리는 간호사들을 기억하지 잠 못 이룬 밤들을 기억하지는 않는다. 술꾼은 숙취보다는 유쾌했던 순간들을 더 잘 기억한다. 낙선한 정치인은 유권자들이 보낸 박수갈채를 기억한다. 연애에 실패한 연인은 관계가 잘 굴

러가던 때를 기억한다.

조엘과 클레멘타인이 집착하는 것은 하늘이 그들의 인생을 축복하는 것처럼 보였던, 화사한 햇빛이 영원토록 비칠 것만 같던 완벽한 순간들이다. 나는 알츠하이머에 시달리는 일부 환자가 냉동된 채 갇혀 있는 순간들이 그런 순간들이기를 바란다. 그들은 평온한 듯 보인다.

카메라를 든 사나이	감독	지가 베르토프	
Человек с киноаппаратом	제작	1929년	68분

이 영화가 공개된 1929년에 영화들의 평균 숏 길이는 11.2초였다. 그런데 <카메라를 든 사나이>는 2.3초였다. 마이클 베이Michael Bay의 <아마겟돈Armageddon>도 2.3초였다. 나는 클래식 무성 영화에 대한 논의를 왜 이런 사소한 문제를 논의하는 것으로 시작하는 걸까? 이 논의가 이 영화가 당시에 가한 충격을 이해하는 데 도움을 주기 때문이다. 당시 관객들은 이와 비슷한 작품을 본 적이 없었다. 이 영화를 보고 큰 충격을 받고는 『뉴욕 타임스The New York Times』에 리뷰를 쓴 모던트 홀Mordaunt Hall은 이렇게 썼다. "제작자 지가 베르토프Дзи́га Ве́ртов, 1896~1954는 인간의 눈은 주의를 유지하는 특정한 기간 동안 한곳에 고정되어 있어야 한다는 사실을 고려하지 않는다." 이 문장을 보면 해리 케리Harry Carey•가 유성 영화가 도래하던 1929년에 존 웨인John Wayne에

• 미국 출신의 무성 영화 스타(1878~1947)

게 했다는 조언이 떠오른다. "문장을 말할 때마다 중간쯤에서 말을 멈추도록 해. 관객들은 그렇게 빠른 대사는 알아들을 수 없으니까."

<카메라를 든 사나이>는 평균 숏 길이보다도 더 훌륭한 이유들 덕에 매력적이지만, 지가 베르토프가 강조하려는 점에 대한 이야기부터 해 볼 필요가 있다. 그는 영화가 무대극의 전통에 갇혀 있다고, 이제는 특별히 영화적인 새로운 스타일을 찾아낼 때가 됐다고 느꼈다. 영화는 우리가 자유 연상을 할 때 정신 작용이 일어나는 속도나 열정적인 음악 작품의 속도로 움직일 수 있었다. 이 영화에는 대사가 필요치 않았다. 실제로 그는 영화를 시작하면서 이 영화에는 시나리오도 자막 화면도 캐릭터도 없다는 것을 강조했다. 이 작품은 연속으로 등장하는 이미지들이었고, 그가 강조하려는 바는 빠르게 펼쳐지는 음악으로 구체화됐다.

전반적인 계획은 있었다. 그는 어느 러시아 도시의 하루 24시간을 보여 줄 작정이었다. 그가 그 하루를 필름에 담는 데에는 4년이 걸렸다. 그는 도시 세 곳에서 작업했다. 모스크바, 키예프, 오데사. 그의 아내 옐리자베타 스빌로바Елизаве́та Сви́лова는 개별 숏 1,775개를 놓고 하는 편집 작업을 감독했다. 이 작업이 한층 더 인상적인 건 대부분의 숏이 개별적인 셋업들로 구성됐기 때문이다. 촬영 감독은 그의 동생 미하일 카우프만Михаи́л Ка́уфман이었는데, 그는 이후로는 형과 작업하기를 거부했다. (본명이 다비드 카우프만Дави́д Ка́уфман인 베르토프는 '팽이'라는 뜻을 가진 이름으로 활동했다. 다른 동생인 보리스 카우프만Бори́с Ка́уфман은 할리우드로 이주해 <워터프론트On the Waterfront>로 오스카 촬영상을 수상했다.)

1896년생으로 러시아 혁명기에 성년이 된 베르토프는 자신을 모더니즘과 초현실주의가 모든 예술 분야에서 위상을 쌓아 가던 10년 동안의 시기에 활동하는 급진적인 아티스트로 여겼다. 그는 공식 뉴스 릴

을 편집하는 것으로 영화계 경력을 시작했는데, 뉴스 릴들을 취합해 만들어낸 몽타주는 일부 관객에게 상당히 충격적으로 보였을 게 분명했다. 그 후 그는 자신의 영화들을 만들기 시작했다. 전적으로 새로운 스타일을 고안해 낼 작정이던 그는 그렇게 하는 데 성공했다. "이 영화는 이 영화가 개봉된 1929년부터 고다르Jean-Luc Godard의 <네 멋대로 해라 À Bout de Souffle>가 등장한 30년 후까지 만들어진 거의 모든 영화를 향해 날리는 따끔한 기소장이다." 평론가 닐 영Neil Young이 쓴 글이다. "오늘날 베르토프의 눈부신 영화는 그 두 작품 중에서 더 참신한 작품으로 보인다." 고다르는 '점프 컷'을 도입했다는 말을 듣는다. 그런데 베르토프의 영화는 전체가 점프 컷이다.

관객이 이 영화에서 보게 될 내용을 단순히 열거하는 것으로만 리뷰를 채우고픈 유혹이 느껴진다. 기계, 군중, 보트, 빌딩, 생산 라인 노동자들, 거리, 해변, 군중, 수백 명의 얼굴, 비행기, 열차, 자동차, 기타 등등. 그런데 이 숏들은 체계화된 패턴을 보여 준다. <카메라를 든 사나이>는 좌석들이 올려져 있는 텅 빈 영화관을 보여 주면서 시작한다. 좌석들은 (저절로) 내려가 펼쳐지고, 서둘러 입장한 관객들은 객석을 채운다. 그들은 영화를 보기 시작한다, 바로 이 영화를. 그리고 이 영화의 내용은…… 만들어지고 있는 이 영화다.

계속해서 등장하는 유일한 인물('캐릭터'가 아니다)은 카메라를 든 사나이다. 그는 버스터 키튼Buster Keaton이 <카메라맨The Cameraman>(1928)에서 사용한 것보다 작은 핸드 크랭크드 카메라hand-cranked camera•의 초기 모델을 사용한다. 삼각대를 부착한 상태로도 어깨 위에서 균형을 잡기에 충분할 정도로 가벼운 카메라다. 이 사나이가 촬영하고 있는 모습이 영화의 많은 숏에 보인다. 그가 그 작업을 하는 방

• 손으로 필름을 돌려 촬영하는 카메라

법들(자동차 지붕이나 질주하는 트럭의 짐칸에서 삼각대와 자기 몸을 안정적으로 유지하기, 탄광을 구부정하게 걸어 다니기, 폭포 위에 걸린 바구니 안에 들어가기)을 보여 주는 숏들이 있다. 우리는 기차선로들 사이에 구멍이 파이는 광경을 본다. 나중에 열차가 카메라를 향해 곧장 질주해 온다. 초창기 영화 관객들이 그런 숏을 보고는 겁에 잔뜩 질려 좌석 밑으로 몸을 숨겼다는 사실이 떠오른다.

이런 장면들 사이에 편집 중인 이 영화의 숏들이 삽입된다. 기계, 편집자, 물체로서의 필름 자체. 가끔씩 액션은 프리즈 프레임으로 멈추고, 우리는 편집자가 작업을 중단한 것을 본다. 그런데 나중에 프리즈 프레임이 등장한 직후에 그 장면을 넣으면 상당한 연속성을 갖춘 장면들로 보일 것이다. 숏들 사이에 연속성이 존재하지 않는다고 해도, 영화가 거의 끝날 무렵에는 크레셴도에 다다를 정도로 리듬감 있는 속도가 붙고 있다. 이 영화는 이 작품 자체를 촬영했고 이 작품 자체를 편집했다. 그리고 이제는 가속화되는 템포로 작품 자체를 지휘하고 있다.

대부분의 영화는 존 포드John Ford가 "보이지 않는 편집invisible editing"(스토리텔링이 원하는 대로 이용할 수 있는 편집)이라고 부른 것을 얻으려 노력할 뿐, 작품 자체에 관객의 관심을 끌려고 들지는 않는다. 공포 영화에 등장하는 충격적인 컷에서조차, 우리는 그 숏이 다루는 내용에 초점을 맞추지 그 숏 자체에는 집중하지 않는다. 시각적인 대상으로 간주되는 <카메라를 든 사나이>는 이 과정을 해체한다. 영화는 빤히 보이는 방식으로 취합되어 형체를 갖춘다. 이 작품은 이 작품 자체를 다루고, 종이접기처럼 접히면서 작품 안팎을 넘나든다. 마르셀 뒤샹Marcel Duchamp은 1912년에 '계단을 내려가는 나부Nu Descendant un Escalier n° 2'로 예술계에 충격을 안겨 줬다. 예술계가 충격을 받은 건 누드 때문이 아니었다. 회화가 지나치게 추상적이라 아무 형체도 보이지 않았기 때문이다. 사람들은 뒤샹이 동시에 일어나는 일련의 걸음걸이로 하강을 묘사했다는 사실에 충격을 받았다. 어떤 면에서 뒤샹은 프리즈 프레임을 발명했다.

베르토프가 한 작업은 이런 아방가르드의 자유를 영화 전편을 아우르는 수준까지 격상시킨 것이다. 바로 이것이 이 영화가 오늘날에도 참신해 보이는 이유다. 80년이 흐른 지금도 이 영화는 참신하다. 이 작품보다 앞선 시기에 메트로폴리스의 하루 생활을 보여 주는 '도시 다큐멘터리들'이 있었는데, 그중에서 가장 유명한 작품은 <베를린: 대도시 교향곡Berlin: Die Sinfonie der Großstadt>(1927)이었다.

베르토프는 세 도시에서 촬영을 하고도 그곳의 지명을 밝히지 않는 방식으로 작품의 초점을 더 넓혔다. 그의 영화는 도시, 시네마The Cinema•, 카메라를 든 사나이를 다룬다. 이 작품은 보는 행위, 남의 눈에 보이는 행위, 볼 준비를 하는 것, 앞서 본 내용을 가공하는 것, 마지막으로 그런 과정을 보는 것을 다룬다. 우리가 보는 것을 배열하고 거기에 질서를 부여하며 그 위에 리듬과 언어를 불어넣고는 그것을 초월하는, 시네마가 가능하게 만든, 하늘이 준 경이로운 선물을 명백하고 시적인 것으로 만든다. 언젠가 고다르는 "영화는 초당 24프레임으로 펼쳐지는 인생이다"라고 말했었다. 틀렸다. 영화는 인생이다. 시네마는 24프레임으로 시작될 뿐이다. 게다가 무성 영화 시대에 필름의 속도는 초당 18프레임에 가까웠다. 당신이 시네마를 구성하는 프레임들을 가진 '이후에' 하는 작업이 중요하다.

음악이 들어가지 않은 <카메라를 든 사나이>를 감상하는 경험은 상상할 수 없는 일이다. 사실상 모든 무성 영화는, 설령 연주하는 악기가 피아노나 아코디언, 바이올린 중 하나 밖에 없었더라도 음악과 함께 상영됐다. 음향 효과와 상이한 음악 소리를 자체적으로 갖춘 월리

• '영화관', '영화 예술' 등으로 해석할 수 있다.

처 오르간은 영화를 위해 발명된 장치에 해당한다.

미국에서 구매 가능한 이 영화의 버전은 키노에서 내놓은 버전으로, 작곡가 마이클 니먼Michael Nyman(<피아노The Piano>)이 작곡한 음악이 포함되어 있다. 이 버전은 2002년 5월 17일에 런던의 로열 페스티벌 홀에서 마이클 니먼 밴드에 의해 프리미어로 공연됐다. 영화의 템포가 빨라질수록 영화에는 늦춰질 줄 모르는 가속도가 붙는다. 또 다른 스코어는 시네마틱 오케스트라The Cinematic Orchestra가 창작한 것으로, 다음의 인터넷 주소에서 이 영화의 9분을 감상하는 동안 그 음악을 들을 수 있다. http://www.youtube.com/watch?v=vvTF6B5XKxQ

유명한 스코어는 무성 영화 반주에 전념하는 음악 단체인, 매사추세츠주 케임브리지의 얼로이 오케스트라Alloy Orchestra가 창작한 것이다. 얼로이는 이 영화의 제작 80주년을 기념하기 위해 모스크바필름아카이브에서 프린트를 얻어 복원하고는, 직접 수정한 스코어를 모스크바에서 공연했다. 그들은 2010년에 그 프린트를 들고 투어에 나설 예정이다.

칼리가리 박사의 밀실

Das Cabinet des Dr. Caligari

감독	로베르트 비네	
주연	베르너 크라우스, 콘라트 파이트	
제작	1920년	76분

<칼리가리 박사의 밀실>을 본 사람이 가장 먼저 주목하고 가장 잘 기억하는 건 영화의 기이한 스타일이다. 배우들은 날카로운 각도로 기울어진 벽과 창문, 정신 사납게 대각선 방향으로 올라가는 계단, 뾰족한 잎들이 달린 나무들, 칼처럼 생긴 풀이 있는 삐쭉삐쭉한 풍광에 거주한다. 비주얼을 이렇게 철저하게 왜곡한 결과, 이 영화는 개봉되자마자 현실을 곧이곧대로 기록하려는 카메라의 타고난 성향에 바탕을 둔, 앞서 나온 모든 영화와 확연히 구분되는 영화가 됐다.

2차원이라는 사실이 확연하게 보이는 양식화된 세트는 사실적인 세트와 로케이션에 비해 제작비가 한결 적게 들었을 게 분명하지만, 나는 로베르트 비네Robert Wiene, 1873~1938 감독이 제작비 때문에 그런 세트를 원했을 거라고는 생각하지 않는다. 그는 망상과 기만적인 겉모습을 담은 영화를, 미치광이와 살인을 다루는 영화를 만들고 있다. 그의 캐릭터들은 현실과 직각을 이룬 세계에 존재한다. 그들 중에 믿을 수 있

는 인물은 하나도 없고, 그들끼리도 서로를 믿지 못한다.

영화는 가파른 언덕을 힘겹게 오르는 비명 소리 같은 집들을 그린 그림에 묘사된 독일의 홀스텐발 마을에서 시작된다. 프롤로그가 등장한 후 영화는 이야기를 들려준다. 사이드 쇼side show• 진행자 칼리가리 박사(베르너 크라우스Werner Krauss)가 풍물 장터에 도착해 몽유병자를 선보인다. 그는 그 몽유병자가 23년 전에 태어난 이후로 줄곧 잠을 자고 있다고 주장한다. 체사레(콘라트 파이트Conrad Veidt)라는 이 환자는 관에서 잠을 잔다. 미치광이처럼 보이는 박사는 그가 어떤 질문에건 대답을 할 수 있다고 주장하면서 그에게 음식을 떠먹인다.

주인공 프란치스(프레드리히 페헤르Frederich Fehér)는 친구 알란(한스 하인츠 폰 트바르도프스키Hans Heinz von Twardowski)과 쇼를 보러 간다. 알란은 대담하게 묻는다. "나는 언제 죽을까요?" 대답은 섬뜩하다. "내일 동틀 때!" 알란은 동이 틀 때 죽는다. 체사레에게 의심의 눈길이 쏟아진다. 프란치스가 밤새 창문을 통해 감시하는 동안, 칼리가리는 닫힌 관 옆에서 잠을 잔다. 그런데 다음날 아침, 그의 약혼자 제인(릴 다고베르Lil Dagover)이 납치된다. 이 사건은 박사와 몽유병자에게서 혐의를 벗겨 줄까?

플롯 자체만 놓고 보면, 놀랍도록 뛰어난 플롯은 아니다. 그런데 이 영화의 프로덕션 디자인은 그 플롯을 뭔가 굉장히 기이한 것으로 탈바꿈시킨다. 체사레가 의식을 잃은 제인을 데려가고 군중이 그를 쫓을 때는 특히 더 그렇다. 그들은 추격당하는 과정에서 삭막한 빛과 그림자로 이어진 거리들을 통과하고 지그재그 형태를 이룬 산길을 올라간다. 한편 칼리가리가 거주지인 게 분명한 곳으로 돌아가는 동안 프란치스는 그의 뒤를 쫓는다. 정신 병원인 그곳에서 그는…… 병원 원장이

• 서커스에서 호객용으로 보여 주는 소규모 공연

다! 프란치스와 지역 경찰은 중세에 만들어진 오컬트 서적에서 영향을 받은 칼리가리가 몽유병자를 찾아내서는 그에게 최면 주문을 걸어 자신의 의지에 종속시키는 것을 갈망했다는 증거를 발견한다.

<칼리가리 박사의 밀실>을 최초의 진정한 공포 영화라고 주장하는 건 가능한 일이다. 그보다 앞서 만들어진 유령 이야기들과 1913~1914년에 만들어진 으스스한 《팡토마Fantomas》 시리즈가 있었지만, 그 작품들에 나오는 캐릭터들은 관객이 쉽게 알아볼 수 있는 세계에 거주하고 있었다. 반면에 <칼리가리 박사의 밀실>은 주관적인 심리적 판타지인 정신세계를 창조한다. 이 세계에서는 말로 표현할 수 없는 공포를 실현하는 게 가능해진다.

<칼리가리 박사의 밀실>은 캐릭터들뿐 아니라 영화 속 세계 자체가 정상적인 위치에서 밀려난 모습으로 그려지는 비주얼 스타일인 독일 표현주의의 첫 사례로 꼽힌다. 이렇게 극단적인 왜곡과 눈에 거슬리는 각도를 활용한 영화가 또 있는지는 모르겠다. 그런데 이 영화가 시종일관 보여 주는 태도는 <골렘Der Golem>과 <노스페라투Nosferatu>, <메트로폴리스Metropolis>, <M>이 나아갈 길을 닦아 준 게 분명하다. 예술사학자 지그프리트 크라카우어Siegfried Kracauer는 이 영화에 대해 집필된 책 중에서 가장 잘 알려진 책에 속하는 『칼리가리부터 히틀러까지From Caligari to Hitler』에서, 나치즘의 발흥은 그에 앞선 다년간의 시기에 만들어진 독일 영화들에 의해 예견됐다고 주장했다. 그 영화들은 삐딱한 각도로 존재하면서 가치관이 상실된 세계를 반영했다. 그 책에 따르면, 칼리가리는 히틀러였고 독일 국민은 그의 주문에 걸린 몽유병자들이었다.

나는 그 영화들이 독일에서 나치즘을 촉발했다고 믿지는 않는다. 그 영화들이 나치즘을 예견했는지 여부는 사건이 벌어진 후에야 얻은 깨달음에 깊이 의존한다. 분명한 건, 표현주의 스타일의 공포 영화들은

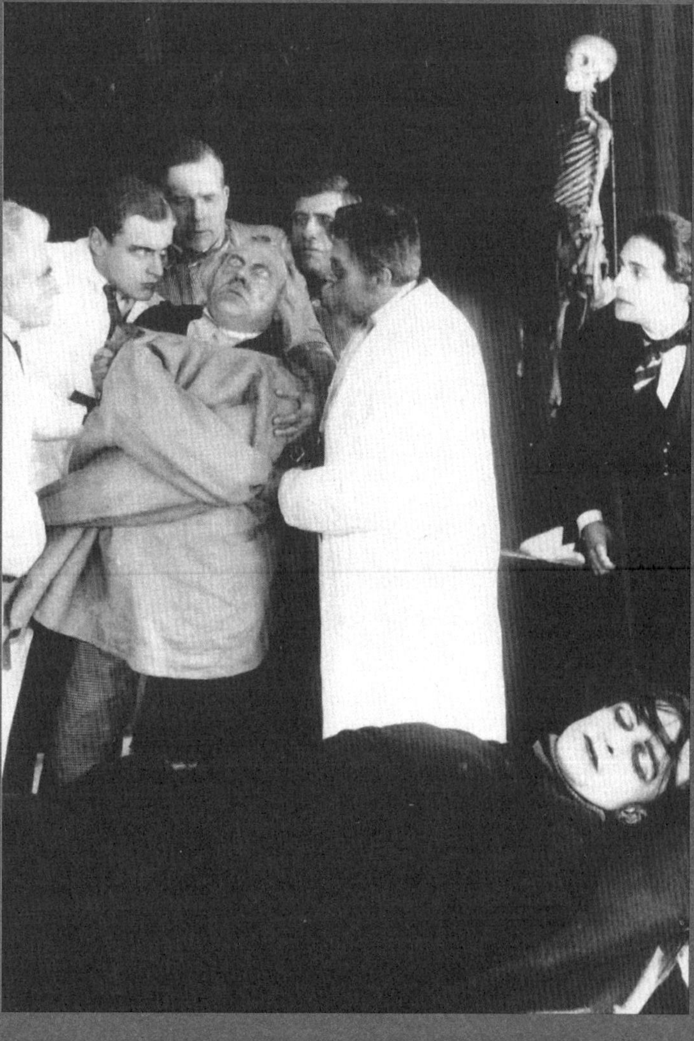

영화 장르 중에서 가장 내구성이 좋으면서 외부의 충격에도 끄떡없는 장르를 만들어 냈다는 것이다. 다른 어떤 장르도 박스 오피스에서 순전히 장르 자체만으로 관객에게 어필하지 못한다. 역시 표현주의의 영향을 깊이 받은 필름 누아르가 그에 근접한 성적을 거두기는 하지만 말이다. 공포 영화가 약속할 필요가 있는 건 공포(형언할 길이 없는, 무시무시하고 무자비하며 휘청거리는 괴물 같은 파괴적인 존재)가 전부다. 공포 영화에는 스타가 필요 없다. 관객을 공포에 떨게 만드는 능력만 있으면, 그리고 영화의 제작에 반영된 근본적인 가치관만 있으면 된다.

1920년대는 다다와 초현실주의 운동의 발흥을 목도한 시대였다. 다다는 모든 가식과 표준, 성실함을 거부했다. 다다는 절망과 소외를 심오하게 표현하는 운동이었다. 그 운동은 관련된 예술 운동인 초현실주의의 발흥으로 이어졌는데, 초현실주의는 질서와 예의범절과 단절하고는 상식적인 가치관을 거부했고 전통을 경멸했으며 사회를 무정부 상태로 전복하는 것을 추구했다. 그런 운동들은 제1차 세계 대전의 공포에 대한 반응으로 일어난 거라는 말이 있다. 1차 대전은 상대적으로 평온하고 질서가 잡혔던 몇십 년의 세월을 뒤집어엎고는 유럽의 국가들을 불안정한 새로운 관계들로 몰아넣었고, 기계화된 현대적인 전투라는 비인간적인 상황을 선사했다. 참호전의 잔혹함을 경험한 이후로 예전의 풍경과 평온한 생활로 복귀하는 건 어려운 일이었을 것이다.

1920년의 관객들에게 <칼리가리 박사의 밀실>을 감상한 경험은 분명히 심란한 경험이었을 것이다. 『버라이어티Variety』에 실린 오리지널 리뷰는 영화의 엔딩을 선뜻 밝히면서 영화를 향한 열광을 지나치게 깍듯한 어조로 표현하려 애썼다. "이 영화는 내내 완벽한 템포로 스토리를 끌고 나가는, 대단히 완벽하게 앞뒤가 맞아 떨어지는 일련의 액션을 낳았다. 로베르트 비네는 헤르만 바름Hermann Warm과 발터 라이만Walter Reimann, 발터 뢰리히Walter Röhrig가 디자인한 세트들을, 사고방식의 눈을 통해 관객의 눈을 쥐어짜고 빙빙 돌리며 조정하는 세트들을 완벽하게 활용한다.”

척추를 지압하는 물리 치료를 연상시키는 문장이지만, 나는 일부 관객들이 이미지들에 의해 쥐어 짜이고 빙빙 돌려지면서 조정당하는 느낌을 실제로 받았을 거라고 상상한다. 이 영화는 오늘날에도 여전히 관객에게 마술을 건다. 나는 키노에서 발매한 DVD 버전으로 이 영화를 감상했는데, (무성 영화 특유의 빈티지 느낌이 물씬 풍기는) 이 버전에는 오리지널 촬영 분량이 모두 담겨 있다. 이 필름은 디지털 복원 작업을 거치면서 모든 결함이 제거되지는 않았다. 그런데 그렇기 때문에 남아 있는 것들(얼룩, 흠집)은 어떤 면에서는 이 영화가 안겨 주는 공포 효과에 힘을 보탠다. 영화를 보면 훨씬 더 오래된 과거를 간직하고 있는 듯한 유서 깊은 기록이나 옛날이야기를 보고 있는 것 같은 기분이 들 것이다. 오리지널 필름에는 엷은 색조가 가미됐었다. 그래서 이 영화에 순수한 흑백 신은 존재하지 않는다. 영화의 대부분은 적갈색과 검은 회색기가 도는 청색 색조만 보여 준다.

비네는 눈을 깜빡이는 것처럼 신을 열거나 닫는 아이리스 숏을 좋아한다. 아이리스 숏의 활용은 우리가 ‘보고 있다’는 것을, 그리고 가까운 이들에게 일어나는 사건들을 목격하는 특권을 누리고 있다는 것을 강조한다. 그는 알란이 목소리들에 둘러싸여 있다고 느끼는 걸 보여 주려고 이미지에 단어들을 첨가하는 장치도 드물게 사용한다. 비네의 클로즈업은 칼리가리가 사납고 불길하게 쏘아보는 표정과 제인의 이슬처럼 순수한 모습, 알란이 눈을 휘둥그레 뜨고 결단을 내리는 모습에만 주로 사용된다. 몽유병자는 그다지 인상적이지 않다. 어떤 면에서는 그가 영향을 준 캐릭터인 프랑켄슈타인의 괴물 같은 카리스마가 그에게는 없다. 그를 인간이 아니라 물체로 간주하는 것 같은 카메라는 그를 롱 숏으로 보여 주는 경우가 잦다.

세트들은 마땅히 그래야 하듯 대체로 먼 거리에서 잡는 숏으로 묘사되면서 뾰족하고 울퉁불퉁한 꼭짓점과 모서리들을 보여 준다. 비주얼 환경은 칼날들이 이룬 황무지처럼 작동하고, 그 결과 캐릭터들에게 안전하거나 휴식을 취할 공간을 제공하기를 허용하지 않는 효과가 빚어진다. <칼리가리 박사의 밀실>의 세트 디자인에서 영감을 얻은 다른 영화가 손에 꼽을 정도라는 건 놀라운 일이 아니다. 이 영화의 카메라 앵글, 조명, 드라마를 필름 누아르 장르 전체에서, 예를 들어 <제3의 사나이The Third Man>(1949)의 비주얼 스타일에서 확연하게 볼 수 있지만 말이다.

로베르트 비네는 1913년에 경력을 시작해서 영화 47편을 연출했다. 연출작으로는 소설 『죄와 벌』이 원작인 <라스콜리니코프Raskolinkow>와 유명한 <올락의 손Orlacs Hände>(1924) 등이 있다. 히틀러 정권을 피해 달아난 그는 숨을 거둘 당시 또 다른 피난민인 에리히 폰 슈트로하임Erich von Stroheim과 <최후통첩Ultimatum>을 작업하던 중이었다. 또 다른 피난민인 콘라트 파이트1893~1943는 119편의 영화에 출연한 당시의 메이저 스타였다. 그의 크레디트에는 위대한 <웃는 남자The Man Who Laughs>(1928), 그리고 그가 공항에서 예기치 못한 최후를 맞는 슈트라서 소령을 연기한 <카사블랑카Casablanca>(1942)가 물론 들어 있다.

컴 앤 씨 Иди и смотри	감독	엘렘 클리모프	
	주연	알렉세이 크라브첸코, 올가 미로노바	
	제작	1985년	142분

효과를 제대로 발휘하는 반전反戰 영화는 만들 수 없다는 말이 있다. 전쟁은 그 속성상 짜릿한 것이기 때문이고, 영화의 결말은 전쟁에서 살아남은 이들의 것이기 때문이다. 그런데 엘렘 클리모프Элéм Кли́мов, 1933~2003의 <컴 앤 씨>에 대해서는 누구도 그런 말을 못할 것이다. 러시아에서 만든 이 1985년도 영화는 어떤 소재를 다루건 지금까지 만들어진 영화 중에서 손꼽힐 정도로 충격적인 영화로, 이 영화에서 살아남은 이들은 먼저 세상을 떠난 이들을 부러워하는 게 분명하다.

영화는 한 남자가 바닷가에 있는 보이지 않는 사람들에게 호통을 치는 알쏭달쏭한 신으로 시작된다. 그는 누구인가? 그는 누구를 부르고 있는가? 그는 어째서 그들에게 짜증을 내는가? 그가 갈대밭에 몸을 숨긴 아이들에게 소리를 지르고 있다는 게 밝혀진다. 아이들은 전쟁 놀이를 하면서 앞서 벌어진 전쟁 때 은닉되거나 잃어버린 무기를 모래밭에서 파내고 있다.

우리에게 그 아이들이 소개된다. 아마도 열네 살일 플로리야는 근처에서 식구들과 산다. 때는 1943년으로, 히틀러의 군대가 소련의 백러시아를 침공하고 있다. 플로리야(알렉세이 크라브첸코Алексе́й Кра́вченко)는 영웅적인 빨치산이 돼서 조국을 수호하겠다는 꿈을 꾼다. 그는 집을 떠나 지원병志願兵이 되고 싶어 한다. 가족은 그를 말린다. 그러나 사건들이 연달아 일어나면서, 그는 집을 떠나 전투 부대에 편입되어 신고 있던 새 신발을 베테랑의 헤진 신발과 바꿔 신어야만 한다. 그는 전투에 지쳐 버린 보병들의 휘하에 배치된다.

그는 아직 어리다. 그는 앞선 신들에서는 실제 나이보다 더 어려 보인다. 그런데 나중에 등장하는 신들에서는 훨씬 더, 훨씬 더 나이 들어 보인다. 처음에 그는 맡겨진 일을 잘 해내려고 열심이다. 그는 보초에 배치되면서 암구호를 모르는 사람은 누구건 쏴 버리라는 말을 듣는다. 그는 동갑으로 보이는 소녀를 향해 총을 쏘겠다고 말한다. 그러나 그는 그녀를 쏘지 않는다. 사실 그는 누구에게도 총질을 하지 않는다. 두 사람은 친해진다. 순수하고 다정한 글라샤(올가 미로노바Ольга Миронова)는 미래를 꿈꾼다. 플로리야는 속내를 또렷하게 밝히는 아이가 아니다. 지적 장애아인 것 같지만 상대방의 심금을 건드리는 아이다.

영화는 러닝 타임 내내 그의 뒤를 따라가면서 가끔은 공포를 자아내는 사소한 사건들을 바라보려고 걸음을 멈춘다. 그는 모든 것을 보지는 못한다. 특히 부대에서 낙오한 그와 소녀가 그의 가족의 농장에 돌아오는 신이 있다. 그는 가족들이 따뜻하게 맞아줄 거라고 기대한다. 그런데 집에는 아무도 없고 가구는 뒤집혀 있다. 가족들은 방금 전에 떠난 듯 보인다. 수프 냄비는 아직도 따스하다. 그는 가족들이 간 곳이 어디인지를 안다고 갑자기 확신하고는 습지대에 있는 섬으로 뛰어가자며 그녀를 잡아끈다. 그런 후 그녀가 본 광경을 그는 보지 못한다.

그의 시점이 아닌 다른 이의 시점으로 보여 주는 신은 우리를 맘

편히 놔두지 않는다. 그가 보는 건 온통 공포뿐이다. 그가 보지 못한 것도 온통 공포뿐이다. 나중에 플로리아는 자신이 나치 점령군이 장악한 마을에 있음을 알게 된다. 나치가 마을 사람들을 모두 소집해 헛간에 감금하는 시퀀스가 있다. 이 이미지는 홀로코스트를 연상시킨다. 플로리아가 아수라장이 된 군중의 일원으로서 사람들 틈을 비집고 들어갈 때, 그의 시선은 위층에 높이 달린 창문들을 결코 떠나지 않는다. 이즈음 그가 살면서 가진 유일한 본능은 저승사자의 손아귀에서 벗어나는 게 돼 버렸다. 부모들과 자식들, 노인들과 젖먹이들이 모두 갇혔다. 나치는 신체 건장한 남자들은 밖으로 나오라고 요구한다. 아버지들은 가족들 곁에 남는다. 플로리아는 사람들을 밀치고 창문으로 나가서는 나치가 헛간에 불을 지르는 광경을 지켜본다. 안에 있는 사람들이 필사적으로 몸부림을 치면서 헛간의 닫힌 여닫이문이 들썩거린다. 컷을 통해 다음 장면으로 넘어가는 안이한 방식을 피하면서 단순히 뒤로 물러서서 사건을 응시하는, 몸서리쳐지는 신이다.

이 사건, 그리고 이 소년이 직접 겪은 사연은 사실에 바탕을 둔 것이다. 많은 러시아 영화가 나치즘의 공포를 묘사해 왔다. 히틀러는 겨냥해도 안전한 표적이자, 그들의 고국이 처한 상황과 무척이나 가까운 정치적 알레고리로 내세울 편리한 대역이었기 때문이다. 이 영화는 알레고리의 차원을 훌쩍 뛰어넘는다. 나는 인간이 저지르는 악행을 이보다 더 가차 없이 묘사하는 영화는 거의 보지 못했다.

이 영화에서 나치의 주요한 괴물인 SS 슈투름반퓌러 소령은 타란티노Quentin Tarantino 영화의 한스 란다 대령과 판이하게 다르지는 않은 정중하면서도 비정한 괴물이다. 그는 목에 매달린 기분 나쁜 작은 애완용 원숭이를 만지작거린다. 그리고 연구하는 듯한 태도로 사람들의 목숨을 앗으라는 명령들을 내린다. 그의 무심함은 권력을 체현하는데, 권력은 플로리아가 영화 내내 한 순간도 가져 보지 못한 것이다. 플로리야가 살아남은 건 무력한 존재라는 게 명명백백하기 때문일 공산이 크다. 그를 살펴보는 것은 충격을 받아 휘청거리는 인간의 정신을 지켜보는 것이다. 이 영화의 나치 묘사가 과장됐다고 생각하고 싶을 것이다. 하지만 그렇지 않다. 영화의 마지막에 등장하는 자막 화면은 말한다. "나치는 백러시아의 마을 628곳을 그곳에 거주하는 주민들과 함께 불태웠다."

사람들은 자신이 목격한 모든 공포를 겪고도 살아남은 플로리야가 허구의 인물이라고 믿고 싶어 안간힘을 쓰게 된다. 하지만 플로리야는 실제로 존재했던 인물이고, 클리모프는 이 영화의 시나리오를 알레스 아다모비치Алесь Адамович와 함께 썼다. 클리모프는 1986년에 가진 인터뷰에서 론 홀러웨이Ron Holloway에게 이렇게 말했다. "아다모비치는 이 영화의 주인공과 동갑이었습니다. 그와 그의 가족은 빨치산과 함께 싸우면서 나치가 백러시아 영토에서 자행한 대량 학살을 목격했습니다." 클리모프는 그의 영화를 실제 사건들이 벌어진 곳 근처에 있는 (현재는 벨라루스로 알려진) 백러시아에서 촬영했다고, 그리고 전문 연기자는 한 명도 쓰지 않았다고 덧붙였다.

영화는 잔혹한 행위를 묘사하면서도 가끔은 대단히 사실적이다. 하지만 소리 없는 악몽 같은 과장을 덧씌우기도 한다. 예를 들어, 플로리야와 글라샤가 간신히 헤쳐 나가는 늪의 윗부분에는 악의로 똘똘 뭉친 짐승의 살갗처럼 보이는 두툼한 젤리 같은 층이 있다. 그리고 플로리야가 굶주리는 부대원들에게 먹일 식량이 될 젖소를 모는 시퀀스가 있다. 그와 젖소가 들판에서 자욱한 안개 때문에 오도 가도 못할 때 기관총 사격이 가해진다. 그는 총알이 날아오는 곳이 어디인지를 알 길이 없다. 소가 결국에 당하는 죽음은 거침없이 진행되는 생명의 정지를 고스란히 반영하는 일련의 이미지로 관객에게 전달된다. 젖소의 목숨은 어떤 식으로건 불운한 운명을 맞게 되어 있었지만, 이 이미지들은 젖소가 완전히 이해할 길이 없는 죽음을 맞게 됐음을 시사한다. 플로리야가 포격을 지나치게 가까운 곳에서 당하면서 귀가 먹은 후로 악몽은 더욱 심해진다. 사운드는 작아진다. 희미하게 울리는 소리가 들리는데, 이 소리는 사운드의 현실을 그의 입장에서는 절망적이라고 느낄 정도로 손 닿지 않는 곳에 있게끔 만든다.

관객들이 영화를 보면서 해방감이나 카타르시스를 느끼게 해 달라고 요구한다는 건 맞는 말일까? 우리가 아무 희망도 남겨 주지 않는 영화를 받아들이지는 못한다는 것은 맞는 말일까? 우리가 증오의 진창에서 솟아날 곳을 찾으려고 고군분투한다는 것은 맞는 말일까? 숲을 배경으로 한 기이한 신이 있다. 나뭇잎 사이로 해가 지고 있다. 음울하고 애절하던 사운드트랙이 갑자기 모차르트의 음악으로 넘어간다. 이게 의미하는 바는 무엇일까? 나는 환상이라고 믿는다. 그러나 생전 그런 음악을 들어본 적이 없었을 플로리야가 느끼는 환상은 아닐 것이다. 모차르트는 이 영화의 절망에서 우리를 끌어 올리려고 데우스 엑스 마키나처럼 영화에 강림한다. 우리는 원하기만 하면 모차르트를 받아들일 수 있다. 하지만 그런다고 달라지는 건 하나도 없다. 모차르트는 아이러니한 조롱 같다.

이 글에서 결말부의 유명한 시퀀스를 묘사하는 건 안 될 일이라고 생각한다. 그 시퀀스는 관객인 당신에게 놀라움을 안겨 주는 장면으로 펼쳐져야 마땅하다. 그 시퀀스는 역사를 되돌리는 것을 상상한다. 당신은 어떻게 그렇게 되는지를 보게 될 것이다. 이루 형언할 수 없이 우울한 시퀀스다. 역사는 결코 원 상태로 돌아갈 수 없기 때문이고, 우리 곁에 영원토록 함께 있기 때문이다.

무척이나 간단하고 직설적으로 보이는 이 영화의 제목에 암울한 맥락이 담겨 있다는 걸 '인터넷 무비 데이터베이스Internet Movie Database, IMDb'를 통해 알게 됐다. 이 제목은 「요한계시록」에서 가져온 것이다.

"또 그분께서 네 번째 봉인을 여실 때에 네 번째 짐승이 와서 말하기를 '와서 보라Come and See'하는 것을 내가 들었느니라. 그래서 내가 보니, 보라, 한 마리 창백한 말이라. 그런데 그 위에 앉아 있는 자의 이름이 죽음이었으니 지옥이 그와 함께 뒤따르더라. 그리고 이것들에게 땅의 사분의 일을 다스릴 권세가 주어져 있었으니, 칼로 죽이고 굶주림으로 죽이고 죽음으로 죽이고 땅의 짐승들로 죽일 권세였느니라."

콘택트

Contact

감독	로버트 저메키스	
주연	조디 포스터, 매슈 매커너히	
제작	1997년	150분

<콘택트>는 과학과 정치, 종교가 교차하는 지점을 배경으로 하는 영화다. 그 세 주제가 항상 쉽게 어우러지는 주제인 건 아니다. 영화에서 지능을 가진 외계의 존재가 암호화된 심벌들이 들어 있는 세 페이지 단위의 이미지를 전송한다. 각 페이지의 모퉁이들이 들어맞는 지점이 어디인지는 명백하다. 세 모퉁이가 특정한 방식으로 한데 맞춰져 단일한 이미지를 만들어 내도록 하기 위해 의도적으로 만들어졌다는 것도 명백하다. 과학자들은 그 페이지들을 모으려고 시도하다 당황해한다. 그에 대한 해답은 우리가 그 해답을 볼 때 유레카를 외칠 만한 순간을 제공한다. 해답은 대단히 단순하다. 하지만 그것을 고안해 내는 건 무척이나 어려운 일이다. 이 문제는 지능 테스트 비슷한 것으로 고안된 것 같다.

이 영화를 14년 만에 다시 보면서 나는 정말로 대담한 영화라는 사실에 깜짝 놀랐다. 이 영화의 주인공은 무신론자인 전파 천문학자

엘리 애로웨이 박사(조디 포스터Jodie Foster)다. 영화에서 그녀는, 과학에 대한 글을 쓰고 신神의 존재를 믿는 파머 조스(매슈 매커너히Matthew McConaughey)와 조심스러운 관계를 맺는다. 대통령에게 조언을 하는, 외계인과 신과 우주에서 날아온 메시지 모두를 냉소적인 정치적 관점에서 바라보는 과학 고문들이 핵심적인 역할을 수행한다. 그들은 자신들이 하는 정치적 행위를 '국가 안보'라는 두루뭉술한 동기를 내세워 정당화한다.

이 영화가 개봉한 1997년 7월에, 나는 신의 존재와 우주 어딘가에 생명체가 존재할 가능성에 대해 어느 정도는 지금의 내가 가진 것과 동일한 신념을 품고 있었다. 그런데 내가 당시에 쓴 리뷰를 읽어 보고는 당시의 내가 이 영화를 지금 생각하는 것만큼 용감한 영화로 보지는 않았음을 알게 됐다. 그건 내가 이후로 과학과 정치, 종교적 신념이 교차하는 지점에 서 있는 또 다른 주제인 천지창조설에 대한 대단히 많은 논의에 관여하게 됐기 때문일 것이다. 할리우드는 자신이 만드는 영화들을 정중한 만찬 파티처럼 대한다. '종교나 정치 얘기는 꺼내지 말아 주세요.'

해독된 암호화된 신호에는 우주선의 일종인 게 분명한 거대한 기계를 제조하는 설계도가 담겨 있다. 그 기계는 지구에서 25광년쯤 떨어진, 밤하늘에서 다섯 번째로 밝은 별인 베가를 도는 행성에 거주하는 외계의 지적 생명체를 만나는 자리에 단 한 명의 인간을 데려다 줄 것이다.

이 영화의 핵심적인 요소는 그 우주선에 승선할 우주인을 결정하는 의회 청문회와 관련되어 있다. 여러 나라 출신의 후보자들을 모은 팀이 선발됐지만, 미국이 우주선 제조 비용의 대부분을 지불했다는 것과 정치적인 여러 이유 때문에 미국인이 우주인으로 뽑힐 것이다. 메시지를 수신한 팀의 멤버인 엘리도 후보 중 한 명이다. 청문회가 끝날 무렵, 파머 존스는 엘리에게 신을 믿느냐고 물으면서 엘리를 기습적으로 몰아붙인다. 그녀는 언제 어디서건 정직한 사람이다. 그런데 이 상황은 의문을 제기한다. 외계인을 만나는 첫 인간은 하나님을 믿어야만 하는 걸까? 엘리는 그녀의 보스로, SETI Search for Extraterrestrial Intelligence, 지구밖문명탐사계획에서 그녀가 수행한 개척적인 작업의 공로를 가로챈 기회주의자 데이비드 드럼린(톰 스커릿Tom Skerritt)에게 후보 자리를 빼앗긴다. 그녀가 결국 우주여행을 떠나게 되는 건 또 다른 진정한 신봉자가 자행한 짓 덕이다.

이 영화는 "하늘 저 위에는 별이 수십억 개" 있다는 말로 우리에게 대단한 기쁨을 안겨 준 칼 세이건Carl Sagan이 쓴 소설이 원작이다. 어렸을 때 별에 매혹된 엘리는 아버지(데이비드 모스David Morse)에게 다른 행성에도 인간이 있느냐고 묻는다. 아버지는 그녀에게 말한다. "우주에 우리만 있다면, 공간이 엄청나게 낭비되고 있다는 게 분명해 보이는구나." 이 문장은 세이건이 한 말로 자주 인용된다. 엘리는 내세를 믿지 않으면서도 어렸을 때 세상을 떠난 어머니를 만나려는 갈망은 항상 품고 살아 왔다. 그런 사정이 어린 소녀였던 그녀의 눈길을 하늘로 이끌었을 것이다. 나중에 존경받는 학자가 된 그녀는 푸에르토리코에서 행해지는 SETI 프로젝트에 참여하려고 하버드에서 강의를 하는 자리를 거절했다. 그런데 그 연구에 필요한 자금이 위선적인 데이비드 드럼린에 의해 취소된다. 그는 순수과학 분야의 연구가 필요하다는 데 찬성하지 않으면서, 과학은 '실용적인 결과물'을 제공해야 마땅하다고 믿는 사람이다.

<콘택트>를 연출한 로버트 저메키스Robert Zemeckis, 1952~가 연출한 작품들은 대범한 기술적 방법들을 자주 채택한다. 그가 CGI가 존재하기 이전 시절에 <누가 로저 래빗을 모함했나Who Framed Roger Rabbit>(1988)에서 애니메이션과 실사 액션을 섞었다는 것을 기억하라. 그가 <포레스트 검프Forrest Gump>(1994)의 주인공을 실제로 존재했

던 사람들 사이에 집어넣은 방식을 눈여겨보라. 그가 <폴라 익스프레스Polar Express>(2004)와 <베오울프Beowulf>(2007), <크리스마스 캐럴Disney's A Christmas Carol>(2009)에서 모션 캡처를 사용한 방식을 주목하라. <콘택트>에서 그는 영화가 다루는 이야기를 취재하는 기자들 역할에 실제 CNN 앵커들을 활용하고, 척 봐도 실제 빌 클린턴Bill Clinton 대통령인 게 분명한 인물을 영화에 삽입해 관객들을 깜짝 놀라게 만들었다.

클린턴은 이 영화에서 실제로 연기를 하지는 않았다(그가 하는, 영화의 전개 상황에 적절하게 들리는 말은 무엇이 됐건 다른 주제에 대해 하는 말일 수 있다). 그런데 영화에 등장한 언론인들은 실제 CNN 사람들이었다. 기자들이 픽션에서 현실의 자기 자신을 연기하는 건 정당한 일이었을까? 당시에 CNN 사장 톰 존슨Tom Johnson은 그 실험은 그릇된 아이디어였다고, 다시는 그런 일이 반복되지 않을 거라고 말했다. 그러나 그가 내놓은 성명이 기자들이 활동하는 취재 현장에 전달되지 않았던 게 분명하다. <포레스트 검프>에서는 관객에게 제대로 먹혔던 장난이 <콘택트>의 더 거창한 리얼리즘에서는 그릇된 건반을 강타하고 말았다.

<콘택트>를 보면서 엘리와 파머가 나누는 대화에, 무신론자와 신을 믿는 이가 나누는 대화에 특히 깊이 빠져들었다. 그들은 서로 좋아한다. 그들은 동침을 한 적도 있다. 그러나 두 사람의 사랑은 갑자기 끝난다. 수학 실력이 뛰어난 엘리가 광속으로 이동하는 논리를 바탕으로 만들어진 외계인의 기계를 타고 여행에 나서는 것은 그녀가 돌아왔을 때 — 파머, 그리고 혹시 생길지도 모르는 두 사람의 자식을 비롯한 — 지인 중에 생존해 있는 사람이 아무도 없을 거라는 뜻임을 깨닫기 때문이다. 그럼에도 파머는 그녀를 사랑한다. 그리고 그가 크래커 잭 상자에서 찾아낸 작은 플라스틱 장난감(나침반)은 영화에서 상당한 역할을 수행한다. 그런데 그가 사랑하는 여자가 신을 믿지 않는다면, 그

녀는 여행에 나서서는 안 된다(다양한 우주인 후보들이 상이한 종류의 신을 믿을 테지만, 그건 사소한 디테일일 뿐이다).

여행에 나선 엘리에게 어떤 일이 벌어지는지는 밝히지 않을 작정이다. 그녀가 실제로 지구를 떠났던 것인지에 대해 영화 개봉 당시에 많은 논란이 있었다. 잡음과 지직거리는 화면만 녹화된 18시간에 대한 대사가 의미심장한 듯 보이지만 말이다. 영화와 관련된 논리에 대해 많이 생각해 볼수록, 이 영화는 더욱 더 매혹적인 영화가 된다. 우주에서 날아와 수신된 최초의 신호는 지구상에서 처음으로 방송된 TV 신호다. 우리는 그 TV 방송 전파가 발사된 게 언제였는지를 잘 알기 때문에 왕복 여행에 얼마나 많은 햇수가 필요할 것인지도 잘 안다.

그건 그런 신호들을 찾는 외계인의 프로그램이, 그리고 지적 생명체가 존재한다는 걸 보여 주는 보편적인 증거인 일련의 소수素數로 짠 암호와 함께 그 신호들을 되돌려 보내는 외계인의 프로그램이 적어도 하나는 있음을 시사한다. 그게 달리 무엇을 시사하겠는가? 외계인들은 여전히 생존해 있을까, 아니면 그들이 짠 프로그램만 남아 있는 걸까? 그들이 설계도를 전송한 기계의 용도는 무엇일까? 그 여행은 실제 우주 공간을 물리적으로 여행하는 것일까? 아니면, 자신이 자기 마음속에 담긴 정보에 의해 창조된 게 분명한 환경에 놓여 있음을 알게 된 <2001 스페이스 오디세이2001: A Space Odyssey>의 주인공이 겪었던 것과 다르지 않은 환경만을 제공하는 것일까? 그녀가 외계인에게 배운 것은 무엇일까? 그녀는 무엇을 배울 수 있었을까?

조디 포스터는 엘리 애로웨이 역할을 연기할 이상적인 후보다. 그녀는 진리가 무엇이건 과학의 목표는 그 진리를 찾아내는 것이라고 영리하고 간결하게 설명한다. 자신들은 이미 진리를 알고 있고 과학의 목표는 자신들이 아는 진리를 찾아내는 것이라고 믿는 창조론자들과 과학자들이 의견을 달리하는 지점이 바로 그곳이다. 우리는 이 영화에서 그런 의견의 불일치가 어떻게 순수 연구에 대한 불편함을 낳을 수 있는지 볼 수 있다. 불편해하는 사람들은 우리가 알고 싶어 하지 않는 무언가를 발견하는 것이 위험한 일이라고 본다.

매슈 매커너히가 연기하는 캐릭터는 착하고 진심 어린 남자다. 그런데 나는 세상 어디에건 모습을 드러내는 그의 능력이 혼란스럽다. 어째서 그는 모든 고위급 미팅에 미스터리하게 초대돼 그토록 큰 영향력을 행사하는 걸까? 과학과 종교에 대한 책을 여러 권 썼다는 이유만으로? 또 다른 문제 많은 캐릭터는 지나치게 과장된 모습을 보이는 전도사 조지프(제이크 부시Jake Busey)다. 그 역시 일상적인 보안 절차들을 신기할 정도로 무사하게 통과하고 있다.

<콘택트>의 강점은 오늘날에도 관련이 있는, 그러면서도 여전히 영화에서는 거의 논의되지 않는 이슈들을 다루는 방식에 있다. 어떤 면에서는 '순수 연구'인 줄기세포 연구를 반대하는 목소리들을 고려해 보라. 정교政敎 분리를 폄훼하는 정치인들을 고려해 보라. 엘리가 의회에서 하나님을 믿느냐는 질문을 받았을 때, 그녀가 했어야 할 올바른 대답은 '그건 댁들이 상관할 일이 아니다'일 것이다. 그것이 신의 존재를 믿는 사람이건 그렇지 않은 사람이건, 어느 미국인의 입장에서든 올바른 대답일 것이다.

킬링

The Killing

감독	스탠리 큐브릭	
주연	스털링 헤이든	
제작	1956년	144분

스탠리 큐브릭Stanley Kubrick, 1928~1999은 <킬링>을 몸 풀기로 단편 두 편을 찍은 다음에 만든 자신의 성숙한 첫 번째 장편 영화로 간주했다. 이 영화가 개봉됐을 때 스물여덟 살이넌 그는 이미 체스에 몰두한 체스 기사이자 『룩Look』 잡지를 위해 일하는 사진작가였으며 《마치 오브 타임March of Time》•의 연출자였다. 나는 그가 훗날 걸작들을 만들면서 거듭 복귀하고는 했던 주제들과 스타일을 이 영화에서 찾아보고픈 유혹을 느낀다. 그런데 자신이 연출한 모든 작품을 독보적이고 독립적인 작품들로 만들겠다는 결심이 그토록 굳은 듯 보이는 감독도 드물다. 당신은 크레디트에 그의 이름이 뜬 것을 확인하지 않고 감상할 경우에도 그 영화가 큐브릭의 작품이라는 걸 짐작할 수 있을까? <닥터 스트레인지러브Dr. Strangelove>와 <배리 린든Barry Lyndon>을 같은 감독의 작

• 1935년부터 1951년까지 영화관에서 상영된 뉴스 영화 시리즈

품이라고 판단할 수 있을까?

이 영화는 하이스트heist 영화다. 하이스트 영화는 — 공포 영화와 비슷하게 — 반드시 스타들을 출연시켜야 하는 장르는 아니다. 오랜 세월을 버텨 낸 이 장르는 감독들이 복잡해서 도무지 이해할 길이 없거나 단순해서 대담하다고 느껴지는 플롯들을 창작하는 데 영감을 준다. <우리에게 내일은 없다Bonnie and Clyde>에서 강도들은 은행 정문에 차를 세우고는 총을 들고 걸어 들어갔다가 (이론상으로는) 훔친 돈을 들고 걸어 나온다. 데이비드 매밋David Mamet의 <하이스트Heist>에서, 얽히고설킨 여러 단계의 사기 행각에 관련된 캐릭터들은 서로를 속여 먹는다. <리피피Du Rififi chez les Hommes>에서 절도 행각은 실생활에서는 거의 쓸데없어 보이는 기발한 곡예가 필요한 계획과 관련되어 있다. 이 영화에서 큐브릭이 경마장을 털려고 짠 계획에도 그러한 플롯 요소 두 가지가 관련되어 있다. 곡예를 부려야 할 필요성은 그리 크지 않다. 내러티브에 접근하는 그의 접근 방식은 직설적으로 보이지만, 내러티브 자체가 미로처럼 복잡한 탓에 우리는 그 계획들을 모아 맞추려 애쓴다는 희망은 아예 포기하고는 스크린에서 벌어지는 사건들의 흐름에 몸을 맡기게 된다. 우리는 숙달된 솜씨를 가진 안전한 재주꾼에게 몸을 맡겼다는 느낌을 받는다.

나는 이 영화에서 반복되는 주제는 큐브릭이 꼬맹이였을 때 단골로 들락거린 가게 앞 체스 클럽에서 찾아볼 수 있음을 알게 됐다. 영화에 등장하는 갱 리더 조니 클레이(스털링 헤이든Sterling Hayden)는 콜라 콰리아니Kola Kwariani라는 전문 레슬러가 연기하는 전문 레슬러 모리스를 만나려고 그곳을 찾는다. 모리스는 건장한 거구의 남자로, 강도 행각을 벌이는 동안 주변의 시선을 끌어모으기 위해 경마장 술집에서 싸움판을 벌이는 데 필요한 인물이다. 조니의 팀에 속한 다른 멤버들처럼 모리스는 전체적인 계획이 어떤 것인지는 전혀 감을 잡지 못한다. 그는

자신이 수행하는 역할과 받게 될 보수만, 그리고 조니는 충분히 믿을 만한 사람이라는 정도만 안다.

체스는 다른 식으로 전개될 수 있는 많은 가능성을 염두에 둬야 하는 게임이다. 기물 하나를 옮기는 것만으로도 게임의 양상이 생판 다르게 전개될 수 있다. 조니 클레이는 보비 피셔Bobby Fischer•의 '완벽한 게임'처럼 흠잡을 데 없는 것처럼 보이는 전략을 고안했지만, 그 전략의 성공 여부는 강도 행각에 참여한 멤버 전원을 계획에 따라 움직이게 만들 수 있느냐에 달려 있다. 기물 하나가 이동하면 모든 게 달라진다. 조니는 그 가능성에 대해 더욱 더 고심해 봤어야 한다.

영화의 크레디트에는 오르지 않은 베테랑 라디오 아나운서 아트 길모어Art Gilmore가 열의라고는 조금도 느껴지지 않는 또박또박한 목소리로 영화의 내레이터 역할을 수행한다. 그는 정확한 날짜와 시각을 엄청나게 강조한다. 정말로 중요한 건 딱 하루와 그날의 어떤 시각(상금 10만 달러가 걸린 경마가 시작되는 시간인 오후 4시)인데도 말이다. 그가 하는 나머지 내레이션은 우리가 볼 수 있는 내용을, 시간 순으로 벌어지고 있지는 않은 스크린에 등장한 사건들을 재차 확인해 주는 역할만 수행한다. 플롯은 체스 기사의 머릿속에서 그러는 것처럼 사방을 껑충껑충 뛰어다닌다. '상대가 이런 수를 두면, 나는 이런 수를 둘 거고, 그러면 상대는…….'

강도질을 벌이기 며칠 전, 조니는 팀 멤버들을 만나러 돌아다닌다. 우리는 그와 함께 그들을 만난다. 출연진의 규모가 상당한데, 누가 누구인지를 구분하기는 쉽다. 타입 캐스팅을 한 데다 조연 배우 상당수가 친숙한 얼굴들이기 때문이다. 한번 살펴보자. 딱히 순서는 정하지 않았다(이러는 게 내레이터에게는 기쁜 일이 될 것이다). 조니의 여자

• 미국의 유명 체스 기사(1943~2008)

페이(콜린 그레이Coleen Gray), 범행 자금을 제공하는 오랜 친구 마빈 웅거(제이 C. 플리펜Jay C. Flippen), 부패한 경찰 랜디 케넌(테드 드 코르시아Ted de Corsia), 남자를 등쳐 먹는 헤픈 여자 셰리 피티(마리 윈저Marie Windsor), 그녀의 약골 남편으로 돈으로 그녀의 사랑을 얻겠다는 희망을 품은 경마장의 캐시어 조지 피티(엘리샤 쿡Elisha Cook), 셰리의 진짜 연인 발 캐넌(빈스 에드워즈Vince Edwards), 앓는 아내 때문에 돈이 필요한 경마장의 바텐더 마이크 오레일리(조 소여Joe Sawyer), 라이플 명사수 니키 아케인(티머시 케리Timothy Carey), 사채업자 레오(제이 애들러Jay Adler), 그리고 각양각색의 사람들. 큐브릭은 이런 온갖 유형을 스크린에 데려와 그들이 어떤 사람인지를 뚜렷하게 보여 주고, 우리가 그들을 기억할 거라고 확인한다. 그리고 그렇게 하는 동안 그들이 강도 행각에서 맡은 역할들을 천천히 드러낸다.

캘리포니아주 산마테오와 베니스, 베이 메도우즈 경마장에서 주로 촬영한 이 영화는 영광스럽던 1950년대 흑백 누아르 영화의 때깔과 느낌을 담고 있다. 제작비 23만 달러를 투자받은 큐브릭은 실제 로케이션을 많이 활용한다. 우리는 주 단위나 월 단위로 임대하는, 거수용 객실들이 있는 허름한 모텔과 피티가 사는 임대료 저렴한 아파트의 '럭셔리한' 공간, 색 바랜 거리들을 본다. 갱단 리더가 분필로 그림을 그리면서 범행 시나리오를 갱단 멤버들에게 설명하는 장면을 등장시켜 관객이 그 계획을 시각화할 수 있게 해 주는 하이스트 영화가 많다. 장피에르 멜빌Jean-Pierre Melville이 다룬 그런 내용의 신은 <도박사 봅Bob le Flambeur>에 헤아릴 수 없을 정도로 큰 도움을 준다. 큐브릭은 자신의 기물들을 제자리에 배치하지만, 우리는 실제 계획이 실행될 때에야 그 행위의 의미를 이해한다. 우리는 루크와 나이트와 퀸이 하는 일을 아는 체스 기사와 비슷하게 영화를 감상하면서도 게임에서 무슨 일이 일어날지는 모르고 있다. 영화에서 밝혀지지만, 게임에 참여한 이들도 게임의 규칙을 아는 것은 아니다.

나는 이 영화가 감추려는 비밀을 드러낼 생각이 없다. 실제로 기만적인 조립품인 이 영화가 기만적인 조립품처럼 보이는 일이 절대로 없게끔 만드는 비법은, 진짜 계획이 무엇이었건 그 계획이 일정대로 진행되고 있는 것처럼 보이게 만드는 비법은 시나리오 집필과 편집이다. 우리는 명사수 니키와 관련된 핵심적인 순간에 그러는 것처럼 도무지 말도 안 되는 행위조차 순순히 받아들인다. 망원 조준기를 장착한 라이플로 움직이는 표적을 명중시켜야 하는 그는 설명할 길 없는 이유로 뚜껑을 연 컨버터블인 스포츠카를 눈에 쉽게 띄는 주차장에 주차한다. 그래서 근처에 있는 사람은 누구나 그가 라이플을 꺼내 겨냥하고 발사하는 걸 볼 수 있다. 이론상으로는 근처에 있는 사람들은 딴 데를 쳐다보고 있는 중이다. 실제 상황에서 그는 특유의 성깔 때문에 곤경에 처하게 된다.

스털링 헤이든은 터프가이 분위기의 얼굴과 삐죽 내민 아랫입술로 스크린에서 상당한 존재감을 발휘한 배우였다. 목소리가 걸걸한 그는 객관적인 사실만을 전달하는 밋밋한 방식으로 필요한 사안들에 대한 지시를 내린다. 그가 거느린 갱 멤버들은 그가 하는 말을 액면 그대로 받아들인다. 그는 감정을 많이 드러내는 법이 없다. 심지어 엄청난 감정을 표출하더라도 뭐라 할 사람이 아무도 없을 영화의 결말에서도 그렇다. 우리는 열정과 두려움, 탐욕은 보지 못한다. 그는 게임에만 철저하게 몰입한 체스 기사일 수도 있다. 그에게는 허무주의자 같은 구석이 있다. 한편 가장 흥미진진한 배우로는 마리 윈저를 연기하는 것으로 유명한 배우 마리 윈저, 그리고 40년간 출연한 영화들에서 줏대 없고 얼빠진 남자를 연기한 것으로 유명한 엘리샤 쿡이 있다. 그녀는 그를 마음대로 주무르고, 그는 더더욱 휘둘려지기 위해 그녀에게 돌아온다.

사건들을 시간 순으로 보여 주면서 서스펜스를 빚어내려는 시도를 기분 좋게 내팽개쳤다는 점을 고려해 보면, <킬링>은 의외의 성공작이다. 강도들이 노리는 돈은 (경마장에 들어올 것으로 예상되는 총 매출액) 2백만 달러다. 조니는 상당히 고심해서 짤 필요가 있는 이 강도 행각의 계획을 끝까지 밀어붙인다. 그가 세운 계획은 그의 머릿속에서는 끝내준다. 모든 건 멤버 전원이 각자에게 요구된 행위를 정확한 시간에 정확한 장소에서 정확하게 수행하느냐에 달려 있다. 조니와 이 영화에 다가가는 큐브릭의 접근 방식을 묘사하려 할 때 내 머리에 떠오르는 단어는 '통제control'다. 이 단어는 이 성숙한 첫 장편 영화와 큐브릭이 이후에 만든 무척이나 다양하고 훌륭한 영화들 사이를 잇는 연결고리를 제시한다.

그는 영화를 연출할 때 머릿속에 계획을 담고 있었다. 모든 배우가 마땅히 있어야 할 장소와 마땅히 수행해야 할 일을 알고 있었다. 지독한 완벽주의자였던 큐브릭은 자신의 영화가 상영되고 있는 극장이 어디어디인지를, 하루하루의 흥행 수입이 얼마인지를 다 알았다. 영국에 있는 큐브릭이 캔자스시티에 있는 어느 극장의 영사 기사에게 전화를 걸어 그가 영사하는 영화의 초점이 맞지 않는다는 것을 알렸다는 이야기가 있다. 이건 출처가 분명하지 않은, 사실인 것 같지 않은 이야기일까? 나는 절대로 그렇게 생각하지 않는다.

텐더 머시스
Tender Mercies

감독	브루스 베리스퍼드	
주연	로버트 듀발, 테스 하퍼	
제작	1983년	92분

로버트 듀발Robert Duvall은 오스카상에서 여섯 번 후보로 지명되었고 그중에 <텐더 머시스>로 유일하게 수상했다. 이 영화에는 그가 펼친 가장 절제된 연기가 담겨 있다. 그는 그 연기의 대부분을 눈빛으로 펼친다. "아침에 맡는 네이팜 냄새가 너무 좋아!"라고 환호성을 질렀던 배우가 이 영화에서는 큰소리를 치는 것에서 해방되기를 원하는 캐릭터를 연기한다. 이 영화 자체도 결코 목소리를 높이지 않는다. 영화의 제목은 영화가 담아내는 분위기를 환기시킨다. 이 영화는 행복을 다루는 이야기를 들려주는 작품이 아니지만 말이다. "행복을 믿지 않아요. 그랬던 적도 없고 그럴 일도 없을 거요." 듀발에게 오스카를 안겨 줬을, 순전히 미디엄롱 숏으로만 촬영된 신에서 맥 슬레지는 로자 리에게 말한다.

맥은 20년 전쯤에 컨트리 음악의 스타였다. 그는 알코올 중독자이기도 한데, 그 때문에 가수 경력과 아내, 딸을 잃었다. 그가 이후의 세월 동안 무슨 일을 했는지는 뚜렷하지 않다. 그러던 어느 날 아침, 그는 텍사스주 왁사해치에서 10킬로미터쯤 떨어진 고적한 모텔의 바닥에서 깨어난다. 위스키 한 병을 놓고 벌인 싸움에서 지금은 자취를 감춘 남자한테 맞아 의식을 잃었었다.

맥은 무일푼 신세다. 모텔 겸 주유소의 주인은 아들 소니(앨런 허바드Allen Hubbard)를 키우는 젊은 과부 로자 리(테스 하퍼Tess Harper)다. 맥은 자신이 지불해야 할 비용을 허드렛일을 해서 갚아 나가도 되겠느냐고 묻는다. 그는 돈을 내지 않고 줄행랑을 칠 수도 있는 사람이기 때문에, 이 물음은 술기운을 이겨 낸 그가 어떤 가치를 가진 사람인지를 드러낸다. 로자 리는 그에게 도로가의 깡통을 치우고, 스크린 도어의 나사를 조이며, 손님들 차에 주유하는 일을 맡긴다. 그녀는 그에게 밤을 지내고 가도 좋다고 말한다.

그들은 거의 입을 열지 않는다. 저녁 먹는 자리에서 소니가 어색한 분위기를 깬다. "아저씨, 이름이 뭐예요?"

"맥이야."

맥은 손님들 차에 주유를 해 주고 기름 값을 받는다. 로자 리는 대금을 달라고 손을 내민다. 그는 돈 문제로 의심을 받는 게 싫다는 듯이 돈을 건넨다. 그들은 대체로 일 이야기만 한다. 그들은 서로 묵묵히 지켜본다. 하루하루가 무척이나 빨리 지나간다. 스쿨버스가 소니를 데려가고 내려놓는다. 어느 날 두 사람은 그녀가 가꾸는 채소밭의 잡초를 뽑고 있다. 그가 일어나서 말한다. "내가 당신을 어떻게 생각하는지는 딱히 비밀도 아닌 것 같군요. 나랑 결혼해 주겠소?"

로자 리는 잡초를 뽑다가 고개를 든다. "그래요, 내 생각도 그런 것 같아요."

그들은 연애를 한 적이 없었다. 영화는 그녀가 성가대에서 노래를 부르는 교회를 두 번 보여 주지만, 결혼하는 장면은 보여 주지 않는다. 이상한가? 이 두 사람에 대해 곰곰이 생각해 보라. 그러면 당신이 결혼 장면을 얼마나 원하지 않는지를 깨닫게 될 것이다. 이 캐릭터들은 보통 사람들하고는 대단히 다르기 때문에 영화에 담기는 클리셰에는 들어맞지 않는 사람들이다. 그들은 스크린 밖에서 결혼을 한다. 영화에는 그보다 더 중요한 일이 있다.

감독 브루스 베리스퍼드Bruce Beresford, 1940~ 와 시나리오 작가 호튼 푸트Horton Foote는 그들이 창작한 대부분의 작품에서 관객이 알아야 할 필요가 있는 것들을 들려주는 선에서 이야기를 멈춘다. 그들은 순전히 또 다른 이야기가 어느 곳으로 전개됐다는 이유 때문에 이야기를 그쪽으로 전개하는 일이 결코 없는 사람들이다. 우리는 로자 리와 맥이 사랑을 나누는 모습조차 보지 못한다. 영화는 그들의 인생에서 마주치는 다른 일들에, 그들이 영화에 들여오는 다른 마음의 응어리에 더 관심을 갖는다. 심지어 그는 자신이 한때 컨트리 가수였다는 사실조차 그녀에게 말하지 않는다. 그녀는 그 사실을 직접 알고 있기에는 나이가 너무 어린 것 같다(두 배우는 스무 살 차이가 나는데, 외모만 놓고 볼 때 느껴지는 나이 차는 훨씬 더 커 보인다).

그녀는 읍내에서 온 밴드 소속의 젊은 사내들이 차를 댔다가 한 명씩 맥을 알아보는 바람에 그 사실을 알게 된다. 그들은 로자 리에게 자신들은 밴드를 하고 있는 사람들로, 맥의 엄청난 팬이라고 말한다. 읍내에 소문이 퍼진다. 슈퍼마켓에서 어떤 여자가 그에게 묻는다. "이봐요, 선생님, 정말로 맥 슬레지였어요?" 그는 꽤나 우호적으로 대답한다. "맞아요, 부인. 나는 그런 사람이었던 것 같아요." 그는 로자 리에게 그 사실을 비밀로 하고 있었던 걸까? 나는 그렇게 생각하지 않는다. 그에게 그 사실은 더 이상은 중요하지 않았다. 그것은 지금과는 다른 인생을 살 때의 이야기였다.

그들은 사소한 사연들을 털어놓는다. 열일곱 살에 임신하고 열여덟 살에 결혼한 그녀는 남편이 베트남에서 전사한 열아홉 살에 과부가

됐다. “아빠는 소년티를 채 벗지도 못한 나이였어.” 그녀는 아들에게 말한다. “아빠가 살았다면 좋은 남자가 됐을 거라고 생각해.” 맥은 다른 컨트리 가수인 딕시 스콧(베티 버클리Betty Buckley)과 결혼했었다. 그의 음주는 결혼 생활을 끝장냈다. 법원은 그가 지금은 열여덟 살쯤 된 딸 수 앤(풋풋한 시절의 엘런 바킨Ellen Barkin)과의 접촉을 금지하는 명령을 내렸다. 어느 날 밴드를 하는 청년들이 들러 딕시가 읍내에서 공연을 할 거라는 이야기를 전한다. 맥은 공연장에 간다. 딕시를 만나러 가는 게 아니라, 딸을 보게 될 거라는 희망에서다. 그건 가망이 없는 일이다.

우리는 그의 옛 매니저이자 친구인 해리(윌포드 브림리Wilford Brimley)를 만난다. 해리는 냉정하지는 않은 분위기로 그에 대한 진실을 끈기 있게 설명한다. 영화의 줄거리는 몇 가지 요소를 소개하고, 우리는 청년들이 맥이 작곡한 신곡을 녹음하는 식으로 그 요소들이 어떻게 발전될지를 안다고 생각한다. 신곡은 라디오에서 많이 방송되지만, 결과는 우리가 예상했던 게 아니다. 예술과 달리 인생은 결코 뭔가 대단한 것으로 발전되지 않는 요소들을 소개하고는 한다.

호튼 푸트는 이 시나리오로 자신의 두 번째 아카데미상을 수상했다. 그에게 처음으로 아카데미를 안겨 준 작품은 <앵무새 죽이기To Kill a Mockingbird>(1962)로, 그는 듀발이 그 작품으로 영화에 데뷔할 수 있게 추천한 장본인이다. 그는 1972년에 경이로운 <내일Tomorrow>도 집필했었다. 위대한 극작가로서 2009년 3월에 향년 92세로 타계한 그는 엉뚱한 글을 거의 쓰지 않았다. 그의 작풍은 사람들의 시선을 그의 미니멀리즘 스타일의 스토리텔링에서 그가 창작한 캐릭터들의 현실적인 특징으로 돌리는 스타일이었다. 그는 글에서 쓸데없는 장식물은 모두 제거했다. 흥미로운 사람이 들려주고픈 말이 약간 있을 때, 우리는 그들의 보디랭귀지에 주목하고 그들의 어조에 귀를 기울인다. <텐더 머시스>보다 자세한 설명을 하지 않으면서도 많은 것을 설명하는 영화도 드물다.

1940년에 호주에서 태어난 브루스 베리스퍼드는 <파괴자 모랜트 Breaker Morant>(1980)로 엄청난 성공을 거뒀다. <텐더 머시스>는 그가 연출한 첫 미국 영화로, 아카데미 시상식에서 감독상과 작품상, 오리지널 주제가상을 비롯한 다섯 개 부문 후보에 올랐다. 그는 텍사스에서 주최한 공개 오디션에서 테스 하퍼를 발견해 그녀의 데뷔 영화에 캐스팅하는 도박을 했다. 재닛 매슬린Janet Maslin이 지적했듯, 이 영화에 등장하는 "한없이 펼쳐진 황량한 대초원"은 호주의 풍경이라고 말해도 무방했다. 컨트리 음악도 그 나라의 풍경에 어울릴 것이다. 베리스퍼드는 촬영 감독 러셀 보이드Russell Boyd와 함께 청혼 신 같은 일부 신에서 카메라가 캐릭터들과 어느 정도 거리를 두게 만드는 전략을 취한다. 캐릭터들을 번갈아 클로즈업으로 잡는 신들이 있지만, 이 영화는 그런 식으로 강조하는 전략을 취하는 대신에 사람들이 살아가는 환경의 맥락 내부에 있는 것을 지켜보는 쪽을 선호한다.

<텐더 머시스>는 컨트리 가수를 다루는 단순한 영화가 아니다. 이 영화가 다루는 대상은 컨트리 송이다. 베리스퍼드가 분위기를 설정하는 노래의 가사를 중간에서 자르지 않고 계속 연주되게 만드는 것은 주목할 만하다. 컨트리 장르에서는 노래가 들려주는 사연이 중요하다. 그게 우리가 노래의 가사를 항상 이해할 수 있는 이유다. 그런 노래들이 들려주는 사연은 마음으로 뚫린 창문들이다. 듀발이 직접 두어 곡을 부르고, 딕시 역의 버클리도 아카데미 후보에 오른 'Over You(오버 유)'를 브로드웨이 스타가 정통 컨트리를 부르는 것처럼 들리게 만드는 방식으로 부른다. 우리는 어떤 배우가 역할을 따내려고 자발적으로 출연료를 적게 받는 이런저런 이유를 결코 다 알지는 못한다. 그런데 항상 많은 남자 배우가 카우보이를 연기하고 싶어 했고, 항상 많은 여자 배우가 컨트리 가수를 연기하고 싶어 했다.

이 영화를 관통하는 주제는 아버지의 부재다. 소니는 로자 리에게 아버지에 대해 캐묻는다. 아빠는 어떤 사람이었나? 어떻게 죽었나? 그녀는 늘 솔직하게 대답한다. 그가 어떻게 죽었는지는 모른다. 그 지역에서 동시에 세 건의 전투가 벌어졌다. 시신은 한참이 지난 후에야 발견됐다. 수 앤은 자리를 비운 맥에 대해 궁금해하며 자랐다. 그녀는 그의 음반들을 들어 봤을 게 분명하다. 아빠는 어디에 있을까? 아빠는 왜 자신에게 연락하지 않을까? 그녀가 어머니의 밴드에서 연주하는 젊은 술꾼과 눈이 맞아 달아났을 때, 거기에는 프로이트가 주장하는 어떤 요소가 작동하고 있는 것일까?

영화가 전개되는 동안, 맥은 두 자녀의 인생에 생긴 틈을 메우기 시작한다. 그가 소니와 들판에서 미식축구 공을 던질 때, 우리는 좋은 아버지가 되고픈 그의 열망을 감지한다. 그가 품은 가장 큰 열망은 딸과 재결합하는 것이다. 그것이 우리가 예상한 곳으로 제대로 이어지지 않은 또 다른 요소다.

나는 이 글을 쓰는 동안 행크 윌리엄스Hank Williams의 앨범을 낮은 소리로 틀었다. 그 음악은 이 리뷰의 일부처럼 보였다.

‘폭군 이반’ 2부작 Иван Грозный	감독	세르게이 에이젠슈타인
	주연	니콜라이 체르카소프
	제작	1944년/103분(1부), 1958년/88분(2부)

에이젠슈타인Сергей Эйзенштейн, 1898~1948의 《폭군 이반》 2부작은 규모 면에서는 장대하고, 비주얼 면에서는 기가 막히며, 스토리 면에서는 말이 안 된다. 이 작품들은 뛰어난 영화라는 중간 단계를 거치지 않고 위대한 영화의 반열로 직행하는 그런 작품에 속한다. 영화를 진지하게 사랑하는 애호가라면 누구나 이 영화들을 (한 번은) 봐야 한다고 말하는 나를 영화를 진지하게 공부하는 학생들이 용서해 줬으면 한다.

이반 4세를 개인적으로 영웅시했던 스탈린이 이 영화들의 제작을 후원했다. 제2차 세계 대전이 벌어지는 동안 이 2부작의 제작진은 소련 당국이 주요 감독들을 더 안전한 곳에서 지내게 해 주려고 이주시킨 카자흐스탄의 알마아타 스튜디오에서 작품 대부분을 촬영했다. 전시戰時였는데도, 에이젠슈타인은 제약을 거의 받지 않은 듯 보인다. 2부에서 스펙터클한 숏들은 의상을 제대로 차려입고 이반의 군대를 연기하는 엑스트라 수백 명의 행군을, 그리고 이반에게 유배지에서 돌아와 달라고 탄원하려는 프롤레타리아들의 행진을 보여 준다. 1944년에 공개된 1부는 엄청난 성공을 거뒀다(다시 말하면, 소련에서 중요했던 유일한 인물인 스탈린에게 제대로 먹혔다). 2부는 1946년에 완성됐지만, 스탈린이나 정부의 검열관들이나 차르가 불편할 정도로 독재자와 비슷하다고 생각하는 바람에 탄압을 받았다. 에이젠슈타인은 3부작의 세 번째 영화를 기획하고 일부 신을 촬영했지만 제작은 중단됐고, 감독은 1948년에 세상을 떠났다.

보야르들의 승인을 받은 이반의 대관식이 거행되는, 모스크바의 천장이 높고 널찍한 공식 알현실에서 영화가 시작된다. 보야르는 나라를 사실상 좌지우지했던 부유한 부르주아지로 구성된 세습 계급이다. 훤칠하고 자신만만한 이 10대가 즉위하자마자 자신을 러시아 전역의 차르라고 선언하고는 아나스타샤 황녀와 결혼하겠다고 맹세하자, 보야르들의 미소 띤 얼굴은 분노에 찬 표정으로 바뀐다. 이반은 러시아의 영토를 넓히고 수호하면서 보야르들을 지배할 작정이다.

이 신은 두 영화의 분위기를 설정한다. 대관식은 장엄하고 신중하게 거행된다. 의상들은 보석들로 화려하게 장식되어 있다. 한눈에 봐도 무거워 보이는 의상을 차려입는 건 힘든 일이었을 것이다. 연기 스타일은 웅변조인 데다 과장되어 있다. 에이젠슈타인은 영화를 시작할 때부터 극적인 얼굴 클로즈업을 활용하면서 영화 내내 그 스타일을 유지할 것이다. 그가 활용하는 배우들이 기괴해 보이는 경우가 자주 있다. 아래에서 조명을 치기 때문에 그들의 형체가 과장되는 경우가 가끔씩 있다. 그의 카메라 앵글은 비스듬하다. 이반의 적들은 인간을 그로테스크하게 캐리커처한 결과물을 모아 놓은 무리로, 자기 무리의 공간적인 입지를 확보하려는 시도는 전혀 하지 않는, 개별적으로 존재하는 인물들로 보인다.

그 얼굴들을 보는 즉시 카를 테오도르 드레위에르Carl Theodore

Dreyer가 1928년에 만든 덴마크 무성 영화 <잔 다르크의 수난La Passion de Jeanne d'Arc>이 떠오르는 건 당연한 일이다. 에이젠슈타인은 이 영화들의 촬영에 들어가기 전인 1940년대 초에, 러시아가 아니라 할리우드에서 그 영화를 봤을 게 거의 확실하다. 그는 초기작인 <전함 포템킨Броненосец «Потёмкин»>과 <10월Октябрь>이 성공을 거둔 후, 1930년에 파라마운트로부터 영화를 만들어 달라는 초대를 받아 할리우드에 왔었다. 스튜디오는 그가 구상한 프로젝트들을 거절했고, 그는 반공주의자들의 표적이 됐다. 그래서 그는 미국 영화는 결코 만들지 못했다. (하지만 월트 디즈니Walt Disney의 초기작을 엄청나게 인상적으로 본 그는 훗날 <백설공주와 일곱 난쟁이Snow White and the Seven Dwarfs>는 역사상 가장 위대한 영화라고 확언했다.)

드레위에르는 잔 다르크의 재판이 열리는 도중에 무시무시한 재판관들이 앉은 벤치 아래에 있는 굴종적인 위치에 여주인공을 배치한다. 재판관들은 구경꾼들과 더불어 찡그리거나 화를 내는 클로즈업들로, 비스듬한 앵글들로, 양식화된 조명으로 카메라에 잡힌다. 에이젠슈타인은 그런 촬영 기법뿐 아니라 드레위에르의 세트 디자인에서도 영향을 받은 것 같다. 잔 다르크는 극단적인 구조물 안에 놓여 있다. 그 구조물의 각지고 과장된 벽들은 싸늘한 적대감을 풍긴다.

에이젠슈타인의 세트들은 드레위에르의 그것들하고는 비교도 안 될 정도로 크지만, 동일한 분위기를 풍기는 경우가 잦다. 일부 세트의 벽과 아치, 구석진 곳과 계단, 통로에는 장식이 전혀 되어 있지 않다. 다른 세트들에는, 예를 들어 알현실에는 색이 칠해진 아이콘과 장식품들, 저부조bas-relief들로 덮여 있다. 그런 장면을 보면서 매트 드로잉이나 광학적 효과 같은 걸 보고 있다고 짐작하기 쉽다. 그런데 에이젠슈타인은 일부 숏에서 캐릭터들이 배경으로 걸어가 기둥이나 말뚝 뒤로 돌아가게 만드는 것으로 이것이 3차원 공간임을 보여 준다. 다른 많은 극적인 숏에서는 거대한, 아마도 실제로 드리워진 그림자들을 활용한다. 예를 들면 웃길 정도로 뾰족한 수염을 기른 이반의 거대한 머리 이미지가 궁정의 신민들을 왜소하게 만드는 것을 보여 주는 장면이 그렇다.

1부에서 우리는 차르(니콜라이 체르카소프Никола́й Черка́сов)를 상대로 궁중의 음모들을 꾸미는 이들을 보게 된다. 차르의 친한 벗 콜리체프는 이 상황을 함께 벗어나기를 원하면서 외딴 수도원에서 함께 지내는 쪽을 택한다. 다른 벗 쿠르브스키는 보야르들로부터 이반에게 항거하라는 압력을 받는다. 여태까지 보야르들이 권력을 독점했고 이반이 차르의 권좌를 장악한 것은 난데없는 일이었기 때문에, 이런 압력은 설득력 있다.

이반은 (그가 자신의 유일한 벗이라고 정확하게 간주하는 인물인) 아나스타샤 황녀와 결혼하고, 두 사람은 자식을 갖는다. 애초부터 이반을 증오하던 이반의 고모 유프로시니아는 이런 상황에 더욱 분개한다. 그녀는 자신의 아들인 스타리츠키 공公을 열정적으로 지지한다. 그녀의 선택은 영화에 약간의 유머를 불어넣는다. 금발머리를 성가대원 스타일로 자른 동안의 스타리츠키는 마마보이이기 때문이다. 어느 순간, 어머니의 품에 몸을 날린 그는 자신이 이런저런 일을 하게 만들려고 어머니가 항상 기를 쓰고 있다면서 반항한다. 그는 차르가 되겠다는 소망을 조금도 품고 있지 않다.

유프로시니아는 마녀처럼 구는 일이 잦은 사악한 인물이다. 알현실의 특이한 점은 아치형인 많은 출입구가 지나치게 낮은 탓에 똑바로 선 자세로는 통과할 수가 없다는 것이다. 그녀의 아파트로 이어지는 출입구 한 곳은 너무 낮아서 그녀는 거의 허리를 접다시피 해야 한다. 그래서 그녀는 뱀이 기어가듯 출입구를 통과한다. 이반이 독이 든 성배를 부지불식간에 아나스타샤의 병상으로 가져가게 만드는 사악한 계획을 세운 것도 그녀다. 나중에 이반은 스타리츠키에게 조롱하듯 차르의 옷을 입히고 청년의 머리에 왕관을 올려놓은 후에 복수를 한다.

1부는 역사적인 장관壯觀과 상황을 연극 분위기로 보여 준다. 2부는 분위기를 바꿔 유쾌하게 과장된 모습을 연출한다. 일부 불친절한 평론가들은 2부가 기껏해야 과장된 코미디라고 말한다. 차르 역할을 맡은 니콜라이 체르카소프의 연기는 1부에서는 대체로 인상적이지만, 2부에서는 동일한 시나리오를 갖고 코미디언 멜 브룩스Mel Brooks가 제작한 영화 안에서 방황하고 다니는 것 같은 모습을 가끔씩 보여 준다. 나는 개인적으로는 2부작의 두 작품 모두에 감정적으로는 거의 몰입하지 못한다. 내게 이 2부작은 미치광이를 마지못해 찬양하는 칭송 일색의 전기 영화 같다.

《폭군 이반》 1부와 2부가 위대한 영화 리스트에 그토록 관례적으로 포함되는 이유는 뭘까? 나는 이 2부작을 (영화를 감상하는 동안 시각적으로 매혹되기는 할지언정) 진정으로 사랑하는 관객은 없을 거라고 판단한다. 이 영화가 추앙되는 부분적인 이유는 에이젠슈타인이 영화계에서 신성시되는 괴물 중 한 명이 됐기 때문이다. 영화학도들은 그를 숭배하라는 가르침을 받으면서 자란다. 1933년에 모스크바에서 에이젠슈타인에게 배웠고 나중에 뉴욕현대미술관에서 영향력 있는 큐레이터가 된 제이 레이다Jay Leyda가 1940년대와 1950년대에 그를 옹호했다. 위대한 영화인 게 확실한 에이젠슈타인의 <전함 포템킨>의 유일하게 완전무결한 프린트를 서구에 가져온 사람이 레이다였다.

《폭군 이반》에 대한 환호는 기쁨에 겨워서 하는 일이라기보다는 의무적으로 하는 일이다. 이 영화를 과장된 영화라고 간주한 이들도 이 영화를 즐겨야 하는 상황이다. 그런데 이것이 에이젠슈테인이 의도했던 것일까? 이 영화를 요제프 폰 스턴버그Josef von Sternberg의 <진홍의 여왕The Scarlet Empress>(1934)과 비교해 보라고 권하고 싶다. <진홍의 여왕>을 과장됐다고 묘사하는 건 그 영화에서 가장 하찮은 특징을 포착한 것이다. 폰 스턴버그가 마를레네 디트리히Marlene Dietrich가 연기하는 예카테리나 대제의 궁정에 불어넣은 사악하고 전복적인 에로티시즘에 비하면, 에이젠슈타인의 연출은 기계적으로 보인다.

프렌치 캉캉

French Cancan

감독	장 르누아르	
주연	장 가뱅, 프랑수아 아르눌, 마리아 펠릭스	
제작	1955년	102분

사람들은 장 르누아르Jean Renoir, 1894~1979가 역사상 위대한 감독으로 꼽힌다는 데 대체로 뜻을 같이한다. 그는 가장 따뜻하면서도 오락적인 영화를 만드는 감독 중 한 명이기도 했다. <위대한 환상La Grande Illusion>과 <게임의 규칙La Règle du Jeu>은 위대한 영화들을 선정하는 리스트에 포함되는 게 보통이고 그럴 자격이 있는 영화들이다. 그런데 <게임의 규칙>에 유쾌한 유머가 담긴 신들이 들어 있기는 하지만, 두 영화는 같은 시기에 전성기를 맞은 할리우드 뮤지컬들과 비교될 만한 자격을 가진 대단히 흥겨운 뮤지컬 코미디인 <익사에서 구조된 부뒤Boudu Sauvé des Eaux>(1932)나 <프렌치 캉캉>을 만든 르누아르의 모습은 보여 주지 않는다.

우리는 그 영화들에서 그의 아버지 오귀스트 르누아르Auguste Renoir가 다시 한번 그려 낸 천사의 모습을 감지할 수 있다. 그가 말년에 촬영한 화면들에서는 아버지의 그림에서 반짝이는 것과 똑같은 빛이 포착된다. 타고난 천성이 행복한 사람들이 있는데, 그들의 얼굴에서는 그들이 그런 사람이라는 게 보인다. 르누아르는 84년을 살았다. 베벌리힐스에 있는 집에서 말년을 보낸 그는 그곳으로 줄지어 찾아오는, 그를 우러러보는 젊은 평론가들과 인터뷰를 했다. 그는 1975년에 오스카에서 명예상을 받았다. 그는 1940년에 나치가 프랑스를 침공한 후 미국으로 이주했다. 그가 만든 위대한 영화들은 대부분 1930년대에 만들어졌지만, 그는 1950년대에 프랑스로 돌아가 모두 테크니컬러로 촬영한 뮤지컬 코미디인 주목할 만한 삼부작을 만들었다. 앤드루 새리스Andrew Sarris가 역사상 가장 위대한 영화로 꼽은 <황금마차Le Carrosse d'Or>(1955), <프렌치 캉캉>, <엘레나와 남자들Élèna et les Hommes>(1956)이 여기에 해당한다.

<프렌치 캉캉>은 뮤지컬에서 상당히 친숙한 공식 중 하나를 활용한다. 느슨하게 요약하자면 이렇다. '이봐, 친구들! 우리 낡은 헛간을 빌려서 쇼를 올리자!' 이 영화의 경우, 개장할 때 공연했던 것과 같은 종류의 쇼들을 공연해 오늘날에도 여전히 성공을 거두고 있는 몽마르트의 카바레 물랭 루주Moulin Rouge의 기원에서 영감을 받았다. 이 작품은 (가상의) 공연 기획자 앙리 당글라르의 인생을 중심에 두고 무대 뒤에서 일어나는 이야기를 다룬다. 당글라르는 경력 내내 파산 위기를 거듭해서 아슬아슬하게 모면해 온 바람둥이다.

르누아르는 당글라르를 연기할 배우로 프랑스 역사상 가장 위대한 남자 주연 배우인 장 가뱅Jean Gabin을 캐스팅했다. 가뱅의 천재성은 — 다른 많은 스타의 그것처럼 — 엄청나게 힘들여 연기하려 애쓰는 것처럼 보이는 일 없이 내면에 있는 본성을 반영한 연기를 펼쳤다는 것이다. 이 영화는 그들이 함께 작업한 네 번째 영화로, <지하세계Les Bas-Fonds>(1936)와 <위대한 환상>(1937), <야수 인간Le Bête Humaine>(1938)에서 묵직한 캐릭터를 연기한 이후로 캐릭터의 톤을 완

전히 바꾼 작품이다. 당글라르는 항상 파산 상태에 있는 '파라방 시누아'의 소유주다. 이 극장은 악명 높은 요부이자 관능적인 벨리 댄서인 '아베스의 미녀'(마리아 펠릭스Maria Felix)를 주요 스타로 내세운다. 그녀가 당글라르의 애인인 롤라라는 건 세상이 다 아는 일이다.

어느 날 밤에 당글라르는 롤라와 친구들과 함께 빈민가 구경을 나갔다가 몽마르트의 싸구려 술집에서 손님들이 흥겨운 캉캉을 추는 모습을 본다. 영화의 초반부에 등장하는 이 신은 유쾌하고 신선하다. 연출된 신인 게 확실하면서도 거의 자연스럽게 일어난 일을 담아낸 신처럼 느껴진다. 이 신은 핵심 캐릭터 두 명의 성격을 명확하게 보여 준다. 어여쁜 빵집 아가씨 니니(프랑수아 아르눌François Arnoul)와 소유욕 강한 그녀의 애인 파올로(프랑코 파스토리노Franco Pastorino). 롤라가 건방지게 춤을 거절하자, 당글라르는 니니에게 파트너가 되어 달라고 부탁해서 롤라와 파올로 모두의 질투심에 불을 붙이고는 거기에서 영감을 얻는다. 이후 파라방 시누아가 망하면서 채권자들 손에 떨어진다. 그는 새 극장을 열고, 1870년대에 탄생한 구닥다리 춤인 캉캉을 — 프랑스인들에게가 아니라, 우리가 개장일 밤에 보는 것처럼 미국인 관광객과 러시아 선원들에게 — 더 이국적으로 들리는 이름인 '프렌치 캉캉'으로 바꿔 달아 재공연할 계획이다.

당글라르는 상황이 긴박하더라도 침착하게 맞서는 사람이다. 그의 얼굴은 근심을 전혀 드러내지 않는다. 그는 숙박료를 지불하지 않으면서도 호텔 스위트에 연달아 투숙하고, 재정적 후원자를 찾아내려고 항상 정신을 바짝 차리고 있으며, 부유한 후원자 후보에게 롤라를 상품으로 제공하려는 생각은 하지 않는다. 그는 롤라에게나 그 외의 누구에게 충실하다는 식의 가식은 전혀 떨지 않으면서, 자신의 충심의 대상은 무대뿐임을 명확히 밝힌다. 1950년대에 제작된 뮤지컬 코미디 세 편은 르누아르의 '예술 삼부작art trilogy'으로 자주 묘사되는데, 이 작

품은 온전히 공연자와 관객 사이의 유대감에만 바쳐진 영화다.

<프렌치 캉캉>은 니니를 고용한 빵집이 있는 위쪽의 작은 광장으로 돌계단이 이어지는 몽마르트 거리 같은 커다란 세트를 포함해 영화 전체가 스튜디오 내부에서 촬영됐다. (이 광장은 로맨틱한 신의 배경이 되는 매력적인 작은 풀밭으로 이어진다. 파리의 북적이는 그 지역에 그런 공간이 있을 거라고는 상상도 못할 일이지만 말이다.) 거리에 있는 카페는 거리에서 벌어지는 온갖 행위를 관찰하고 논평을 내놓는 무척이나 다정한 노년 커플을 위한 배경을 제공하고, 당글라르의 일꾼들이 물랭 루주를 짓는 데 필요한 부지를 내놓을 운명이던 망한 클럽 '화이트 퀸'을 철거하려고 폭약을 터뜨릴 때에는 먼지로 덮인다.

희망에 찬 세 연인은 니니가 일하는 빵집으로 이어지는 계단을 둘러본다. 세 연인은 당글라르, 그리고 당연히 파올로, 그리고 중동 어딘가의 모호한 지역에 위치한 왕국의 상상할 수 없을 정도로 부유한 상속자인 알렉상드르 대공(지아니 에스포지토Giani Esposito)이다. 파올로와 알렉상드르는 정절을 무척 높이 평가하지만, 당글라르와 니니의 경우는 사랑하는 사람을 갖지 못할 때에는 같이 있는 사람을 사랑하는 사람들이다. 이렇게 돌고 도는 로맨틱한 서브플롯들은 르누아르에게 익살극에 가까운 애정 신들을 제공한다. 절호의 기회를 포착하려고 항상 눈을 반짝거리는 당글라르가 니니가 대공을 꼬여 자금을 끌어내는 데 유용한 도구가 될지도 모른다는 것을 깨달았을 때에는 특히 더 그렇다.

그러는 사이에 물랭 루주의 건설은 여러 곤경을 이겨내고 진행된다. 정부 관리가 기초를 새로 놓는 기념식을 위해 도착하고, 니니가 그 자리에 있는 것을 보고는 격분한 롤라는 그녀에게 덤벼든다. 그 결과, 웨스턴에 등장하는 술집에서 무척이나 사랑받는 신 중 하나가 연출된다. 실내에 있는 모든 사람이 불가사의한 이유로 싸움에 가세해 서로에게 주먹을 날려 댄다. 그리고 당글라르는 구덩이로 떠밀려 들어가는 신세가 된다.

이제 그의 모든 관심은 오디션을 열고 쇼를 준비하는 데 쏠린다. 젊었을 때 캉캉을 췄고 지금은 당글라르가 선발한 유망주들에게 춤을 가르치는 나이 많은 댄스 코치(리디아 장송Lydia Jeanson)가 엄청난 매력을 발산한다. 나는 죄악을 좇는 대학생으로서 물랭 루주에 들어가 본 적이 한 번 있는데, 캉캉은 엄청난 장관이라고 생각했다. 영화가 보여 주는 리허설 세션들은 캉캉을 추는 게 얼마나 고된 일인지를 확실하게 보여 준다.

이 영화의 최고 시퀀스 두 개의 배경은 개장일 밤의 무대 뒤편이다. 하나는 대공에게서 돈을 받아내려고 그녀를 써먹었던 무정한 당글라르가 여전히 눈을 두리번거리고 있다는 것을 깨달은 니니와 관련이 있다. 그리고 다른 하나는 그녀가 분장실 문을 걸어 잠그면서 그날 밤의 가장 성대한 캉캉 공연을 무산시키겠다고 위협하는 드라마와 관련이 있다. 아무리 애원을 하더라도 그녀는 꿈쩍하지 않을 작정이다. 심지어 어머니가 와서 애원을 하더라도 말이다. 그러자 당글라르가 나서서 그가 이전에 했던 말들과는 생판 다른 놀라운 연설을 한다. 그는 니니에게 사랑과 돈 같은 하찮은 것들은 진정한 공연자에게는 아무런 의미도 없다고 설명한다. 그런 사람들에게는 쇼를 공연해서 관객의 마음을 얻는 걸 제외하면 아무것도 중요치 않다. 에셀 머먼Ethel Merman•이 그런 연설을 하는 모습은 상상이 되지만, 어떤 역할보다도 살인자 역할을 더 많이 연기했을 장 가뱅의 입에서 그런 연설이 나오는 것을 보니 정말로 놀라웠다. 우리는 가뱅이, 그리고 그를 통해 르누아르가 마음에서 우러난 이야기를 하고 있다는 느낌을 받는다.

쇼를 계속 공연하겠다는 그 충동이 <프렌치 캉캉>을 구동하는

• 미국의 배우 겸 가수(1908~1984)

엔진이다. 그리고 이 작품이 (예를 들면 <쇼처럼 즐거운 인생은 없다There's No Business Like Show Business> 같은) 더 일상적인 뮤지컬보다 더 허구적인 이유를 설명하는 데 도움을 준다. 이 작품은 뮤지컬이고 코미디다. 그런데 이 작품에는 그것 말고도 다른 게 있다. 이 작품은 극장을 열고 쇼를 제작하는 것이 인생 최대의 목표인 공연 기획자의 삶을 그린 작품이다.

영화의 뒷부분에는 무대 뒤에 홀로 남은 가뱅이 기진맥진해서 큰 의자에 퍼져서는 커튼 뒤에서 들려오는 오케스트라와 갈채 소리를 듣는 장면이 있다. 그는 지휘를 하는 것처럼 두 손을 들고, 우리는 이 순간이 그가 앞으로 보낼 인생만큼이나 행복한 순간임을 깨닫는다. 설령 그렇지 않더라도 그러기를 바란다. 이 장면을 보면서, 기이하게도 역시 가뱅이 1954년에 출연했던 자크 베케르Jacques Becker의 <현금에 손대지 마라Touchez pas au Grisbi>의 한 장면이 떠올랐다. 그 영화에서 망가진 갱단의 리더를 연기하는 그는 방에 홀로 있으면서 그를 실망시킨 배은망덕한 친구에 대한 독백을 한다. "그놈 머리에 있는 이빨 중에 내가 큰돈을 쓰지 않은 이빨은 하나도 없어." 위대한 연기자를 보여 주는 표시 하나는, 스크린에 혼자만 남아 아무것도 하지 않으면서도 그 영화의 결정적인 순간 중 하나를 빚어낼 수 있느냐의 여부다.

핑크 플로이드의 더 월

Pink Floyd: The Wall

감독	앨런 파커		
주연	밥 겔도프		
제작	1982년	95분	

그룹 핑크 플로이드Pink Floyd가 1979년에 처음 선보인 록 오페라 "The Wall(더 월)"은 록 아티스트들이 자신을 대단히 진지한 존재로 받아들였던 시대에 나온 작품이다. 비틀스The Beatles와 롤링 스톤스The Rolling Stones가 기껏해야 독립적인 곡들과 테마 앨범을 녹음하는 동안, 더 후The Who는 1968년에 "Tommy(토미)"를, 1973년에 "Quadrophenia(콰드로페니아)"를 내놓았다. 이어서 데이비드 보위David Bowie와 제네시스Genesis가 그 뒤를 따랐고, "The Wall"은 본질적으로 그 장章의 종지부를 찍었다.

이 음반은 대단히 유쾌하게 들을 수 있는 음악은 아니다. 그리고 일부 관객은 "The Wall"에 기반한 이 영화를 대단히 유쾌하게 감상할 영화는 아니라고 생각한다. 그런데 이 1982년도 영화는 의문의 여지없이 록에 바쳐진 모든 진지한 픽션 영화 중에 으뜸가는 작품이다. 사람들이 소심해진 요즘에 다시 본 이 영화는 내가 칸에서 이 영화를 봤던

1982년에 그랬던 것보다 한결 더 대담한 영화로 보인다. 의도적으로 폭 넓고 다양한 프로젝트들을 선택하는 것처럼 보였던 앨런 파커Alan Parker, 1944~ 감독은 이 영화를 본질적으로 실험적인 인디 영화가 될 작품으로 만들기 위해 신랄한 스타일의 영국 정치 캐리커처 작가인 제럴드 스카프Gerald Scarfe와 함께 작업했다. 영화는 심술궂다고 느껴질 정도로 강력한 힘을 발휘하는 애니메이션을 약물을 과다 복용한 록 스타의 기억과 환각을 가로지르는 초현실적인 여정과 결합한다. 영화는 섹스와 핵 무장 해제, 전쟁의 고통, 어린 시절에 가진 버림받았다는 느낌, 여성을 향한 주인공의 뿌리 깊은 불안감, 한계에 다다른 록 스타의 라이프 스타일을 건드린다.

영화에 록 공연은 담겨 있지 않다. 그루피와 리무진, 개인 매니저가 등장하지만, 실제 콘서트 장면은 하나도 없다. 아니, 콘서트 장면이 있는지도 모른다. 하지만 그 장면들은 추앙하는 대중으로 변모하는 팬들을 거느린 현대의 파시스트 독재자를 길게 묘사하는 장면들로 위장되어 있다. 나는 이 독재자가 히틀러나 스탈린 같은 명백한 모델들과 유사한 인물로 창작된 캐릭터라고 믿지 않는다. 그 독재자는 영국의 오즈월드 모슬리Oswald Mosley가 이끈 국가 사회주의자들이 내세운 공상에 더 가까워 보인다.

<핑크 플로이드의 더 월>의 거의 모든 곡은 핑크 플로이드의 지적이고 자기 분석적인, 가끔씩 지독한 고통에 시달린 리드 싱어 로저 워터스Roger Waters가 만들었다. 이름이 핑크인 영화의 핵심 캐릭터는 하고 많은 사람 중에 핑크하고 덜 비슷해 보이려야 보일 수가 없는 밥 겔도프Bob Geldof가 연기했다. 크레디트는 이 영화가 그의 "데뷔작"이라고 말한다. 그는 누구보다 많이 스크린에 등장해 극도로 힘든 신들을 연기하고 가끔 노래도 부른다. 본질적으로 이 영화는 공연을 담은 영화가 아니라, 95분짜리 뮤직비디오지만 말이다. 겔도프는 변신을 거듭하면

서 표준적인 록 스타의 대여섯 가지 모습을 거쳐 가는데, 다른 스타들 덕에 하나같이 친숙한 모습들이다. 부풀린 헤어스타일의 섹스 갓sex god, 매력적인 주연 배우, 겁에 질린 신경증 환자, 시체 같은 마약 피해자. 그는 가장 고통스러운 신에서 스콜세지Martin Scorsese의 유명한 단편 <빅 셰이브The Big Shave>를 유혈이 낭자한 스타일로 재연하며 체모를 민다.

그가 호텔 방을 때려 부수는 신도 있다. 그는 <시민 케인Citizen Kane>에 나오는 방 파괴 장면을 꼼꼼히 연구한 게 분명하다. 이 신에는 객실 곳곳으로 도망 다니는, 하지만 이해하기 힘들게도 복도로 바로 도망가지는 않고 가구 뒤에 웅크리기만 하는 겁에 질린 그루피(제니 라이트Jenny Wright)가 등장한다. 섬뜩하게도 핑크가 그녀에게 던진 와인 병과 가구가 그녀를 아슬아슬하게 빗나가지만, 그는 그녀가 그 자리에 있다는 것조차 인식하지 못하는 듯 보인다.

앞선 장면에서 이 여성은 그에게 관심이 있는 듯, 무척이나 상냥한 사람인 듯 묘사됐었다. 그 점이 그녀를 영화에 등장하는 다른 여성들과 다른 존재로 만든다. 영화에는 핑크의 어머니가 등장한다. 남편의 전사戰死에 엄청난 충격을 받은 그녀는 아들을 숨 막힐 정도로 과잉보호하면서 쥐락펴락한다. 그리고 핑크의 아내가 있다. 일상과 단절되면서 좀비처럼 되어 버린 남편 때문에 소외된 그녀는 자신에게 관심을 쏟는 남자와 바람을 피우려고 결국에는 반전反戰 강연자에게로 돌아선다. 두 사람은 적어도 식별 가능한 여성들이다. 영화에서 가장 그로테스크한 여성 캐릭터는 스카프가 그린 애니메이션에 의해 창조된다.

이 캐릭터는 여성의 특정 신체 부위를 지나치게 강조한 탓에 조지아 오키프Geogia O'Keeffe•가 오싹해했을 법한 꽃이다. 이 암꽃은 수꽃을

• 미국의 화가(1887~1986). 꽃을 주제로 많은 작품을 남겼다.

유혹하고 강간하고 약탈하고 궁극적으로는 먹어 치운다. 그녀는 핑크가 느끼는 거세 공포를 반영한 존재일 것이다. 스카프는 불안감을 빚어내는 변신들을 보여 주기 위해 꽃을 다른 형체들로 일그러뜨린다. 비둘기가 비명을 지르는 독수리가 됐다가 비행기로 변신하고, 풍경들은 완전히 파괴되며, 벽들과 다리를 곧게 뻗으면서 행진하는 망치들은 행군하면서 대지를 가로지른다.

당신도 알겠지만, 지금 나는 우리가 '뮤지컬'로 생각하는 작품을 묘사하고 있는 게 아니다. 이 작품은 워터스가 느끼는 절망감을 대담하고 가차 없이 시각화한 작품이다. 영화는 영국 관객들의 공감을 자아내는, 근엄하면서도 변태적인 교장이 지배하는 교육 시스템이라는 주제를 끌어안는다. 이 록 오페라에서 가장 유명한 노래는 이 영화에서 가장 뛰어난 신이 됐다. 파커가 'Another Brick in the Wall(벽 속의 다른 벽돌)'을 시각화할 때, 컨베이어 벨트에 오른 학생들은 그들을 다진 고기로 눌러 버리는 칼날들 속으로 투입된다. 학생들은 그 와중에 텅 빈 복면에 얼굴을 빼앗기는데, 이 복면들은 독재자를 추종하는 이들의 얼굴에서 다시 볼 수 있다. 이 장면의 메시지는 이렇다. 교육은 총알받이나 파시스트들의 조종을 받는 꼭두각시로 써먹기에 적합한, 아무 생각 없는 존재를 양산한다. 나는 워터스가 모교의 동창생 상봉 모임에 참석하는 것을 그리 달가워하지 않을 거라고 짐작한다.

<핑크 플로이드의 더 월>에는 내러티브가 있다. 이 영화가 그렇다는 사실을 강조하지는 않지만 말이다. 핑크가 아버지가 포화 속에서 겪은 시련을 담은 생생한 이미지를 품고 있고, 지나친 보호 속에서 자랐으며, 성공적인 결혼 생활을 할 능력이 없고, 오다가다 만난 사람과 하는 섹스에서는 쾌감을 느끼지 못하며, 결국에는 약 기운에 취한 채 심리적 긴장증 속으로 자취를 감춘다는 이야기를 이 영화는 들려준다. 오프닝 신은 나중에 다시 영화에 등장해서는 영화에서 일어난 모든 일

이 영화의 러닝 타임 동안 그 호텔 객실에 있던 핑크의 머릿속에서 일어난 일임을 암시한다.

이 영화에 가장 적합한 관객은 영화를 만드는 테크닉에 친숙한 관객, 영화 연출 스타일을 의식하는 관객, 그리고 로저 워터스와 핑크 플로이드에 친숙한 관객일 것이다. '록 음악 팬'이 이 영화를 처음 감상하면서 무척이나 즐거워하는 광경은 상상이 되지 않는다. 이 영화가 이후로 컬트의 반열에 올랐다는 건 알지만 말이다. 이 영화는 관객의 불안감을 조성하고 관객을 우울하게 만드는 작품이다. 그리고 대단히 뛰어난 작품이다. 그런데 이 영화를 만드는 과정에서 무척이나 즐거운 시간을 보낸 사람은 아무도 없었다. 나는 당시에 이 영화를 만든 것을 약간 재미있어하던 앨런 파커를 기억한다. '위키피디아'를 통해 그가 워터스, 스카프와 다퉜으며 이 영화를 "내 창작 인생에서 가장 비참한 경험 중 하나"라고 간주했다는 걸 알게 됐다. 워터스의 의견은 이렇다. "우리의 감각을 끊임없이 맹공격해 대는 영화라서, 어쨌든 관객의 입장에 선 내가 영화에 몰입할 기회를 주지 않는 영화라고 생각합니다."

따라서 이 작품은 난해하고 고통스러우며 절망적인 작품이다. 게다가 이 영화를 만드는 과정에서 가장 중요했던 아티스트 세 명이 불쾌한 감정을 품고는 영화를 떠났다. 그런데 사람들은 왜 이런 영화를 보고 싶어 할까? 이 소재를 영화로 만드는 것은 — 그것을 진지하게 받아들이지는 않더라도 — 누구에게도 행복한 경험일 가능성이 없기 때문일 것이다. 나는 워터스가 일반적인 록 스타들을 향한, 특히 자신을 향한, 그리고 록 스타들을 흠모하는 관객들을 향한 경멸을 땔감으로 삼아 자신의 영혼에 있는 어두운 곳들을 바탕으로 곡을 썼을 거라고 믿는다. 요약하면, 그는 엔터테이너로서가 아니라 아티스트로서 곡을 쓰고 있었다. 앨런 파커 경卿은 쾌활한 사람이다. 가끔씩 울화통을 터뜨리는 일이 없지는 않지만 말이다. 그런데 <커미트먼트The

Commitments>, <페임Fame>, <벅시 말론Bugsy Malone> 같은, 그리고 한결 더 무거운 <결혼의 위기Shoot the Moon>와 <앤절라스 애시스Angela's Ashes> 같은 그의 연출작들을 관통하며 엮는 명백한 주제는 없다. 나는 파커를 진짜로 잘 안다고 말할 수는 없지만, 그가 타고난 성향 때문에 이 소재에 끌리지는 않았을 거라는 건 짐작할 수 있을 정도로 그의 곁에서 충분히 오랜 시간을 보냈었다.

나는 그런 긴장감과 갈등이 이 소재에 딱 어울리는 영화를 낳았다고 믿는다. 나는 이 영화를 만든 이들이 좋은 시간을 보냈어야 한다고 주장하지는 않는다. 내가 좋아하는 프랑수아 트뤼포François Truffaut가 한 말이 떠오른다. "나는 영화를 만들면서 느끼는 즐거움이나 영화를 만들면서 겪는 괴로움 중 하나를 영화가 표현하기를 요구한다. 나는 그 중간에 있는 것들에는 전혀 관심이 없다."

한여름 밤의 미소

Sommarnattens Leende

감독	잉마르 베리만	
주연	울라 야콥손, 에바 달벡, 해리엣 안데르손, 군나르 뵈른스트란드	
제작	1955년	109분

불륜은 잉마르 베리만Ingmar Bergman, 1918~2007이 연출한 많은 영화가 다룬 걸출한 주제로, 그의 실제 인생에서도 상당 부분을 차지한 행위였다. 결혼을 다섯 번 한 그는 가정에 썩 충실한 사람은 아니었다. 해리엣 안데르손Harriet Andersson과 비비 안데르손Bibi Andersson, 리브 울만Liv Ullmann 같은 여배우들과 꽤나 공공연한 관계를 맺었는데, 그렇게 바람을 피우는 동안에도 늘 가정이 있는 상태였기 때문이다. 그럼에도 그는 타고난 난봉꾼하고는 거리가 먼 사람이었다. 그는 바람을 피우는 동안 엄청난 죄책감을 경험하면서 그것을 주제로 한 영화들을 거듭 만들고는 했다. 그는 아들 다니엘Daniel Bergman이 연출한 <선데이스 칠드런Söndagsbarn>(1992)의 시나리오를 썼다. 공적인 자리에서는 독실한 모습을 보여 주던 성직자 아버지가 개인적으로 비통함을 쏟아 내던 곳인 가정을 창조해 낸 방법을 다룬 작품이었다. 그가 쓴 <사적인 고백Enskilda Samtal>(1996)의 시나리오는 어머니가 겪은 도덕적인 투쟁을 다뤘다.

두 영화 모두 울만이 경험한 개인적인 사연들을 직접 끌어왔다는 결론을 내리는 건 필수적인 일이다. 결혼 생활을 하면서 가정에 헌신하다가 가족을 배신하고는 죄책감을 느낀다는 관념이 베리만이 품은 도덕관념을 형성했다. 실제로 그는 82세이던 2000년에 영화를 직접 연출하기에는 지나치게 늙었다고 판단하고는 마지막으로 집필한 <트로로사Trolösa> 시나리오를 연출해 달라고 울만에게 부탁했다. 그들은 로맨틱한 관계를 맺기 전에도, 맺는 동안에도, 관계가 끝난 후에도 친한 친구 사이였고, 여배우 린 울만Linn Ullmann을 딸로 둔 사이였다. 베리만은 울만을 친근하게 여기면서 신뢰했기 때문에 울만이 자신의 뮤즈 역할을 할 거라고 느꼈을 것이다. 그가 연출한 아주 많은 작품에는 죄책감을 털어놓고 구원을 구하려는 욕구가 담겨 있기 때문이다.

<트로로사>는 그가 자신의 도덕적인 삶을 소재로 집필한 자서전의 마지막 장章이었다. 이 영화는 (레나 엔드리Lena Endre가 연기하는) 가상의 여배우로 하여금 자신의 실제 인생에서 가져온, 자신을 수수께끼 같은 존재로 만들고 부끄럽게 만드는 장면들을 재현하는 것을 돕게 만드는 어느 노인의 이야기를 들려준다. 그는 그녀에게 그녀의 과거를 재현하는 것을 도와달라고 부탁한다. 그녀가 그렇게 하는 동안, 플래시백들은 그녀가 젊은 시절의 '베리만'인 다비드라는 캐릭터와 바람을 피우는 모습을 보여 준다. 수레바퀴 안에 들어 있는 수레바퀴. 노인은 그녀의 불륜 행각을 그녀의 눈을 통해 보고 싶어 한다. 그는 그녀를 죄악으로 이끌었던 걸까? 그녀에게 거짓을 말했던 걸까? 자신에게 거짓말을 했던 걸까? 이 영화는 그녀에게 자전적인 만큼 그에게도 자전적인 작품일 것이다.

"친언니를 제외하면 내가 세상에서 가장 오래 알고 지낸 분이었어요." 울만이 칸에서 맞은 어느 오후에 나한테 한 말이다.

우리는 작업을 할 때 대단히 가까운 사이였어요. 그러고는 무척 오랫동안 친구로 지냈죠. 우리는 사랑에 빠졌을 때 영화를 두 편 만들었어요. 그러다가 딸을 낳았고, 지금도 여전히 친구로 지내는 사이예요. 관계를 끊었다가 다시 사랑하다가 그러고는 다시 관계를 끊었죠. 이런 식으로 우리의 관계는 결코 끊어진 적이 없었어요.

　어쩌면 그분은 이 이야기를 자기 인생으로 보는 것 같아요. 그분은 이 이야기를 들려줬고, 그 이야기는 끝났죠. 그분이 다시 무슨 작품을 쓸 경우에 그 작품은 끝없는 사랑에 대한 작품일 거예요. 그분은 자기 자신을 용서하지 못해요. 2년 전에 이런 얘기를 드렸어요. '감독님이 살아오는 동안 무슨 배신을 저질렀건, 감독님은 자신을 용서해야 해요.' 그랬더니 '나 자신을 용서하지 못하겠어'라고 하시더군요. 그게 그분이 젊은이의 모습으로 등장하는 신을 연출한 이유였어요. 그분은 그러고는 그 젊은이를 용서했죠. 그분이 늙은 이로서는 자기 자신을 용서할 수 없었다고 하더라도 말이에요.

그의 예술 면에서도, 감독이라는 직업 면에서도 전환점 구실을 한 영화인 <한여름 밤의 미소>를 살펴보기 위해, 나는 이런 우회적인 방식을 택했다. 그는 1944년에 <고통Hets>을 연출한 이후로 여러 편의 영화를 연출했는데, 결과물의 수준은 고르지 않았다. <모니카와의 여름Sommaren med Monika>(1953)은 어느 정도 수준에 도달한 작품은 아니었지만, 기이하게도 소프트코어 포르노로서 약간의 성공을 거뒀다. 스웨덴영화협회는 <한여름 밤의 미소>로 도박을 하는 셈치고 제작비 10만 달러를 내줬다. 이 액수는 당시까지 스웨덴 영화에 투입된 가장 큰 금액이었다는 이야기가 있다. 이 영화는 국제적으로 굉장한 성공을 거뒀고, 유러피언영화상과 칸이 수여하는 '시적인 유머 작품상Award for Best Poetic Humor'이라는 상을 수상했다. 그는 크라이테리언 DVD에 수

록된 소개 인터뷰에서 <한여름 밤의 미소> 이후로는 다시는 제작비 문제로 머리를 싸매지 않아도 됐다고 말한다. 그는 <제7의 봉인Det Sjunde Inseglet >(1957)과 <산딸기Smultronstället>(1957)를 만들면서 곧장 최상급 영화감독 반열에 올라섰다.

이 영화가 다루는 내용은 순전히 불륜밖에 없다. 베리만의 연출작치고는 무척이나 특이하게도, 이 작품은 코미디다. 영화는 가끔은 스크루볼 코미디 같은 스타일을 보여 주지만, 조지 버나드 쇼George Bernard Shaw와 오스카 와일드Oscar Wilde가 구사했을 법한 대사들을 단호히 활용하는 쪽을 택했다. 영화에 등장하는 어느 대사("나는 아내가 바람을 피우는 건 참을 수 있지만, 누군가가 내 애인을 건드리면 호랑이로 변할 거요")는 와일드가 쓴 대사처럼 들리는데, 나중에 다른 형태로 등장할 때에는 한층 더 와일드가 쓴 대사처럼 보인다("나는 애인이 바람을 피우는 건 참을 수 있지만, 누군가가 내 아내를 건드리면 호랑이로 변할 거요").

이 대사를 친 캐릭터는 프레드릭 에게르만(군나르 뵈른스트란드Gunnar Björnstrand)으로, 50대 변호사인 그는 관능적인 열아홉 살 앤(울라 야콥손Ulla Jacobsson)과 결혼 2년차에 접어들었다. 그와 신학생인 아들 헨리크(비요른 벨프벤스탐Björn Bjelfvenstam)는 창피한 줄 모르고 부자 모두에게 추파를 던지는, 음담패설을 좋아하는 가정부 페트라(해리엣 안데르손)와 같은 집에 살고 있다. 프레드릭은 지난 몇 년간 유명한 여배우인 데지레 아름펠트(에바 달벡Eva Dahlbeck)의 연인이었다. 어느 날 밤, 그는 그녀의 공연에 젊은 아내를 데려간다.

앤은 바짝 긴장한다. 두 사람은 공연에 가기 전 오후에 낮잠을 잤는데, 그가 어리석게도 잠결에 데지레의 이름을 불렀기 때문이다. 공연이 끝난 후 밤에 그와 앤은 잠자리에 들고, 우리는 그녀가 여전히 처녀임을 알게 된다. 그 때문에 그는 좌절감을 느낀다. 그가 그녀를 '재촉'

하고 싶어 하지는 않지만 말이다. 그녀가 잠든 후, 프레드릭은 데지레를 만나려고 슬그머니 빠져나가고, 세상사에 빠삭하고 재치 있는 데지레는 젊은 아내를 들먹이며 그를 괴롭힌다. 그녀가 젊은 헨리크에게 매력을 느끼게 될 가능성이 있다.

프레드릭은 데지레의 집으로 가는 길에 미끄러지면서 물웅덩이에 빠진다. 그녀는 그에게 현재 사귀는 애인인 말콤 백작(자를 쿨레Jarl Kuller)의 드레싱 가운을 준다. 오래지 않아 백작이 이 집에 도착해서 해명을 요구하고는 결투를 들먹인다. 머리가 팽팽 돌아가는 데지레는 자신과 백작의 관계는 끝났다고, 자신은 다시 프레드릭의 품으로 돌아갔다고, 앤은 이상주의적인 신학도의 여자라고 확신한다. 그래서 부유한 어머니에게 관련자 전원과 백작의 아내 샤를롯(마짓 칼크비스트Margit Carlqvist)이 참석하는 만찬 파티를 개최해 달라고 청한다. 에게르만 부부와 함께 온 페트라는 쾌활한 태도로 아름펠트 부인(나이마 위프스트란트Naima Wifstrand)의 마부에게 추파를 던진다. 나이 든 아름펠트 부인 역시 누군가의 정부로 오랜 세월을 보내 왔다. 회고록을 쓰지 않는 이유가 뭐냐는 질문을 딸에게서 받은 그녀는 부끄럽다는 듯이 대답한다. "사랑하는 내 딸아, 여기 이 사유지는 내가 회고록을 쓰지 않겠다고 약속한 대가로 받은 거란다."

등장인물 전원의 감수성이 에로틱하게 긴장되어 있음을 이해해야 한다. 이 영화의 시간적 배경은 땅거미가 하루와 이튿날 사이에 쥐꼬리만큼만 깔렸다가 없어지는 북극 근처의 나날 중 하루이기 때문이다. 기나긴 밤이 지나는 동안 일어나는 일들은 미소들과, 그리고 벽을 뚫고 어느 침실에서 다음 침실로 미끄러져 들어가는 침대를 비롯한 무척 많은 사건과 관련되어 있다. 내가 슬랩스틱을 거론했다는 걸 알 수 있을 것이다. 모두 만찬에서 마신 와인에 취해 있는데, 그 와인은 데지레의 세상 물정 밝은 어머니가 빚은 것이다. "친애하는 내 자식들과 친구들이여, 전설에 따르면 와인은 핏방울처럼 연한 포도 껍질을 뚫고 쏟아져 나오는 과즙을 품은 포도들을 눌러 만든 거예요. 이 와인으로 채워진 통 하나하나에는 젊은 어머니의 젖에서 짠 모유 한 방울과 젊은 종마의 정액 한 방울이 첨가됐다는 말도 있죠. 그것들이 와인에 사람을 비밀리에 유혹하는 권능을 부여해요. 누가 됐건 이걸 마시는 사람은 자기 책임 아래 마시는 것이고 자신이 한 짓에 책임을 져야 해요."

베리만이 이런 대사를 쓰는 걸 상상하기란 어려운 일이다. 그런데 그를 아는 사람들에 따르면, 그는 자신이 겪은 우울과 절망의 시기들에 필적하는 유머 감각을 가진 사람이었다. 심지어 이 영화에도 음울한 순간들이 약간 있다. 백작의 부인 샤를롯이 남자들에 대한 암울한 독백을 할 때가 그렇다. "남자들은 끔찍하고 허영심이 많고 교만해. 온몸이 털로 덮여 있어." 이 대사는 와인의 효험이 나타나기 전의 어느 시점에 나온다.

이 영화의 촬영 감독은 군나르 피셔Gunnar Fischer로, 그와 스벤 닉비스트Sven Nykvist는 베리만이 거의 항상 같이 작업했던 두 명의 촬영 감독이었다. 겨울철에는 오페라와 연극을 연출하고, 그러는 동안 새 영화의 시나리오를 써서 봄마다 촬영을 시작하고는 하던 베리만의 평생에 걸친 버릇을 두 촬영 감독 모두 제대로 인식했다. 긴 저녁의 산란하는 빛은 베리만이 연출한 많은 신의 특징인 선명한 비주얼을 제공한다.

폴린 케일Pauline Kael은 이 작품을 거의 완벽에 가까운 영화라고 칭했다. 이 영화를 오랫동안 보지 못했던 나는 이 영화가 나를 무척이나 빠르게 매료하는 데 깜짝 놀랐다. 이 영화에는 열정이 넘쳐흐르지만, 과하다 싶은 것은 하나도 없다. 캐릭터들은 자신들이 하는 행위의 도덕적인 무게를 숙고하고, 그릇된 짓을 하기를 주저하지는 않으면서도, 그런 짓을 하게 되면 그 짓이 비록 자기 자신을 상대로 한 것일지라도 해명할 필요성을 느낀다. 베리만은 그의 연출작답지 않은 코미디인 이 작품에서 똑같은 필요성을 표명하고 있는 듯하다.

할복

切腹

감독	고바야시 마사키		
주연	나카다이 다쓰야, 이와시타 시마		
제작	1962년	133분	

사무라이 영화는 반드시 친숙한 장르 이야기만을 다뤄야 하는 건 아니라는 점에서 웨스턴과 비슷하다. 이 장르에 속한 영화들은 윤리적인 난제들과 인간적인 비극을 다룬 이야기들을 담아내는 수준까지 확장될 수 있다. 그런 영화 중에서 최고작에 속하는 <할복>은 권세 좋은 가문의 장로 입장에서는 대답할 길이 없는 딜레마를 서서히 제시하는 중년의 떠돌이 사무라이를 다룬다. 떠돌이 사무라이는 모든 사무라이의 행실을 지배하는 무사도의 규칙들을 엄격히 준수하면서, 힘 좋은 가문의 지도자를 순전히 노골적인 논리만 따랐다가는 가신들 앞에서 망신을 당할 수밖에 없는 상황 속으로 유인해 몰아넣는다.

때는 1630년이다. 로닌浪人이라고 불리는 실직한 사무라이들이 대지를 떠돈다. 일본에는 평화가 도래했고, 그런 상황은 그들의 실직으로 이어진다. 모시는 주군에게 마음과 정신, 칼을 바치겠다고 맹세했던 그들은 이제 시대의 물결에 떠밀려 다니는 처지인 데다 가족을 먹이고 편히 쉴 곳을 마련할 능력이 없다. 회사에 충직했던 장기 근속자들이 '구조 조정'을 당하는 오늘날의 기업 상황과 상당히 비슷할 것이다. 충심은 오로지 아래에서 위로만 향할 뿐이다.

이이井伊 가문의 대저택 현관에 나타난 쓰구모 한시로라는 초라한 로닌이 가문의 장로인 사이토 가게유(미쿠니 렌타로三國連太郎)를 알현하고 싶다고 청한다. 게이슈 가문에서 풀려난 그는 실직자 신세다. 그는 이이 저택의 앞마당에서 자결하는 것을 허락해 달라고 청한다. 이 의식은 하라키리割腹, 또는 (이 영화의 일본어 제목인) '세푸쿠切腹'로 알려져 있다. 이 의식에는 스스로 배를 가르는 단도가 사용된다. 배를 뚫고 들어간 단도가 왼쪽에서 오른쪽으로 배를 가르면, 지정된 검술의 달인이 옆에 대기하고 있다가 강력한 일격으로 그 사무라이의 목을 자른다.

쓰구모가 자결을 꿈꾸는 건 실직한 사무라이 신세가 된 치욕 때문이다. 사이토는 자결하겠다는 그의 욕망을 꺾으려는 의도로 이야기를 들려준다. 이 지역에는 이와 비슷한 요청이 무척 많았고, 절박한 지경이 된 사무라이들이 목숨을 구제받고는 그들이 탄원했던 가문으로부터 일자리를 받은 적이 몇 번 있었다. 사무라이들은 사실은 할복하고픈 생각이 전혀 없었다. 하지만 많은 가문이 이런 잔꾀의 진실을 알게 됐다고 사이토는 말한다. 그는 게이슈 가문에서 쫓겨난 또 다른 사무라이 모토메 치지와(이시하마 아키라石濱朗)의 이야기를 들려준다. 그는 모토메가 얼마 전에 바로 이곳의 앞마당에 나타나 똑같은 일을 하는 걸 허락해 달라고 요청했다고 말한다. 사이토는 — 그 의식을 곧장 시행할 경우에만 그렇게 하게 해 주겠다는 조건을 달면서 — 그것을 허락했다. 모토메는 사무라이로서 진짜로 자결을 하겠다고 약조하지만, 그보다 먼저 누군가를 사적으로 잠시 방문하고 오게 해 달라고 청한다. 이것을 자결을 질질 끌려는 수법으로 본 사이토는 모토메에게 당

24

장 이 자리에서 할복하라고 명한다. 이것은 쉬운 일이 아니다. 모토메는 단검을 전당포에 저당 잡히고는 싸구려 대나무 칼을 대용품으로 지참하고 있기 때문이다. 명예를 우선시하는 사나이인 그는 이 무딘 칼로 몸을 찌르면서 참수되기 전까지 극심한 고통에 시달린다.

사이토는 이런 사례를 봤으니 진실하게 행동하는 게 좋을 거라고 쓰구모에게 말한다. "제가 정말로 진심에서 우러난 말씀을 드리는 것임을 확실하게 말씀 드립니다." 쓰구모는 말한다. "그런데 먼저 제가 이야기 하나 올리는 걸 허락해 주셨으면 합니다." 사이토, 그리고 마당의 모서리에 근엄한 표정으로 착석한 가문의 가신들은 그 이야기를 듣게 될 것이다.

1962년에 개봉된 <할복>은 내가 여태까지 본 영화 중에서 가장 아름다운 영화에 속하는 귀신 이야기 모음집인 <괴담怪談>(1964)으로 가장 잘 알려진 고바야시 마사키小林正樹, 1916~1996 감독의 작품이다. 그는 아홉 시간짜리 서사 영화 ≪인간의 조건人間の條件≫(1959~1961)도 만들었는데, 이 영화는 무사도의 규범이 일본인의 삶에 스며들면서 제2차 세계 대전의 개전으로 이어진 정신 상태를 빚어내는 걸 도운 방식에 비판적인 시선을 던진다. 그는 윗사람에게 아내를 바치기를 거부한 남자를 다룬 <사무라이 반란上意討ち 拝領妻始末>(1967)도 만들었다.

그가 거듭해서 다루는 주제는 — <할복>에서 뚜렷하게 보이는 것처럼 — 명예의 가치가 인간 목숨의 가치보다 크다고 인정하면서 명예라는 규범에 광적으로 집착하다 보면 인도주의적인 가치관을 추구하는 것이 금기시되는 상황이 유발된다는 것이다. 사무라이 계급은 결국 일본의 군국주의자 계급을 탄생시켰고, 그 계급의 구성원들은 상관이 내리는 명령을 숭배하라는 사상을 지나치게 주입당한 탓에 군사적인 효용이 있는 행위가 아니라 명예로운 죽음을 좇는 행위에 집착하면서 가미카제 조종사들의 죽음과, 포화 속에서 가망도 없는 돌격을 감행한 군인들의 몰살이라는 결과를 빚어냈다. 이 규범에 대단히 헌신한 현대의 일본 소설가 미시마 유키오三島由紀夫는 규범의 퇴락을 일본의 수치로 간주하고는 1970년에 소규모의 사병을 이끌고 제국의 명예를 되찾기 위한 무분별한 봉기에 나선 후 할복을 감행했다. 미국의 작가이자 감독인 폴 슈레이더Paul Schrader는 <미시마: 그의 인생Mishima: A Life in Four Chapters>(1985)에서 그의 이야기를 들려준다.

고바야시는 한 남자가 대문에 도착해 똑같은 이야기의 네 가지 버전 중 하나를 들려주는 것으로 시작되는 <라쇼몽羅生門>과 비슷한 방식으로 영화를 시작하면서 어떤 이야기의 올바른 버전이 딱 한 가지만 있는, 그런데 그 이야기의 의미는 전적으로 관객이 누구의 관점을 취하느냐에 달려 있는 영화를 만든다. 누구의 말이 맞는가? 이이 가문이 베푸는 자비가 사무라이들에게 이용당하게 놔두지는 않겠다고 결심한 사이토의 말이 맞는가, 아니면 애처로운 죽도로 배를 가르는 결말을 맞은 모토메의 사연의 전말을 사이토와 가신들이 듣게 만들겠다고 결심한 쓰구모의 말이 맞는가?

내가 쓰구모가 들려주는 이야기의 세세한 내용을 밝히는 건 그릇된 일이 될 것이다. 내가 할 수 있는 말은 그게 듣는 이의 가슴을 찢어놓는 이야기라는 것뿐이다. 그는 모토메가 의식의 집행을 연기해 달라고 요청하는 핑계를 대면서 죽음을 피하려 애쓴 남자는 아니었다고 설명한다. 모토메는 실제로 명예를 지킨 사나이로, 그 앞에서 사이토와 다른 권위적인 관료들은 초라한 존재가 돼 버리고 만다. 전통을 답습하는 일을 하는 것보다 올바른 일을 하는 데 더 큰 용기가 필요할 때가 있다. 무사도를 고수하는 사람들은 무사도를 따르다 보면 나름의 도덕적인 결론을 도출할 욕구를 느끼지 못하게 된다. <할복>은 상황에 따른 윤리를 심사숙고하는 영화로, 이 영화를 보면서 한 남자에 대해 더 잘 알게 될수록 그의 행동 동기를 더 깊이 이해할 수 있게 된다.

이야기를 들려주는 과정은 그 의식儀式에 담긴 느낌을 강하게 풍긴다. 쓰구모는 할복하는 자신의 목을 쳐 줄 검술의 달인을 선택할 수 있는 특권을 세 번 부여받는다. 그가 지명한 사람을 불러오려고 전령이 세 번 파견된다. 전령은 간택된 사람들이 오늘은 목숨이 위태로울 정도로 아프다는 소식을 갖고 세 번 다 홀로 돌아온다. 이이 가문의 가신들이 누구누구인지를 익히 잘 알고 있는 게 분명한 쓰구모는 그 이야기를 듣고도 놀란 기색이 아니다. 결국에 그는 그 '아픈' 남자들은 정신적으로 강인한 자들이 아니라는 걸 보여 주는 극적인 상징물을 앞마당에 내놓는 것으로 그들이 이 자리에 나타나지 못하는 이유를 설명하고, 그러면서 사무라이 영화를 통틀어 가장 위대하고 극적인 순간에 속하는 장면이 펼쳐진다.

고바야시 감독의 실제 인생사가 쓰구모가 이상적으로 여기는 인생을 반영했다는 사실은 중요하다. 그는 평생토록 평화주의자였지만, 평화주의 신념에 따라 행동하겠다는 마음을 품었으면서도 군 복무를 회피하지는 않았다. 하지만 다른 징집병들과 함께 복무할 기회를 놓치지 않기 위해 장교로 진급하는 것은 거부했다.

이 흑백 영화는 영화가 담아낸 가치관을 반영하기 위해 우아한 구도를 잡은 화면으로 촬영됐다. 카메라는 앞마당에서 관저로 이어지는 계단 꼭대기에 있는, 그러면서 아래에서 탄원을 올리는 쓰구모를 권위자로서 굽어보는 사이토의 시점을 자주 취한다. 그런 후 카메라는 거꾸로 권력을 가진 남자를 올려다보는 쓰구모의 시점을 취한다. 비스듬한 각도로 찍은 숏들은 무표정하게 앉아 그들의 지도자와 무력한 로닌이 주고받는 이야기를 경청하는 구경꾼들을 담아낸다. 그런 후 칼싸움이 벌어지는 동안에 핸드헬드 카메라가 사용되면서 전통적인 상하 관계가 박살나고 있음을 암시한다. 쓰구모가 들려주는 이야기에 감동하는 것을 거부할 수 있는 사람은 심장이 돌덩이처럼 딱딱한 사람일 것이다. 이 사람들은 날 때부터 그런 심장을 갖고 태어나 그 상태를 계속 유지하게끔 양육된 사람들이다.

영화를 여는 첫 이미지를 본 관객들은 의문을 품게 될 것이다. 우리는 이이 가문을 상징하는 상징물을, 그러니까 가문의 전통과 조상들의 혼이 집적된 유품인 갑옷을 보고 있다. 그런데 이 상징물은 결국에는 망신을 당하면서 갑옷의 내부가 텅 비어 있다는 사실이 드러날 것이다. 사이토가 펼치는 비정한 추론을 경청하다 보면, 좌파와 우파 양쪽이 민초들의 고초를 무시해도 좋은 이유라면서 융통성 없는 경제학 이론들을 들먹이는 최근의 정치적 논쟁들을 듣는 것과 비슷한 느낌이 든다.

황무지

Badlands

감독	테런스 맬릭
주연	마틴 신, 시시 스페이섹
제작	1973년 / 94분

홀리는 자신의 인생을 통속 소설을 쓰듯 묘사한다. "나는 조금도 깨닫지 못했다." 그녀는 우리에게 말한다. "이 조용한 소도시의 골목길과 뒷골목에서 시작된 일이 몬태나의 황무지에서 끝나게 될 거라는 걸." 테런스 맬릭Terrence Malick, 1943~ 이 연출한 모든 영화의 밑바닥에는 의아해하는 기색의 내러티브 목소리가 말하는, 때로는 굳이 말하지 않아도 전달되는 다음과 같은 내용이 긴 여운을 남긴다. '인간의 삶은 세계의 압도적인 장엄함 아래 보잘것없는 존재가 돼 버린다.'

홀리는 집 앞에서 고적대 지휘자의 지휘봉 돌리기를 연습하다가 키트를 만난다. 홀리는 열다섯 살이다. 키트는 스물다섯 살로, 쓰레기 회수요원 일자리를 막 때려 친 참이다. 우리는 그의 어린 시절에 대해서는 조금도 모른다. 난데없이 나타나 홀리를 본 그는 순식간에 그녀를 사로잡는다. 얼마 안 가, 그는 그녀의 아버지를 쏴 죽이고 그녀의 집에 불을 지른다. 그리고 두 사람은 사우스다코타를 가로지르는 도망 길에 오른다.

테런스 맬릭의 <황무지>는 범죄자인 두 연인이 경찰에 쫓겨 광활한 미국 대륙을 가로지른다는, 숱하게 많이 다뤄진 이야기를 들려준다. 가장 먼저 떠오르는 영화는 <우리에게 내일은 없다Bonnie and Clyde>(1967)다. 맬릭에게 직접 영감을 준 건 1957년과 이듬해에 여자 친구 캐릴 앤 푸게이트Caril Ann Fugate와 함께 그녀의 아버지와 여동생을 비롯한 열한 명의 목숨을 빼앗는 살인 행각을 벌인 '광기의 살인자' 찰스 스타크웨더Charles Starkweather의 이야기였다. 그녀는 열세 살이었고, 그는 열여덟 살이었다.

맬릭은 그들이 저지른 범행에서 아무런 의미도, 어떤 심리적인 설명도 찾지 않는다. 키트는 — 홀리가 그에게 하는 말처럼 — 제임스 딘James Dean을 닮은 미남 사이코패스다. 홀리는 순박하고 쌀쌀맞게 보이는, 인격이 아직 제대로 형성되지 않은 어린애다. 그녀는 자신들이 나선 오디세이를 제3자의 시선으로 바라보면서 미리 정해진 숙명이라고 묘사한다. 두 사람 중 어느 쪽도 사람의 죽음에 감정적인 반응을 보이는 것 같지 않다. 그녀가 자신의 개의 죽음을 받아들이는 다음과 같은 방식을 경청해 보라. "그러다가 아빠는 내가 자기 모르게 돌아다니고 있다는 것을 알게 됐다. 아빠가 그렇게 길길이 뛰는 건 처음 봤다. 아빠는 자기를 속였다며 그 벌로 내 개를 쏴 죽였다. 아빠는 내가 날마다 방과 후에 음악 레슨을 추가로 더 받고 아빠가 태우러 올 때까지 그곳에서 기다리게 만들었다. 아빠는 내가 거리에 나가는 것을 피아노가 막지 못할 경우, 클라리넷이 그렇게 할 거라고 말했다."

맬릭은 조그만 소도시의 녹음이 무성한 거리에서 영화를 시작하는데, 이 소도시의 모퉁이에 있는 홀리의 집은 맬릭이 <트리 오브 라이프The Tree of Life>(2011)에서 사용했던 집과 닮았다. 맬릭 자신의 기억들이 작동하고 있다는 게 느껴진다. 이후 그는 숨 막힐 정도로 아름다운 신들을 연달아 보여 주면서 그들과 함께 은신처로 이동한다. 그들은 숲에 거주하면서 전국적으로 펼쳐지는 범인 수색 작업의 사냥감 신세로 광활한 대초원 지대를 아무 생각 없이 떠돌아다닌다. 마지막으로 훔친 대형 캐딜락에 오른 그들은 도로를 벗어나 울타리가 쳐지지 않은 대초원을 횡단한다. 그런 모습을 보면, 그들이 서부를 개척하며 정착했던 이들과 연관성이 있는 사람들이라는 생각이 떠오른다. 홀리는 말한다. "우리는 지평선의 끄트머리에서 미줄라에 있는 정유 공장들의 가스불을 알아볼 수 있었고, 남쪽으로 향할 때에는 내가 여태 봤던 도시 중에 가장 크고 웅장한 도시인 샤이엔의 불빛들을 볼 수 있었다."

뉴욕영화제 폐막작으로 선정된 맬릭의 데뷔작 <황무지>는 1970년대에 꽃 피운 미국 '작가' 감독들이 만든 위대한 영화 중 한 편이다. 주연 배우는 마틴 신Martin Sheen과 시시 스페이섹Sissy Spacek이다. 이 영화를 찍을 당시 서른세 살로 텔레비전 연기를 많이 했던 신에게 이 작품은 중요한 첫 장편 영화였다. 그리고 스페이섹은 당시 스물네 살로, 이 작품은 그녀의 두 번째 영화였다. 두 배우 모두 실제 나이보다 어려 보였다. 머리를 세심하게 빗질하고 청바지와 체크무늬 셔츠 차림에 럭키 스트라이크 담배를 피우는 신은 제임스 딘처럼 생겼다. 실제로 찰스 스타크웨더는 <이유 없는 반항Rebel Without a Cause>을 본 후 일부러 무비 스타를 흉내 내고 다녔다. 빨간 머리에 주근깨 많고 가냘픈 스페이섹은 여자가 아니라 어린 소녀로 보인다. 두 사람이 키스하는 모습이 보이기는 하지만, 섹스는 키트와 홀리의 관계에 거의 아무런 역할도 하지 않는다. 그들은 소꿉놀이를 하는 어린애들처럼 보인다.

그들의 천박한 마음가짐은 그들이 보여 주는 맹렬한 기세와 충돌한다. 그들을 돕는 척하다가 신고를 하려고 달아나는 키트의 친구는 배에 총을 맞고는 앉은 채로 깊은 생각에 잠긴 듯 멍한 모습으로 죽어간다. 그는 보물 이야기로 두 사람을 들판으로 유인하려고 했었다. 키

트가 그가 하는 말을 믿었다는 사실은 그가 어린애처럼 귀가 얇다는 것을 보여 준다. 어느 일가족이 목숨을 잃는데, 키트와 홀리가 그들의 농장을 우연히 발견했다는 것 말고는 그들이 죽어야 할 별다른 이유는 없다. 어느 부자富者는 아무런 이유도 없이 화를 면한다. 키트는 나중에 그 사람은 정말로 운이 좋았다고 말한다. 그는 그 남자의 딕터폰에다 다음과 같은 어리석은 최후 진술을 녹음한다. “부모님하고 선생님이 하는 말씀 잘 들어. 그분들은 세상에 대해 아는 게 많은 분들이야. 그러니 그분들을 적처럼 대하지는 마. 바깥세상에는 늘 너희들이 뭔가를 배울 수 있는 기회가 있어. 열린 마음을 유지하려고 노력하도록 해.” 그는 자신이 유명하기 때문에 자신이 하는 말에는 의미가 있다고 생각한다.

맬릭이 만든 영화들에는 자연이 늘 깊이 뿌리내리고 있다. 자연은 무대를 장악하고, 그러고 나면 인간들은 자신이 맡은 역할이 뭔지를 확신하지 못하면서 머뭇머뭇 힘겹게 무대로 뚫고 올라간다. 그의 영화에는 항상 새와 작은 짐승, 나무와 하늘, 광활한 들판이나 무성한 숲, 나뭇잎과 곡식, 캐릭터들이 채워야 할 지나치게 드넓은 공간의 세세한 요소가 많이 담겨 있다. 사람들은 자신에게 부여된 운명과 혼동되는 사건들에 의해 이리저리 밀려다닌다. <천국의 나날들Days of Heaven>(1978)에서 그의 캐릭터들은 무임승차한 화물칸에 올라 텍사스의 초원으로 들어간다. 전쟁 영화 <씬 레드 라인The Thin Red Line>(1998)에서 그의 캐릭터들은 과달카날의 정글에 파견된다. <뉴월드The New World>(2005)는 원시림에 거처를 둔 북미 원주민들과 몸을 숨길 요새를 짓는 영국인 탐험가들을 보여 준다. 그의 연출작에는 인간들이 대지의 요구에 불편한 심정으로 부응한다는 분위기가 강하게 감돈다.

<황무지>는 엄밀히 따지면 로드 무비다. 로드 무비는 영화감독들을 빡빡한 플롯 전개에서 해방시키고는 여로를 따르는 동안 무슨 일이

건 일어날 수 있다는 가능성을 그들에게 열어 주는 장르다. 이 장르에서는 캐릭터들과 서브플롯들을 마음대로 소개했다가 처분할 수 있다. 영화에 꾸준히 등장해야 할 요소는 여행객이 전부다. <황무지>에서 키트와 홀리는 딱히 정해진 목적지도 없이 도망 다닌다. 키트가 "북쪽으로 향하는 것"과 캐나다 기마 경찰관이 되는 것에 대한 모호한 말을 하지만 말이다. 홀리가 키트를 따라다니는 건 반드시 그래야 해서가 아니라, 키트에게 홀딱 반했는데 아버지(워런 오츠Warren Oates)가 그를 만나는 것을 허락하지 않으면서 그녀를 화나게 만들었기 때문이다. 그녀는 아버지의 죽음을 편리한 사건으로만 간주하는 듯 보인다.

수풀이 빽빽한 숲에는 목가적인 분위기가 감돈다. 키트는 그곳에 타잔 분위기를 풍기게 만들려고 의도적으로 만든 게 분명한 별난 트리하우스를 짓는다. 그는 경보 장치를 만들고 부비트랩을 설치한다. 그들은 자연과 어우러지는, 별다른 목적이 없는 한가한 생활을 한다. 가진 게 없는 두 사람은 무료한 생활을 해 나간다. 영화 초반부에 키트를 찍은 어느 숏은 그가 골목을 걸어가다 빈 깡통을 힘껏 밟아 우그러뜨린 나음에 발길실로 날려 버리는 보습을 보여 순다. 그는 그런 식으로 뭔가 일할 거리를 얻는다.

영화에는 맬릭이 홀리로 하여금 아버지의 3D 입체 환등기를 통해 슬라이드에 담긴 멀리 떨어진 곳들을 보게 만드는 신비로운 신이 있다. "나는 텍사스에서 태어난, 간판 그리는 화가를 아버지로 둔, 가진 거라고는 살아가야 할 오랜 세월밖에 없는 자그마한 여자아이에 불과하다는 인상을 강하게 받았다. 그러자 오싹한 기운이 등골을 뚫고 내려갔다. 키트를 만나지 못했다면 지금 이 순간에 내가 있을 곳이 어디일지 생각했다." 그녀는 키트를 만나기 전까지 자신의 존재는 아무 의미도 없었다는 걸 깨달은 것 같다. 대지를 가로지르는 그들의 긴 탈주가 종말로 치닫는 동안, 키트가 뿜어내던 매력은 말라 버린다. "나는 그에게 관심을 기울이는 것조차 그만뒀다. 대신에 차에 앉아 지도를 읽으면서 아무도 읽을 수 없는 곳인 입천장에 혀를 갖다 대고 전체 문장들을 읊었다."

1943년생인 테런스 맬릭은 은둔자로 묘사되는 일이 잦았던, 미국 영화계의 전설적인 인물이다. 그는 사실은 남들과 어울리지 않고 혼자 생활하면서 작업에 몰두하는, 가까운 친구 무리와 어울리기를 행복해하는, 그러면서 영화를 홍보하는 형식적인 활동에 참여하는 것조차 거부하는 사람일뿐이다. 그가 단독 인터뷰를 한 적은 없는 것으로 알고 있다. 그를 아는 사람들을 상대로 얻은 간접적인 정보를 통해 작성된 많은 기사는 그를 쾌활하고 우호적인 사람으로, 세세한 것들에 집착하는 사람으로, 자연에 도취한 사람으로 그린다. 큐브릭Stanley Kubrick과 비슷한 구석이 있는 사람이다. "그는 아무하고나 아무것에 대해서나 얘기할 수 있는 분이에요." <트리 오브 라이프>에 출연했던 제시카 채스테인Jessica Chastain이 『로스앤젤레스 타임스Los Angeles Times』의 스티븐 제이트칙Steven Zeitchik에게 한 말이다. 그는 2011년 칸영화제에서 열린 <트리 오브 라이프>의 프리미어나 기자 회견에 참석하기를 거부했다(그 작품은 그 영화제에서 황금종려상을 수상했다). 하지만 만찬 행사와 시사회에 참석하는 그의 모습은 칸 전역에서 볼 수 있었다. 40년간 영화 다섯 편을 연출한 그는 나름의 방식으로 자신의 시대에 가장 독보적인 작품들을 빚어냈다. 그 나름의 방식에 무척 충실하게.

히든

Caché

감독	미카엘 하네케	
주연	다니엘 오테유, 쥘리에트 비노슈	
제작	2005년	117분

스릴러 영화를 눈에 불을 켜고 두 번이나 보면서도 눈앞에 훤히 드러난 스모킹 건smoking gun•을 완전히 놓치는 일이 어떻게 가능할까? 그럼에도 나는 놓치고 말았다. 미카엘 하네케Michael Haneke, 1942~ 의 <히든>을 세 번째로 감상한 후에야 이 영화를 새로이 정의하게 만드는 숏을 의식적으로 관찰하게 됐다. 나만 그런 게 아니었다. 이 영화에 대해 쓴 리뷰를 몽땅 다 읽어 본 건 아니지만, 그 숏을 목격하고 나서 찾아본 많은 리뷰 중에 그 숏을 언급한 글은 한 편도 없었다. 그걸 보면, 그 숏이 시사했을 결론을 거론하는 것처럼 보이는 사람은 아무도 없는 듯하다.

나는 이 영화를 "스릴러"라고 썼다. 맞는 얘기다. 그런데 이 영화는 폭발하면서 내부로 붕괴해 들어가는 스릴러다. 캐릭터들의 행위를 통해 갈등을 분출시키는 스릴러가 아니라, 그 갈등을 내면 깊숙한 곳으

• 결정적 증거

로 휘감아 들이는 스릴러다. <히든>은 근본적인 수준에서는 자신들이 감시당하고 있음을 깨달은 어느 가족을 다룬다. 이 가족은 단순히 감시를 당하는 게 아니라 판단의 대상이 된다. 5분 정도 지속되는 영화의 오프닝 숏은 파리의 평범한 구역의 골목길에 있는 이 가족의 중산층 주택을 관찰한다.

카메라는 고정되어 있다. 우리는 그 집을 본다. 그 집의 정면은 관목 때문에 거리에서는 전혀 보이지 않는다. 아무 일도 일어나지 않는다. 3분쯤 지났을 무렵, 자전거를 탄 사람이 지나간다. 그러면서 이게 사진이 아니라 동영상이라는 게 드러난다. 나중에 사람들이 정문으로 나와 일을 보러 간다. 이후 우리는 비디오가 되감기고 있을 때 등장하는 줄무늬를 보고, 그에 대해 논의하는 목소리들을 듣는다. 감시하는 숏이었던 숏은 지금은 감상을 당하고 있다.

이 숏은 안 로랑(쥘리에트 비노슈Juliette Binoche)과 조르주 로랑(다니엘 오테유Daniel Auteuil) 부부의 집 현관에 놓인 비디오테이프에 담겨 있었다. 그들에게는 열다섯 살 된 아들 피에로(레스터 마케돈스키Lester Makedonsky)가 있다. 조르주는 책을 주제로 한 인기 좋은 텔레비전 토크쇼의 사회자다. 안은 출판계에서 일하고 있다. 그들의 집에 있는 벽에는 책들이 줄지어 놓여 있고, 이곳저곳의 방에는 컴퓨터와 편집 장비, 정신노동에 필요한 장비들이 빼곡하다.

미스터리한 비디오는 그들을 미치게 만든다. 다른 비디오들이 도착하는데, 그중 일부에는 어린애가 그린 것 같은, 입이나 목에서 빨간 피가 뿜어져 나오는, 흑백 만화 영화에 나올 법한 머리 그림이 동봉되어 있다. 이것들을 보낸 사람은 누굴까? 거기에 담긴 메시지는 무엇일까? 조르주와 안은 관목 뒤에서 오랫동안 편안히 안정적인 결혼 생활로 보이는 삶을 살아 왔다. 친구들이 자주 찾아와 저녁을 먹으며 유쾌한 대화를 나눈다. 부부의 생활은 모든 걸 공유한다는 원칙 아래 영위

되어 왔다. 그런데 이제 이런 일이 생겼다.

이 사건 때문에 부부 사이에 작은 틈이 생긴다. 처음에는 작은 점에 불과하던 균열이 점점 더 커진다. 조르주는 테이프에 대해서는 아는 게 하나도 없다고 말한다. 우리는 그의 말을 믿는다. 그런데 남편을 무척이나 잘 아는 안은 그 테이프들이 그가 품은 무슨 생각과 관련해서 그를 불편하게 만든다는 것을 감지한다. 그에게는 비밀들이 있다. 그런데 심지어 그 자신도 그 비밀들에 대해서는 모르는 듯하다. 그는 그녀가 던지는 질문 때문에 타당한 이유도 없이 짜증을 낸다. 그녀는 그가 정보를 내놓지 않고 있음을 알게 된다.

작품에 어울리는 분위기를 완벽하게 연기해 내는 여배우인 쥘리에트 비노슈는 안이 느끼는 감정을 사실적으로 조절해서 보여 준다. 그녀는 단순히 불쾌하다는 감정을 드러낼 뿐 신경질적인 모습까지 보여 주지는 않는다. 그녀는 조르주를 지켜본다. 우리는 그녀가 그를 잘 안다는 것을 안다. 그는 아무것도 숨기는 게 없는 것 같다. 그럼에도 그는 무언가를 숨기고 있다. 다니엘 오테유는 무슨 못된 짓을 하다가 들통이 난 어린애와 다름없어 보인다.

짧게 요약하겠다. 도착한 다른 테이프들은 조르주에게 특정한 주소로 차를 몰고 가 특정한 집의 문을 노크해 보라고 권한다. 그곳에서 그는 동년배인 마지드(모리스 베니슈Maurice Bénichou)를 만난다. 그들은 다섯 살인가 여섯 살 때 이후로 만난 적이 없다. 이 남자가 테이프를 보낸 사람일까? 마지드는 테이프에 대해서는 아는 게 하나도 없다고 말한다. 우리는 그의 말을 믿는다. 진심으로 믿는다. 조르주는 그 남자를 찾아간 것에 대한 세세한 이야기를 안에게 숨긴다. 왜? 그는 그 테이프들을 보낸 사람은 마지드가 분명하다고 주장한다. 그렇다면 그는 마지드가 그런 짓을 하는 이유를 알고 있는 게 분명하다.

안은 어느 조용한 밤에 침실에서 그를 지켜보다 단도직입적으로 묻는다. "당신, 그 남자한테 무슨 짓을 했어?" 조르주는 그 대답을 알까? 두 남자가 어렸을 때 어떻게 서로를 알게 됐는지 알아보는 건 당신의 몫으로 남겨 놓겠다. 무슨 일이 일어났건, 그 사건의 여파는 여전히 두 사람 사이에 흐르고 있다.

하네케는 일상의 사소한 요소들로 이 미스터리를 에워싼다. 만찬 파티, 사무실에서 하는 회의, 식사 준비, TV 프로그램 녹화, 안과 친구가 먹는 점심, 조르주가 고령인 어머니를 찾아가는 방문, 그리고 불만스럽다는 점을 제외하면 불만을 품을 일이 없을 때 10대들이 그러는 방식으로 골난 표정으로 부모와 거리를 두는 10대인 피에로가 일으키는 문제들. 피에로는 밤새 실종되는 것으로 부모를 겁에 질리게 만든다. 경찰이 출동한다. 피에로가 실종된 이유가 해명된다. 경찰이 떠난다. 조르주는 테이프와 관련된 사건을 경찰에 알리고 싶어 하지 않는다. 아내는 그가 하는 주장이 지나치게 과하다고 믿는다.

우리는 자문한다. 진짜 미스터리는 테이프를 보낸 사람의 정체가 아니라, 그 테이프가 조르주의 감정을 자극하는 방식인 걸까? 초점이 외부의 위협에서 그의 내면에 숨겨진 위협으로 이동한다. 하네케의 관심은 테이프와 그림의 출처가 아니라, 외부 세력에 의해 멀어진 커플에 맞춰진다. 우리가 피투성이 입과 목을 그린 이미지의 근원을 발견했을 때, 그 정보는 그것을 보낸 사람이 마지드라는 사실을 제시하는 데 정말 아무 보탬도 되지 않는다. 그것은 대체로 마지드를 연기하는 배우 모리스 베니슈가 순진무구한 사람을 연기하는 일을 무척이나 설득력 있게 해내기 때문이다. 다시 말하는데, 우리는 그를 믿는다.

2009년에 <하얀 리본Das Weiße Band>으로 칸영화제에서 상을 받은 오스트리아의 거장 하네케는 꼼꼼한 감독이다. 그의 카메라는 정확한 위치에 놓여 있고, 그는 우리가 보는 것과 우리가 그것을 보는 방식을 확고하게 통제한다. 시점은 지극히 중요하다. 배경으로 등장하는 TV

뉴스의 이미지도 영화의 줄거리와 관련 있을 수 있다. 우리는 1961년에 파리에서 알제리인들이 시위를 벌일 때 일어났던 오랫동안 금기시된 사건을 조르주를 통해 알게 된다. 당시 시위자 2백 명의 시신이 센강에 떠다니는 게 발견됐다. 이 사건은 어떻게 잊힐 수 있었을까? 프랑스는 그 사건을 기억 속에 숨겨 온 걸까?

정지된 카메라는 객관적이다. 움직이는 카메라는 주관적인 시청자를 의미한다. 그 시청자가 영화 속 캐릭터건 감독이건 관객이건 상관없이 말이다. 하네케는 카메라가 공간이 아니라 시간 내부를 '이동'하게 만드는 테크닉을 활용한다. 그가 연출한, 카메라가 고정된 숏들은 객관적이다. 그 숏들은 VCR에서 되감길 때 주관적인 숏이 된다. 비슷하게 로랑 주택 내부에서 찍은 숏들은 때때로 객관적인 숏으로 보인다. 테이프에 담긴 일부 숏은 세상에 훤히 드러난 위치에서 촬영된 것처럼 보인다는 사실이 이 점을 강조한다. 예를 들어 마지드의 아파트 내부에서 찍은 테이프가 그렇다. 마지드가 그것을 찍지 않았다면, 누가 그랬을까? 마지드의 아파트 장면을 거꾸로 되감은 숏이 있다. 그 숏은 카메라가 동영상을 촬영하려고 숨겨져 있는 게 분명한 곳인 선반을 보여준다. 한 프레임씩 화면을 재생시켜 살펴보면, 맨 아래 선반에서 카메라 렌즈일 수도 있고 그렇지 않을 수도 있는 물체가 빤히 보인다는 걸 알게 될 것이다. 그 물체는 무척 커 보인다.

누군가는 무언가를 알고 있다. 조르주는 그게 무엇인지를 의심하고 있는 듯하다. 그 사건은 그가 다섯 살이던 때를 가리킨다. 우리는 그 나이 때 있었던 일을 얼마나 많이 기억하거나 이해할까? 마지드는 그게 무엇인지를 안다. 그의 장성한 아들(왈리드 아프키르Walid Afkir)도 아는 것 같지만 말하지 않는다. 그런데 그도 역시 믿음이 간다. '캐릭터에 적용되는 경제 법칙'에 따르면, 남아 있는 캐릭터는 딱 한 명이다. 아들 피에로. 그가 알고 있을 가능성이 있는 사건은 무엇일까? 그리고 그는 자신과 그 비밀에 대해 논의한 적이 전혀 없었던 게 확실한 아버지 조차 뚜렷하게 알고 있지 못한 듯한 비밀을 어떻게 알게 됐을까?

그런데 그 아들도 용의선상에서 배제되는 듯하다. 모두가 배제되는 듯하다. 하네케는 DVD에 실린 인터뷰에서 관객들의 예상이 틀렸다는 걸 입증하면서 즐거워한다. 그는 주류 영화를 보면서 자란 관객들은 사건을 해결하는 엔딩에 익숙하다고, "그래서 그들은 극장을 나서면서 방금 전에 본 영화를 잊을 수 있다"고 말한다. 그는 <히든>을 다룬 많은 설명을 논의하면서, 그중에 필수적인 건 하나도 없다고 지적한다.

그리고 이 영화의 마지막 숏이 있다. 서로 알고 있는 사이일 리가 없는 두 캐릭터를 보여 주는 이 숏은 대단히 많은 논의의 대상이 되었다. 이 숏은 무슨 뜻일까? 이 숏은 무언가를 해결해 주는 걸까? 하네케는 영화를 본 관객의 절반가량이 엑스트라가 가득한 커다란 캔버스에 올라 있는 그들을 인지하는 것조차 실패하도록 그 숏을 구성했다는 데 즐거워한다. 그 숏은 그에게도 효과를 보였다. 내가 처음 봤을 때는 보지 못하고 지나친 숏에 집중하라고 나는 당신에게 요구하고 싶다. 당신은 DVD에서, 20분 39초쯤에서 그걸 찾아낼 것이다. 나한테 그게 뜻하는 바를 말해 달라. 그건 스모킹 건이다. 그런데 그 총이 누군가를 쏘기는 했을까?

25시

25th Hour

	감독	스파이크 리	
	주연	에드워드 노튼	
	제작	2002년	135분

상황에 따라서 말입니다, 선생님, 자신이 2주 후에 교수형을 당할 거라는 걸 알게 된 사람은 경이로울 정도의 집중력을 발휘합니다.

— 새뮤얼 존슨Samuel Johnson•

몬티 브로건은 내일 아침이면 징역형을 복역하러 제 발로 교도소로 갈 것이다. 가장 친한 친구 두 명은 난간에 몸을 기대고 난간 너머에 있는 강을 바라보며 '끝장났다'는 데 동의한다. 그들은 몬티를 다시는 보지 못할 것이다. 그는 형기인 8년을 견디며 살아남을지 모르지만, 그때가 됐을 때 그는 그들이 꼬맹이 때부터 알고 지낸 몬티가 아닐 것이다. 몬티 브로건도 그것을 알고 있다. 그의 여자 친구도, 아버지도 알고 있다. 오늘밤이 지나면 모든 게 끝장이 날 것이다.

• 영국의 시인 겸 비평가(1709~1784)

몬티는 어마어마한 집중력을 발휘한다. 스파이크 리Spike Lee, 1957~의 <25시>에서, 그가 자유를 누리는 마지막 날을 감정이 상당히 고조된 상태로 경험하고 있다는 건 일리 있는 설정이다. 그는 만사에 더 집중하고, 만사는 그에게 의미 있는 일이다. 때로는 현실이 꿈결 같기도 하다. 그는 자신이 어쩌다 이런 처지가 됐는지, 이렇게 되는 데 관련된 사람들이 누구였는지 잘 안다. 하지만 지금 그런 문제에 대해 그가 할 수 있는 일은 거의 없다. 이제 그는 그에게 여전히 열려 있는 선택 대안 중에서 중요한 일들에 집중한다. 그의 여자에, 아버지에, 친구들에, 해결하지 못한 사업에 집중한다.

내추렐(로자리오 도슨Rosario Dawson)은 그의 곁을 지킨다. 그녀는 그를 성원하면서 사랑스러운 모습을 보이지만, 그와 연을 끊으려는 듯한 분위기도 풍긴다. 제이콥과 프랭크(필립 시모어 호프먼Philip Seymour Hoffman과 배리 페퍼Barry Pepper)는 그를 매우 호의적으로 대하지만, 결국 그들은 자유로이 각자의 인생을 살아갈 것이다. 아버지(브라이언 콕스Brian Cox)는 아들에게 빚을 '질' 정도로 폭음을 했던 자신을 격하게 자책한다. 몬티(에드워드 노튼Edward Norton)는 똑똑하다. 그는 또렷한 눈으로 자신이 저지른 실수들을 본다. 기회가 생겼을 때 얼씨구나 마약 거래에 뛰어든 건 실수였다. 그 짓을 계속한 것도 실수였다. 다량의 현금과 코카인을 은닉할 수 있을 거라고 생각한 것도 실수였고, 그게 숨겨진 곳을 '남'이 알게 만든 것도 실수였다.

노튼은 이 영화에서 또 다시 특출한 연기를 펼친다. 평소대로 연기를 하는 것 같은 분위기는 그리 많이 풍기지 않는다. 그는 갑작스럽게 스스로 붕괴되는 모습을 보여 준다. 그는 속내를 드러내지 않는다. 그는 현실주의자다. 이렇게 불안정한 최후의 시간들에도 그렇다. 그는 여전히 신뢰해도 괜찮은 사람이 누구인지를 안다고 생각한다. 그런데 그가 진짜로 아는 건 무엇이고, 진짜로 할 수 있는 일은 무엇일까?

데이비드 베니오프David Benioff가 쓴 자작 소설을 각색한 시나리오를 작업한 스파이크 리는 한 사람의 인생의 24시간을 담은 초상화를 그린다. 몬티는 개와 함께하는 아침 산책부터 다음날 아침에 아버지와 떠나는 긴 드라이브까지, 자신이 활동하던 터전들을 돌아보는 마지막 여행에 나선다. 그는 제이콥에게 개를 돌봐 달라고 설득한다. 그는 내추렐과 사랑을 나누지만, 나중에는 그녀에게 거리감을 느끼는 것 같다. 그는 제이콥과 프랭크와 나이트클럽에 가고, 그녀는 나중에 그 자리에 합류한다. 그는 마지막으로 일부 사업을 해결하고는 마지막 원한을 갚는다.

풍성한 시나리오의 경이로운 점은 몬티와 관련한 모든 정보를 담고 있으면서도 다른 캐릭터들에 대한 정보도 대단히 많이 알려 준다는 것이다. 이 영화의 내부에는 통통하고 침착한 고등학교 영어 교사로, 제자인 메리(애나 패퀸Anna Paquin)와 그녀의 배에 새겨진 문신에 매료된 제이콥에 대한 별도의 영화가 있다고 말해도 무방하다. 그런데 제이콥이 그녀를 향해 손가락을 조금이라도 까딱했다가는 만사가 잘못될 것이다. 그는 그 사실을 잘 안다.

솟구치는 성욕을 주체하지 못하는 메리는 대담하게도 제이콥을 유혹한다. 그들은 우연히 같은 클럽에 가게 된다. 그는 마티니와 샴페인을 시켰지만 마실 수 없다. 어느 공간에 그들 두 사람만 있게 된 순간이 있다. 이 순간은 리가 평생 촬영한 신 중에 가장 완벽하면서도 복잡한 신에 속한다. 한편 프랭크는 닳고 닳은, 조심성이라고는 없는 바람둥이다. 그의 아파트는 말 그대로 9·11 테러의 잔해를 굽어보고 있다. 하지만 그는 그 집에서 이사를 나가지는 않을 것이다. 집값을 적절하게 받을 수 없기 때문이다. 그러면서 9·11은 이 2002년도 영화에서 구체적으로 언급되지는 않는 암류가 된다.

우리는 이 사람들이 어떤 미래의 계획을 세우건, 그들이 다시는 한

자리에 모이지 못할 것임을 안다. 그런데 리가 각자의 이야기에 불어넣은 스타일 전략을 눈여겨보라. 제이콥과 메리 사이의 중요한 순간은 계단에서 일어난다. 그 장면이 끝난 후, 제이콥이 부스로 돌아온 후 리는 트레이드마크인 글라이딩 숏을 택하면서, 제이콥이 발을 움직이지도 않고 물에 떠다니듯 유유히 계단을 올라가는 모습을 보여 준다. 우리는 제이콥이 그를 계단 위로 이끌었던 — 그를 몰고 갔던 — 최면에 걸린 듯한 충동에 다시 휩싸이고 있음을 이해한다.

몬티가 지저분한 화장실 거울을 바라보면서 영화에서 유일하게 냉정을 잃는 비범한 숏도 고려해 보라. 그는 뉴욕에 거주하는 모든 인종과 경제적 계급, 성적 집단과 연령별 집단을 향해 상스러운 욕설을 퍼붓다가는 자기 자신을 겨냥한 최종 변론에 도달한다. 영화가 공개됐을 때, 이 신을 이해하지 못하겠다는 사람들이 일부 있었다. 그런데 우리 모두가 그런 식으로 느끼지 않나? 우리가 쏟아 내는 모든 상스러운 욕설은 사실 우리 자신을 겨냥해 뱉는 것 아니었나?

리는 관객이 감지하지 못하는 미묘한 장치 두 개를 활용한다. 그는 프리즈 프레임으로 몇 순간에 방점을 찍는데, 화면이 멈춘 시간이 너무도 짧기 때문에 관객들은 화면이 살짝 덜덜거리는 것 같다는 느낌을 받는다. 우리는 그것을 눈으로 보진 못하지만 — 누군가가 말을 하고 있을 때처럼 — 그 장면들은 효과를 발휘하고, 우리는 그들이 사용하는 표현에 특히 더 주목한다. 그는 조명도 잘 활용한다. 노튼과 호프먼이 푸른빛의 세례를 받는 숏이 있다. 이 장면에서 노튼의 오른쪽 눈에만 예외적으로 약간의 빨간색이 감돈다. 촬영 감독 로드리고 프리에토Rodrigo Prieto가 그런 화면을 얻으려고 얼마나 고된 작업을 했을지, 우리가 그것을 '감지하지' 못하게 만들려고 얼마나 힘든 작업을 했을지 생각해 보라.

그런 후 영화는 빼어난 솜씨가 발휘된 결론을 보여 준다. 늙은 아일랜드계 술집 주인인 몬티의 아버지는 아들을 태우고 뉴욕주 북부에 있는 교도소로 차를 몬다. 그들은 영화의 도입부에 등장했던 것과 동일한 고속도로 표지판을 지난다. 그는 서부로 계속 차를 몰자고, 그러고는 작은 소도시를 찾아 새 이름으로 살아가자고 제안한다. 그러면 몬티는 알맞은 여자를 찾아내 가정을 꾸리고 아버지의 빚 때문에 빼앗겼던 인생을 살아갈 수 있을 것이다. 리가 이 인생을 대단히 설득력 있게 그려내기 때문에, 일부 관객들은 그게 실제로 일어난 일인지 여부를 궁금해하는 유혹에 빠지기도 한다.

이건 누구를 위해 그려진 환영일까? 몬티를 위한 환영일까? 또는 나이 든 아버지 제임스 브로건이 자신이 아들에게 그런 제안을 했다는 식으로 위안을 삼기 위해 빚어낸 환영일까? 그 제안은 진심에서 우러난 것일까? 몬티는 '사회에 진 빚을 갚으려는 의무감'을 느끼지는 않지만, 자신의 운명에 몰두해 있다. 그가 24시간 동안 느낀 무아지경은 교도소에 들어섰을 때에만 끝이 날 것이다.

스파이크 리가 중요한 영화감독이라는 건 세상 모두가 안다. 그런데 사람들은 그가 연기자를 다루는 솜씨가 얼마나 좋은지를, 얼마나 혁신적인 스타일을 구사하는 감독인지를 알고 있을까? 우리는 많은 영화감독이 영화의 핵심적인 스타일로 무턱대고 돌진하거나 아무런 의미도 없는 과도한 편집과 욕지기날 정도로 흔들거리는 카메라, 과시적인 숏들로 관객의 주의를 끄는 수법을 쓰는 시대에 산다. 클래식의 반열에 오른 감독들은 누구나 그렇듯, 리는 스토리와 캐릭터를 강조한다. 그러면서도 그는 늘 그 자리에서 우리의 옆구리를 쿡쿡 찌르면서, 우리가 자신들의 연출 의도를 제대로 감지했는지를 확인하면서, 단순히 능률을 위해서가 아니라 우아함과 혁신을 위해 카메라를 움직이면서 그 자리에 있다. 그는 관객의 주의를 끌겠다는 의도로 자신이 나아가는 길에서 벗어나지 않는다. 그런 까닭에, 그가 걸출한 스타일리스트임을 깨닫는 이가 세상에 몇이나 될까?

그는 이 영화에서 당연하게도 노튼과 호프먼이 펼치는, 도슨과 콕스와 페퍼가 펼치는, 그리고 <피아노The Piano>의 어린 소녀였던 애나 패퀸이 펼치는 완벽한 연기에서 수혜를 입는다. 패퀸이 디스코 플로어에서 홀로 춤을 출 때, 또는 다른 이와 같이 춤을 추면서도 실제로는 온전히 자신의 모습만 고수할 때, 그녀는 자신이 인생에서 처해 있는 단계의 정확한 분위기를 정말로 수월하게 관객에게 전달한다.

연기에 대해 언급할 게 하나 더 있다. 많은 영화에서 술을 마시는 많은 사람을 봤다. 그들이 이튿날 아침에 술에서 깨는 모습을 봤다. 하지만 이 영화에서 호프먼이 했던 것처럼 맨 정신으로 시작했다가 술에 취했다가 다시 맨 정신으로 돌아오는 사람은 본 기억이 없다. 우리는 그가 그런 전환 과정을 겪는 동안 정확히 어느 지점에 있는지를 알지만, 그런 전환이 일어나고 있는 모습은 결코 보지 못한다.

사진 출처

37, 51, 65, 113, 119, 127, 169, 181, 187, 201, 217, 229, 237, 251, 265, 319, 369, 377, 385, 399, 419, 441, 447
ⓒ 씨네 21

45, 59, 77, 85, 99, 105, 155, 245, 297, 303, 309, 333, 341, 355, 363, 391, 405, 461
© 2019. Christophel/Photo Scala, Florence

133, 175, 195, 223, 281, 325, 427, 433
© 2019. Album/Scala, Florence

542, 543
© Getty Images / 게티이미지코리아

김영진(영화 평론가)

인상들

아수 오래 전 어느 날 나는 우연히 텔레비전 「주말의 명화」 프로그램에서 방영된 존 포드John Ford의 <황야의 결투My Darling Clementine>를 보았다. 극장에 가는 것과 달리 텔레비전으로 보는 영화는 나의 선택과 무관한 것이었다. 나는 주말 심야에 빨리 자라고 하는 어른들의 독촉에 맞서 텔레비전으로 영화를 보는 것이 좋았을 뿐이며 그날 보는 주말의 '명화'의 정체가 무엇인지도 몰랐다. 그런데 식구들이 자는 안방에서 불을 끈 채 행여 그들이 잠을 깰 새라 조심하며 볼륨을 낮춰 조심스레 본 그 영화의 흑백 화면은, 내게 그전에는 느낄 수 없었던 것을 경험하게 해 주었다. 마지막 장면에서 주인공 와이어트 어프는 마을의 무법자들인 클랜튼 일가를 무찌르고 난 후 서부로 떠나면서 연모했던 동부 출신의 숙녀 클레멘타인과 작별 인사를 나눈다. 어프는 모자를 벗어 예의를 표한 후 다시 돌아오겠다고 약속한다. 클레멘타인은 마을에 남아 학교 선생을 하겠다고 말한다. 어프는 말을 타고 떠난다. 그는 까마득히 멀어져 가고 화면 배경에는 거대한 바위산들이 우뚝한 모뉴먼트 밸리의 풍경이 자리한다. 이별은 고요하게 이뤄지는데 풍경은 장중하다. 그들의 이별은 그들이 속한 풍경의 일부로 소멸되어 가고 있었다. 그들의 이별은 그들의 감정에 갇히지 않고 그들이 속한 풍경의 자연 현상이 그러한 것처럼 그들이 통제할 수 없는 질서에 포섭되어 있었다. 물론 그 영화를 봤을 때 그 장면의 의미를 이렇게 말로 풀어낼 능력이 있을 리 없었다. 나는 서투른 말로 그 감동을 이야기했지만 오랫동안 아무도 그것에 공감하지 않았다. 나는 그 감동을 가슴에 묻어 둘 수밖에 없었다.

그때부터 지금까지 내가 접한 영화들 가운데 내 뇌리에 선별되어 차곡차곡 쌓인 것은 말로 바꾸기가 쉽지 않은 어떤 '인상'들이다. 이제까지 나는 극장이나 텔레비전, DVD, 컴퓨터 모니터 화면을 통해 수많은 영화를 봤다. 때로 그것들은 내가 청하지 않아도 나에게 왔다. 맨 처음부터 영화는 아무 생각 없이 계획 없이 접하는 오락물로 만날 수 있었던 상대였다. 친구나 애인을 만나 시간을 때울 목적으로, 약속이 펑크 나 갑자기 비어 버린 오후 일정을 메우기 위해, 우리는 영화를 보거나 만난다. 그런 영화들은 나의 무의미한 시간들 속에 침투해 들어와 전리품처럼 내 삶의 부분들을 의기양양 회수해 갔지만, 그 무의미함이야말로 내 삶의 주요한 특징이기도 했으므로 나는 그 약탈에 기꺼이 몸을 맡기고 자족했다. 그럼에도 그것들이 나와는 무관하다는 생각을 지울 수 없었고, 그것들이 너무 많이 잡초처럼 번식하는 걸 보고 있노라면 때로 혐오감에 참을 수 없는 기분이 되곤 했다. 그런 기분에서 나를 구원해 준 것은, 가벼운 수많은 만남 가운데 나의 뇌리에 인상을 남긴 영화들이다. 그 '인상'들 덕분에 무수하게 접촉한 영화 중에서 어떤 영화들은 나에게 적지 않은 기쁨을 주었음을 반추할 수 있었다.

이런 '인상'들의 축적만으로도 끝없이 써내려 갈 수 있을 것이다. 내가 중학생이던 시절 텔레비전에 자주 출연했던 평론가 고故 정영일 선생은 어느 날 '영화가 구원을 테마로 다룰 수 있다는 걸 보여주는 사례'라고 절찬하며 잉마르 베리만Ingmar Bergman의 <제7의 봉인Det Sjunde Inseglet>을 소개했다. 나는 그 영화의 형이상학적 주제를 하나도 접수할 수 없었으나 화면에 서린 비관주의와 영적인 공기, 가끔 찬란한 햇살처럼 우러나오는 희망의 제스처에는 반응할 수 있었다. 저승사자가 이승의 사람처럼 심상하게 등장하는 첫 장면, 등장인물들이 희망을 품고 언덕 너머로 무리지어 행진하는 (숱한 영화들에서 모방한) 이 영화의 서명 같은 장면 말이다. 하지만 내가 잉마르 베리만의 모든 영화를 좋아하는 것은 아니다. 그런 면에서 나는 좋아하는 감독의 작품이라면 실패작이라고 할지라도 다 좋아하고 숭배해야 한다는 작가주의자들의 방침에 반대한다. 특정 유파, 특정 감독, 특정 미학, 특정 이데올로기에 따라 영화의 위계를 정하는 것을 나는 받아들일 수 없다. 오직 스스로만 납득하고 더 깊게 감응하는 영화들의 목록이 있을 터인데, 그것들은 나의 개인사 맥락에 따라 더 편파적으로 정해진 측면도 있겠지만 살짝 방향을 틀어 하나의 보편성에 이르는 목록을 만들게 될지도 모른다는 희망을 품게 한다.

다시 말해 내가 영화로부터 은혜 받은 것들은 다양한 형태의 '인상'들이었다. 세심하게 이리저리 살펴봐야 할 그 인상들은 수원지가 같은 강물처럼 특정한 형태의 '영화적 활기'에서 기원한다. 영화 역사의 흐름들을 횡단하면서, 로버 에버트의 뛰어난 글들에 덧대는 위대한 영화의 표식은 무엇일지를 이제부터 살펴봐야겠다. 개별 영화를 분석하는 것은 이미 에버트가 해낸 것이므로 거기에 뭔가를 덧붙이는 일은 아무 쓸모가 없을 것이다. 대신에 위대한 영화가 생육 번성했던 텃밭의 개요를 제시하는 것으로 충분할 것이리라. 내게 그것은 할리우드 고전 영화, 누벨바그, 네오리얼리즘, 그리고 그 카테고리에 속하지 않더라도 무성 영화 이후 활동사진의 활기찬 본성을 이어받은 영화들, 감독들, 배우들에 대한 개요다.

숏의 힘

> 대부분의 영화는 등장하는 캐릭터들이 영화의 플롯에 의해 규정되거나 제한된다는 암묵적인 가정에 따라 만들어진다. 그러나 인생은 이야기에 대한 것이 아니다. 이야기가 인생에 대한 것이다. 그것이 어린아이들을 위한 영화와 어른들을 위한 영화의 차이점이다.
>
> — 『위대한 영화 2』, 크시슈토프 키에슬로프스키Krzysztof Kieslowski의 《세 가지 색Trois Couleurs》 연작 평론 중

사람들의 기대에 아부하는 영화는 이야기의 도식에 맞춰 인생을 구성하지만, 인생에 대한 이야기는 정해진 도식을 따르지 않는다. 로저 에버트는 영국 평론가 데릭 맬컴의 말을 빌어 "다시는 감상하지 못하게 된다는 생각을 참아 낼 수 없는 영화"로 '위대한 영화'의 정의를 대신한다. 1년에 250편 가량의 영화를 보고 리뷰를 썼고 그중에 200편 이상의 영화를 다시 보지 않을 거라는 생각을 하는 직업 평론가로서 그는 예술성, 역사적 가치, 영향력 등을 고려해 절충적으로 위대한 영화의 목록을 정하고 때로는 새로 복원된 프린트나 DVD를 접할 수 있게 됐다는 실리적인 이유로 위대한 영화들의 리뷰를 작성했다. 다시 보고 싶은 영화, 예술성 있는 영화, 역사적 가치와 영향력이 있는 영화 등 무슨 말로 정의하더라도 위대한 영화라는 것은 결국 고정된 의미와 감정의 사

슬에 매이지 않고 볼 때마다 가변적인 것이어서 확실함에 저항하는, 곧 정의하는 것을 부정하는 영화의 형태라 할 수 있다.

그러나 오락으로서의 영화의 숙명은 관객의 소망 충족 기대에 부응해야 하고 예측 가능한 영역에서 곡예를 해 보임으로써 얼마간 상투형의 감옥에 자발적으로 갇혀야 하는 처지다. 소피아 코폴라Sofia Coppola의 <사랑도 통역이 되나요?Lost in Translation>에 대해 쓴 평론에서 에버트는 정해진 이야기에 익숙한 사람들의 몰이해를 비난하며 다른 방식의 보기를 제안한다. “나한테 <사랑도 통역이 되나요?>를 이해하지 못하겠다는 말을 한 사람이 얼마나 많은지 헤아리지도 못할 지경이다. 그들은 이 영화가 다루는 게 무엇인지 알고 싶어 한다.” 관객들은 이 영화를 보고 아무 일도 일어나지 않는다고 투덜거리는데, 그건 그들이 “쳐다볼 곳이 어디고 느껴야 할 감정이 무엇인지를 지시하는 영화들에 의해, 기승전결이 있는 이야기들에 의해 조련을 당해” 왔기 때문이다. 에버트가 보기에 이 영화는 공감을 연습하는 경험을 제공한다. “캐릭터들은 서로에게 공감한다(그게 이 영화가 다루는 내용이다).” <사랑도 통역이 되나요?>에서 두 주인공은 외부로부터 고립되어 각자의 마음을 닫고 스스로 유폐되어 있다. 화면은 그들의 고립, 그리고 그들의 고립의 유사성을 담는다. “도쿄가 까마득히 아래에 보이는 대형 창문에” 여자 주인공이 “들어가 있는 구도로 자주 프레임을 잡는” 화면을 통해 그가 “젊고 외롭고 연약한 상태로 세상에 노출된 듯한 느낌”을 풍긴다거나 남자 주인공이 “(카메라를 향해서가 아니라, 그렇다고 그 어떤 것을 향해서가 아니라) 똑바로 쳐다보면서 헤아리기 어려운 표정을 짓는 모습을 자주 포착”함으로써 “늙고 지친, 그러면서도 참을성이 있는 사람이라는 느낌을” 관객에게 준다. 에버트는 이런 숏들에 대해 평자로서 의미를 부여할 수 있다고 주장한다.

에버트가 거론한 화면들은 ‘숏의 힘’을 갖추고 있는 사례다. 이야기를 전달한다는 일차적 목적을 다하고도 길이 살아남아 관객의 뇌리에 남는 화면들 말이다. 이 화면들이 이야기의 요소마다 존재할 때 영화 전체는 은근한 활기로 가득 차게 된다. 그러나 대다수의 영화에는 유감스럽게도 활기가 없다. 그런 영화들은 빠르고 소란스럽게 내용을 과장하지만 가슴을 찌르는 것이 없다. 어떤 인생에 대한 이야기를 잘 구경시켜 줬다기보다는 그런 인생을 살고 싶다는 마음을 나에게 불러일으킬 때, 그 영화는 한 번 보고 마는 게 아니라 시간 있을 때마다 또 보게 되는 위대한 영화의 조건을 갖추게 된다. 그것들의 가장 충실한 판본은 오래된 영화들이다. 당대에는 인기 있는 흥행작이었지만 시간의 시련을 견디고 평자들과 분별 있는 관객들로부터 지속적인 관심과 애정을 받는 영화들 말이다. 그 목록의 맨 앞에 할리우드 고전기의 거장들이 만든 영화들이 자리한다 해도 그건 하나도 놀랄 일이 아니다. 영화의 언어가 다양하게 실험되고 명문화될 때, 그 거장들의 영화는 남의 돈을 받아 이윤을 내야 한다는 자본주의 시장 경제의 원칙에 순응하면서도, 그 상품에 자기만의 예술적 호흡을 불어넣는다는 배짱 좋은 임무를 제대로 해낸 성취물들이기 때문이다.

역사적으로 보자면 만드는 사람과 소비하는 사람 사이에 맺어진 계약에 충실해 이야기만을 전달하는 데 자족하는 소심한 영화들 사이에서, 플롯의 전달 기능 외에 절대로 한눈을 팔지 말아야 한다는 상업적 규약을 뚫고 화면의 활기찬 기상을 떨쳐낸 영화들의 모범적인 사례로 당대에는 잘 이해되지도 평가받지도 못했던, 할리우드의 몇몇 특출한 상업 영화감독의 작품을 발견한 것은 1950년대에 프랑스 영화 잡지 『카이에 뒤 시네마Cahiers du Cinéma』에서 활동했던 젊은이들이었다. 나중에 '누벨바그nouvelle vague'라 불렸던 사조의 감독들로 일부 명성을 떨치게 되는 그들은 시네마테크 프랑세즈에 죽치고 앉아 광적으로 전 세계 영화들을 섭렵하면서 미국 영화계의 어떤 감독들의 작품에만 넘쳤던 활기에 특히 주목했다. 초기 시네마테크는 예산상의 문제로 자막 처리가 미비한 채로 영화들을 상영하곤 했는데, 그럼에도 그들은 어떤 미국 영화의 매력을 알았다. 이 젊은이들은 무성 영화 시대부터 유성 영화 시대로 이어지는 흐름 속에서 일부 미국 영화감독이 무성 영화 시기의 활기를 유성 영화에도 그대로 옮겨와 확장시켰다는 것을 화면만 보면서 알아차렸다.

그들은 영화가 예술일 수 있다는 전제를 화면의 활기로 증명하기 위해 자신들의 거점이었던 『카이에 뒤 시네마』를 통해 '작가주의'라는 방침을 주장했다. 화면으로 서술할 수 있는, 시각적 문체가 있는 감독들만 창조자로 인정하겠다는 방침이었다. 이것은 엄격한 이야기와 편집의 규칙에 따라 장편 영화를 만들어야 하는 할리우드에서 활동한 감독 가운데 예외적인 사례들을 채집함으로써 폭발적인 담론이 되었다. 대표적인 예로 앨프리드 히치콕Alfred Hitchcock은 평생 서스펜스 스릴러 장르의 영화만 찍었지만, 그의 영화는 다른 어떤 감독이 만든 서스펜스 영화와 구별되는 고유성이 있었다. 히치콕의 카메라는 염탐함으로써 관객의 관음증을 충족시켜 주는 한편, 주인공의 시점을 대담하게 차지함으로써 관객을 인물과 동조자로 만들면서 결정적인 순간에는 모든 상황을 집전하고 분석한다. <오명Notorious>의 초반 장면에서 잉그리드 버그먼의 뒷모습을 홀린 듯, 그러나 거기에 조심스럽게 다가서는 카메라는 관객을 단숨에 조마조마한 '샛꾼'의 자리에 데려다 놓는다. 그 여자가 영화의 제목처럼 오명에 시달리는, 하지만 매우 아름다운, 그럼으로써 누군가가 그녀를 보호해 줘야 한다는 생각이 들긴 하지만, 그렇다고 해도 누군가를 엿본다는 부도덕한 쾌락에 우리를 빠트리는 카메라의 조작이 마냥 유쾌할 수만은 없다. 대신에 히치콕은 다른 대목에서는 우리를 의기양양한 전지적 시점의 관찰자 위치로 자연스레 상승시켜 준다. 우라늄 농축액 병들이 숨겨져 있는 창고 열쇠를 감춘 잉그리드 버그먼의 손바닥을 보여 주기 위해 카메라가 파티가 열리는 건물 이층에서 아래층으로 하강해, 롱 숏에서 극단적인 클로즈업으로 우아하게 이동하는 영화 속 중반 장면이 좋은 예다.

히치콕에 관한 수많은 전기적 사실은 그가 평생 죄의식과 강박에 매여 살았다는 암시를 담고 있다. 그는 아름다운 여자를 욕망했지만 그들로부터 응답받지 못했으며 그들로부터 강제로 응답을 받는 게 죄라는 걸 두려워했다. 겉으로 안전하고 평온해 보이는 인간계가 도덕적 긴장으로 가득 찬 아슬아슬한 죄의 시험장이며, 어떤 인간이든 그 시험에서 삐끗하기만 하면 바로 나락으로 떨어지는 연약한 존재라는 걸 그의 영화는 서스펜스 문법으로 담았다. 누명을 쓰고 결백을 증명하기 위해 고군분투하는 사람의 이야기나 예기치 않게 살인 사건에 휘말리는 사람의 고난과 같은 소재가 실제 우리 일상에서도 얼마든지 일어날 수 있다는 기시감의 착각을 불러일으키면서, 자신의 죄의식에 대한 강박을 우리에게 전염시킴으로써, 그는 유리잔처럼 깨지기 쉬운 인간성의 전모를 폭로했다. 그의 카메라가 관음증의 미끼 도구로 쓰임과 동시에 장엄한 심판관의 채찍으로 자리함으로써 얻어진 활기는 그의 주제 의식과 상통하는 것이었다.

히치콕의 대표작 가운데 한 편인 <현기증Vertigo>을 평하면서 에버트는 "공포와 죄책감, 정욕 같은 보편적인 감정들을 취해 평범한 캐릭터들에게 배치한 다음, 그 감정들을 언어보다는 이미지를 통해 발전" 시켜 나가는 스타일을 분석한다. 이 영화에서 제임스 스튜어트James Stewart가 연기한 탐정 스카티는 의뢰받은 일을 처리하는 과정에서 미행 업무를 수행하다가 연모하는 감정에 빠졌던 매들린이 자살한 후, 그와 똑같이 생긴 주디가 나타나자 혼란에 빠진다. 친구의 사기 계획에 따라 주디와 매들린이 동일인이라는 것을 모르는 스카티는, 자기 앞에 나타난 주디가 매들린과 똑같이 생겼지만 천상에서 내려온 듯한 매들린과 달리 머리부터 발끝까지 천박하다는 것에 낙담한다. 스카티는 주디를 매들린으로 바꾸려고 한다. 그는 주디를 호텔 방에 데려가 매들린과 똑같은 헤어스타일, 의상을 갖추게 하고 다시 사랑에 빠진다. 영화 역사상 가장 아름다우면서도 잔인하고 병적인 이 장면에 대해 에버트는 이렇게 쓴다.

> 스카티가 '매들린'을 포옹할 때, 그가 있는 진짜 방 대신에 그의 주관적인 기억들을 반영하기 위해 배경까지 바뀐다. 버나드 허먼의 음악은 심란하고 불안정한 열망을 빚어낸다. 카메라는 스카티의 악몽에 나오는 바람개비 이미지처럼 그들 주위를 절망적으로 돈다. 그 숏이 우리가 느끼는 인간적인 욕망들의 현기증 나는 하찮음에 대한, 우리를 행복하게 만들라고 인생에 강요하는 것의 불가능성에 대한 숏이 될 때까지 말이다. 이 숏은 심리적이고 예술적이고 기술적인 복잡성 면에서 앨프리드 히치콕의 경력 전체에서 그가 자신을, 그리고 그의 열정과 슬픔 전부를 철저히 드러낸 유일한 경우일 것이나. (여자의 이름이 매늘린인 것은, 프루스트의 소설에서 상실하고 갈망하는 어린 시절의 기억들을 한꺼번에 되돌려오는 프랑스 비스킷을 가리키는 단어인 것은 우연의 일치일까?)
>
> —『위대한 영화 1』, 앨프리드 히치콕의 <현기증> 평론 중

물론 "인간적인 욕망들의 현기증 나는 하찮음"과 "우리를 행복하게 만들라고 인생에 강요하는 것의 불가능성"을 보여 주는 이 장면은 대단히 아름답다. 하지만 프랑수아 트뤼포François Truffaut와의 유명한 인터뷰에서 히치콕은 그 장면에서 주인공 스코티가 경험했을 상태를 솔직하게 말해 준다. "매들린이 된 주디를 봤을 때 스카티는 발기 상태였을 겁니다." 죽은 사람을 되살리려는 것, 불가능한 것에 매달리는 것, 나아

가 남자가 여자를 소유하고 지배하려는 것을 이 장면은 보여 주는데, 히치콕은 그것을 "발기 상태"로 요약한다. 그것은 끝없이 이어질 것 같은 카메라의 원형 움직임으로 우아하게 수식되며, 남자의 마음은 쓰레기라는 걸 일종의 시적 모호성으로 표현한다. 카메라의 움직임은 인물의 상태를 짧게 서술하지만 책에 묘사된 것보다 훨씬 많은 결들로 화면을 장악한다.

히치콕은 카메라로 곡예를 마다하지 않았지만, 카메라를 거의 움직이지 않는 연출 스타일을 고수했던 존 포드의 영화들은 히치콕과 정반대로 '억압 속의 활기'를 구현한 예다. 포드는 현장에서 좀처럼 한 화면을 한 번 이상 촬영하지 않는 것으로 유명했으며, 이는 영화사의 소유주나 그의 지시를 받은 편집 기사가 마음대로 화면들을 취사선택하지 못하게 할 고육책에서 나온 습관이었다. 할리우드에서 그는 대단한 명성과 권력을 누린 감독이었음에도 편집권에 간섭을 받았고, <황야의 결투> 같은 경우에도 자신의 의도와 상관없이 제작자 대릴 자눅Darryl Zanuck이 최종 편집한 영화라 하여 마뜩치 않게 여겼다. 그는 화면 프레이밍을 엄격하게 구성하고 그 구도 안에서 사물들의 조형적 상관관계와 빛의 농도가 미치는 정서적 끌어당김의 효과를 최대치로 끌어올렸다. 그의 영화에서 인물들이 앉아 있거나 걷는 것만으로도 둔탁한 존재감을 보이는 것은, 그가 구도와 빛의 움직임, 인물의 배치와 동선으로 화면에 빚어질 긴장을 활시위처럼 당겨 놓았기 때문이다.

존 스타인벡의 유명한 소설을 영화화했으며 아카데미를 수상한 존 포드의 대표작 <분노의 포도The Grapes of Wrath>는 정작 포드의 숭배자들에게는 번외 영화로 취급받는다. 메시지가 너무 강하고 소설의 문어체 대사를 그대로 모방하는 경직된 대화들이 영화의 상당 부분을 차지하기 때문이다. 그럼에도 이 영화가 포드 영화일 수 있는 것은 미국 대공황기를 다룬 걸작 사진들을 스크린으로 옮긴 것 같은 사실적이고 입체적인 질감의 화면들 덕분이다. 에버트는 <분노의 포도>의 주인공 톰 조드를 연기한 헨리 폰다Henry Fonda의 존재감을 칭찬하면서 폰다가 "스크린에 들어서려 애쓰는 모습을 보이지 않고도 스크린에 존재하는 희귀한 능력을 가진 연기자"라고 평한 다음, "한 사람이 가진 것은 그 자신만의 영혼이 아니에요. 거대한 영혼의 작은 부분이에요. 모두에게 속한 하나의 커다란 영혼이오"를 인용하고는 이렇게 결론을 내린다. "초월론과 마르크스주의가 거대 단일 노조의 꿈속에서 이렇게 만난다." 에버트는 뛰어난 문장으로 포드 영화가 메시지 영화의 한계를 넘어서는 과정을 설명하지만, 하나가 빠져 있다. 그 말을 하는 헨리 폰다를 보여주는 클로즈업 화면의 살아 숨 쉬는 활력이다. 소설에서 옮겨 적은 말들은 화면에 굳건히 자리한 폰다의 얼굴, 그의 얼굴을 받치는 프레이밍, 눈에 떨어지는 빛, 얼굴의 그림자와 빛나는 광채가 받쳐 주지 않았다면 관객의 마음에 와닿지 않았을 것이다.

특별할 것 없는 하나의 화면에서도 사방으로 뻗어가는 활기를 담아낼 수 있었던 포드의 신가는 아카데미 수상작이나 대중적으로 알려진 서부극보다 스타도, 극적인 줄거리도, 액션도 없는 저예산 서부극 <웨곤 마스터Wagon Master>와 같은 영화에서 더 두드러진다. 일본의 저명한 영화 평론가이자 존 포드 전문가인 하스미 시게히코는 정착할 땅을 찾는 몰몬교도 사람들을 안내하는 두 카우보이의 이야기를 담은 이 영화에 대해 "아무 것도 일어나지 않는 장면, 존 포드가 가장 이상적으로 생각한 장면이 그것"이라고 말했다. 존 포드는 이 영화에서 당시 무명이었던 배우들을 캐스팅해 서부극의 풍경을, 그 풍경 안에서 움직이는 사람과 말을, 곧 그 순수한 움직임을 찍었다. 새로 정착할 땅을 찾아 천천히 이동하는 개척민들의 움직임이 <웨곤 마스터>의 소재이자 주제다. 조작된 것이 아닌 사물의 생생함 자체를 찍은 것이 주는 설득력,

오직 숏의 힘만으로 관객을 감동시키고자 하는 것이, 태생적으로 화가였던 감독 존 포드의 야망이자 저력이었다. <웨곤 마스터>는 포드가 스스로 회사를 설립해 만든 예외적인 영화였지만, 그가 메이저 회사로부터 기획 영화들을, 감동적인 드라마와 서부극의 활극적 쾌감을 의뢰받아 만들 때에도 그는 숏의 자연스런 힘이 분출하는 화면들로 이야기 곳곳에 자신의 서명을 새겼던 것이다.

1960년대에 뉴욕대학교 영화과에서 조교 겸 강사를 했던 마틴 스콜세지Martin Scorsese의 회고에 따르면, 그가 수업 시간에 존 포드의 영화 <수색자The Searchers>를 상영했을 때 거의 모든 학생이 야유를 보냈다. 포드는 서부극 외에도 다양한 장르의 영화를 찍었지만, 그의 서부극들이 꽤 유명했기 때문에 사람들은 아메리칸 드림을 찬양하는 미국적 신화의 전파자로 포드를 지목했으며, 인종 차별주의와 남성 우월주의와 같은 구세대의 악덕을 껴안고 미화한 감독으로 포드를 비난했다. 그러나 포드는 분명 구세대의 사고방식을 그 자신과 그의 영화에서 온전히 구현한 옛날 사람이었지만, 동시에 어떤 완전체로 인간을 그리는 방식을 체질적으로 거부함으로써 미국식 영웅주의의 협소한 통로를 비켜간 감독이었다. 미국의 대표적인 위인인 링컨 대통령의 젊은 시절을 담은 <젊은 링컨Young Mr. Lincoln> 같은 영화에서도 포드가 그린 링컨은 위엄을 갖춘 영웅적 표상의 이면에 소명 의식에 강박적으로 사로잡혀 불안과 초조를 감춘 인물이다. 그는 어떤 인간상을 그리더라도 우리가 정말 상상력을 발휘해야 할 대상은 공감할 수 있는 인간이 아니라 공감할 수 없는 인간이라는 역설을 체험하게 해 줬다.

<나의 계곡은 푸르렀다How Green was My Valley>에서 탄광촌의 구조조정에 맞서 파업을 실행하려고 하는 아들들과 달리 탄을 캐며 평생을 바친 완고한 아버지는 아들들과 대립한다. 어느 날 저녁 식사 자리에서 아들들은 아버지에게 반기를 들고 집을 떠나겠다는 선언을 한다. 어린

막내아들만이 식탁에 남아 있는데, 이 꼬마는 자꾸 포크 소리를 내면서 아버지의 주의를 끌려고 노력한다. 아버지가 마침내 말한다. "아들아, 거기 있는 거 안다." 막내는 환한 웃음을 지으며 식사에 몰두한다. 이 장면에서 아버지와 아들의 거리는 깊은 화면의 심도로 인해 멀리 떨어져 있지만, 세상의 변화에 낙담해 화석처럼 앉아 있는 보수적이고 꽉 막힌 아버지의 슬픔과 아직 세상을 모르는 어린 아이의 순정은 그들이 화면 속에서 갖는 존재감을 통해 굳게 결합한다. 이 장면은 이념의 차이나 전통과 관습의 포용 여부와 관계없이, 포드가 어떤 인물을 담아내던 간에 근본적으로 인간의 위엄을 그리는 감독이었음을 보여 준다. 그의 인물들은 불완전한 인격체일 수 있지만, 종국에는 자신과 다른 사람의 선의에 응답할 수 있는 자질의 소유자들이다. 그래서 그들은 그들의 일시적인 악행과 변덕을 드러내는 말이 아니라 그들이 말하지 않고 존재하는 순간을 그려 내는 포드의 연출 방식을 통해 정의된다. 히치콕과 마찬가지로 포드도 이런 면에서 보면 영화의 화면을 구성하는 여러 재료로 인물을 표현했다는 점에서 '순수 영화 주의자'였다.

히치콕이나 포드는 모두 곡예사처럼, 또는 도박사처럼 현장에서 정해진 규칙들에 도전해 자기만의 기율을 만들었다. 이런 솟의 힘이 주는 놀라움들은 어떤 도전의 법칙에 따른다. 그것들은 늘 어떤 저항, 또는 위로부터의 수직적인 압력에 직면했지만 부침과 좌절과 성취의 사이클을 겪으며 그들만의 스타일로 굳어졌다. 그들에 비하면 하워드 호크스Howard Hawks는 가장 체제 순응적인 감독이었다. 그는 거의 모든 장르에 걸쳐 그 장르의 원형이 되는 대표작들을 만들었고 회사가 원하는 수익을 충실히 만들어 주는 고용 감독이었다. 그는 그런 자신의 입장에 대해 다른 감독들보다 더 자의식이 없는 듯 굴었다. 그가 말년에 자신을 추앙하는 평론가 겸 감독 피터 보그다노비치Peter Bogdanovich를 만났을 때 했던 말로 유명한 것은 "영화에는 끝내주는 세 장면만 있으면 된다"는 것이었다. 에버트의 인용에 따르면 호크스는 "훌륭한 장면이 세 장면 들어 있고 잘못된 장면은 하나도 없는 영화"가 잘 만든 영화라고 생각했다. 이야기는 끝내주는 세 개의 장면을 보여주기 위한 맥거핀이며, 특히 관객은 처음과 끝이 좋으면 다 용서한다는 것이다.

그러나 호크스의 영화 세계의 '속알맹이'는 그렇게 단순한 영화의 꼴과는 거리가 멀다. 그의 영화는 더도 덜도 않은 표현의 간결함으로 돋보인다. 그의 영화는 프랑스 비평가 앙드레 바쟁André Bazin이 명명한 '아메리칸 숏' 앵글, 즉 카메라와 인물의 거리가 중간 지점을 유지하는 상태의 화면들을 쾌조의 속도로 전개시키는 것으로 유명했다. 두 등장인물이 앉아 있을 때 그들의 가슴 부근에서 화면을 잡고, 그들이 서 있을 때 무릎 근처 범위에서 화면을 잡아, 두 사람을 모두 카메라에 담되 멀지도 가깝지도 않은 거리를 유지하며 연기의 모든 세부 묘사를 추구해 완성하는 것이 하워드 호크스의 연출 방식이었다. 클로즈업과 미디엄 숏과 풀 숏을 아우르며 세 개의 화면으로 묘사할 것을 하나의 화면으로 묘사하는 이 간결성은 배우들에게 최상의 터전을 제공했고, 거칠 것 없는 이러한 화면들의 나열 속에서 배우들은 상대에게 속사포처럼 대사를 퍼붓는다. 화면 사이즈의 중용을 추구한다는 제한이 그의 영화에서는 은밀한 활기를 자아내어, 화면 안팎의 경계에서 균형을 잡은 인물들의 동작은 보는 이에게 늘 긴장 상태를 요구한다.

쿠엔틴 타란티노Quentin Tarantino는 <펄프 픽션Pulp Fiction>을 찍을 때 배우들에게 하워드 호크스의 영화에서와 같은 스타일로 발성해 줄 것을 요구했다. <펄프 픽션>의 시나리오 지문에는 "하워드 호크스의 영화 <그의 연인 프라이데이His Girl Friday> 스타일로"란 주문이 적혀 있었다. 특종에 목을 거는 신문기자들의 잔인한 일상과 로맨스를 담은 코미디 <그의 연인 프라이데이>에서 주인공 편집장 역을 맡은 케리 그랜트Cary Grant는 입에서 빠른 속도로 총알 튀어나오듯이 대사를 쳤다. 호크스는 촬영 현장에서 케리 그랜트에게 다른 배우와 대사를 주고받을 때 타이밍이 겹치도록 해 줄 것을 요구했다고 한다. <그의 연인 프라이데이>의 화면은 이 빠른 대사 타이밍 때문에 엄청난 속도감을 지닌 것처럼 보인다. 이 영화의 화면 리듬은 — 호크스의 대다수 영화가 그렇듯이 — 당시 할리우드 영화 평균 수준이었다. 그럼에도 빠른 느낌을 주는 것은 배우들이 쉴 새 없이 말하고 있기 때문이다. 호크스의 영화에서 인물들의 말들은 하나도 버려지는 것 없이 창과 비수로 상대를 공격하거나 그들 각자의 자존을 지키는 우아한 방패로 기능한다. 이 말들은 정확히 중용을 잡은 화면을 받침대 삼아 영화에 특유한 기운을 배가한다. 호크스의 이 방법을 마틴 스콜세지가 이어받았고 다시 타란티노가 물려받았다.

경제적으로 간결하게 구성된 화면과 그 안에서 터져 나올 듯이 구사되는 등장인물들의 대사가 갖는 힘은, 호크스의 영화가 대실 해밋, 레이먼드 챈들러, 코넬 울리치, 미키 스필레인, 제임스 M. 케인, 짐 톰슨 등이 진가를 보인 대중 소설 장르의 성취와 맞먹는 것을 성취했음을 가리킨다. 인물의 말들은 그들의 행동과 꼭 양립하는 것은 아니며, 그들의 본심을 가린 채 세상은 어차피 그렇고 그런 것이라는 절대적 허무를 가리기 위한 방패로 사용된다. 교과서에서 가르치는 도덕과 윤리를 벗어난 대도시 인간 군상의 영혼을 냉정한 문체로 해부한, 앞서 거론한 소설가들의 작품들처럼 호크스의 영화도 무질서, 불가해한 현실, 인간의 추한 얼굴에서 매혹을 끌어냈다. 남성 액션 모험 영화와 당당하고 독립적인 여성들이 주인공인 코미디 영화로 크게 양분되는 호크스의 영화는 어느 쪽으로든 세계의 무의미에 맞서는 호크스만의 서명을 갖는다. 호크스는 자기 영화의 좌표를 설정하면서 삶의 의미를 삶의 재미로 바꿔 놓는다. 여러 인터뷰에서 그는 자신의 영화가 그저 재미있는 영화일 뿐이라고 단언했는데, 그가 말하는 재미는 절대적 허무를 가리는 연막이다. 총잡이, 탐정, 사냥꾼, 파일럿 등 호크스의 액션 영화에 나오는 다양한 직업의 남성 주인공들은 죽음과 인접한 상태의 삶에서만 재미를 느낀다. 극한의 상태에 처하는 게 아니면 삶은 따분하고 견딜 수 없다는 듯이 말이다. 그들은 평범한 사람들이 넘으려 들지 않는 선을 넘어서는 형태의 삶을 살면서 사회와 벽을 치고 자기만의 기율로 살아가는 인물들이다. 그들은 자신의 전문가주의에 긍지를 느끼지만 어떤 칭찬도 바라지 않는다. 대신에 그들에게 유일한 삶의 구원을 주는 것은 죽음을 불사하는 위험과 그에 따르는 재미다.

호크스는 근본적인 의미에서 삶이 부조리하고 미쳐 있는 것으로 본다. 그의 영화 세계에서는 정상적인 것과 비정상적인 것이 뒤바뀌어 있다. 호크스의 남성 액션 영화에 나오는 주인공들에게는 충만한 삶을 위해 위험을 감수하는 것이 자연스럽지만, 평범한 세상 사람들의 눈으로 보면 그들은 비정상이다. 죽음을 무릅쓰는 것에서 나아가 죽으려고 달려드는 듯한 남성 캐릭터들은 본질적으로 퇴행적이다. 그들은 실제의 평범한 삶과 대면할 용기가 없기 때문이다. 그들은 남루하고 평범하고 무의미한 삶의 속성을 인정하지 않으며 의기양양하게 의미 있는 것을 찾는 척 위장하면서 수명을 재촉하는 것이다. 그런 인간들이 살아갈 곳은 이 세상 어디에도 없다. 그런 면에서 호크스 영화의 진면목을 드러내는 장르는 그의 코미디이며, 이 장르에서 호크스의 남성 액션 영화에서 찬미된 남성성의 본질은 사정없이 깎아내려지고 풍자된다. <신사는 금발을 좋아한다Gentlemen Prefer Blondes>에서 여주인공 제인 러셀Jane Russell이 노래를 부를 때 그 주변에 있는 늠름한 육체미의 소유자들인 올림픽 체조 선수들은 머리가 텅 빈 인형과 같은 골 빈 피조물들이다. 영화 속 한 장면에서 제인 러셀의 노랫말은 이렇다. "이 배에서 제일 성숙한 남자는 어린아이예요. 그 아이가 가장 재미있는 남자 같아요."

호크스의 영화에 관한 통찰력 있는 평을 쓴 영국 비평가 피터 울른에 따르면, 호크스의 남성 액션 모험 영화에선 남성이 자연, 여성, 동물 등을 지배하지만 코미디 영화에선 남성이 굴욕을 겪고 퇴행에 빠져 있다. 무의미에 침잠된 세상에서 호크스는 위험으로 가득 찬 모험적인 삶을 대안으로 내놓고 그것을 견딜 수 있는 남성적인 강인함을 이상으로 묘사하지만, 동시에 그러한 남성적 동경이 터무니없이 유아적이고 야만스러운 것임을 풍자한다. 그 분열을 가까스로 봉합하기 위해 동원되는 것은, 호크스가 일관되게 인간의 가치로 긍정한 전문가주의이다. 영화 연출 분야의 최고 전문가였던 그는 자신의 영화에서도 어떤 의미와 목적을 따지지 않고 자신의 직업 그 자체에 충실하며 기쁨을 얻는 인간들을 그렸다. <리오 브라보Rio Bravo>는 호크스의 그런 전문가주의의 완결판이다. 호크스는 배우 존 웨인John Wayne과 함께 <하이 눈Hign Noon>을 보다가 게리 쿠퍼Gary Cooper가 연기하는 주인공 보안관이 마을로 쳐들어오는 악당들에게 두려움을 느끼고 마을에 남아 사람들을 대신해 악당들을 대적할 것인가를 놓고 고민하는 대목에 분노했고, 그에 대한 대납으로 존 웨인과 의기투합해 <리오 브라보>를 만들었다. 이 영화에서 존 웨인이 연기하는 주인공은 맡은 임무를 수행하면서 결코 다른 사람에게 도움을 청하지 않는다. 에버트는 이렇게 쓴다.

> (존 웨인이 연기하는) 챈스 캐릭터가 보여 주는 강인한 모습의 대부분은 그가 만사에 의견을 내놓을 필요성을 느끼지 않으면서 움직임을 자제하며 힘을 비축하는 방식에서 비롯된다. 그가 딘 마틴이 연기하는 알코올 중독자 캐릭터 듀드와 맺는 미묘한 관계는, 훈계는 최소화하면서 듀드가 할 수 있는 일을 하는 것을 보려고 긴 시간을 기다리기만 하는 것으로 맺어진다. 듀드와 나이 든 스텀피(브레넌)가 큰소리로 언쟁을 벌일 때, 호크스는 챈스를 화면 가운데의 배경

에 세워두고는 끼어들지 않고 조용히 관찰만 하게 만든다. 챈스는 늘 말없는 권위의 출처이고, 남들이 그에게 깊은 인상을 심어 주려고 노력하게 만드는 관객이다.

—『위대한 영화 4』, 하워드 호크스의 <리오 브라보> 평론 중

자신을 충분히 보호하면서도 자신만의 능력으로 위험과 정면으로 부딪치며 주변에 망설임 없이 섞이면서도 주변을 다 흡수하는 자질을 갖춘, 즉 전문가다운 완숙한 능력을 호크스는 허망하기 그지없는 세상살이에서 그나마 의지할 수 있는 유일한 가치라고 봤다. 이는 레이먼드 챈들러의 범죄 소설에서 말로 탐정이 붙잡고 있는 삶의 원칙과 유사하다. 사랑도 명예도 부질없는 곳에서 인물들은 오로지 자신의 내적 망명 정부에 기거하며 외부에 맞서 지지 않는 자신의 근기를 단련하고 증명한다. 평론가 매니 파버는 호크스 영화의 뒤틀린 영웅주의가 지향한 것을 "사막의 캐러반"과 같은 것이라고 정의했다. 한군데 정착하지 않고 끝없이 위험한 곳을 찾아다니는 그의 액션 영화의 주인공들과, 현실의 부조리함에 맞서 극단의 희극적 광기를 보이는 그의 코미디 영화의 주인공들 모두 자신들이 겪는 현실적 위험에서 무의미한 인생의 재미를 찾는다. 호크스의 영화는 둔탁한 일상에 갇힌 삶의 무의미를 냉소하는 일종의 해독제 같은 것이었다.

움직이는 것의 활기

할리우드에 관한 유명한 정의인 '꿈의 공장'은 할리우드가 현실의 복합적인 면을 담는 데 배타적임을 가리킨다. 현실의 복잡성을 파고드는 것은 꿈을 담는 데 부적합하기 때문이다. 할리우드는 현실에 있는 긍정

적인 면을 부각하고 부정적인 면을 제거하며 환상과 신화를 창조한다. 그래서 할리우드의 유능한 감독들은 신화적 기능에 매몰된 영화 장르의 제약을 벗어나기 위해 특정 장르의 규약들을 삶의 비유로 만들었다. 히치콕에게 서스펜스 스릴러 장르는 도덕적 진공 상태에 빠진 현실을 담기에 유용한 그릇이며, 포드에게 서부극은 역사가 신화와 전설이 되는 실례이자 때로는 그것의 위험성을 보여줄 수 있는 서사 배경이었다. 정해진 이야기 규약과 장르의 기대 지평을 다루는 영화감독들이 보여주는 창의적인 여러 위반 형태는 『카이에 뒤 시네마』 젊은 비평가들에게 영감을 줬다.

그러나 『카이에 뒤 시네마』의 비평가로 출발해 나중에 감독이 된 누벨바그 영화인들은 할리우드의 아버지 같은 감독들을 모방할 수 없었고 그럴 필요도 없었다. 그들에게는 할리우드 거장들이 누렸던 대자본의 혜택과 촬영 스튜디오의 풍요로움과 스타 캐스팅의 안전판과 숙련된 기술자들의 보조가 없었다. 그들은 그래도 상관없다고 생각했다. 일천한 단편 영화 연출 경력과 영화 지식만을 믿고 장편 영화 연출에 뛰어든 프랑수아 트뤼포는 "영화 제작에 필요한 기술적 지식은 네 시간 안에 다 배울 수 있으며 누구나 영화감독이 될 수 있다"고 주장해 기성 영화인들의 비판을 샀다. 트뤼포를 비롯해 장뤽 고다르Jean-Luc Godard, 클로드 샤브롤Claude Chabrol 등 누벨바그 영화인들은 할리우드 거장들의 영화에서 얻은 배움의 가치는 더 본질적인데 있다고 믿었다. 그들은 영화가 카메라로 말하는 매체임을 주장했으며 비평으로, 창작으로 증명하고 싶어 했다. 그들에게는 대형 스튜디오가 없어도 카메라만 있으면 다른 것을 창조할 수 있다는 낙관적인 믿음이 있었다. 당대 프랑스 지성계를 풍미했던 실존주의 철학과 기승전결 이야기체를 해체한 누보로망 소설의 유행도 그들에게 용기를 주었다.

누벨바그 영화인들은 자신들의 젊은 눈에 비친 현실의 생생함과 복합성을 잘 다루면 할리우드의 빡빡하고 풍요로운 스튜디오 창작 관습을 대체할 수 있다고 생각했다. 그들은 시작과 끝, 상승과 폭발의 이야기 구조 대신에 무계획성과 즉흥성에 기초하는 자유방임적인 영화를 만들었으며, 동기도 논리도 불확실한 인물들의 무정부주의적 방황과 모험을 미국 영화와 비슷한 속도감에 실어 묘사했다. 부조리한 현실과 그 이상으로 부조리한 인간의 내면을 그린 알베르 카뮈의 소설 『이방인』은 누벨바그 영화의 원형이었다. 누벨바그 영화인들은 거리와 집안 실내에서 즉흥 연출을 시도하면서 생략과 파격의 스타일로 전통적인 이야기체 영화의 틀을 부쉈다. 프랑스 평론가 파스칼 보니체는 "누벨바그 영화인들은 거리로 나가 촬영기를 민첩하게 이용했다. 그들은 프랑스 영화의 낡은 미학과 이데올로기에 대항해 새로운 것을 창조하는 데 긍정적으로 기여했다. 누벨바그는 극영화를 르포르타주에 접근시켰으며 따라서 살아 있는 역사에 다가갔다"고 훗날 정리했다.

프랑수아 트뤼포의 장편 데뷔작 <400번의 구타Les Quatre Cents Coups>가 1958년 칸영화제에서 감독상을 받았을 때 장뤽 고다르는 "전투에서 우리가 이겼다. 하지만 전쟁은 아직 끝나지 않았다"고 의기양양하게 썼다. 고다르의 데뷔작 <네 멋대로 해라À Bout de Souffle>는 카뮈의 『이방인』의 주인공 뫼르소의 캐릭터를 미국 대중 소설 형식에 대입해 활달한 기상을 갖춘 부조리한 인물로 다시 형상화한 다음, 그 인물이 저지르는 소소한 활극을 샹젤리제 거리를 비롯한 파리 곳곳에서 자유분방하게 찍었다. 이 영화의 주인공 미셸은 절도를 밥 먹듯이 저지르고 심지어 살인을 해도 눈 하나 깜짝 하지 않는 부도덕한 청년이지만, 동시에 기존의 어떤 인습에도 구애받지 않는 자유인이다. 눈꺼풀이 보통 사람에 비해 두 배 이상 두꺼운 장폴 벨몽도Jean-Paul Belmondo는 정장 양복을 입고 파리를 활보하며 여자들과 데이트를 하고 미국 유학생퍼트리샤와 불장난 같은 사랑에 빠졌다가 스스로 허무하게 삶을 재촉하는 길을 따른다. 에버트는 이렇게 쓴다.

> (<네 멋대로 해라>는) 영화라는 매체를 영원히 바꿔 놓았다고 말해도 무난할 것이다. 이 영화를 본 젊은 감독들은 극장을 나서기도 전에 전통적인 스튜디오 영화를 찍겠다는 의지를 내팽개쳤다. (…) 스타일과 캐릭터, 톤 면에서 영화가 보여 준 대담한 독창성은 점잔 빼는 할리우드 영화들을 눈 깜짝할 사이에 진부한 영화들로 만들어 버렸다. 고다르는 1960년대에 가장 유명한 혁신가가 됐다. (…) 자신이 원하는 게 무엇인지를 알고 그걸 획득하는 방법을 어느 정도 알고 있던 그는 이 영화에서 빠르고 확신에 찬 움직임을 보이면서 그리피스가 <국가의 탄생>으로, 웰스가 <시민 케인>으로 그랬던 것처럼 영화사의 전환점을 찍었다.
>
> — 『위대한 영화 2』, 장뤽 고다르의 <네 멋대로 해라> 평론 중

고다르는 사진작가였던 라울 쿠타르Raoul Coutard와 함께 무엇이든 안 될 게 없다는 자세로 이 영화를 찍었다. 별다를 게 없는 장면, 이를테면 미셸이 바깥에서 건물 실내로 들어와 에스컬레이터를 타고 2층으로 이동하는 영화 속 장면에서 카메라를 들고 찍기로 하고 미셸의 곁에 함께 한다. 지금의 기술적 조건에선 새로울 게 없겠지만 이런 장면은 지금 봐도 여전히 해방감을 준다. 거기에 실제 '현실'이 있었기 때문이다. 주인공과 더불어 우리는 화면 속에서 실재하는 현실을 횡단하는 느낌을 받는다. 이렇게 거리에 나가 기록 영화 찍듯이 도시를 하릴없이 유랑하는 젊은 룸펜 백수의 삶을 관찰하면서 거기에 어떤 극적 연결고리가 없기에 지루하거나 연결이 어색하다고 느껴질 경우, 고다르는 가차 없이 필름을 잘라 대담하게 이어 붙인다.

흔히 '점프 컷'으로 알려진 이 편집 기법은 어떤 규칙이든 깨트릴 수 있다는 누벨바그 세대의 배짱에서 우연히 나온 것이지만 서사의 구조에도 큰 영향을 끼쳤다. 초창기에 고다르와 친분을 유지했으며 나중에는 누벨바그의 대모라 불렸던 여성 감독 아녜스 바르다Agnès Varda는 이를 가리켜 "잘못된 연결"이라 불렀다.

> 우리는 잘못된 연결을 두려워하지 않았다. 현실은 실제로 논리정연하게 연속적으로 이어져 있지 않았다. 우리는 그 깨달음을 문학에서 얻었다. 윌리엄 포크너의 『야생종려나무』는 미시시피에서 홍수가 났을 때 탈옥한 두 사람의 이야기와 문제를 갖고 있는 남녀 한 쌍의 이야기를 교차시킨 소설인데, 번갈아 챕터를 바꿔 가며 전개되지만 그 두 이야기는 끝내 합쳐지지 않는다. 윌리엄 포크너가 원했던 효과는 아마도 어떤 엉킴, 분리돼 있으면서도 어울려서 동시에 나오는 어떤 것이었다. 우리는 사회의 공적인 문제에 관심을 기울이는 동시에 결혼, 사랑, 섹스 등 일상적인 삶을 영위한다. 서로 상관있을 수도 상관없을 수도 있다.

고다르의 <네 멋대로 해라>는 거친 비약과 생략을 서슴지 않는 편집으로 의식의 무정부 상태에 있는 현대 젊은이들의 불연속적인 삶에 다가갔다. 약동하는 당대의 삶의 리듬을 인위적인 전통 문법에 가두지 않고 찍으려 했다. 고다르의 초기 영화들에서 플롯에서 불쑥 튀어나와 서명을 남기는 이런 유형의 장면 사례는 무수히 많다. <국외자들Bande à Part>에는 여주인공 오딜과 두 남자 프란츠와 아르튀르가 루브르미술관을 뛰어 밖으로 나오는 장면이 있다. 그들은 몇 초 만에 그곳을 빠져나오는가 내기를 걸고 실행에 옮긴다. 시간이 얼마나 걸리는가는 중요하지 않다. 경비원의 제지를 뚫고 근엄한 미술 작품들이 전시된 공간을 마음껏 달리는 세 젊은이들의 모습, 플롯 전개에 별 필요가 없는데도 굳이 배치되어 깊은 인상을 남기는 그 장면은 소심하게 플롯의 규칙을 근심하는 게 아니라 플롯의 굴레를 벗어던지고 마음껏 달릴 수 있었던 영화의 모험 정신을 드러내며, 그렇게 튀어나온 이미지들의 표상으로 서구 부르주아 사회에서 개인의 의지를 주장했던 당당함을 대변한다.

화면과 화면을 어떻게 연결해야 관객이 자연스럽게 영화라는 환영에 빠져드는지를 규정했던 규칙들을 일부러 거스름으로써, 고다르의 영화들은 특정한 하나의 숏이 전체 이야기 흐름에 포섭되면서도 고유한 빛을 발하는 순간들을 빚어낸다. <비브르 사 비Vivre Sa Vie>라는 영화에서 주인공 나나는 모델 일을 지망하지만 생계 때문에 거리에서 매춘을 하게 되는데, 우연히 카페에서 비슷한 처지에 빠진 친구 이베트를 만난다. 남편이 영화에 빠져 돈을 벌어 오지 않자 매춘으로 아이들을 먹여 살려야 하는 이베트의 이야기를 나나가 듣는 동안, 카페 주크박스에선 남녀의 사랑을 예찬하는 감상적인 노래가 흘러나온다. 그 노래를 신청한 카페의 어느 연인들은 서로를 바라보면서 달콤한 시간을 느끼고 있는데, 카메라는 문득 나나에게 나가가 그의 아름답고 부명한 눈을 응시한다. 나나는 아름답지만 카메라의 이 움직임은 나나의 아름다움을 비추기만 하지 않는다. 그렇게 아름다운 나나의 모습은 카페 안 옆자리의 사랑에 빠진 젊은 남녀의 모습과 대비된다. 나나와 이베트의 삶은 카페에서 흔해 빠진 사랑의 찬가를 듣고 있는 젊은 연인의 미래일 수도, 아닐 수도 있다. 나나는 그저 운이 나빴는지도 모른다. 대다수의 삶이 곧잘 그러하듯이 나나의 삶은 불행하기도 하고 가끔 행복하기도 하다. 중요한 것은 카메라가 나나를 보고 나나도 카메라를 본다는 것이다. 나나는 카메라를 보는 동시에 화면을 쳐다보는 우리를 본다. 그는 영화의 주인공이지만 그런 카메라 워크는 영화 스크린과 관객인 우리 사이에 쳐진 경계를 놀라운 기운으로 허문다. 우리는 어떤 반응을 해야 할 의무를 느낀다. 환영의 안전한 경계를 치고 우리를 위무하도록 부추기는 그런 카메라가 아니라 영화 속에 묘사된 삶에 대한 우리의 의견을 묻도록 움직이는 카메라는 우리에게 직접적으로 말을 걸기 위해 기존에 보지 못한 에너지를 뿜는다.

고다르의 <네 멋대로 해라>의 시나리오를 썼으며 고다르보다 훨씬 더 영화에 빠져 영화와 인생의 합일을 지독하게 갈구했던 프랑수아 트뤼포도 데뷔작 <400번의 구타>를 통해 젊은이가 본 젊은이의 인생에 관한 전무후무한 관점을 던진다. 교도소과 같은 학교, 학교와 같은 집을 오가며 어디에도 마음 붙일 데 없이 방황하는 열네 살 비행소년 앙투안의 삶을 다룬 이 영화는 초반에 학교 수업 시간의 광경을 묘사할 때부터 앙투안과 그 친구들의 기운을 대신 실어 나른다. 고리타분한 선생이 주입식 암기 교육을 강제하는 동안, 아이들은 자기들끼리 돌려보는 쪽지를 선생 모르게 다른 아이의 책상으로 전달하며 킥킥거린다. 카메라는 좁은 교실 곳곳을 우아하고 힘 있게 유영하듯이 이동한다. 그런 카메라 이동은 아이들의 마음을 대신한다. 이 영화에는 유독 아이들이 달리는 장면이 자주 나오는데, 카메라도 부드럽게 아이들의 행위를 따라간다. 가장 유명한 것은 마지막 장면이다. 소년원에서 공놀이를 하다가 우연히 담장 철조망이 뚫려 있는 것을 알게 된 앙투안은 망설임 없이 그 철조망 구멍으로 소년원을 빠져 나와 바다를 향해 무작정 달린다. 처음엔 신이 나서 달렸겠지만 조금씩 지쳐 가는 소년은, 그럼에도 달리기를 멈추지 않는다. 카메라는 그 소년의 짧은 탈출 여정을 최대한 함께하겠다는 듯이 따라간다. 이윽고 소년 앙투안이 바닷가에 도착해 모래사장을 빙 둘러 원을 그리며 달릴 때, 카메라는 스윽 줌으로 소년의 얼굴에 접근한다. 소년은 화면 너머 바닷가를 보고 있다. 소년의 눈동자는 빛나지만 그 초점은 모호하다. 그는 어디로 가야할지 모른다. 어머니의 자궁 속 같은 존재의 시원을 암시하는 바다 앞에서, 소년은 죽음의 공포 비슷한 것을 너무 일찍 느꼈을지도 모른다. 화면은 아무 것도 암시하지 않는다. 화면은 고정되어 멈춘 채로 끝난다. 기나긴 움직임과 짧은 종결, 이것은 삶의 일반적인 궤적을 어느 소년의 일탈과 비행 스토리에 응축한 카메라 워크인 동시에 트뤼포 영화 전체를 관통하는 활기와 슬픔을 요약하는 것이다.

트뤼포는 <400번의 구타>에 이어 <쥘 앤 짐Jules et Jim>이라는 실존주의풍 삼각관계 연애담을 찍었는데, 이 영화에서도 세 사람의 변화무쌍한 관계 변화에 따라 고무줄처럼 줄었다가 늘어나는 마술적인 카메라 워크를 보여 준다. 여주인공 카트린은 단 한순간이라도 시간을 감각할 수 없을 때 그런 관계는 타성에 젖은 것이라고 여기고는 못 견뎌하며 언제나 최선을 다해 충만한 상태를 유지하는 관계를 원한다. 가끔 그들은 사랑의 감정을 평화롭게 배분하며 평화롭게 공생하는데, 그럴 때 카메라는 경쾌한 수평 움직임으로 그 완만한 평화 상태의 공기를 애무한다. 그러나 그것은 쉽지 않다. 그래서 때에 따라 카트린은 짐을 사랑했다가 그 사랑의 마음이 식으면 쥘을 사랑하며, 한시도 서로 방심하지 않는 사랑의 전쟁터에 자신과 상대를 위치시킨다. 'Le Tourbillon(사랑의 소용돌이)'라는 노래를 카트린이 부르는 영화 속 유명한 장면에서 카트린은 만남과 이별을 은유하는 노랫말을 유혹하듯이, 어느 때는 조롱하듯이 부르며 쥘과 짐 두 남자에게 질책의 신호를 보낸다. 이 장면에서 카트린과 그가 일시적으로 연애하는 알베르라는 청년을 보여 주는 화면과 쥘과 짐을 분리해 담는 화면은 한때의 결합이 분리로 끝나는 육체적 고통을 품위 있게 암시한다.

여기에는 삶의 탄력을 웅변하는 움직임들이 있다. 인물들이 움직이고 카메라가 움직이는 건 그들 마음의 리듬, 물결과도 같은 리듬을 드러낸다. 그것들이 정지되고 고정될 때 죽음과 같은 상태가 온다. 그 상태라면 물리적으로 죽지 않아도 이미 죽은 것이나 진배없다. <쥘 앤

짐>에는 이런 격정적인 삶에 대한 메타포가 물리적인 화면의 움직임으로 수없이 구현된다. 영화 초반에 짐이 카트린을 데리러 그의 집에 들르는 장면이 있다. 카트린은 잠옷 차림으로 여행 가방을 꾸리고 있다가 어떤 종잇조각들을 항아리에 담는다. 짐이 뭐하느냐고 묻자 카트린은 "거짓말들을 태울 것"이라고 말한다. 누군가가 보내온 그 편지들은 한때 사랑의 표시였지만 이제 거짓말의 증거가 되었다. 성냥불로 편지를 태우는 카트린의 옷에 불이 옮겨 붙고, 짐이 서둘러 그 불꽃을 끈다. 카메라는 카트린의 좁은 집 내부에서도 자연스레 옮겨 다니며 카트린의 동작을 포착하고, 그런 카트린을 바라보는 짐의 시선을 따라 두 사람 사이에 흐르는 감정의 저류를 담는다. 옛 애인의 편지를 거리낌 없이 태우고 배신한 남자에게 퍼부을 황산이 담긴 병을 여행 가방에 담아 가려는 이 무서운 여자가 부산스럽게 여행 준비를 할 때, 짐은 틈틈이 그런 그녀를 가만히 보면서 두려움과 매혹을 동시에 느낀다. 카트린이 옷을 갈아입고 칸막이에서 나와 뒷목 단추를 채워 달라고 짐에게 부탁할 때, 카메라는 바로 옆에서 짐의 손놀림과 그의 시선에 비친 카트린의 목덜미, 그리고 짐의 도움에 고개를 돌려 감사를 표하는 카트린의 눈을 선명히 볼 수 있는 최적의 각도에서 미세한 움직임으로 그것들을 전부 보여 준다. 달콤한 사랑의 서막일 수도 있는 이 장면은 부드러운 매너로 포장되어 있으면서도 불쑥 도움의 손길을 요청하는 카트린의 행동처럼 무섭고 예측을 불허한다. 황산 병을 여행 가방에 담는 건 위험하다는 짐의 충고에 따라 카트린이 황산을 세면대에 버리자 황산 연기가 모락모락 세면대에서 피어난다. 불태워 재가 된 편지들처럼 황산 연기는 곧잘 사랑의 귀결이 될 재앙의 징조다. 그럼에도 카트린과 짐 모두 평안한 모습으로 여행을 떠난다. 사랑의 희열뿐 아니라 재앙과 파국도 인생에 곧잘 초래되는 필연적 과정임을 우리는 나중에 알게 된다. 이 장면에서 특별히 강조된 것은 없지만 카메라와 인물은 늘 움직이고, 그 움직임 속에서 사랑의 가변적·물리적 형체의 증거들을 무한으로 고정할 것 같은 비범한 순간들이 우리의 마음속에 문득 남게 된다.

화면과 화면의 연결이 시선과 행동의 일치를 자연스레 봉합하기 위한 규칙들 아래 움직이는 쩨쩨한 시도들이 당시 젊었던 트뤼포의 연출 감성에는 없었다. <쥘 앤 짐>의 후속작이었던 <피아니스트를 쏴라Tirez sur le Pianiste>의 초반 장면에는 불의의 사고로 아내를 잃고 어느 카페에서 피아노를 치며 살아가는 왕년의 유명 피아니스트 샤를리가 카페 여급 레나와 새로 사랑에 빠진 것을 묘사하는 단락이 있는데, "생일에 내가 카페의 모든 사람과 키스한 것은 당신과 키스하기 위해서였어요"라는 레나의 내레이션 위로 화면이 폐차장의 이미지에서 수평으로 천천히 이동한 다음 샤를리와 레나가 사랑을 나누는 침대로 천천히 디졸브 된다. 곧 이어 이들 남녀의 클로즈업이 나오고 화면은 계속 디졸브 되면서 침실 전경과 그들 얼굴의 클로즈업을 여러 차례 반복한다. 폐차장이 시각적으로 표상하는 사랑의 불모지와 같은 느낌은 이제 새 출발을 도모하는 샤를리의 삶과 사랑을 찬미하는 것으로 옮겨 간다. 주인공들의 얼굴 클로즈업과 그들 방의 롱 숏을 거듭 디졸브 하는 대담함은 순전히 영화적인 기교를 통해서만 가능한 최상의 움직임의 결을 제공하면서 샤를리가 느끼는 감정을 시각적으로 묘사한다.

움직임은 도처에 있었다. 프랑스 누벨바그 감독들이 스튜디오 바깥의 현실에서 건진 영화적 활기는 모든 것이 고정되어 보이는 현실의 풍경과 사물들에 예민한 감각을 부지런히 가동해 건져 올린 것이었다. 누벨바그 감독 가운데 상대적으로 가장 정적인 성향의 감독이며 주로 남녀 관계 사이에 펼쳐지는 심리적인 파노라마를 찍었던 에릭 로메르Éric Rohmer의 후기작 <녹색 광선Le Rayon Vert>에도 이런 사례가 있다. 한 달여의 바캉스 기간 동안 함께 보낼 연인이 없었던 이 영화의 여주인공 델핀은 이런저런 지리멸렬한 데이트를 시도하다가 실패한다. 영화의 말미에 그는 그다지 매력적이지는 않지만 어쩌면 친해질 수도 있는 남자를 만나 바닷가에서 데이트를 한다. 마침 바다 너머로 해가 넘어가는 광경을 마주하는데 녹색 광선의 띠가 수평선 너머로 아주 짧게 나타났다가 사라진다. 그것을 보던 델핀은 울음을 터뜨린다. 해가 지고 뜨는 자연의 법칙이나 오늘과 내일이 별로 다를 게 없는 일상의 굴레나 순환적이기는 마찬가지다. 그런데 우리의 일상과 닮아 있는 그 자연에는 가끔은 장엄하고 말로 표현할 수 없는 아름다운 순간이 생겨난다. 그 아름다움을 보고, 화면에 나타난 희미한 녹색 광선의 띠를 보고 델핀은 그 아름다움에 놀라는 동시에 그것에 비해 초라한 자기 삶의 모양을 자각했는지도 모른다. 또한 그렇게 아름다운 광경을 볼 수 있는 현재의 순간에 감사했을지도 모르며, 거기서 자기 삶의 미래에 대한 희망을 느꼈을지도 모른다. 그렇게 말로 표현할 수 없는 광경을 화면으로 보여 줄 때 영화적 활기가 마술처럼 배어난다. <녹색 광선>의 이 장면은 다른 감독들이 이미 떠난 누벨바그 영화의 고유한 영토에서 에릭 로메르가 나이가 들어서도 선보인 영화적 활력의 정체를 증명한다. 산다는 것은 감각하는 것이고, 방금 전과 다른 느낌을 갖는 것은 경이라는 걸 말이다.

영화적 활력의 정체

앞서 인용한 글에서 에버트는 어린이들을 위한 영화와 어른들을 위한 영화의 차이를, "인생은 이야기에 대한 것"이 아니라 "이야기가 인생에 대한 것"이라는 말로 정의했다. 대다수의 영화는 이야기에 인생을 맞춘다. 그렇지 않은 영화들은 인생에 이야기를 맞춘다. 인생에 이야기를 맞추는 영화들에서 리얼리티는 때로 그 자체로 다가온다. 모든 영화는 (심지어 다큐멘터리에서조차) 연출된 것이지만, 뛰어난 영화들은 — 유능한 사진가가 피사체가 몰랐거나 의식하지 못했던 것을 드러내는 것처럼 — 정해진 표현 규약 너머로 섬광처럼 포착된 생생한 알맹이들을 갖고 있다. 누벨바그 영화인들에게 지대한 영향을 미친 프랑스 영화 비평가 앙드레 바쟁은 1940년대의 이탈리아 네오리얼리즘 영화들을 선구적으로 발굴했는데, 특히 비토리아 데 시카Vittorio De Sica의 영화 <자전거 도둑Ladri di Biciclette>을 가리켜 "이야기 기교와 화면 구성, 배우의 연기, 연출이 소멸하는 경향"을 지향하고 있으며 다른 말로 바꾸면 "스타일 없는 스타일"의 영화라고 정의했다. <자전거 도둑>에서 배우는 연기하는 것이 아니라 다만 리얼리티 안에 존재하고 있다. 주인공을 연기한 실제 노동자 출신의 남자는 무심하고 모호한 표정으로 전쟁으로 폐허가 된 도시를 소요하고 속내를 알 수 없는 행위를 보인다.

<자전거 도둑>은 한 노동자의 일상에 발생하는 우발적인 사건에 대한 영화이며, 그것은 남들이 보면 별로 관심이 없을 하찮은 사건에 불과하다. 주인공 안토니오니는 극장 포스터를 붙이는 직업을 구해 자전거를 타고 출근 첫날에 자전거를 도둑맞는다. 그는 자전거를 찾기 위해 하루 종일 헛되이 로마 시내를 돌아다닌다. 자전거를 찾지 못하자 다른 사람의 자전거를 훔치려다 발각된 그는 아들 브루노 앞에서 대중에게 치욕을 당하고 생존의 희망이 재가 돼 버린 거리에서 쓸쓸히 집으로 돌아간다. 시간의 시련을 견뎌 낸 지금 이 영화가 여전히 살아남을 수 있는 것은 전형적인 이야기에 있는 것이 아니라, 영화 속의 인물들이 화면에 존재하는 형상이 주는 각별한 감흥 덕분이다. 비토리아 데 시카 감독은 영화 속 인물들에게 어떤 관계와 사건을 만들어 주는 것보다 그들의 표정과 몸짓, 걸음걸이와 얼굴 모양을 화면에 담는 것이 중요하다고 생각했다.

실업이라는 사회적 문제에 직면한 이 영화 속 개인들은 살기 위

해 서로 훔쳐야만 한다. <자전거 도둑>은 이 가난과 타락의 악순환을 아무런 논평 없이 사소한 사건으로 보여 준다. 이 영화에서 가장 유명한 장면은 갑자기 쏟아진 비 때문에 어느 건물 현관 밑에 몸을 피하는 안토니오니와 브루노 부자 옆에 신학생 무리가 뛰어 들어와 떠들썩하게 수다를 떠는 장면이다. 그것은 사전에 계획된 연출에 따른 것이 아니라 촬영 현장에서 우연히 벌어진 상황을 찍은 것이지만, 어떤 장면도 이 장면만큼 반교회적인 메시지를 전하지는 못할 것이다. 사건이나 등장인물 묘사가 어떤 주장을 하기 위해 의도한 것이 아님에도 자연스레 사회적 관계의 그물망을 보여 주면서, 영화는 주인공의 시련을 사적인 차원과 공적인 차원으로 동시에 접수한다. <자전거 도둑>의 마지막 장면에서 브루노는 아버지 안토니오니의 낙담한 손에 자기 손을 포갠다. 그것은 못난 아버지에 대한 용서나 위로의 표시가 아니라 아버지와 아들의 연대감을 표하는 행위이다. 영화 속의 브루노를 연기한 배우에게 데 시카 감독은 미리 연기 연습을 시키지 않고 단지 깡충깡충 걷는 종종걸음만을 원했다. 어른인 아버지가 성큼성큼 걷는 옆에서 단지 총총거리며 뛰는 이 소년의 모습에서, 우리는 그 부조화를 통해 이 영화가 자연스레 내포하고 있는 사회적 불평등의 대물림이라는 충격을 전해 받는다.

네오리얼리즘은 인과성이 약한 사건들, 표류하는 사건들의 덩어리로 떠도는 분산되고 생략되고 방황하고 동요하는 리얼리티를 어떻게 다룰 것이냐는 문제를 영화 역사에 던졌다. 리얼리티는 더 이상 재현되거나 재생되는 것이 아니라 "겨냥하는 것"이라고 바쟁은 말했다. 1940년대에 바쟁이 내린 <자전거 도둑>에 대한 결론, "<자전거 도둑>은 드라마의 수학적 요소에 의존하지 않는다. 행위는 하나의 본질로 선재하지 않고 이야기를 짜기 이전의 상태에서 흘러나온다. 그것은 현실의 총체다. (…) 배우도 없고 이야기도 없고 연출도 없다"는 표현은 다소 웅변조를 띠고 있지만, 그에 따르면 리얼리티의 힘은 예술가가 덧붙이거나 뺄 필요가 없는 그 자체로서의 실체다. 그건 리얼리즘과는 조금 다른 이야기다. 리얼리즘은 리얼리티를 예술가의 미학적 태도에 녹여 핍진성을 가진 이야기로 꾸미는 것이지만, 네오리얼리즘이 혁명적이었던 것은 영화 역사에서 처음으로 리얼리티가 스토리에 종속되지 않는, 가감할 수 없는 실제임을 인정하는 태도를 취했기 때문이다. 에버트는 이에 관해 <자전거 도둑> 평론에서 미국의 평론가 폴린 케일이 내린 네오리얼리즘에 관한 멋진 정의를 인용한다. “이 영화는 있는 그대로의 거친 모서리들을 부드럽게 갈고 닦거나 대부분의 영화가 상실하는 것들을 — 인간사에서 벌어지는 혼란과 우연에 대한 감각을 — 잃는 일 없이 인간적 경험의 혼란에서 떠오른 것처럼 보이는 드문 예술작품 중 하나다.”

“인간적 경험의 혼란에서 떠오른 것처럼 보이는” 희귀한 예술 작품들은 네오리얼리즘이 사조로서 짧게 종결된 후에도 계속 만들어졌다. 그것이 현대 영화 예술의 조건을 구성한다. 인간의 경험이 혼돈이라는 것은 — 영화에 제대로 표현되어 있기만 한다면 — 나를 비롯한 관객들에게 근본적인 질문을 던짐으로써 놀라움을 준다. 영화는 어떤 매체보다 세상에 대한 즉각적인 상을 제시하는데, 이것을 형이상학적으로, 정치적으로, 이념적으로 괄호를 치거나 환원해서 묘사하지 않을 때 나는 질문을 받았는데 답을 할 수 없는 난처한 처지에 빠져 동요한다. 에버트는 미켈란젤로 안토니오니Michelangelo Antonioni의 <정사L'Avventura>에 관한 평에서 당시의 (그리고 오늘날에도) 관객들이 느낀 거부감을 상세히 분석한다. 이 영화는 여행 중 갑자기 애인이 사라지자 남자 주인공이 애인의 여자 친구와 함께 애인의 행방을 좇는 내용을 다루는데, 끝내 애인의 행방은 알아내지 못하는 상태로 끝난다. 그 과정에서도 남녀 사이에는 아무 일도 일어나지 않는다. “<정사>의 플롯은 유명하다. 영화에서는 아무 일도 벌어지지 않는다는 이야기를 듣기 때문이다. 우리가 본 것은 결론 없는 수색이고, 해답 없는 실종이다.” 이 영화에서 사건이 일어나지 않는 것은 사건을 일으킬 만한 동기도, 의욕도 없는 사람들이 주인공이기 때문이다. 그들은 먹고 사는 문제에서 자유로울 수 있는 상류층 사람들로서 경제적 동기가 사라졌을 때 인간이 취할 수 있는 삶의 형태를 보여 준다. 잘 먹고 잘살기 위해 대다수의 인간은 살아가지만, 그 목표가 성취된 이후의 삶에 대해서는 상상하지 않는다. 에버트는 이렇게 쓴다. “우리는 어째서 <정사> 같은 영화를 더는 가질 수 없는 걸까? 우리가 더 이상은 동일한 종류의 질문을 묻지 않기 때문이다. 우리는 ‘삶의 목적’을 ‘라이프 스타일의 선택’으로 대체했다. 나는 페기 리의 ‘Is That All There Is?(거기 있는 그게 전부인가요?)’가 세상에서 가장 슬픈 노래라고 생각하곤 했었다. 안토니오니는 그보다 더 슬픈 노래를 떠올릴 수 있었다. ‘More(더 있어요)’.”

<자전거 도둑>이 나온 지 불과 십수 년이 지난 시점에서 미켈란젤로 안토니오니 감독은 <자전거 도둑>과 정반대 방향에서 인간의 경험이 당면한 혼돈을 표현했다. 생존 욕구로 넘치던 인물들의 내적 동기는 재처럼 부식되어 희미해지고 그 대신 권태가 똬리를 틀었다. 그 인간들이 유령처럼 세계를 유랑하는 동안, 안토니오니는 그들을 찍는 것은 그냥 핑계일 뿐이라는 듯이 그들이 처한 세상의 사물들을 세세히 보여 준다. <정사>는 인물들이 화면에 들어오고 나갈 때 인물들이 화면에서 나갔는데도 컷 하지 않는 편집으로 명성과 오명을 동시에 얻었다. 관객들은 이 영화의 느린 화면 속도에 답답해했고, 칸영화제에서 처음 상영됐을 때에는 객석에서 감독을 대신해 일제히 ‘컷’이라고 외치는 아우성이 터져 나왔다. 인물을 중심에 놓고 공간을 서술하며 인물이 화면에서 사라질 때 공간도 다른 공간으로 넘어가야 한다는 관습을, 안토니오니는 거부했다. 그 관습에 대한 거부를 받아

들인다면 <정사>를 비롯한 안토니오니의 모든 영화는 화면에 담긴 세계의 사물들이 지휘자의 지휘에 따라 일제히 깨어나는 무언의 시각적 하모니를 발산한다. 공간은 공감각적으로 메아리치고, 사물은 관능적으로 다가온다.

안토니오니의 후기작 중 한 편인 <여행자The Passenger>는 안토니오니가 추구했던 세계의 무의미와 혼돈, 그리고 그것을 수용하고 껴안는 수단으로서의 카메라에 관한 무척 우아한 예시가 나온다. 이 영화에서 잭 니컬슨Jack Nicholson이 연기하는 방송 기자 데이비드 로크는 아프리카의 어느 지역의 부패한 정치 현실을 취재하러 왔다가 옆방 투숙객이 사망했다는 사실을 알게 된다. 그는 자신과 외모가 비슷한 이 남자의 여권을 위조해 다른 사람으로 살기 시작한다. 기자라는 자신의 직업에 절망한 로크는 단순해 보이는 비서구권 북아프리카에서 다르게 살고 싶었는데, 그가 정체를 바꿨던 사람은 다름 아닌 서구 첩보원이었고 암살을 당한 것이었다. <여행자>에서 카메라는 주인공이 존재하는 공간의 이면이 궁금해서 못 견디겠다는 듯 움직인다. 잭 니컬슨이 거리를 걸어 내려가는 영화 속 한 장면에서 그가 화면 중앙에서 움직이기 시작해 화면 모퉁이로 빠져나갈 때, 카메라는 인물보다는 인물이 사라진 공간 너머, 화면 뒤를 따라가서 들춰내고 싶어 하는 듯이 우물쭈물한다. 카메라가 이 영화의 극적인 세계에서 아예 빠져나와 분리된 존재감을 갖고 이 영화가 찍힌 실재 공간을 탐색하고 싶어 한다는 기색인 것이다. 충격적인 결말을 담은 마지막 장면에서도 카메라는 아직 더 보고 싶다는 것이 많다는 듯, 견고한 세상의 이면을 더 들여다보고 싶다는 듯 움직인다. 아프리카의 첩보원들에게 암살된 로크의 신원을 확인하기 위해 그의 아내가 경찰과 함께 시골 어느 호텔 방에 도착하는데, 놀랍게도 그녀는 그를 모르는 사람이라고 말한다. 그들이 방을 나가자 호텔 방에 있던 카메라는 창문을 통해 호텔 밖으로 천천히 빠져 나오고, 호텔 앞 공터를 회전하면서 한 마리의 느린 뱀의 시점처럼 그곳의 나른한 풍경을 보여 준다. 이것은 죽은 로크의 상상적인 시선이고 카메라가 죽은 로크의 육신을 대신해 방 바깥으로 빠져 나와 그가 처한 죽음의 상황을 조망하는 것처럼 보인다. 하지만 동시에 그런 주체적 느낌은 공간을 배회하는 카메라의 움직임 속에서 산산이 깨진다. 이 장면만큼 나라는 주체와 세계의 공허를 동시에 포용하는 사례는 흔치 않을 것으로 생각한다.

나는 세상에서 의미를 찾지만 세상이 의미 있는 것인지 없는 것인지는 알 수 없다. 우리에게 현실은 주어져 있지만 그 현실을 단호하게 정의하는 사람들도, 그 현실을 혼란스러워 하는 사람들도, 자신들의 반응을 절대화할 수는 없다. 위대한 영화는 세계의 거대한 공허 속에서 카메라라는 수단을 통해 의미를 탐색하거나 부여하거나 재미를 추구하거나 환상을 제공하는 수많은 해법 가운데 유일하게 영화가 증명할 수 있는 것을 알려 준다. 부재하거나 혼란스러운 세상의 의미 앞에서 우리는 영화를 통해 깨어 있을 수 있는 것이다. 카메라가 중재하는 화면의 진정한 활기 속에서 우리는 우리가 살아가야 할 세상을 신화의 형태로 제시받는 것이 아니라 살아 있는 것의 감각을 체험하도록 하는 장으로 받아들인다. 그것이 내가 이 글에서 지속적으로 언급하는 영화적 활력의 정체다. 그리고 그것이 위대한 영화의 필요조건일 것이다.

역자 후기

나는 에버트와 인연이 굉장히 깊다고 생각한다. 내가 번역을 직업적으로 시작했을 때 의뢰받은 첫 글이 에버트의 영화 리뷰였고, 처음으로 의뢰를 받은 단행본 번역이 최보은 선배와 작업한 『위대한 영화 1』이었다. 『에스콰이어』 한국판에서 마감을 앞두고 급히 번역해 줬으면 하는 기사가 있다는 연락과 함께 메일로 받은 파일을 열어보니 에버트를 인터뷰한 기사였다. 그러고 얼마 지나지 않아서는 에버트의 자서전 『로저 에버트: 어둠 속에서 빛을 보다』를 번역하게 됐다. 이처럼 20년 가까이 여러 인연을 맺었으니 에버트와 나는 거리에서 잠깐 스쳐가는 수준은 훌쩍 뛰어넘는 수준의 인연이라고 말해도 무방할 듯하다.

에버트의 자서전을 한창 번역하던 중이었다. 한국에서 몇 손가락 안에 드는 실력을 가진 명리학자 분을 몇 번 만나 가르침을 듣는 기회가 생겼다. 나 자신의 명命에 대해 궁금한 걸 묻고 그에 대한 고견을 들었는데, 자리가 파할 무렵에 에버트 생각이 났다. 에버트의 사주를 보고 무슨 말씀을 하실지, 나와 에버트의 합슴은 어떻다고 하실지 궁금했다. 그래서 에버트의 이름도 어떤 사람인지도 말씀드리지 않고는 검색으로 찾아낸 에버트의 생일을 보여드리며 "이 사람의 사주는 어떻게 보시느냐?"고 여쭸다. 그런데 그분이 에버트의 사주를 보시고 하신 말씀은 무척이나 생뚱맞았다. "이 사람은 범죄 영화에 자주 나오는 장면처럼 백열등 하나만 켜진 어두운 방에서 범인을 날카롭게 심문하는 형사 같은 사람"이라는 거였다. 전혀 예상치 못한 말씀으로, 무슨 뜻인지 가늠이 되지 않았다.

오랫동안 세계에서 가장 유명한 영화평론가라는 소리를 들어온 사람의 사주를 물었는데 '범인을 심문하는 형사' 같은 사람이라니. 내가 찾은 생일이 잘못된 게 아닌지 의아해하던 중에 에버트의 생일도, 그분의 사주풀이도 잘못된 게 아니라는 걸 퍼뜩 깨달았다. "백열등 하나만 켜진 어두운 방"은 다름 아닌 극장이었고, '심문당하는 범인'은 상영되는 영화였다. 에버트는 영화와 관련된 내용을 꼬치꼬치 캐물으며 그 안에 담긴 얘기를 속속들이 캐내려는 형사 같은 사주를 타고난 사람이었던 것이다. 에버트의 자서전에 부제를 붙이고 싶은데 알맞다고 생각되는 제목이 있느냐는 출판사의 물음에 "어둠 속에서 빛을 보다"라는 부제를 제안한 건 암 투병 과정에서 턱뼈를 제거해야 하는 바람에 얼굴이 심하게 변했는데도 그에 굴하지 않고 칠흑 같은 어둠 속에서도 한줄기 빛을 찾아내려는 사람처럼 열심히 대외적인 활동을 하던 에버트의 삶의 태도를 반영한 제목이라서 그런 것이기도 했지만, 어두운 극장에서 빛으로 영사되는 영화를 냉철한 눈으로 분석하는 영화 평론가라는 에버트의 직업을 반영한 제목이라 생각해서 그런 것이기도 했다.

그런데 에버트의 역할은 단순히 어둠 속에서 빛을 보는 데에만 머무르지 않았다. 그는 어둠 속에서 빛을 보고는 아직 그 빛을 보지 못한, 또는 빛을 봤지만 그 빛의 진가를 제대로 알아보지 못하는 대중에게 그 빛이 안겨 주는 감흥을 편견 없는 마음으로 쉽게 전달하려고 애쓰는 해설자이기도 했다. 나는 빛의 진가를 제대로 파악하는 눈을 가진 것도 에버트의 장점이지만, 에버트의 진정한 미덕은 '쉽게 전달하려고 애쓰는' 부분에 있다고 생각한다.

여기서 잠깐 에버트의 변해 버린 외모에 대한 이야기를 해야 할 것 같다(인터넷을 검색해보면 내가 말하는 에버트의 얼굴을 쉽게 볼 수 있다). 에버트 이야기를 하면서 외모 이야기를 꺼내는 건 내가 사람의 외모에 대한 편견을 갖고 있기 때문도 아니고 에버트의 얼굴을 구경거리로 삼겠다는 의도에서 그러는 것도 아니다. 에버트의 변해 버린 얼굴을 본 사람이라면 알겠지만, 솔직히 그 얼굴은 어지간한 사람이라면 하루아침에 달라져 버린 자기 모습을 남들에게 보여 줄 엄두를 내지 못해 세상과 담을 쌓으려고 들 것만 같은 얼굴이다. 그런데 에버트는 변해 버린 얼굴을 세상에 드러내는 것을 조금도 마다하지 않았다. 에버트는 『에스콰이어』와 인터뷰를 하면서 잡지에 실을 초상 사진을 위해 카메라 앞에서 스스럼없이 웃음을 지어 보일 정도로 용감한 사람이었다(나는 그 사진을 자서전의 표지로 삼자고 제안했고, 출판사는 내 제안을 받아 줬다). 순전히 내 주관적인 의견이지만, 나는 자신의 달라진 외모를 대수롭지 않게 받아들이는 그의 태도는 온전히 영화를, 궁극적으로는 인생을 바라보는 그의 철학에서 비롯한 것일 거라고 짐작한다.

나는 에버트가 삶에서 중요하게 여긴 것은 세계와 영화의 겉모습이 아니었다고, 우리 눈에 훤히 보이는 게 아니었다고 생각한다. 범행 현장을 꼼꼼히 살피고 피의자의 진술에 바짝 귀를 기울이는 형사에게 중요한 것은 현장의 모습과 피의자의 진술 자체가 아니라 결국에는 어떤 사건이 왜 일어났고 어떤 방식으로 일어났느냐를 파악하는 것이듯, 에버트가 영화를 보며 중시한 건 관객의 말초 신경을 한껏 자극하겠다는 목표에만 주력하며 연출된 화려한 영상과 압도적인 음향이 아니라 영화를 만든 이들이 관객에게 전달하고자 하는 바가 무엇이며 그것이 얼마나 효과적이고 진솔하게 전달되느냐 하는 것이었을 것이다. 『위대한 영화』 시리즈에 간간이 등장하는, 이렇다 할 알맹이는 하나도 없이 현란한 영상만 생각할 틈도 주지 않고 늘어놓는 것으로 관객들을 현혹시키려 드는 영화에 대한 에버트의 혹평은 바로 그런 그의 영화 철학에 바탕을 뒀을 것이다. 『위대한 영화』에 실린 글을 읽어 본 독자라면 내가 하는 말에 동의할 거라 생각한다.

그런데 반드시 강조하고픈 말이 있다. 『위대한 영화』 시리즈는 단 한 글자도 틀린 구석이 없는, 누구나 추앙해야하는 신성한 경전이 아니라는 것이다. 이 시리즈를 경전처럼 추앙하는 이가 있다면 에버트는 고개를 설레설레 저을 것이라고 생각한다. 에버트는 이 시리즈에 영화 평론가라면, 그리고 영화를 사랑하는 이라면 누구나 명작이라고 동의할 영화들에 대한 '에세이'(리뷰가 아니라는 점을 주목하라)를 수록했지만, 만장일치의 동의를 이끌어내지는 못하는 영화일지라도 그때그때 일어난 시사적인 이슈와 관련 있는 수작을 수록한 경우도 많다. 가끔은 '왜 이런 영화를?'이라는 의문이 생기는 영화를 수록해 놓기도 했다. 그래서 나도 에버트가 선정한 영화들의 명단에 100퍼센트 동의하지는 않는다. 각각의 영화들에 대한 에버트의 평가와 의견에 100퍼센트 공감하는 것도 아니다. 에버트도 자신의 글을 읽는 사람이 하나같이 그렇게 해 주기를 바라지는 않았을 것이다.

에버트가 『위대한 영화』 시리즈를 집필하면서 세운 목표는 자신보다 늦게 영화와 사랑에 빠진 사람들을 위해 정성껏 길을 안내하는 길잡이 역할을 하겠다는 거였을 것이라고 생각한다. 때로는 길 안내가 틀렸을 수도 있고 제대로 된 길이 어느 쪽이냐에 대해 안내를 받는 이와 의견이 엇갈릴 수 있지만, 그래도 초행길에 나선 길손들에게 전체적인 여로에 대한 정보를 제공하고 여정에 대한 감感을 제공하는 길잡이 역할 말이다. 그렇기에 에버트가 시사적인 이슈와 관련된 영화들을 실은 건 실생활에서 일어난 사건에 관심을 기울이는 사람들에게 그와 관련이 있는 영화를, 그것도 좋은 영화를 감상하면서 실제 사건을 더 깊이 있게 이해하는 한편으로 영화에 대한 애정도 더 깊어지게 만드는 계기를 제공하겠다는 의도에서였을 것이다.

앞서도 에버트의 장점이라고 언급했지만, 에버트는 무척 쉬운 글을 쓰는 것으로 그 의도를 효과적으로 실행에 옮기려 애쓴다. 영화 평론을 전공하는 전문가들이나 이해할 법한 전문적인 용어는 최대한 피하면서 이해하기 쉬운 비유와 평범한 용어들을 사용하려 노력한다. 이것은 다양한 배경을 가진 불특정 다수의 독자를 상대로 읽고 이해하기 쉬운 글을 써야 하는 신문기자였다는 에버트의 출신 배경이 반영된 특징일 것이다.

그렇게 쉽게 읽히는 글을 쓰면서도 두고두고 곱씹어 볼만한 촌철살인의 문장들도 자유자재로 구사한다는 엄청난 장점에 매력을 느껴 에버트를 좋아하다가 『위대한 영화 1』을 번역하는 기회까지 잡은 2003년에, 나는 직업적인 번역의 길에 처음 들어선 초짜였었다. 그러고서 16년이 지난 지금, 세상은 변했다. 『위대한 영화 1』이 나올 때만 해도 회원들에게 회비를 받고 DVD를 대여하는 업체에 불과했던 '넷플릭스'가 지금은 영화를 비롯한 각종 영상 콘텐츠를 세계 전역에 VOD로 유통하고 때로는 직접 콘텐츠를 제작하기까지 하는 업체로 변모한 것에서 볼 수 있듯, 미국에서 『위대한 영화 1』과 『위대한 영화 4』가 출판된 시기 사이에 세상은 어마어마하게 변했다.

영화라는 (예술 및 오락) 매체가 제작되고 유통되고 소비되는 방식도, 영화를 대하고 즐기는 사람들의 태도도 변화의 예외는 아니었다. 이 시리즈에 실린 영화 중에는 내가 비디오로 처음 봤던 영화들이 많다. 보고 싶은 마음은 굴뚝같지만 극장에서 볼 길이 전혀 없는 영화들을 보는 방법은 비디오를 구해서 보는 것밖에는 없던, 그나마도 구하기 쉽지 않던 비디오를 빌리려고 버스로 왕복 1시간 거리의 대여점을 찾아가 한꺼번에 몇 편을 빌려서는 보고 반납하러 다시 대여점을 찾던 시절이 있었다(마우스 몇 번 클릭하면 보고픈 영화를 VOD로 감상할 수 있는 요즘, 이 글을 읽는 독자 중에는 비디오가 무엇이고 비디오 대여점이 어떤 곳인지를 모르는 이도 있을 것이다). 내가, 그리고 에버트를 비롯한 앞선 시대의 사람들이 영화를 보려고 그 정도 정성을 쏟았었다는 자랑을 하려는 게 아니다. 정성을 쏟아 가며 감상한 영화에 대해 품는 애정과 편하고 쉽게 구한 디지털 파일을 재생하고는 주변에서 일어나는 잡다한 일에 정신이 팔려가며 대충대충 보고 넘기는 영화에 품게 되는 애정은, 그리고 거기서 받는 감동과 느끼는 재미는 분명 차이가 있다는 이야기를 하려는 것이다. 영화를 팝콘처럼 쉽고 가볍게 소비하는 세상이 됐다고 비난을 하고 싶지는 않다. 그건 시대의 흐름을 거스르려는 어리석은 짓이니까. 하지만 영화를 보고 즐기는 세상의 태도가 이렇게 바뀐 것이 무척이나 안타까운 마음이 드는 건 사실이다. 에버트도 영화를 즐기는 사람들의 태도가 변한 것을 심히 애석해했을 것이다. 그래도 『위대한 영화』 시리즈를 읽는 분들은 영화에 대한 애정이 남다른 분일 거라고, 그래서 에버트가 안타까워할 일은 없을 거라고 믿는다.

시간이 흐르면서 변한 건 세상과 영화, 관객의 태도만이 아니다. 나도 변했다. 에버트는 <달콤한 인생La Dolce Vita>에 대한 에세이에서 그 영화는 예나 지금이나 변한 게 없지만 그 영화를 바라보는 자신의 시각은 나이를 먹어 감에 따라 달라졌다고 썼다. 세월이 흐르는 동안 영화를 바라보는 에버트의 시각이 변했던 것처럼, 에버트의 글을 처음 번역한 이후로 많은 시간이 지나는 동안 (바라건대) 지식도 쌓고 조금이나마 트인 눈으로 세상을 보게 된 내 생각도 많이 변했다.

네 권을 한꺼번에 번역하는 만만치 않은 작업에 착수하기로 마음먹은 건 그런 변화를 바탕으로 『위대한 영화』 시리즈를 작업하면 조금이나마 나아진 솜씨로 에버트의 세계를 조금이라도 더 정확하고 풍부하게 독자들에게 전할 수 있지 않을까하는 막연한 기대 때문이었다. 1권을 작업할 때에는 산전수전 다 겪은 최보은 선배라는 기댈 언덕이 있었지만, 이제는 온전히 모든 걸 혼자 떠맡아야했기에 두려움도 없지는 않았다. 하지만 에버트의 글을 좋아하는 팬으로서, 에버트와 인연이 깊다고 생각하는 사람으로서 최선을 다해보자는 마음가짐으로 앞서 작업했던 『위대한 영화』 1권과 2권을 다시 번역하고 3권과 4권을 새로 번역했다. 정성을 다하고 온힘을 쏟았지만 결과물로 나온 번역이라는 게 사람의 마음대로 되는 것은 아니라서 부족한 부분도 있고 오류도 있을 거라고 생각한다. 아무쪼록 내 부족한 실력이 에버트의 글에 누가 되지 않기를 바랄 뿐이다.

번역에 도움을 주신 분들이 많다. 누구보다도 오홍석 선배에게 많은 신세를 졌다. 선배가 이 시리즈에 실렸지만 구하기 쉽지 않았던 영화들을 구해주지 않았다면 번역 작업은 무척이나 험난했을 것이다. 번역 작업을 도와주면서 이런저런 격려를 해준 오홍석 선배에게 감사드린다. 번역하는 내내 물심양면으로 도와주신 한상진 선배에게도 감사드린다. 전인한 교수님은 바쁘신 중에도 알렉산더 포프의 시와 셰익스피어의 글을 번역해 주셨다. 감사드린다. 그 외에도 고마운 분들이 많다. 여기에 일일이 이름을 적고 인사드리지 못해 죄송할 따름이다. 그래도 그분들에 대한 고마움만큼은 결코 잊지 않을 것이다.

네 권짜리 시리즈를 한꺼번에 출판한다는 쉽지 않은 결정을 하고 작업을 맡겨 준 을유문화사 임직원 분들께도 감사드린다. 그분들의 노고가 있었기에 모자란 번역이 좋은 책으로 탈바꿈됐다고 생각한다.

마지막으로, 이 글은 에버트에게 너무 뒤늦게 보내는 팬레터이기도 하다. 생전에 에버트가 쓴 다른 책의 번역 의뢰가 들어왔을 때 계약금을 여비 삼고 저자를 직접 만나 번역의 질을 높이겠다는 구실을 내세워서는 시카고로 날아가 에버트를 만나겠다는 생각을 한 적이 있었다. 그런데 출판이 불발되면서 그 만남은 어디까지나 내 희망사항으로만 남게 됐다. 에버트와 나의 인연의 깊이는 딱 거기까지였던 것 같다. 그러나 생전의 그를 만났건 그러지 못했건, 나는 그의 글을 좋아하고 그의 인생과 삶의 태도를 존경하는 팬이다. 언제일지는 모르지만 훗날에 나도 가게 될 곳이라는 것만큼은 분명한 다음 세상에서 그를 만나면 당신의 글을 20년 가까이 번역하는 인연을 갖게 된 걸 크나큰 기쁨으로 여겼고 당신의 글을 굉장히 즐겁게 읽었다는 얘기를, 생전에 직접 만나 전했어야 옳았지만 안타깝게도 그러지 못했던 애정이 담긴 이야기를 해 주고 싶다.

2019년 10월

윤철희

찾아보기

ㅈ

부록

『위대한 영화』 시리즈(1~4권) 수록 비평 에세이 리스트

1권

한국어 제목	원제	감독	제작연도	국가
내슈빌	Nashville	로버트 올트먼	1975	미국
네트워크	Network	시드니 루멧	1976	미국
노스페라투	Nosferatu	F. W. 무르나우	1922	독일
닥터 스트레인지러브	Dr. Strangelove	스탠리 큐브릭	1964	영국, 미국
달콤한 인생	La Dolce Vita	페데리코 펠리니	1960	이탈리아, 프랑스
대부	The Godfather	프랜시스 포드 코폴라	1972	미국
덕 수프	Duck Soup	리오 매캐리	1933	미국
드라큘라	Dracula	토드 브라우닝	1931	미국
똑바로 살아라	Do the Right Thing	스파이크 리	1989	미국
뜨거운 것이 좋아	Some Like It Hot	빌리 와일더	1959	미국
라탈랑트	L'Atalante	장 비고	1934	프랑스
레이디 이브	The Lady Eve	프레스턴 스터지스	1941	미국
말타의 매	The Maltese Falcon	존 휴스턴	1941	미국
매케이브와 밀러 부인	McCabe & Mrs. Miller	로버트 올트먼	1971	미국
맨해튼	Manhattan	우디 앨런	1979	미국
멋진 인생	It's a Wonderful Life	프랭크 캐프라	1946	미국
메트로폴리스	Metropolis	프리츠 랑	1927	독일
모래의 여자	砂の女	데시가하라 히로시	1964	일본
미녀와 야수	La Belle et la Bête	장 콕토	1946	프랑스
바람과 함께 사라지다	Gone with the Wind	빅터 플레밍	1939	미국
바람에 쓴 편지	Written on the Wind	더글러스 서크	1956	미국
베를린 천사의 시	Der Himmel über Berlin	빔 벤더스	1987	서독·프랑스
보디 히트	Body Heat	로런스 캐스던	1981	미국
부초	浮草	오즈 야스지로	1959	일본
분노의 주먹	Raging Bull	마틴 스콜세지	1980	미국
불안은 영혼을 잠식한다	Angst Essen Seele Auf	라이너 베르너 파스빈더	1974	서독
붉은 강	Red River	하워드 호크스	1948	미국
비브르 사 비	Vivre Sa Vie	장뤽 고다르	1962	프랑스
빅 슬립	The Big Sleep	하워드 호크스	1946	미국
사냥꾼의 밤	The Night of the Hunter	찰스 로튼	1955	미국
사랑은 비를 타고	Singin' in the Rain	진 켈리, 스탠리 도넌	1952	미국

한국어 제목	원제	감독	제작연도	국가
사이코	Psycho	앨프리드 히치콕	1960	미국
선셋 대로	Sunset Blvd.	빌리 와일더	1950	미국
성공의 달콤한 향기	Sweet Smells of Success	알렉산더 매캔드릭	1957	미국
세브린느	Belle de Jour	루이스 부뉴엘	1967	프랑스
소매치기	Pickpocket	로베르 브레송	1959	프랑스
쇼생크 탈출	The Shawshank Redemption	프랭크 다라본트	1994	미국
술 취한 여자	A Woman Under the Influence	존 카사베츠	1974	미국
쉰들러 리스트	Schindler's List	스티븐 스필버그	1993	미국
스윙 타임	Swing Time	조지 스티븐스	1936	미국
스타워즈	Star Wars	조지 루카스	1977	미국
시민 케인	Citizen Kane	오슨 웰스	1941	미국
시티 라이트	City Lights	찰리 채플린	1931	미국
'십계' 연작	Dekalog	크시슈토프 키에슬로프스키	1989	폴란드
아귀레, 신의 분노	Aguirre, der Zorn Gottes	베르너 헤어초크	1972	서독, 멕시코, 페루
아라비아의 로렌스	Lawrence of Arabia	데이비드 린	1962	영국
아파트 열쇠를 빌려 드립니다	The Apartment	빌리 와일더	1960	미국
'아푸 3부작'	The Apu Triology	사티야지트 레이	1955~1959	인도
안달루시아의 개	Un Chien Andalou	루이스 부뉴엘	1929	프랑스
양들의 침묵	The Silence of the Lambs	조너선 데미	1991	미국
'업' 다큐멘터리 시리즈	The "Up" Documentaries	마이클 앱티드	1964 ~	영국
오명	Notorious	앨프리드 히치콕	1946	미국
오즈의 마법사	The Wizard of Oz	빅터 플레밍	1939	미국
와일드 번치	The Wild Bunch	샘 페킨파	1969	미국
욕망	Blowup	미켈란젤로 안토니오니	1966	영국·미국·이탈리아
우리에게 내일은 없다	Bonnie and Clyde	아서 펜	1967	미국
우회	Detour	에드가 G. 울머	1945	미국
워터프론트	On the Waterfront	일리어 커잰	1954	미국
위대한 환상	La Grande Illusion	장 르누아르	1937	프랑스
윌로 씨의 휴가	Les Vacances de M. Hulot	자크 타티	1953	프랑스
이브의 모든 것	All About Eve	조지프 맨키비츠	1950	미국
이중 배상	Double Indemnity	빌리 와일더	1944	미국

한국어 제목	원제	감독	제작연도	국가
이키루	生きる	구로사와 아키라	1952	일본
이티	E.T.	스티븐 스필버그	1982	미국
자전거 도둑	Ladri di Biciclette	비토리오 데 시카	1948	이탈리아
잔 다르크의 수난	La Passion de Jeanne d'Arc	카를 테오도르 드레위에르	1928	프랑스
전함 포템킨	Броненосец «Потёмкин»	세르게이 에이젠슈타인	1925	소련
정사	L'Avventura	미켈란젤로 안토니오니	1960	이탈리아·프랑스
제너럴	The General	버스터 키튼, 클라이드 브룩먼	1926	미국
제3의 사나이	The Third Man	캐럴 리드	1949	영국
제7의 봉인	Det Sjunde Inseglet	잉마르 베리만	1957	스웨덴
지난해 마리앙바드에서	L'Année Dernière à Marienbad	알랭 레네	1961	프랑스·이탈리아·서독·오스트리아
지옥의 묵시록	Apocalypse Now	프랜시스 포드 코폴라	1979	미국
차이나타운	Chinatown	로만 폴란스키	1974	미국
천국의 나날들	Days of Heaven	테런스 맬릭	1978	미국
천국의 말썽	Trouble in Paradise	에른스트 루비치	1932	미국
천국의 문	Gates of Heaven	에롤 모리스	1978	미국
카사블랑카	Casablanca	마이클 커티즈	1942	미국
탐욕	Greed	에리히 폰 슈트로하임	1924	미국
택시 드라이버	Taxi Driver	마틴 스콜세지	1976	미국
파고	Fargo	조엘 코엔	1996	미국, 영국
판도라의 상자	Die Büchse der Pandora	G. W. 팝스트	1929	독일
펄프 픽션	Pulp Fiction	쿠엔틴 타란티노	1994	미국
페르소나	Persona	잉마르 베리만	1966	스웨덴
프랑켄슈타인의 신부	Bride of Frankenstein	제임스 웨일	1935	미국
피노키오	Pinocchio	해밀턴 러스크, 벤 샤프스틴	1940	미국
피핑 톰	Peeping Tom	마이클 파월	1960	영국
하드 데이즈 나이트	A Hard Day's Night	리처드 레스터	1964	영국
학살의 천사	El Angel Exterminador	루이스 부뉴엘	1962	멕시코
한밤의 암살자	Le Samourai	장피에르 멜빌	1967	프랑스, 이탈리아
현기증	Vertigo	앨프리드 히치콕	1958	미국
황야의 결투	My Darling Clementine	존 포드	1946	미국

한국어 제목	원제	감독	제작연도	국가
후프 드림스	Hoop Dreams	스티브 제임스	1994	미국
흩어진 꽃잎	Broken Blossoms	D. W. 그리피스	1919	미국
JKF	JFK	올리버 스톤	1991	미국
M	M	프리츠 랑	1931	독일
2001 스페이스 오디세이	2001: A Space Odyssey	스탠리 큐브릭	1968	미국, 영국
400번의 구타	Les Quatre Cents Coups	프랑수아 트뤼포	1959	프랑스
7인의 사무라이	七人の侍	구로사와 아키라	1954	일본
8과 1/2	8 1/2	페데리코 펠리니	1963	이탈리아

2권

한국어 제목	원제	감독	제작연도	국가
가르시아	Bring Me the Head of Alfredo Garcia	샘 페킨파	1974	미국
게임의 규칙	La Règle du Jeu	장 르누아르	1939	프랑스
겨울 이야기	Conte d'Hiver	에릭 로메르	1992	프랑스
국가의 탄생	The Birth of a Nation	D.W. 그리피스	1915	미국
금지된 사랑	Say Anything...	캐머런 크로	1989	미국
나의 삼촌	Mon Oncle	자크 타티	1958	프랑스
네 멋대로 해라	À Bout de Souffle	장뤽 고다르	1960	프랑스
당나귀 발타자르	Au Hasard, Balthazar	로베르 브레송	1966	프랑스, 스웨덴
도박사 봅	Bob le Flambeur	장피에르 멜빌	1956	프랑스
도살자	Le Boucher	클로드 샤브롤	1970	프랑스, 이탈리아
동경 이야기	東京物語	오즈 야스지로	1953	일본
라쇼몽	羅生門	구로사와 아키라	1950	일본
라스베가스를 떠나며	Leaving Las Vegas	마이크 피기스	1995	미국
란	乱	구로사와 아키라	1985	일본, 프랑스
레오파드	Il Gattopardo	루키노 비스콘티	1963	이탈리아
레이더스	Raiders of the Lost Ark	스티븐 스필버그	1981	미국
로라	Laura	오토 프레민저	1944	미국
로미오와 줄리엣	Romeo and Juliet	프랑코 제피렐리	1968	이탈리아, 영국
로빈 훗의 모험	The Adventures of Robin Hood	마이클 커티즈, 윌리엄 케일리	1938	미국
리피피	Du Rififi chez les Hommes	줄스 다신	1955	프랑스
마담 드	Madame de...	막스 오퓔스	1953	프랑스
마지막 웃음	Der Letzte Mann	F. W. 무르나우	1924	독일
마태복음	Il Vangelo Secondo Matteo	피에르 파올로 파솔리니	1964	이탈리아
맨츄리안 캔디데이트	The Manchurian Candidate	존 프랭컨하이머	1962	미국
문스트럭	Moonstruck	노먼 주이슨	1987	미국
뮤직 룸	Jalsaghar	사티야지트 레이	1958	인도
반딧불의 묘	火垂るの墓	다카하타 이사오	1988	일본
백설공주와 일곱 난쟁이	Snow White and the Seven Dwarfs	데이비드 핸드	1937	미국
뱅크 딕	The Bank Dick	에드워드 F. 클라인	1940	미국
'버스터 키튼의 영화들'	Buster Keaton			

한국어 제목	원제	감독	제작연도	국가
부르주아의 은밀한 매력	Le Charme Discret de la Bourgeoisie	루이스 부뉴엘	1972	프랑스, 이탈리아, 스페인
분노의 포도	The Grapes of Wrath	존 포드	1940	미국
블림프 대령의 삶과 죽음	The Life and Death of Colonel Blimp	마이클 파월, 에머릭 프레스버거	1943	영국
비열한 거리	Mean Streets	마틴 스콜세지	1973	미국
비트 더 데블	Beat the Devil	존 휴스턴	1953	미국, 영국
빅 히트	The Big Heat	프리츠 랑	1953	미국
뻐꾸기 둥지 위로 날아간 새	One Flew over the Cuckoo's Nest	밀로슈 포먼	1975	미국
석양의 무법자	The Good, the Bad and the Ugly	세르조 레오네	1966	이탈리아
선라이즈	Sunrise	F. W. 무르나우	1927	미국
'세 가지 색' 연작	Trois Couleurs	크시슈토프 키에슬로프스키	1993, 1994	
셰인	Shane	조지 스티븐스	1953	미국
소방수의 무도회	Hoří, Má Panenko	밀로슈 포먼	1967	체코
솔라리스	Солярис	안드레이 타르콥스키	1972	소련
수색자	The Searchers	존 포드	1956	미국
스카페이스	Scarface	브라이언 드 팔마	1983	미국
스트레인저	Strangers on a Train	앨프리드 히치콕	1951	미국
스트로첵	Stroszek	베르너 헤어초크	1977	독일
시골에서의 일요일	Un Dimanche à la Campagne	베르트랑 타베르니에	1984	프랑스
시에라 마드레의 보물	The Treasure of the Sierra Madre	존 휴스턴	1948	미국
씬맨	The Thin Man	W.S. 밴 다이크	1934	미국
아마데우스	Amadeus	밀로슈 포먼	1984	미국
아마코드	Amarcord	페데리코 펠리니	1973	이탈리아, 프랑스
악의 손길	Touch of Evil	오슨 웰스	1958	미국
앙드레와의 저녁식사	My Dinner with Andre	루이 말	1981	미국
애니 홀	Annie Hall	우디 앨런	1977	미국
양키 두들 댄디	Yankee Doodle Dandy	마이클 커티즈	1942	미국
어셔 가의 몰락	La Chute de la Maison Usher	장 엡스탱	1928	프랑스
에이리언	Alien	리들리 스콧	1979	영국, 미국
열두 명의 성난 사람들	12 Angry Men	시드니 루멧	1957	미국

한국어 제목	원제	감독	제작연도	국가
오르페우스	Orphée	장 콕토	1950	프랑스
외침과 속삭임	Viskninggar och Rop	잉마르 베리만	1972	스웨덴
용서받지 못한 자	Unforgiven	클린트 이스트우드	1992	미국
우게쓰 이야기	雨月物語	미조구치 겐지	1953	일본
움베르토 D	Umberto D	비토리오 데 시카	1952	이탈리아
웃는 남자	The Man Who Laughs	파울 레니	1928	미국
워크어바웃	Walkabout	니컬러스 로그	1971	영국, 호주
웨스트 사이드 스토리	West Side Story	로버트 와이즈, 제롬 로빈스	1961	미국
위대한 유산	Great Expectations	데이비드 린	1946	영국
위험한 도박	House of Games	데이비드 매밋	1987	미국
이것이 스파이널 탭이다	This is Spinal Tap	롭 라이너	1984	미국
이웃집 토토로	となりのトトロ	미야자키 하야오	1988	일본
이창	Rear Window	앨프리드 히치콕	1954	미국
인 콜드 블러드	In Cold Blood	리처드 브룩스	1967	미국
자동차 대소동	Planes, Trains and Automobiles	존 휴스	1987	미국
정원사 챈스의 외출	Being There	핼 애슈비	1979	미국
좋은 친구들	Goodfellas	마틴 스콜세지	1990	미국
죠스	Jaws	스티븐 스필버그	1975	미국
쥘 앤 짐	Jules et Jim	프랑수아 트뤼포	1962	프랑스
천국의 아이들	Les Enfants du Paradis	마르셀 카르네	1945	프랑스
쳐다보지 마라	Don't Look Now	니컬러스 로그	1973	영국
친절한 마음과 화관	Kind Hearts and Coronets	로버트 해머	1949	영국
카비리아의 밤	Le Notti di Cabiria	페데리코 펠리니	1957	이탈리아, 프랑스
칼라 퍼플	The Color Purple	스티븐 스필버그	1985	미국
컨버세이션	The Conversation	프랜시스 포드 코폴라	1974	미국
콰이강의 다리	The Bridge on the River Kwai	데이비드 린	1957	영국, 미국
크리스마스 스토리	A Christmas Story	밥 클라크	1983	미국
킹콩	King Kong	메리언 C. 쿠퍼, 어니스트 B. 쇠드색	1933	미국
토요일 밤의 열기	Saturday Night Fever	존 배덤	1977	미국

한국어 제목	원제	감독	제작연도	국가
파리, 텍사스	Paris, Texas	빔 벤더스	1984	서독, 프랑스
파이브 이지 피시즈	Five Easy Pieces	밥 라펠슨	1970	미국
패튼 대전차 군단	Patton	프랭클린 J. 섀프너	1970	미국
푸른 연	蓝风筝	톈좡좡	1994	중국
프로듀서	The Producers	멜 브룩스	1968	미국
필사의 도전	The Right Stuff	필립 코프먼	1983	미국
행잉 록에서의 소풍	Picnic at Hanging Rock	피터 위어	1975	호주
허슬러	The Hustler	로버트 로센	1961	미국
현금에 손대지 마라	Touchez pas au Grisbi	자크 베케르	1954	프랑스
홍등	大红灯笼高高挂	장이머우	1991	중국
희생자	Victim	바실 디어든	1961	영국
007 골드핑거	Goldfinger	가이 해밀턴	1964	영국

3권

한국어 제목	원제	감독	제작연도	국가
강	The River	장 르누아르	1951	프랑스, 인도, 미국
과거로부터	Out of the Past	자크 투르뇌르	1947	미국
굿바이 칠드런	Au Revoir les Enfants	루이 말	1987	프랑스, 서독
그리스도의 마지막 유혹	The Last Temptation of Christ	마틴 스콜세지	1988	캐나다, 미국
그림자 군단	L'Armée des Ombres	장피에르 멜빌	1969	프랑스, 이탈리아
금지된 장난	Jeux Interdits	르네 클레망	1952	프랑스
기나긴 이별	The Long Goodbye	로버트 올트먼	1973	미국
누드 모델	La Belle Noiseuse	자크 리베트	1991	프랑스
다크 시티	Dark City	알렉스 프로이어스	1998	미국, 호주
대부 2	The Godfather: Part II	프랜시스 포드 코폴라	1974	미국
디바	Diva	장자크 베넥스	1981	프랑스
뜨거운 오후	Dog Day Afternoon	시드니 루멧	1975	미국
라스트 픽처 쇼	The Last Picture Show	피터 보그다노비치	1971	미국
레올로	Léolo	장클로드 로종	1992	캐나다
로코와 형제들	Rocco e i Suoi Fratelli	루키노 비스콘티	1960	이탈리아, 프랑스
리플리스 게임	Ripley's Game	릴리아나 카바니	2002	이탈리아, 영국, 미국
마리아 브라운의 결혼	Die Ehe Der Maria Braun	라이너 베르너 파스빈더	1979	서독
마이 맨 갓프리	My Man Godfrey	그레고리 라 카바	1936	미국
마이 페어 레이디	My Fair Lady	조지 큐코어	1964	미국
마침내 안전	Safety Last!	프레드 C. 뉴마이어, 샘 테일러	1923	미국
만춘	晩春	오즈 야스지로	1949	일본
매그놀리아	Magnolia	폴 토머스 앤더슨	1999	미국
메피스토	Mephisto	이슈트반서보	1981	헝가리
물라데	Moolaade	우스만 셈벤	2004	세네갈, 프랑스, 부르키나 파소, 카메룬, 모로코, 튀니지
미시마: 그의 인생	Mishima: A Life in Four Chapters	폴 슈레이더	1985	미국
바그다드의 도둑	The Thief of Bagdad	루트비히 베르거, 마이클 파월, 팀 윌런	1940	영국
바라카	Baraka	론 프리케	1992	미국

한국어 제목	원제	감독	제작연도	국가
바벨	Babel	알레한드로 곤잘레스 이냐리투	2006	미국, 멕시코, 프랑스
밴드 웨곤	The Band Wagon	빈센트 미넬리	1953	미국
범죄와 비행	Crimes and Misdemeanors	우디 앨런	1989	미국
베로니카의 이중생활	La Double Vie de Véronique	크시슈토프 키에슬로프스키	1991	프랑스, 폴란드
베리만 3부작 1: 거울을 통해 어렴풋이	Såsom i en Spegel	잉마르 베리만	1961	스웨덴
베리만 3부작 2: 겨울 빛	Nattvardsgästerna	잉마르 베리만	1963	스웨덴
베리만 3부작 3: 침묵	Tystnaden	잉마르 베리만	1963	스웨덴
베크마이스터 하모니즈	Werckmeister Harmóniák	벨라 타르, 아그네스 흐라니츠키	2000	헝가리
복수는 나의 것	復讐するは我にあり	이마무라 쇼헤이	1979	일본
북극의 나누크	Nanook of the North	로버트 플라어티	1922	미국
분홍신	The Red Shoes	마이클 파월, 에메릭 프레스버거	1948	영국
불법 카센터	Chop Shop	라민 바흐라니	2007	미국
블레이드 러너: 파이널 컷	Blade Runner: The Final Cut	리들리 스콧	1982/2007	미국
비밀과 거짓말	Secrets & Lies	마이크 리	1996	영국, 프랑스
비장의 술수	Ace in the Hole	빌리 와일더	1951	미국
사랑의 블랙홀	Groundhog Day	해럴드 래미스	1993	미국
사무라이 반란	上意討ち 領妻始末	고바야시 마사키	1967	일본
산쇼다유	山椒大夫	미조구치 겐지	1954	일본
샤이닝	The Shining	스탠리 큐브릭	1980	미국, 영국
성스러운 피	Santa Sangre	알레한드로 조도로프스키	1989	멕시코, 이탈리아
세 여인	3 Women	로버트 올트먼	1977	미국
순수의 시대	The Age of Innocence	마틴 스콜세지	1993	미국
심야의 종소리	Campanadas a Medianoche	오슨 웰스	1965	스페인, 스위스
알제리 전투	La Battaglia di Algeri	질로 폰테코르보	1966	이탈리아, 알제리
애틀랜틱시티	Atlantic City	루이 말	1980	캐나다, 프랑스
애프터 다크, 마이 스위트	After Dark, My Sweet	제임스 폴리	1990	미국
양 도살자	Killer of Sheep	찰스 버넷	1978	미국
어댑테이션	Adaptation	스파이크 존스	2002	미국
엑조티카	Exotica	애텀 이고이안	1994	캐나다
엘 노르테	El Norte	그레고리 나바	1983	미국, 영국

한국어 제목	원제	감독	제작연도	국가
엘 토포	El Topo	알레한드로 조도로프스키	1970	멕시코
여자 이야기	A Woman's Tale	폴 콕스	1991	호주
영광의 길	Paths of Glory	스탠리 큐브릭	1957	미국
영혼의 줄리에타	Giulietta degli Spiriti	페데리코 펠리니	1965	이탈리아, 프랑스
오데트	Ordet	카를 테오도르 드레위에르	1955	덴마크
오페라의 유령	The Phantom of the Opera	루퍼트 줄리안, 론 채니, 에른스트 렘리, 에드워드 세지윅	1925	미국
요짐보	用心棒	구로사와 아키라	1961	일본
우드스톡	Woodstock	마이클 웨들리	1970	미국
우리 생애 최고의 해	The Best Years of Our Lives	윌리엄 와일러	1946	미국
우리 아저씨 앙투안	Mon Oncle Antoine	클로드 쥐트라	1971	캐나다
웨이킹 라이프	Waking Life	리처드 링클레이터	2001	미국
위대한 독재자	The Great Dictator	찰리 채플린	1940	미국
위드네일과 나	Withnail & I	브루스 로빈슨	1987	영국
의지의 승리	Triumph des Willens	레니 리펜슈탈	1935	독일
이유 없는 반항	Rebel Without a Cause	니컬러스 레이	1955	미국
이지 라이더	Easy Rider	데니스 호퍼	1969	미국
쟈니 기타	Johnny Guitar	니컬러스 레이	1954	미국
제인의 말로	What Ever Happened to Baby Jane?	로버트 올드리치	1962	미국
조용한 태양의 해	Rok Spokojnego Słońca	크쥐시토프 자누시	1984	폴란드
죽은 자들	The Dead	존 휴스턴	1987	영국, 아일랜드, 미국
지옥의 영웅들	The Big Red One	새뮤얼 풀러	1980	미국
진홍의 여왕	The Scarlet Empress	요제프 폰 스턴버그	1934	미국
'척 존스의 만화 영화 세 편'	Chuck Jones: Three Cartoons	척 존스	1950년대	미국
침묵의 소리	Inherit the Wind	스탠리 크레이머	1960	미국
카비리아	Cabiria	조반니 파스트로네	1914	이탈리아
카스파 하우저의 신비	Jeder für Sich und Gott gegen Alle	베르너 헤어초크	1974	서독
캣피플	Cat People	자크 투르뇌르	1942	미국
크럼	Crumb	테리 즈위고프	1994	미국

한국어 제목	원제	감독	제작연도	국가
테러리스트	Theeviravaathi	산토시 시반	1998	인도
톱 햇	Top Hat	마크 샌드리치	1935	미국
특근	After Hours	마틴 스콜세지	1985	미국
파리에서의 마지막 탱고	Ultimo Tango a Parigi	베르나르도 베르톨루치	1972	프랑스, 이탈리아
파우스트	Faust	F. W. 무르나우	1926	바이마르 공화국
판의 미로	El Laberinto del Fauno	기예르모 델 토로	2006	멕시코, 스페인
폭력 탈옥	Cool Hand Luke	스튜어트 로젠버그	1967	미국
프레리 홈 컴패니언	A Prairie Home Companion	로버트 올트먼	2006	미국
플레이타임	Playtime	자크 타티	1967	프랑스, 이탈리아
피쇼테	Pixote	헥터 바벤코	1980	브라질
피츠카랄도	Fitzcarraldo	베르너 헤어초크	1982	서독
하워즈 엔드	Howards End	제임스 아이보리	1992	영국
화니와 알렉산더	Fanny och Alexander	잉마르 베리만	1982	스웨덴, 프랑스, 서독
LA 컨피덴셜	L.A. Confindential	커티스 핸슨	1997	미국
WR: 유기체의 신비	W.R. – Мистерије Организма	두샨 마카베예프	1971	유고슬라비아, 서독

한국어 제목	원제	감독	제작연도	국가
고독한 영혼	In a Lonely Place	니컬러스 레이	1950	미국
굿'바이	おくりびと	다키타 요지로	2008	일본
그레이 존	The Grey Zone	팀 블레이크 넬슨	2001	미국
길 잃은 소녀의 일기	Tagebuch einer Verlorene	G. W. 팝스트	1929	독일
꽁치의 맛	秋刀魚の味	오즈 야스지로	1962	일본
나라야마 부시코	楢山節考	기노시타 게이스케	1958	일본
나이트 무브	Night Moves	아서 펜	1975	미국
내 미국 삼촌	Mon Oncle d'Amerique	알랭 레네	1980	프랑스
내일을 위한 길	Make Way for Tomorrow	리오 매캐리	1937	미국
노란 잠수함	Yellow Submarine	조지 더닝	1968	영국
노스페라투	Nosferatu: Phantom der Nacht	베르너 헤어초크	1979	서독
레옹 모랭 신부	Léon Morin, Prêtre	장피에르 멜빌	1961	프랑스
리버티 밸런스를 쏜 사나이	The Man Who Shot Liberty Valance	존 포드	1962	미국
리오 브라보	Rio Bravo	하워드 호크스	1959	미국
리처드 3세	Richard III	리처드 론크레인	1995	영국
마른 꽃	乾いた花	시노다 마사히로	1964	일본
멀홀랜드 드라이브	Mulholland Dr.	데이비드 린치	2001	미국, 프랑스
미스터리 트레인	Mystery Train	짐 자무쉬	1989	미국, 일본
배리 린든	Barry Lyndon	스탠리 큐브릭	1975	영국, 미국
벌집의 정령	El Espíritu de la Colmena	빅토르 에리세	1973	스페인
베로니카 포스의 갈망	Die Sehnsucht der Veronika Voss	라이너 베르너 파스빈더	1982	서독
봄 여름 가을 겨울 그리고 봄	봄 여름 가을 겨울 그리고 봄	김기덕	2003	한국
붉은 수염	赤ひげ	구로사와 아키라	1965	일본
비리디아나	Viridiana	루이스 부뉴엘	1961	스페인, 멕시코
사랑도 통역이 되나요?	Lost in Translation	소피아 코폴라	2003	미국, 일본
사랑한다면 이들처럼	Le Mari de la Coiffeuse	파트리스 르콩트	1990	프랑스
사형수 탈출하다	Un Condamné à Mort s'est Échappé	로베르 브레송	1956	프랑스
살인 혐의	Monsieur Hire	파트리스 르콩트	1989	프랑스
서커스	The Circus	찰리 채플린	1928	미국

한국어 제목	원제	감독	제작연도	국가
성냥 공장 소녀	Tulitikkutehtaan Tyttö	아키 카우리스마키	1990	핀란드, 스웨덴
세븐	Seven	데이비드 핀처	1995	미국
센과 치히로의 행방불명	千と千尋の神隠し	미야자키 하야오	2001	일본
소울 포 세일	Souls for Sale	루퍼트 휴스	1923	미국
쇼아	Shoah	클로드 란츠만	1985	프랑스
수집가	La Collectionneuse	에릭 로메르	1967	프랑스
슈퍼맨	Superman	리처드 도너	1978	영국, 미국
시골 사제의 일기	Journal d'un Curé de Campagne	로베르 브레송	1951	프랑스
써스펙트	The Pledge	숀 펜	2001	미국
아메리카의 밤	La Nuit Américaine	프랑수아 트뤼포	1973	프랑스
에이 아이	A. I. Artificial Intelligence	스티븐 스필버그	2001	미국
여름의 폭풍	Senso	루키노 비스콘티	1954	이탈리아
역마차	Stagecoach	존 포드	1939	미국
외아들	一人息子	오즈 야스지로	1936	일본
위대한 레보스키	The Big Lebowski	조엘 코엔	1998	미국, 영국
유리의 심장	Herz aus Glas	베르너 헤어초크	1976	서독
의식	La Cérémonie	클로드 샤브롤	1995	프랑스, 독일
의혹의 그림자	Shadow of a Doubt	앨프리드 히치콕	1943	미국
이터널 선샤인	Eternal Sunshine of the Spotless Mind	미셸 공드리	2004	미국
카메라를 든 사나이	Человек с киноаппаратом	지가 베르토프	1929	소련
칼리가리 박사의 밀실	Das Cabinet des Dr. Caligari	로베르트 비네	1920	바이마르 공화국
컴 앤 씨	Иди и смотри	엘렘 클리모프	1985	소련
콘택트	Contact	로버트 저메키스	1997	미국
킬링	The Killing	스탠리 큐브릭	1956	미국
텐더 머시스	Tender Mercies	브루스 베리스퍼드	1983	미국
'폭군 이반' 2부작	Иван Грозный	세르게이 에이젠슈타인	1944, 1958	소련
프렌치 캉캉	French Cancan	장 르누아르	1955	프랑스, 이탈리아
핑크 플로이드의 더 월	Pink Floyd: The Wall	앨런 파커	1982	영국
한여름 밤의 미소	Sommarnattens Leende	잉마르 베리만	1955	스웨덴
할복	切腹	고바야시 마사키	1962	일본

한국어 제목	원제	감독	제작연도	국가
황무지	Badlands	테런스 맬릭	1973	미국
히든	Cache	미카엘 하네케	2005	프랑스, 이탈리아 오스트리아, 독일
25시	25th Hour	스파이크 리	2002	미국

2 salles
PARIS
FACE A
PARIS
MILLE NEUF
BARRY
LYNDON
STANLEY KUBRICK
MARISA BERENSON

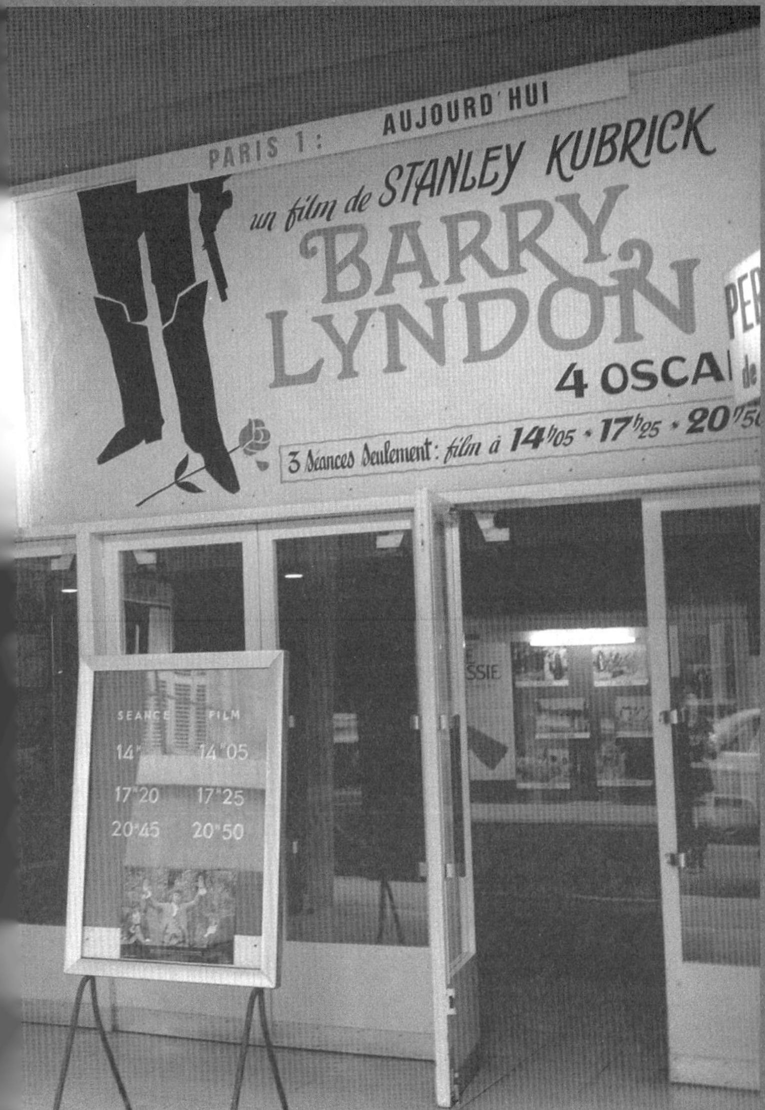
PARIS 1: AUJOURD'HUI
un film de STANLEY KUBRICK
BARRY LYNDON
4 OSCA
3 Séances Seulement: film à 14h05 • 17h25 • 20h5
SEANCE FILM
14h 14h05
17h20 17h25
20h45 20h50